Wetterauer Geschichtsblätter

Beiträge zur Geschichte und Landeskunde

Band 64

Im Auftrag des Friedberger Geschichtsvereins und des Geschichtsvereins für Butzbach und Umgebung

herausgegeben von

Katja Augustin, Johannes Kögler, Lothar Kreuzer, Reinhard Schartl und Lutz Schneider

Verlag der Buchhandlung Bindernagel
Friedberg (Hessen) 2016
ISSN 0508-6213

Wetterauer Geschichtsblätter 64/2015
Beiträge zur Geschichte und Landeskunde

Im Auftrag des Friedberger Geschichtsvereins und des
Geschichtsvereins für Butzbach und Umgebung
herausgegeben von Katja Augustin, Johannes Kögler,
Lothar Kreuzer, Reinhard Schartl und Lutz Schneider

Umschlagabbildung: Altes Rat- und Gerichtshaus der Stadt Friedberg
(1368-1738), heute Kaiserstrae 49. Stadtarchiv Friedberg: Fotosammlung

Redaktion: Matthias Weber, Lutz Schneider
redaktionelle Mitarbeit: Katja Augustin, Johannes Kögler, Lothar Kreuzer,
Reinhard Schartl

ISBN 978-3-87076-118-9

Satz und Gesamtherstellung
Druckerei Bingel GmbH, Rockenberg

Inhalt

Lutz Schneider
Vorwort V

Herfried Münkler
Unsere Stadt – Unser Land – Unsere Welt.
2016 – Die nicht einfache Gegenwart 1

Bernd Vielsmeier
Gärten und Parks in der Wetterau und ihre Gärtner 11

Reinhard Schartl
Das Friedberger Strafrecht des Mittelalters 91

Holger Th. Gräf
Die Reformation in der Region – Von der Territorialisierung
zum „Zwang zur Toleranz"? 159

Siegmund von Grunelius
Die zur Steuer herangezogenen Einwohner Ossenheims
in der Zeit von 1595 bis 1625 189

Carl Ehrig-Eggert
Zwei Friedberger Pfarrer und ihre Predigten
zum Ende des 30jährigen Krieges 211

Britta Spranger
Erinnerungen an den Darmstädter Architekten Heinrich Petry 237

Herbert Pauschardt
Das „Weltheilbad" Bad Nauheim bei Beginn
des Ersten Weltkriegs (1914) 255

Noel Fraboulet
Meines Vaters Krieg 307

Lothar Kreuzer
Vereinschronik des Friedberger Geschichtsvereins 2010-2015 325

Kurzbiografien der Autoren 339

Vorwort

Band 64 der Wetterauer Geschichtsblätter wartet mit einer Neuerung auf. Zum ersten Mal wird er von einem Herausgeberteam verantwortet. Ihm gehören neben meiner Person als Schriftführer aus dem Vorstand des Friedberger Geschichtsvereins der Vorsitzende Lothar Kreuzer, der stellvertretende Vorsitzende Johannes Kögler, die stellvertretende Schriftführerin Katja Augustin und Beisitzer Dr. Reinhard Schartl an. Nachdem ich von 2006 bis 2014 die Bände 55 bis 63 als Herausgeber und Redakteur, wenn auch mit tatkräftiger Unterstützung von Lothar Kreuzer, alleine betreut habe, war diese zeitintensive „Nebentätigkeit" von meiner Seite aus nicht mehr zu leisten.
Ich freue mich daher, dass sich mit dem neuen Team die Arbeit und die Verantwortung für die zukünftigen Bände auf mehrere kompetente Schultern verteilt. Für die redaktionelle Bearbeitung haben wir uns mit Dr. Matthias Weber, Historiker und Archivar bei der Europäischen Zentralbank in Frankfurt a.M., professionelle Unterstützung gesichert.

Wie schon Band 63 ist Band 64 ein Sammelband und vereinigt 10 Aufsätze zur Friedberger und Wetterauer Geschichte. Im vorliegenden Fall hat die durch die Umstrukturierung bedingte Verzögerung bei der Herausgabe ihr Gutes. Den Auftakt bildet der Aufsatz von Prof. Dr. Herfried Münkler *Unsere Stadt – Unser Land – Unsere Welt. 2016. Die nicht einfache Gegenwart.* Er ist der Abdruck des Vortrages, den Herfried Münkler beim Kommersabend zur 800-Jahrfeier der Stadt Friedberg am 25. Februar diesen Jahres in der Friedberger Stadthalle hielt. Der Friedberger Geschichtsverein kommt damit dem vielfachen Wunsch vieler Anwesenden nach, diesen Vortrag nachlesen zu können und gibt gleichzeitig allen Mitgliedern des Friedberger Geschichtsvereins sowie den Lesern der Wetterauer Geschichtsblätter Gelegenheit, den spannenden Bogen mit zu verfolgen, den Herfried Münkler von der Gesellschaftsstruktur des mittelalterlichen Friedbergs bis zur Flüchtlingsthematik der Gegenwart schlägt.

Für die Überlassung des Aufsatzes und die Vermittlung an den Friedberger Geschichtsverein sei daher an dieser Stelle dem Autor, Prof. Herfried Münkler, und Bürgermeister Michael Keller noch einmal herzlich gedankt.

Durch den kurzfristig hinein genommenen Münkler Aufsatz folgt Dr. Bernd Vielsmeiers Beitrag über *Gärten und Parks in der Wetterau und ihre Gärtner* erst an zweiter Stelle. Schon kurz nach seinem Vortrag über dieses Thema beim Friedberger Geschichtsverein, am 27. Oktober 2011, waren sich alle Zuhörer darin einig, dass hiervon unbedingt ein Abdruck in den Wetterauer Geschichtsblättern folgen sollte. Allerdings weiß jeder, der schon einmal einen Vortrag gehalten hat, um die Mühsal und den Zeitaufwand, eine Vortragsfassung auf die Kriterien eines wissenschaftlichen Aufsatzes hin umzuarbeiten. Umso mehr freut es mich, dass dieses Projekt für Band 64 endlich realisiert werden konnte. Die KulturRegion FrankfurtRheinMain, in der auch die Stadt Friedberg Mitglied ist, bringt seit 2006 unter dem Motto *GartenRheinMain. Vom Klostergarten zum Regionalpark*, ein Programmheft heraus, das alle Veranstaltungen rund um die Gärten und Parks in der Rhein-Main-Region beinhaltet. Zuletzt erlebte und erlebt der Friedberger Burggarten durch das Projekt der Stadt Friedberg „Friedberg zum Anbeißen" eine neue Sicht auf seine Nutzung und Gestaltung. Gärten und Parks sind daher ein brandaktuelles Thema und es ist Vielsmeiers Verdienst, in seinem Aufsatz die unterschiedlichen Formen von Gärten, ihre Geschichte und ihre Nutzung, erstmals auf diese Weise für die Wetterau zu beleuchten. Dass daneben auch die Biografien berühmter Gärtner bis hin zum Gartenarchitekten Siesmayer abgehandelt werden, komplettiert diesen informativen und lesenswerten Beitrag.

Unser neuer Mitherausgeber, Dr. Reinhard Schartl, ist ein ausgewiesener Kenner der Friedberger Rechtsgeschichte, behandelte er doch schon in seiner Dissertation *Das Privatrecht der Reichsstadt Friedberg im Mittelalter*. In seinem aktuellen Aufsatz widmet er sich dem *Friedberger Strafrecht des Mittelalters*. Als Herausgeber ist man immer dankbar, wenn Autoren quellengestützte Aufsätze vorlegen, und wer die Handschrift der Friedberger Stadtschreiber in den Ratsprotokollen Ende des 15. Jahrhunderts kennt, weiß die Arbeit des Autors umso mehr zu würdigen.
Schartl schließt mit seinem Beitrag eine rechtshistorische Lücke, denn wie er selbst in seinen einleitenden Worten bemerkt, wurde eine Darstellung des mittelalterlichen Strafrechts Friedbergs bisher nicht unternommen. Seine

Untersuchung konzentriert sich allerdings auf die Reichsstadt und nicht auf die Reichsburg Friedberg, was mit der unterschiedlichen Quellenlage und deren Erschließung zu tun hat. Nach einem allgemeinen Exkurs in die Rechtsgeschichte des Hoch- und Spätmittelalters widmet sich Schartl explizit der Strafpraxis in Friedberg, wie sie aus den überlieferten Protokollen und Urkunden hervorgeht. Was die Arbeit darüber hinaus auf unabsehbare Zeit so wertvoll machen wird, ist der Urkundenanhang, in dem alle einschlägigen Strafrechtsbetreffe aus den Oberhof- und Ratsprotokollen für den Zeitraum 1444 bis 1505 aufgeführt werden.

Dass immer wieder namhafte Wissenschaftler die Wetterauer Geschichtsblätter als Publikationsforum zu schätzen wissen, beweist der Aufsatz von Prof. Dr. Holger Th. Gräf, Akademischer Oberrat am Hessischen Landesamt für geschichtliche Landeskunde und Lehrbeauftragter am historischen Institut der Universität Marburg. In seinem Aufsatz *Die Reformation in der Region – Von der Territorialisierung zum „Zwang zur Toleranz"?*, beschreibt Gräf anhand der Beispielorte Mainz, Frankfurt, Friedberg, Butzbach und Ockstadt die reformatorischen Vorgänge in herrschafts- und verfassungspolitisch unterschiedlichen Territorien bzw. Städten in der Region Wetterau und ihren Randgebieten.
Als Ursache für die Vielfalt an Konfessionen im hier beschriebenen Raum benennt Gräf das landesherrliche Kirchenregiment, „...das dem Landesherren die Bestimmung des Bekenntnisses in seinem Territorium gewissermaßen als Herrschaftsrecht eingeräumt hatte."

Dr. Sigmund von Grunelius hat bereits zwischen 1972 und 1985 in den Wetterauer Geschichtsblättern publiziert. Gegenstand seiner Untersuchungen waren biografische Angaben und Rechtsfälle die Friedberger und Ossenheimer Familien Grünling und Grunelius betreffend. In seinem aktuellen Aufsatz über *Die zur Steuer herangezogenen Einwohner Ossenheims in der Zeit von 1595 bis 1625,* weist er anhand von Steuerlisten und Vermögensaufstellungen alle damaligen Familiennamen in Ossenheim sowie deren Vermögen, Grundbesitz und Viehbestand nach.

Ebenfalls ins 17. Jahrhundert führt uns die Abhandlung von Dr. Carl Ehrig-Eggert über *Zwei Friedberger Pfarrer und ihre Predigten zum Ende des 30jährigen Krieges.*

Gemeint sind die Pfarrer Johann Philipp Goetzenius (Burgkirche) und Johannes Henrici (Stadtkirche). Ziel seiner Ausführungen ist es, wie der Verfasser selber schreibt: „Diese beiden Predigten, ihre Verfasser und weitere Schriften aus deren Feder zu präsentieren und zu analysieren und sie in Kürze in ihren theologischen und geistesgeschichtlichen Kontext einzuordnen."

Dr. Britta Sprangers, *Erinnerungen an den Darmstädter Architekten Heinrich Petry,* sind bereits im Archiv für Hessische Geschichte, NF 72, 2014 erschienen. Es ist auch in den Wetterauer Geschichtsblättern sonst nicht üblich, bereits erschienene Aufsätze zu übernehmen, aber angesichts der unterschiedlichen Leserschaft und der Tatsache, dass Petry in Friedberg verheiratet war und bis 1913 als Großherzoglicher Regierungsbaumeister in Bad Nauheim, Rockenberg und Friedberg beruflich wirkte, erschien der Nachdruck dem Herausgeberteam vertretbar.

Wer sich über Friedberg im Ersten Weltkrieg informieren möchte, der sei auf die von Wetterau-Museum und Stadtarchiv auf vier Teile angelegte Sonderausstellung „Friedberg und Friedberger im Ersten Weltkrieg" im Wetterau-Museum verwiesen. Der Katalog zu Teil I und Teil II ist ebenfalls bereits im Wetterau-Museum erhältlich. Für Bad Nauheim unternimmt Herbert Pauschardt unter dem Titel *Das „Weltheilbad" Bad Nauheim bei Beginn des Ersten Weltkriegs (1914)* den Versuch, die Ereignisse und die Stimmung in der Kurstadt in den Monaten August und September 1914 für den Leser anschaulich zu machen. Dabei stützt er sich überwiegend auf die örtliche Presse, die, so der Autor, „...einen relativ umfassenden Eindruck vom damaligen Leben in der Kurstadt und dem Lebensgefühl der Zeitgenossen..." vermittelt.

In Band 54 (2006) der Wetterauer Geschichtsblätter habe ich zusammen mit der damaligen Stadtarchivleiterin Katja Augustin den Aufsatz *Fern der Heimat unter Zwang – Die Erinnerungen des holländischen Zwangsarbeiters Gerard Keislair während seines „Ausländereinsatzes" bei der „Reichspost Friedberg" in den Jahren 1942 bis 1945* herausgegeben und kommentiert. Der inzwischen verstorbene Keislair war 2006 mit seiner Familie zum ersten Mal nach dem Krieg noch einmal in Friedberg. Ein für ihn, aber auch für alle anderen Beteiligten, bewegendes Ereignis.
Noël Fraboulets Vater, Francis Fraboulet, verstarb am 26. August 1944 im Kriegsgefangenen-Lazarett von Bad Soden-Salmünster an Wundstarrkrampf.

Francis Fraboulet, gelernter Metzger, arbeitete als Kriegsgefangener u.a. in Ilbenstadt, Assenheim und Dorheim. In seinem Aufsatz *Meines Vaters Krieg*, schildert Fraboulet seine Recherchen nach dem Schicksal seines Vaters, die ihn und seine Frau in den Jahren 2011 bis 2013 in die Wetterau führten. Der der Übersetzung geschuldete Sprachduktus wurde bewusst beibehalten, soweit zur historischen Einordnung und zum Verständnis Anmerkungen notwendig waren, habe ich diese ergänzt. Bei Frau Gaëlle Götz bedanke ich mich für die Vermittlung des Aufsatzes und für den Kontakt mit Noël Fraboulet.

Den Band beschließt die vom Vorsitzenden des Friedberger Geschichtsvereins, Lothar Kreuzer, zusammengestellte *Vereinschronik des Friedberger Geschichtsvereins 2010-2015*.

Allen Autoren die mit ihren Aufsätzen zum Gelingen dieses Bandes beigetragen haben, sei an dieser Stelle herzlich gedankt.

Friedberg im April 2016

Lutz Schneider

Unsere Stadt – unser Land – unsere Welt. 2016 – die nicht einfache Gegenwart

Herfried Münkler

Wie schon im vergangenen Jahr wird auch in 2016 die Herausforderung durch die Flüchtlingsströme sowie die soziale und kulturelle Integration der Fremden das große, alles beherrschende Thema sein. Auch wenn ich mit der Friedberger Kommunalpolitik seit 30 Jahren nichts mehr zu tun habe, so weiß ich doch um die gewaltige Herausforderung, die die Unterbringung der Flüchtlinge für diese Stadt darstellt, und habe eine recht genaue Vorstellung davon, welche Probleme mit der Integration der Neuankömmlinge, so sie denn bleiben, in den hiesigen Raum verbunden sein werden. Da diese Flüchtlinge – im Unterschied zu Arbeitsmigranten – nicht hierhergekommen sind, weil es eine entsprechende Nachfrage nach Arbeitskraft gibt oder gegeben hat, sondern weil in ihren Herkunftsländern Krieg herrscht oder sich dort soziale Perspektivlosigkeit breit gemacht hat, die Fähigkeiten der Neuankömmlinge also nicht mit den Erfordernissen des deutschen Arbeitsmarkts kompatibel sind, wird diese Integration auch zunächst nicht über den Arbeitsplatz stattfinden können, wie das in der Geschichte der Bundesrepublik seit den 1960er Jahren immer wieder der Fall gewesen ist. Stattdessen müssen Integrationsanstrengungen unternommen werden, bei denen ein gesondertes Augenmerk auf die soziale und die kulturelle Integration zu legen ist. Die Integration wird dieses Mal also nicht ein Beiprodukt des Arbeitsprozesses sein, sondern ein eigenes Projekt, das viel Mühe und Sorgfalt abverlangt.

Es ist aber auch klar, dass dies, wenn überhaupt, nur gelingen kann, wenn der Flüchtlingszustrom zurückgeht und die Kraft und Energie in Deutschland, die zur Zeit durch bloße Unterbringungs- und Versorgungsfragen absorbiert werden, auf das Projekt der Integration gelenkt werden können. Doch der Flüchtlingszustrom wird auf längere Sicht nur dann zu begrenzen sein, wenn es gelingt, die Probleme außerhalb Europas zu bewältigen, die die wesentliche

Ursache dieses Zustroms an Flüchtlingen sind. Deswegen muss der Blick, um das mir gestellte Thema aufzugreifen, bei der Thematisierung der Stadt über das Land hinausgehen und tendenziell auf die Welt gerichtet sein. Das ist die räumliche, die geographische Beobachtungsbewegung, die ich in den nachfolgenden Überlegungen anstellen werde: von Friedberg über Deutschland und die EU auf die Herausforderungen an der Peripherie Europas. Aber zugleich will ich, bevor ich zu den gegenwärtigen politischen Konstellationen komme, ein paar Überlegungen zu dem Komplex „die Stadt und die Fremden" anstellen, und dazu werde ich den Blick zurückwenden auf das 13. Jahrhundert, also auf die Zeit der ersten urkundlichen Erwähnung Friedbergs, die ja mithin der Grund für den heutigen Festabend ist. Das ist die zeitliche, die historische Beobachtungsbewegung, bei der mich zu begleiten ich Sie einladen will.

I.

Im Unterschied zum Dorf ist die Stadt von Anfang an immer auch ein Ort des Zusammentreffens von Fremden gewesen, ein Raum, in dem sich die Menschen in ihrer Fremdheit miteinander arrangieren mussten – ob sie das wollten oder nicht. Oder anders formuliert: Die Stadt war in den Phasen ihrer Prosperität kein Ort, der sich allein und ausschließlich biologisch reproduzierte, sondern sie war von Anfang an auf soziale Reproduktion, also auf Zuwanderung angewiesen. In sozialwissenschaftlicher Perspektive ist das die zentrale Unterscheidungslinie zwischen dem urbanen und dem ruralen, dem städtischen und dem ländlichen Raum, und in der Geschichte Friedbergs lassen sich in diesem Sinne Perioden einer forcierten Herausbildung von Urbanität von solchen drohender Verdörflichung, also Rückverwandlung in eine Ackerbürgerstadt, unterscheiden. Wenn Letzteres, wie vom 15. bis zum 18. Jahrhundert, der Fall war, dann stieg der relative Anteil von Ackerbürgern an der Stadtbevölkerung an und der Anteil derer, die nicht in der Stadt geboren waren, sank im Vergleich dazu. Hingegen war die Stadt in ihrer sozio-ökonomischen Prosperitätsphase im 13. und 14. Jahrhundert ein Anziehungspunkt für Fremde, von denen einige, wie die Tuchhändler etwa, die Friedberg zurzeit der hiesigen Messe besuchten oder auch außerhalb dieser Zeit in die Stadt kamen, Leute waren, die heute kamen und morgen wieder gingen, während andere kamen und blieben, wie all diejenigen, die in der prosperierenden Wollen- und Leinentuchproduktion der Stadt Arbeit fanden und sich in deren schnell wachsenden Vorstädten ansiedelten.

Man kann diese Abfolge von Perioden ökonomischer Prosperität und solchen der Schrumpfung an der Größe der Stadt ablesen. Nach einschlägigen Schätzungen hatte Friedberg im Übergang vom 13. zum 14. Jahrhundert etwa 4.000 Einwohner, und damit war es so groß geworden, dass die Bevölkerung im inneren Ring der Stadt nicht mehr unterkam, sondern dass mit der Usavorstadt und der Mainzer Vorstadt bewohnte Gebiete außerhalb des Stadtkerns entstanden, in denen die vorwiegend in der Tuchproduktion Beschäftigten lebten. Das blieb nicht ohne Folgen für die soziale Physiognomie der Stadt: Im Zentrum standen die mehrgeschossigen Bürgerhäuser, die auf ein repräsentatives Erscheinungsbild Wert legten, und in den Vorstädten standen die einstökkigen Behausungen der in der Tuchproduktion Beschäftigten. Im Zentrum wohnten diejenigen, die es zu einem gewissen Wohlstand gebracht hatten, während in den Vorstädten jene anzutreffen waren, die als Arbeiter in der Tuchherstellung tätig waren, und wenn diese ein stetiges Beschäftigungsverhältnis hatten, ging es ihnen leidlich gut im Vergleich mit denen, die als Tagelöhner darauf angewiesen waren, dass im Verlauf des Tages einer kam, der ihre Arbeitskraft in Anspruch nahm und sie dafür entlohnte. Wenn die städtische Wirtschaft florierte, war das der Fall; wenn sie schrumpfte, war das Dasein der Tagelöhner eines in Elend und Not.

Die Stadt, das macht den zweiten Unterschied gegenüber dem Land aus, hatte also ein sehr viel ausgeprägteres soziales Gefälle als das Dorf, wo es durchaus auch soziale Unterschiede gab, aber diese sehr viel geringer waren als die im urbanen Raum. Im Hinblick auf das Dorf kann man in der Begrifflichkeit des Soziologen Ferdinand Tönnies von einer Gemeinschaft sprechen: der Dorfgemeinschaft; gleiches für die Stadt zu tun, ist unangemessen: Die Stadt war, wenn sie denn wirklich eine Stadt war, eine Gesellschaft, das heißt dass sich hier das Zusammenleben nicht wesentlich über das Gemeinsame und die Gemeinsamkeiten, sondern über das Unterschiedliche und die Unterschiede entwickelte. Das konnte immer wieder auch in soziale Kämpfe umschlagen, von denen es auch in Friedberg einige gegeben zu haben scheint. Das also ist der zweite zentrale Punkt, in dem sich die Stadt vom Dorf unterscheidet.

Es sind diese Unterschiede, in die auch die Aufnahme des Fremden und der Umgang mit ihm verwoben sind. Die Dorfgemeinschaft ist fremdenavers, um nicht zu sagen: xenophob, während die Gesellschaft des Urbanen durch eine prinzipielle Offenheit gegenüber dem Fremden gekennzeichnet ist. Auch wenn sie vermutlich nicht xenophil ist, so ist sie doch fremdenaffin, denn sie lebt von der Aufnahme der Fremden, ihrer zeitweiligen Beherbergung oder ihrer Eingliederung. Der beachtliche Anteil von Juden, den Friedberg in seiner Glanzzeit aufzuweisen hatte, ist ein Zeugnis dessen.

Im Friedberg des 13. und 14. Jahrhunderts gab es also Leute mit großer kultureller Fremdheit, wie etwa die Kaufleute aus Krakau oder aus den Handelsstädten an der Ostsee, die kamen, um die „weiße Friedberger" genannten Tuche zu kaufen, und daneben gab es solche mit einer großen sozialen Fremdheit – wobei „fremd" aus der Perspektive derer, die im Stadtzentrum lebten, definiert wird – und das waren die Arbeiter der Tuchproduktion, die aus den Dörfern der Umgebung zugewandert waren, aus Straßheim, Fauerbach, Dorheim usw. Sie stellten das Gros der Einwohner, die Friedberg zu einer für die damaligen Verhältnisse mittelgroßen Stadt im Reich gemacht hatten. Die Stadt ist also der Ort, an dem sich zwei Typen von Fremdheit begegnen: Fremde im Sinne von Nichtzugehörigkeit und Fremde im Sinne von Unvertrautheit. Die Stadt ist der Raum, wo solche Fremdheiten neutralisiert werden und das je Gemeinsame herausgestellt wird. Die Kaufleute aus Krakau und den Städten an der Ostsee oder auch die aus Colmar und Straßburg oder aus Nürnberg oder jene aus den Städten Flanderns, dem Zentrum der nordwesteuropäischen Tuchproduktion, die allesamt nach Friedberg kamen, um auf den hiesigen Messen Geschäfte zu tätigen, hatten mit den Friedberger Tuchhändlern und Tuchproduzenten eines gemeinsam: Sie wollten miteinander Geschäfte machen, und die Stadt als Wirtschaftsraum funktionierte darüber, dass sie dieses Gemeinsame zentral machte und alle Fremdheit relativierte. Das ist das Wesensmerkmal der Stadt. Das Medium zur Relativierung der Fremdheit war das Geld, das Rohstoffe wie Fertigprodukte in Waren verwandelte. Geld diente als das Mittel des Vergleichs, als der Vergleichbarmacher.

Das Geld ist damit auch das Mittel zur Domestikation der Fremdheit, es ist das Gemeinsame der einander und untereinander Fremden. Das Geld ist das Kommunikationsmedium der Fremden, das die Schranken der kulturellen Unvertrautheit und der sozialen Nichtzugehörigkeit überspringt bzw. sie für einen Augenblick bedeutungslos macht. Die Kaufleute aus anderen Regionen, die zu den Friedberger Messen kamen, waren keine Friedberger Bürger, also sozial nicht zugehörig, und sie sprachen zumeist ein für die Hiesigen nur schwer verständliches Idiom, waren also auch kulturell unvertraut. Das Geld relativierte das; es verwandelte – in den Worten Georg Simmels – das Sein in Haben. Insofern ist die Stadt bzw. die städtische Gesellschaft immer auch eine Veranstaltung des Geldes. Die Stadt ist, mit anderen Worten, ein Zentralort der Geldwirtschaft, während das Dorf bis ins 19. und 20. Jahrhundert hinein ein Refugium der Naturalwirtschaft geblieben ist. Das war dann freilich ein Problem mit den „Fremden", die kein oder kaum Geld hatten, den Tucharbeitern und Tagelöhnern, die eine nichtmobilisierbare Gruppe bei fremdenfeindlichen Aktionen darstellten, weil dann soziale Ressentiments gegen kulturelle Fremdheit ausgespielt werden konnten – und derlei gab es auch in Friedberg. Ein ums andere Mal sind dabei die Juden, als die Repräsentanten des Geldes stigmatisiert, zum Objekt der Aggression geworden. Das wäre eine eigene Geschichte, und die wird uns heute Abend nicht weiter beschäftigen. Aber es verdient doch festgehalten zu werden, dass bei den Attacken auf die Juden der Stadt zwei Typen der Fremdheit gegeneinander ausgespielt wurden.

Halten wir fest: die Stadt ist ein Raum des Fremden, in dem darauf verzichtet wird, das Fremde zu nivellieren, sondern an dem Fremdheit als solche bewahrt bleiben kann; die Stadt ist des Weiteren ein Ort der sozialen Unterschiede, die nicht aufgehoben, sondern festgeschrieben werden: Patriziat, Zunftangehörige, unterbürgerliche Schichten. Und die Stadt ist zugleich der Ort, an dem diese beiden Modi der Fremdheit, der kulturellen und der sozialen, durch ein soziales Medium gebändigt werden, das wie keines sonst für Austausch steht: das Geld. Insofern ist klar, dass die Entstehung der Stadt und das Aufkommen der Geldwirtschaft miteinander verbundene Vorgänge waren, so wie das Verschwinden des Geldes und das Verschwinden der Städte im Frühmittelalter ebenfalls parallele Vorgänge waren. Das ist freilich eine Definition des städtischen Raums, in die evaluative, bewertende Elemente eingegangen sind, eine Definition, die den Stempel des Städtischen nicht beliebig verteilt, sondern die auch prüft, ob das, was von sich behauptet, Stadt zu sein, solches auch wirklich ist. Das heißt: Stadt ist man nicht, sondern Stadt muss man auch sein wollen. Damit haben die Einwohner Friedbergs immer wieder ihre Probleme gehabt, denn Stadt zu sein ist immer auch anstrengend.

Das ist für die Geschichte Friedbergs nicht uninteressant, denn das, was schon bald nach seiner ersten urkundlichen Erwähnung zu einer mittelgroßen Stadt im Reich heranwächst, bleibt das nicht auf Dauer. Im 15. Jahrhundert ist Friedberg mit 1.000 Einwohnern auf ein Viertel seiner vormaligen Größe geschrumpft, die beiden Vorstädte, suburbs und praeurbs in den Urkunden, sind weitgehend entvölkert, es gibt nur noch 39 Wollweber, was einen regelrechten Zusammenbruch der Tuchproduktion anzeigt, und Fremde kommen kaum noch in die Stadt. Man kann diesen Rückgang auch an den von der Stadt an das Reich gezahlten Steuern ablesen, wenn man sie zu denen anderer Städte in Beziehung setzt. Als Vergleich nehme ich Colmar im Elsass, das im Jahr 1241 150 Mark Steuern an das Reich zahlte, während die Friedberger 120 Mark zahlten. 1404 standen dann 750 Gulden aus Colmar 600 Gulden aus Friedberg gegenüber. Fraglos gehörte Friedberg im Spätmittelalter zu den bedeutenderen Städten des Reichs. Das war am Ende des 15. Jahrhunderts dann nicht mehr der Fall: Den 219 Gulden, die Colmar im Rahmen des „Gemeinen Pfennigs" an das Reich zahlte, stehen aus Friedberg nur noch 44 Gulden gegenüber, was in etwa dem (geschätzten) Bevölkerungsrückgang auf ein Viertel der früheren Bevölkerung entspricht. Die Friedberger Messen hatten ihre Bedeutung verloren, und den Kontakt mit den Kaufleuten aus der Fremde hatten die Frankfurter Kaufleute übernommen. Die Stadt war ins Eigene eingesperrt, die Friedberger waren unter sich, und in diesem Zustand sollten sie dann mehrere Jahrhunderte verharren. Friedberg blieb Stadt, formal sogar Freie Reichsstadt, aber den Charakter des Urbanen hat es verloren.

Bringen wir die bis jetzt angestellten Beobachtungen und Überlegungen in den Rahmen von Stadt – Land – Welt, so kann man sagen, dass die Stadt nicht ohne den Bezug zum Land gedacht werden kann und dass ihre Urbanität in dem Maße wächst, wie das Land, also die nähere Umgebung der Stadt, „welthaltig" ist. Welt ist im 13. und 14. Jahrhundert für Friedberg sicherlich keine globale Welt, sondern ein Raum, der von den oberdeutschen Handelsstädten bis zur Ostsee, von Flandern bis nach Schlesien reicht, und der bisweilen sogar Verbindungen bis nach Oberitalien hat, wie die Anordnung Kaiser Ludwigs (des Bayern) von 1346 zeigt, in der von einem „Kawerzen aus Asti" die Rede ist, also einem lombardischen Bankier und Geldverleiher, den die Stadt Friedberg als Bürger aufnahm und den der Kaiser als unter seinem besonderen Schutz stehend annoncierte.

Diese Welt war eine von politischen Kämpfen geprägte Welt: Kämpfe zwischen Staufern und Welfen, zwischen Kaiser und Papst, zwischen den Fürsten im Reich, auch zwischen städtischen Patriziern und den Zünften und gelegentlich auch zwischen Zünften und einem zünftische Rechte anstrebenden Stadtproletariat. Diese Kämpfe konnten den Handel beeinträchtigen, sie konnten durchziehende Kontingente von Bewaffneten zur Folge haben, aber sie blieben gegenüber der sozio-ökonomischen Entwicklung des 13. und 14. Jahrhunderts weitgehend unmaßgeblich. Die Migrationsbewegungen dieser Zeit, die kleinen, die vom Land in die Stadt führen, und die großen, die mit der Leistungsfähigkeit des Räderpflugs verbunden waren, der zum technologischen Träger der Ostkolonisation wurde, entstanden nicht aus politischen Verwerfungen heraus, sondern aus einer Dynamik des Wirtschaftlichen. Es waren somit nicht Flüchtlinge, sondern Arbeitsmigranten, die die Migrationsbewegungen in Gang setzten und speisten. Wo Politik Flüchtlinge produzierte, waren diese so wenige, dass sie nicht weiter ins Gewicht fielen. Doch die Städte waren Anziehungspunkte von Arbeitsmigranten, weil sie in der Phase ihres Aufstiegs Arbeitskraft nachfragten. Die Welt veränderte sich, weil sich die sozio-ökonomischen Konstellationen veränderten, und die Kämpfe der Mächtigen hatten darauf verhältnismäßig geringen Einfluss.

Halten wir fest, was typisch für die Stadt ist: Die biologische Reproduktion ist nicht hinreichend; es gibt ein ständiges Erfordernis sozialer Reproduktion, also von Zuwanderung, und zwar kontinuierlicher Zuwanderung in der Periode des Aufstiegs und der Prosperität. Gründe dafür sind: schlechte hygienische Verhältnisse in der Stadt und deswegen eine hohe Mortalitätsrate, vor allem dann, wenn sich wieder einmal eine Seuche ausbreitet. In den engen Wohn- und Lebensverhältnissen fanden die Krankheitserreger beste Verbreitungsbedingungen. Und die Aufzucht von Kindern in der Stadt war teurer als auf dem Lande, wo sie billige Arbeitskräfte bzw. einen Arbeitskraftpuffer darstellten, was in der Stadt nicht der Fall ist. Die Stadt ist somit durchgängig auf Zuzug vom Land angewiesen. Das gilt auch für Friedberg im 13. und 14. Jahrhundert.

II

Was im Spätmittelalter und dann noch einmal in der Zeit der Industrialisierung ein Stadt-Land-Verhältnis war, ist heute in demographischer Hinsicht ein Verhältnis zwischen dem reichen Norden und dem globalen Süden geworden. Die Welt ist größer, sie ist buchstäblich global geworden. Veränderte Transportmittel und Kommunikationsmöglichkeiten haben die Welt verändert: Die Räume sind geschrumpft, die Zeitabläufe haben sich beschleunigt.

Die Bevölkerung Europas vermag sich nicht mehr zu reproduzieren. Sie schrumpft, und das ist ein Problem für die Prosperität der Länder des reichen Nordens, denen die Arbeitskräfte ausgehen. Und es ist ein vielleicht noch größeres Problem für den Sozialstaat, dem nicht nur die Pflegekräfte ausgehen, sondern bei dem, wenn wir ausschließlich die biologische Reproduktion zugrunde legen, in zwei, drei Jahrzehnten bei Fortschreibung der gegenwärtigen Bedingungen auf einen Beschäftigten ein Rentner kommt. Von allen EU-Ländern ist dieses Problem in Deutschland wohl am größten, weil hier die geringsten Reserven zur Verfügung stehen. Will man einigermaßen gegenhalten, dann geht es um eine umfassende Mobilisierung der Humanressourcen: Frauen müssen voll in das Arbeitssystem eingegliedert werden, und die Lebensarbeitszeit muss um zehn Jahre verlängert werden. Aber selbst das wird kaum genügen. Die Länder

Prof. Herfried Münkler mit Bürgermeister Michael Keller beim Eintrag in das goldene Buch der Stadt Friedberg. 14.04.2016. Foto: Cornelia Becker

des reichen Nordens sind demographisch extrem verwundbar, ganz ähnlich, wie wir das an den europäischen Städten des Mittelalters gesehen haben.

Also sind wird auf Zuwanderung angewiesen, d.h. auf soziale Reproduktion, die die biologische Reproduktion ergänzen muss: Im Falle Deutschlands geht es pro Jahr dabei um 700.000 bis 800.000 Menschen – freilich solche, die für den deutschen Arbeitsmarkt geeignet sind. Das sind, von wenigen Ausnahmen abgesehen, die jetzt in Deutschland angekommenen Flüchtlinge nicht. Dafür hätte vielleicht eine kluge Einwanderungspolitik Sorge tragen können, aber die hat es nicht gegeben. Also kommt es jetzt auf ein Empowerment, eine Strategie der Befähigung bei den Flüchtlingen an, um sie mittelfristig aus einem Kostenfaktor des Sozialsystems in einen dieses System tragenden Teil zu verwandeln. Das wird schwierig werden, aber das ist prinzipiell möglich. Doch dazu gehört neben dem Erlernen der deutschen Sprache und einer möglichst guten Berufsausbildung auch kulturelle Integration: religiöse Toleranz, Respekt vor Frauen; dazu die Akzeptanz von Individualität und persönlicher Selbstverfügung. Freilich: Die Flucht, die viele der neu Ankommenden jetzt hinter sich haben, kann dabei auch eine Ressource sein, denn bei der Flucht ist viel Traditionalität abhandengekommen. Es gibt freilich auch eine Flucht in den Islamismus, Salafismus, Dschihadismus, die dabei als Kompensation der abhanden gekommenen Tradition dienen. Aber zu dieser Flucht in den Islamismus kommt es nur dann, wenn die Integration misslingt.

Neben dem Empowerment der Neuankömmlinge ist für die Lösung unserer Probleme, also vor allem der demographischen Verwundbarkeit, eine weitere Voraussetzung die, dass die Flüchtlinge bleiben. Das ist neben dem Empowerment die zweite große Herausforderung, die nur erfolgreich angegangen werden kann, wenn man die nach Deutschland gekommenen Migranten nicht als Gefahr oder Bedrohung, sondern als Chance betrachtet. Um diese Frage gibt es zurzeit in der deutschen Gesellschaft eine heftige Kontroverse. Spiegelt man diese in der Stadtgeschichte, so zeigt sich, dass die Entscheidung eine zwischen Identität und Prosperität sein wird. Friedberg war eine blühende Stadt, aber sie war es dann lange Zeit nicht mehr. Darüber nachzudenken ist nicht nur Geschichtsforschung, sondern ein Einstieg in die Probleme der Gegenwart.

Gärten und Parks in der Wetterau und ihre Gärtner

Bernd Vielsmeier

1 Funktion des Gartens und des Parks

Ein Garten dient entweder als Nutzgarten der Ernährung oder als Ziergarten der Erholung – oder auch als beides zusammen. Schon im Mittelalter wurden die Klostergärten nicht nur als Gemüse- und Arzneikräutergarten genutzt, sondern dienten in ihrer Anlage und Gestaltung auch der Andacht und Erholung. Die Anlage des Gartens im Kreuzgang als Wegekreuz, in dessen Mitte oft ein Brunnen lag, symbolisierte den Paradiesgarten mit seinen vier Flüssen. Diese Gestaltungsform wurde zum Vorbild für die Anlage auch der weltlichen Gärten von Adel, Bürgern und Bauern. Die Küchen- und Kräutergärten der Benediktinerinnenabtei Engelthal sind – wie es der Heilige Benedikt, der Ordensgründer, im 6. Jahrhundert in der Benediktsregel für seinen Orden bestimmt hat – innerhalb der Klostermauern angelegt, um das an Pflanzen zu ziehen, was für das tägliche Leben im Kloster benötigt wird.[1] Der rekonstruierte Klostergarten der ehemaligen Abtei Seligenstadt am Main vermittelt heute den Besuchern einen Eindruck von der historischen Anlage eines solchen Kräuter- und Apothekergartens aus der Barockzeit.[2] Aus diesen Klostergärten entwickelte sich im Mittelalter auch das, was wir uns heute unter einem Ziergarten vorstellen, der mit der Anpflanzung von Blumen, Sträuchern und Bäumen so gestaltet wird, dass er dem Menschen Gelegenheit zum Ausruhen und Entspannen bietet.

Sprachgeschichtlich lässt sich das deutsche Wort *Garten* auf das germanische Wort **gardōn* zurückführen[3] und findet sich heute auch in anderen europäischen Sprachen, wie im Englischen oder Isländischen. Neben den Sprachen der germanischen Sprachfamilie hat der Begriff auch Eingang in die romanischen Sprachen gefunden, die es als Fremdwort entlehnt haben, wie franz. *jardin* und ital. *giardino.*[4]

Das deutsche Wort *Park* ist in der 1. Hälfte des 18. Jahrhunderts als Fremdwort über das Englische aus dem Französischen in der Bedeutung *umschlossene großflächige Grünanlage zum Schmuck der Schlösser mit Spazierwegen für die vornehme Gesellschaft* entlehnt worden und geht auf das mittellateinische Wort *parricus* für ein *Gehege* zurück.[5]

2 Kennzeichen des Gartens

Gerade in Siedlungen, die sich in früheren Zeiten durch Zäune oder Mauern gegen wilde Tiere, Räuber und Soldaten zu schützen versuchten, war der Garten eigentlich nie nur Nutzgarten. Eine Sitzgelegenheit fehlte selten, um sich während oder nach der Arbeit im Freien auszuruhen. Auch in früheren Jahrhunderten hatte der Garten neben seiner Nutzfunktion eben auch seine Funktion als Ort der Entspannung. Dies traf insbesondere für die von Mauern und Gräben umgebenen Städte und Burgen zu. Einen guten Eindruck von der

Abb. 1: Die barocke Klosteranlage des Klosters Engelthal mit ihren Gärten von Osten nach einem Stich von Joseph Prestele aus dem Jahr 1849. Quelle: Kulturgut Fürst zu Ysenburg-Büdingen

Beschränktheit des Platzes für Gartenflächen kann man sich heute noch in Städten wie Büdingen und Windecken sowie Burgen wie der Ronneburg und der Wasserburg in Bad Vilbel verschaffen.

Mit dem Garten verbindet sich fast zwangsläufig die Vorstellung vom Paradies – einem Garten, der dem Menschen alles bietet, was er zum Leben braucht, ohne dass er dafür im Schweiße seines Angesichts sein Brot essen muss.

Nach der biblischen Überlieferung ist Gott selbst der erste Gärtner und Parkschöpfer.[6] Die gemeinsame Geschichte von Gott und Mensch beginnt mit der Anlage eines Gartens in Eden, dem Paradies, das seit der Vertreibung des Menschen Ort der Sehnsucht nach einem sorglosen, friedlichen und ausgefüllten Leben ist. Das Paradies ist kein Ort des *dolce far niente* oder gar das Schlaraffenland. In der Schöpfungsgeschichte vertraut Gott dem Menschen seinen Garten mit der Auflage an, ihn zu bebauen und zu bewahren, d. h. er darf ihn nutzen, muss ihn bewirtschaften und sorgsam mit ihm umgehen.[7] Gott selbst nutzt den Garten, um in der Abendkühle spazieren zu gehen, also zur Entspannung und Erholung. In der Paradiesgeschichte sind bereits alle wesentlichen Aspekte eines Gartens enthalten:

1. Es ist ein abgegrenztes und durch eine Einfassung umschlossenes Gelände.
2. Der Garten dient dem Lebensunterhalt und muss dafür bewirtschaftet werden – und nicht zu vergessen: Für das Fortbestehen des Gartens und einer zukünftigen Nutzung ist ein pfleglicher, sorgsamer und vorausschauender Umgang erforderlich.
3. Der Garten dient der Erholung und Entspannung.
4. Gärtnerin und Gärtner werden zu Mitschöpfern. Mit der Anlage eines Gartens kann sich der Mensch durch seine Kreativität sein eigenes, kleines Paradies erschaffen – ein nicht unwichtiger Aspekt.

Mit der Vertreibung von Adam und Eva aus dem Garten in Eden ist das paradiesische Leben für die Menschen passé – der Gedanke an das Paradies und die Sehnsucht danach ist den Menschen bis heute geblieben. Etwas Gutes hatte in der Rückschau die Vertreibung aus dem Paradies für den Menschen schon. Seine Sehnsucht nach dem Paradies weckte den Wunsch nach der Verwirklichung dieses Gartens auf der Erde – und wenn er sich auch nur im ganz kleinen Maßstab umsetzen ließ. Der Mensch wurde dabei zum Mitschöpfer und zum Mitgestalter seiner unmittelbaren eigenen Welt. Gerade bei Gärten und Parks spricht man daher gerne von Gartenschöpfungen, bei den Gestaltern von Gartenschöpfern.

Nicht erst seit der Antike im europäischen Raum, sondern auch in anderen Kontinenten legte der Mensch Gärten an. Kulturgeschichtlich ist für die Anlage von Gärten Voraussetzung, dass der Mensch sesshaft wird. Nomaden brauchen keine Gärten zu ihrer Versorgung. Für diejenigen, die sich auf Dauer an einem Ort niederlassen, wird der Garten aber früher oder später zur Notwendigkeit.

Einen ersten entscheidenden Impuls für die Gartenkultur in der Wetterau gaben die Römer mit ihren Gartenanlagen und den Pflanzen, die sie mitbrachten. Ihre Hinterlassenschaft findet sich teilweise noch bis heute im Wortschatz. Wenn der Wetterauer von seinem *Kappesgarten* spricht, dann meint er seinen Krautgarten, der meistens in Siedlungsnähe liegt. *Kappes* geht auf das lateinische Wort *caput* zurück, was übersetzt *Kopf* oder *Haupt* bedeutet. Der Wetterauer spricht auch gerne von *em Habsche Ruudkraut,* wenn er den blauen Krautkopf meint. Auch die Bezeichnung *Rosengarten* für einen Friedhof geht auf die Römer zurück. Die Römer feierten die Rosalien, das Rosenfest, als Fest für die Toten. Die Rosengärten in der südlichen Wetterau, die im Wald liegen, bezeichnen oft vor- und frühgeschichtliche Gräber oder Friedhöfe.[8]

Gärten dienten aber nicht nur dem Anbau von Pflanzen, sie waren auch als Sondernutzungsflächen angelegt, zum Beispiel die Bleichgärten zum Bleichen der Wäsche. Dazu musste das Gras relativ kurz gehalten werden. Es wurde daher mit der Hand geschnitten. Vieh durfte hier wegen der möglichen Verunreinigung durch Kot nicht gehalten werden.

3 Gärten im Mittelalter

3.1 Das Gartenrecht

Die Haus- und Feldgärten unterstanden einem eigenen Recht, dem sogenannten *Gartenrecht.*[9] Die Äcker und Wiesen unterlagen dem Flurzwang der Dreifelderwirtschaft. Danach konnte nicht jeder, so wie heute, seine Wirtschaftsflächen individuell bewirtschaften, sondern der Anbau und die Ernte waren gemeinschaftlich geregelt. Die Feldflur eines Dorfes war dazu in drei große Schläge unterteilt. Auf zwei Großfeldern wurden Sommer- und Wintergetreide angebaut, das dritte Großfeld lag brach, damit sich der Boden wieder erholen und mit Nährstoffen anreichern konnte. Jedes Jahr wurde die Nutzung in einem geregelten Turnus gewechselt, sodass jedes der drei Großfelder im ersten Jahr mit Sommergetreide, im zweiten Jahr mit Wintergetreide bebaut wurde und im dritten Jahr brach liegen blieb.

Die Gärten hingegen konnten individuell bewirtschaftet werden. Dies galt für alle Gärten, sowohl für die direkt beim Haus liegenden Hausgärten innerhalb des Dorfes, als auch für die Krautgärten in Dorfnähe und für die Feldgärten, die durchaus auch in einiger Entfernung zur Siedlung liegen konnten. Gemeinsames Kennzeichen aller Gärten war die Begrenzung durch einen Zaun oder eine Mauer. Der Garten war *derjenige Teil des ländlich-bäuerlichen Wirtschaftsraumes, der am stärksten der individuellen familiären Nutzung vorbehalten oder, von der anderen Seite her betrachtet, am eindeutigsten der genossenschaftlichen Mitnutzung entzogen ist.*[10] Bis auf die zehntfreien Grundstücke waren Gärten wie Äcker und Wiesen zehntpflichtig. Im Herbst wurden die abgeernteten Flächen und ein Teil der Gärten für die Gemeinde zur Beweidung durch ihr Vieh freigegeben. Der Friedberger Hartmann Thomas (1588- nach 1623) berichtet in seinem Hausbuch von einem Vorfall aus dem Jahr 1612, der deutlich macht, dass die zehntfreien Gärten nach dem geltenden Gartenrecht von einer Beweidung durch das Vieh der Gemeinde ausgeschlossen waren. *Ao 1612, den 17. Octobris, als die Musquetirerschützen ihr Endschießen haben gehalten, hat der Oxster Juncker*[11] *dem Herrn Pfarrer ins des Herrn Capellans Garten vor dem Seher Tor*[12] *eine Kuhe durch den Feld-*

Abb. 2: Das Titelblatt der 1550 in Magdeburg erschienenen Schrift *Der Holdseligen Blummen der Treifeltigkeit bedeutung Nuetzlich zulesen. Gott dem Herrn zu ehren* von Erasmus Alberus zeigt die Blume der Dreifaltigkeit inmitten eines Gartens, der mit einem dichten Pallisadenzaun aus angespitzten Brettern umgeben ist.

schützen lassen nehmen, der Meinung, daß sie keine Allmei[13] *nach Michelstag*[14] *in ihren eignen Zehnenfreien Gärten haben sollen. Da hat ein ehrbarer Rat beschlossen, daß die junge Burgerschaft mitsamt den Musquetirern (die eben auf dem Ackergarten schossen) sollen hinaus in das Dorf Oxstet fallen und die Kuhe wiederumb holen. Welches auch also balt geschehen ist, und sind etliche des Rates mit draußen gewest, auch ist von jungen Knaben und Bürgers-Söhnen ein große Anzahl mit gewest, ihnen zum ewigen Gedechtnus, daß man eine Kuhe dem Junker aus Wirtstall hat heraußer geholt und naher Fridberg mitgeführt.*[15] In der Bezeichnung *Ackergarten* wird auch deutlich, dass es sich um einen Garten handelt, der als Feldgarten innerhalb der Ackerfläche von einem der drei Großfelder der Gemarkung angelegt worden war.

Kennzeichen der Gärten war der Zaun. Die Gartenzäune waren gerade so hoch, dass es den freilaufenden Tieren innerhalb und außerhalb der Siedlung verwehrt war, über den Zaun zu springen. Die Zäune hatten eine Höhe von ungefähr einem Meter. Zum Übersteigen gab es im Dorfbereich und an den Viehweiden sogenannte *Stiegel,* die aus mehreren Stufen auf beiden Seiten des Zauns sowie einem Brett auf der Zaunkrone bestanden. Da die Zaunhöhe von einem Meter nicht ausreichend ist, um sich vor Dieben und in Kriegszeiten vor Soldaten zu schützen, legten einige Dörfer in der Wetterau ihre Hofreiten so an, dass die Siedlung zum Feld hin durch einen geschlossenen Ring von Scheunen geschützt wurde, hinter denen sich die Hausgärten mit dem Dorfzaun erstreckten. Dies lässt sich heute noch gut in Büdesheim im Bereich der *Südlichen Hauptstraße* erkennen, wenn man auf der einen Seite an der Nidder und auf der anderen Seite auf dem Weg *Hinter den Zäunen* entlanggeht.

Selbst Kleinstsiedlungen wie eine Einsiedlerklause wiesen die wesentlichen Siedlungselemente Behausung, Garten und Zaun auf. In der südlichen Wetterau sind zwei Einsiedeleien belegt, die von Eremiten bewohnt wurden. Eine lag bei Burg-Gräfenrode. Dort soll sich ein Mitglied der Familie von Carben im heute so genannten *Einsiedelwald* eine Einsiedlerklause errichtet haben, die der Jungfrau Maria geweiht war. Ein unbekannter Verfasser schrieb in der 1. Hälfte des 18. Jahrhunderts: *Diesen wald hat einer auß dem sehr alten adeligen geschlecht von Carben damit Er seinem gebet und andern gottseeligen übungen desto besser könte abwarten, bewohnet, und also dahero der Einsiedel genennet wird.*[16]

Eine weitere Einsiedelei befand sich in Ostheim im Wald. Im Jahr 1723 errichtete sich der aus Heldenbergen stammende Eremit Jacob Macarius Heuser im diesem Wald, der damals noch zu Eichen gehörte, mit Erlaubnis der Burg

Friedberg und den Besitzern des *Junkernwaldes* eine Einsiedlerklause. Sie bestand aus einer mit Stroh gedeckten Hütte, einem Garten und einem Obstbaumstück. Den ganzen Bezirk seiner Klause umgab Heuser mit einem Graben und einer Hecke. Da die Einsiedelei ohne Genehmigung der Hanauer Regierung in ihrem Territorium errichtet worden war, musste Heuser 1731 nach Heldenbergen zurückkehren, und seine Einsiedelei wurde zerstört. Jacob Macarius Heuser strengte daraufhin einen Prozess vor dem Reichskammergericht in Wetzlar an.[17]

Seit dem 16. Jahrhundert wurden Einsiedeleien zum Gestaltungselement höfischer Gärten als Sinnbild für Orte anspruchslosen Lebens und der Besinnung, wie beispielsweise die Ende des 18. Jahrhunderts errichtete Einsiedlergrotte im Kurpark von Wilhelmsbad als Element des empfindsamen Landschaftsgartens.

3.2 Nutzgärten

Eine räumliche Trennung von Nutz- und Ziergärten entstand erst im Barock. Im Mittelalter und in der Renaissance wurden Nutz- und Zierpflanzen innerhalb eines Gartengeländes gepflanzt. Ihre gezielte Kombination zum Schutz gegen Krankheiten und Schädlinge hat sich in den Bauerngärten bis heute erhalten und ihnen ihr typisches Gepräge gegeben. Trennungen zwischen Nutzgarten und *Lustgarten* gab es im Mittelalter ansatzweise bei befestigten Burgen und Städten, denen durch ihre Gräben und Mauern im Inneren des Siedlungsbereiches nur wenig Raum für die Anlage von Gärten zur Verfügung stand.[18] Es werden zwar *Lustgärten* für die Städte und Burgen in der schriftlichen Überlieferung genannt, aber in der Regel ohne nähere Informationen zu ihrer Größe, Gestaltung oder gar Bepflanzung.[19] Genannt werden Baum- und Wiesengärten für eine mittelalterliche Burg sowie Rosengärten und Rasenbänke als Ausstattung.[20]

Zum Territorium der Reichsburg Friedberg gehörte unterhalb des Burgbergs die *Vorstadt zum Garten,* die 1306 erstmals erwähnt wird. Die Bewohner sollten nach dieser Urkunde *dynen eim burggraven und der burg, als sie vor alder han getan.*[21] Als Beisassen gehörten sie zur Reichsburg Friedberg und waren der Burg dienstpflichtig. Offensichtlich handelt es sich bei den *gertennere, die under der burg sytzen* um Gärtner, die für die Burg und ihre Bewohner in der Gemarkung, die zur *Vorstadt zum Garten* gehörte, Kräuter und Gemüse in Gärten zogen, die sie von der Burg zu Lehen hatten.[22] Auch wenn die

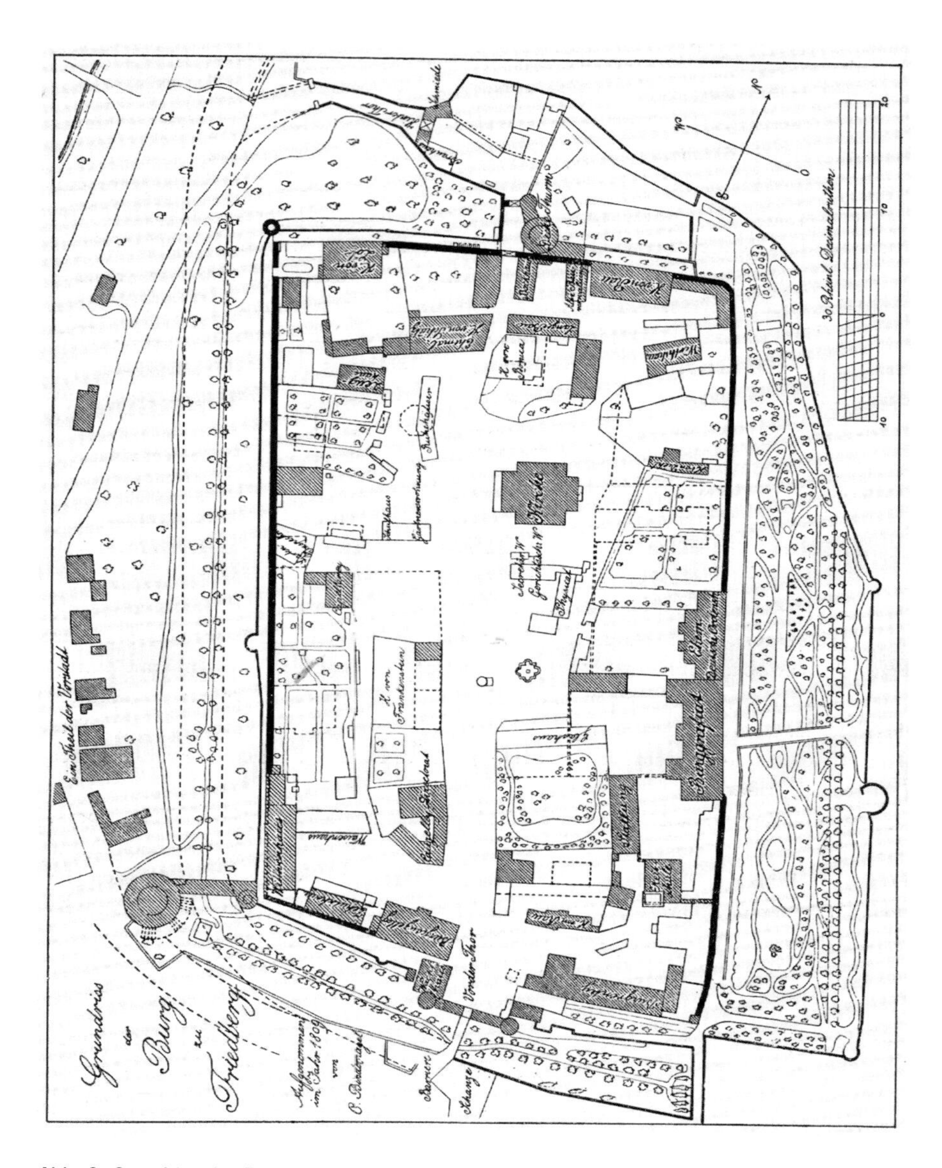

Abb. 3: Grundriss der Burg zu Friedberg. Aufgenommen im Jahr 1809 von C. Bindernagel mit den englischen Gartenanlagen. Durch gestrichelte Linien sind in der Umzeichnung des Grundrisses für den Druck die bis 1895 vorgenommenen Änderungen seit dem Jahr 1809 angedeutet. Quelle: R. Adamy 1895, S. 114

Friedberger Burg mit einem Areal von 39.000 Quadratmetern flächenmäßig eine der größten deutschen Burganlagen war,[23] mussten die zur Versorgung der Burgbevölkerung notwendigen Gartenflächen außerhalb der Burg angelegt werden. Die Gärtner aus der *Vorstadt zum Garten* waren der Burg zur Leistung von Diensten in Friedens- und Kriegszeiten verpflichtet. In Kriegszeiten fanden sie einerseits Zuflucht in der Burg und halfen andererseits bei der Verteidigung der Friedberger Burg.[24] Für die Zeit zwischen den Jahren 1365 und 1400 lebten in der *Vorstadt zum Garten* schätzungsweise mindestens 200 Menschen.[25]

3.2.1 Küchengärten

Die Küchengärten dienten dem Anbau von Pflanzen, die im Alltag für die Küche notwendig waren, also Kräuter- und Gewürzpflanzen, Salat, Hülsenfrüchte, Wurzel- und Knollengewächse, Kraut- und Lauchpflanzen. Da der Platz innerhalb der Dörfer und Städte aber begrenzt war, wurden vor den Stadtmauern und Dorfzäunen weitere Flächen als Gartengelände genutzt und eingezäunt. Diese Gärten zählten rechtlich zum Wohnbereich einer Siedlung. Die Einzäunung der Grundstücke hatte verschiedene Funktionen. Sie diente einerseits zur Markierung der Grundstücksgröße und des Eigentumsrechts, andererseits als Schutz vor freilaufendem Vieh. Der Zaun konnte aus Holzlatten gefertigt sein oder bestand aus Holzpflöcken, die mit Weidenruten ausgeflochten waren. Gärten mit einer Mauer als Eingrenzung konnten sich nur Adelige oder Klöster leisten, da Stein als Material sehr teuer war.

Für das Ortenberger Schloss liegt die Beschreibung für die Anlage eines Gemüsegartens aus der Renaissancezeit vor.[26] Der Ertrag aus den angebauten Gartengewächsen auf dieser Fläche deckte den jährlichen Bedarf von drei Familien.[27]

Angelegt oder geplant wurde dieser Gemüsegarten vermutlich durch Graf Christoph I. zu Stolberg (1524-1581) nach dem Vorbild italienischer Renaissancegärten auf dem Gelände der im Jahr 1574 abgebrochenen Ruine des Bergfrieds und der romanischen Kapelle.[28] Der rechteckige Garten war in zwei mal vier Beetflächen eingeteilt, die an allen Seiten von Wegen begrenzt wurden. Zugänglich waren die acht Beete nur vom Mittelgang aus durch Bögen. Jedes Beet hatte sechs parallele Pflanzenreihen, die eine Kräuterreihe in der Mitte in zwei gleiche Hälften teilte. In ihrer Ausrichtung waren die Pflanzenreihen durch den Wechsel von Beeten mit Längs- und Querreihen schachbrettartig angelegt. Betrat man den Garten vom Schloss aus, waren die Reihen der Gartenbeete auf der linken Seite vom Hauptweg von vorne nach hinten angelegt: 1. Beet in Längsreihen, 2. Beet in Querreihen, 3. Beet in Längsreihen, 4. Beet in Querreihen. Bei den vier Gartenbeeten auf der rechten Seite des Hauptwegs war die Ausrichtung der Pflanzenreihen genau umgekehrt: 1. Beet in Querreihen, 2. Beet in Längsreihen, 3. Beet in Querreihen, 4. Beet in Längsreihen. Vorgesehen waren für den Garten vier Pavillons mit Zwiebelhaube. In der zeitgenössischen Beschreibung des Gartens heißt es: *Diese vier Hütten / werden Rauten weiß vergittert / und dann mit / blau Clunte* (?) */auch weiß besetzt.*[29] Der Plan für die Bepflanzung sah vor:

Beet I: *1.) Große Runk Erbeis*[30] *weiß 2.) groß Runk Erbeis grün in Winter 3. Vagolen* (?). *– Diese Mitte mit Rauten*[31] *besetzt. 4. Große welsche Bohnen*[32] *5. Steckel Rüben*[33] *6. Mersburgische Rüben.*[34]

Beet II: *1. Große Erd-Artischock(en)*[35] *2. Schwarze flugolis* (?) *3. Vagolen* (?). *– Diese Mitte mit Satani tunia*[36] (?) *besetzt, wird sehr zur Küche gebraucht 4. Römisch Kohl*[37] *5. Rote Rüben 6. Meerrettich. Die inwendige Gänge sind jeglicher 10 Werkschuh breit.*

Beet III: *1. Zwiebeln 2. Kleben* (?) *3. Winter Busch Zwiebeln. Diese Mitte durchs Quartier mit Lavendel besetzt. 4. Großer Winter Lauch 5. Gros Bris Lauch*[38] *6. Kleiner Lauch.*[39] *Die auswendigen Gänge sind 12 Schuh weit.*

Beet IV: *1. Basternata*[40] *2. Artischocken 3. Artofii*[41] *– Diese Mitte durchs Quartier ist mit Salbei besetzt. 4. Zuckerwurzeln*[42] *5.) Melonen*[43] *6.) Cucumeren.*[44]

Beet V: *1.* (5.) *gute Küche Speise haben kann 2.)* (4.) *und was man ferner für / 3.)* (3.) *mit besetzt sein. – Diese Mitte ist mit großer Roter Bachsalbei besetzt.*[45] *4.* (2.) *muß dies Quartier 5.* (1.) *Hoher gemeiner Braunkohl 6.) Winter-Endivie.*

Beet VI: *1.) Latuca,* [davon] *ißt man die Stengel*[46] *2.) Große schwarze Sommer-Endivie 3.) Kraus Haubter Lattig*[47] *– Diese Mitte ist mit Thymian besetzt. 4.) Haubter Lattig*[48] *5.) Petersilien mit Wurzeln 6.) Petersilien Kraut / dick gesetzt.*

Beet VII: *1.) Haupter Blaukohl*[49] *2.) Caulii*[50] *saphaii, 3.) Caulii violii – Diese Mitte ist mit Isop besetzt 4.) Caulii wechii (?) 5.) Caulii blank 6.) Kohlrabi.*

Beet VIII: *1.) Sommerspinat*[51] *2.) Winterspinat 3.) Große niederländische Rettich – Diese Mitte durchs Quartier mit Spica nardii*[52] *besetzt. 4.) Winter Rettich 5. Fruerapfer (?) Rettich*[53] *6.) Rettich schwarz.*

Die Mitte von allen Beeten war mit Küchen- und Heilkräutern bepflanzt: I: Raute (Ruta), II: Bohnenkraut, III: Lavendel, IV: Salbei, V: Feuersalbei, VI: Thymian, VII: Ysop, VIII: Baldrian. Nach dem Pflanzplan ergibt sich an angebauten Pflanzen soweit sie sich identifizieren ließen für die einzelnen Beete: I: Hülsenfrüchte (Bohnen, Erbsen) und Gemüse (Rüben), II: Knollenfrüchte (Topinambur) und Gemüse (Mangold, Meerrettich, Rüben), III: Gemüse (Lauch, Zwiebel), IV: Gemüse (Artischocken, Pastinake, Zuckerwurzel), Knollenpflanzen (Kartoffel), Kürbisgewächse (Melone, Gurke), V: Gemüse (Kohl), Salat (Endivien), VI: Salat und Kräuter (Petersilie), VII: Gemüse (Kohl), VIII: Gemüse (Rettich, Spinat).

Neben Pflanzen aus vorrömischer und römischer Zeit werden verhältnismäßig viele „Neuheiten" aus Amerika, Asien und Osteuropa wie die Kartoffel, die Gurke, der Spinat und der Feuersalbei gezogen. Interessant ist auch der Anbau von Topinambur aus Nordamerika und der Kartoffel aus Südamerika. In den Gärten wurde Topinambur lange Zeit bevorzugt angebaut, da die Kartoffel, ein Nachtschattengewächs, wegen ihrer giftigen Samenkapseln nicht als Nutzpflanze, sondern als Zierpflanze Verwendung fand. Kartoffelknollen wur-

Abb. 4: Dorfgärten in Blofeld um 1930. Foto: Stadtarchiv Reichelsheim

den anfangs als Rarität an den Fürstenhöfen als Geschenk weitergegeben. Daneben waren es Apotheker, Botaniker und Ärzte, die sie aus fachlichem Interesse in ihren Gärten zogen. Auch die Bauern und Bürger pflanzten die Kartoffel als essbares Knollengewächs anfangs nur in Gärten an, da sie als neue Gartenpflanze nicht dem Zehnt unterlag. Nach langen Streitereien mit den Obrigkeiten avancierte die Kartoffel um 1750 zur zehntpflichtigen Feldfrucht.[54] Erst durch den feldmäßigen Anbau der Kartoffel als Nahrungsmittel ist der Anbau von Topinambur durch sie verdrängt worden.[55]

3.2.2 Feld- und Wiesengärten

Auf relativ feuchtem Gelände in Siedlungsnähe wurden Kraut- oder Kappesgärten angelegt. Hier konnten neben Krautpflanzen auch andere Pflanzen angebaut werden, die einen relativ geringen Pflegeaufwand benötigten und durch das feuchte Gelände auch im Sommer nur selten gegossen werden mussten. Auf diesen Flächen wurden auch Jungpflanzen gezogen und hießen dann zumeist *Pflanzgärten* oder *Setzlingsbeete*. Die Feld- und Wiesengärten waren notwendig, um Pflanzen zu ziehen, die wegen des Flächenbedarfs nicht innerhalb der Siedlung angelegt werden konnten und auf den Getreidefeldern nicht angebaut werden durften. Zu diesen Pflanzen gehörten beispielsweise Erbsen, Bohnen, Linsen, Wicken, Flachs, Hanf, Hopfen, Klee, Rüben, Kohl, Wein oder Waid und Krapp als Pflanzen zum Färben der Stoffe. Diese Feldgärten wurden in der Wetterau auch *Beunen* oder *Beunden* genannt, die in ihrem Wortursprung zum Wort *binden* gehören und eine durch eine Umzäunung eingebundene Feldfläche bezeichneten.[56] Vereinzelt wurde auch ein Garten, der als Sondernutzungsfläche innerhalb der Siedlung lag, als *Beune* bezeichnet. Für Kloppenheim ist für das Jahr 1425 eine *Beune* belegt, *die in dem Dorffe ligt da der wingarte insteht.*[57] Es wird mit der Bezeichnung dieser Gartenfläche als *Beune* deutlich, dass es sich um keinen normalen Hausgarten handelte, sondern um ein Gelände innerhalb der Dorfsiedlung, auf dem Wein als Sonderkultur angebaut wurde.

3.2.3 Kräuter- und botanische Gärten

Im Mittelalter gehörte zur Anlage eines Klosters selbstverständlich ein Kräutergarten, der aber nicht nur Kräuter für den Bedarf der Klosterküche enthielt, sondern auch Arzneipflanzen. Mönche und Nonnen sammelten ihr Wissen und ihre Erfahrungen, die sie bei der Verwendung der Pflanzen in ihrer täglichen

Arbeit mit Kranken sammeln konnten, und hielten dies auch schriftlich fest. Das Beobachten und Bestimmen sowie die Beschreibung der Pflanzen und ihre Wirkung auf das menschliche Befinden bildete die Grundlage für die Wissenschaft und Lehre der Pflanzen, der Botanik. Neben den einheimischen Pflanzen versuchte man, auch Pflanzen aus anderen Regionen Europas und des Mittelmeergebietes zu sammeln und zu ziehen. Teilweise wurde dafür auch ein erhöhter Aufwand betrieben, insbesondere wenn Pflanzen überwintert werden mussten.

Nach der Entdeckung Amerikas wuchs das Interesse an exotischen Pflanzen. Es waren aber nicht mehr nur die Klöster, die Interesse an diesen Pflanzen hatten, sondern auch die Monarchen und Adligen, die sie sowohl zur Verschönerung ihrer Gartenanlagen, als auch zum Zeichen ihrer Macht anschafften und von ihren Gärtnern pflegen ließen. Mit der Renaissance und

Abb. 5 und 5a: Gotische Fresken im Deckengewölbe der Marienkirche in Ortenberg mit Marienpflanzen, entstanden etwa zwischen 1395 und 1450. Fotos: Harald Theissen, Ortenberg

dem Humanismus entstand eine Reihe von neuen Universitäten, die für ihre medizinischen Fakultäten zu Studien- und Forschungszwecken botanische Gärten anlegten, in denen eine Vielzahl von Pflanzen beobachtet und untersucht werden konnten.

Einer der ältesten botanischen Gärten Deutschlands ist der botanische Garten der Universität in Gießen, der 1609 angelegt wurde. Älter sind in Deutschland beispielsweise die botanischen Gärten der Universität Leipzig von 1580 und der Universität Heidelberg von 1597. Der Gießener ist allerdings der älteste botanische Garten, der sich seit seiner Gründung noch an der ursprünglichen Stelle befindet, nämlich mitten in der Altstadt von Gießen am Alten Schloss. Als 1607 Landgraf Ludwig V. von Hessen-Darmstadt (1577-1626) in Gießen eine Universität gründete, schenkte er zwei Jahre später der medizinischen Fakultät einen Garten, in dem der Mediziner und Botaniker Ludwig Jungermann (1572-1653) auf einem zunächst nur 1200 Quadratmeter großen Stück einen *hortus medicus,* also einen Heilpflanzengarten, anlegte.[58] Bereits 1617 wird ein Überwinterungshaus für Pflanzen erwähnt. Seit 1733 wird diese Anlage *Botanischer Universitätsgarten* genannt.[59]

Ein besonderer Heilkräutergarten befindet sich in und vor der gotischen Marienkirche in Ortenberg. Im Deckengewölbe der Kirche ist ein mittelalterlicher Mariengarten mit 43 Marienpflanzen dargestellt, die als ursprünglich heidnische Heilpflanzen nach der Ausbreitung des Christentums der Gottesmutter geweiht wurden und Bestandteil des an Mariä Himmelfahrt (15. August) gesegneten Kräuterbüschels sind.[60] In den Zwickeln der Decke sind *Wolken mit goldenen oder blauen Strahlpfeilen – Symbolen für sonniges Wetter und kalten Wind*[61] abgebildet, Sonne und Mond auf den Schlusssteinen des Gewölbes. Die mittelalterliche Ausmalung wurde 1956 bei Renovierungsarbeiten entdeckt und freigelegt. Seit der grundlegenden Renovierung der Marienkirche in den Jahren 2003 bis 2007 sind die restaurierten Malereien in ihrer alten Farbgebung wieder sichtbar. Im Gewölbe sind die folgenden Marienpflanzen abgebildet:[62] Akelei (*Aquilegia vulgaris* L.),[63] Alant (*Inula helenium* L.),[64] Arnika (*Arnica montana* L.),[65] Wiesen-Augentrost (*Euphrasia rostkoviana* Hayne),[66] Bachbunge (*Veronica beccabunga* L.),[67] Echter Baldrian (*Valeriana officinalis* L.),[68] Blutwurz (*Potentilla erecta* Räuschel),[69] Dost (*Origanum vulgare* L.),[70] Gänseblümchen (*Bellis perennis* L.),[71] Gnadenkraut (*Gratiola officinalis* L.),[72] Heuhechel (*Ononis spinosa* L.),[73] Hundsrose (*Rosa canina* L.),[74] Johanniskraut (*Hypericum perforatum* L.),[75] Echte Kamille (*Matricaria chamomilla* L.),[76] Große Klette (*Arctium lappa* L.),[77] Nattern-Knöterich (*Polygonum bistorta* L.),[78] Königskerze (*Verbascum* L.),[79] Küchenschelle (*Pulsatilla vulgaris* Mill.),[80] Kunigundenkraut (*Eupatorium cannabinum* L.),[81] Echtes Labkraut (*Galium verum* L.),[82] Leberblümchen (*Anemone hepatica* L.),[83] Lein oder Flachs (*Linum usitatissimum* L.),[84] Löwenzahn (*Taraxacum officinalis* Weber),[85] Mariendistel (*Silybum marianum* Gaertner),[86] Klatsch-Mohn (*Papaver rhoeas* L.),[87] Nachtkerze (*Oenothera biennis* L.),[88] Odermennig (*Agrimonia eupatoria* L.),[89] Minze (*Mentha* L.),[90] Ringelblume (*Calendula officinalis* L.),[91] Rose (*Rosa*),[92] Garten-Salbei (*Salvia officinalis* L.),[93] Schafgarbe (*Achillea millefolium* L.),[94] Wasser-Schwertlilie (*Iris pseudacorus* L.),[95] Spitzwegerich (*Plantago lanceolata* L.),[96] Stiefmütterchen (*Viola tricolor* L.),[97] Tausendgüldenkraut (*Erythraea centaurium* L.),[98] Türkenbundlilie (*Lilium martagon* L.),[99] Thymian oder Quendel (*Thymus vulgaris* L.),[100] März-Veilchen (*Viola odorata* L.),[101] Vergissmeinnicht (*Myosotis arvensis* L.),[102] Weinraute (*Ruta graveolens* L.),[103] Wiesenklee (*Trifolium pratense* L.)[104] und Großer Wiesenknopf (*Sanguisorba officinalis* L.).[105] Für die mit der mittelalterlichen Symbolik vertrauten Gläubigen, die nicht lesen und schreiben konnten, war dieser Kräuterhimmel eine Art *Biblia pauperum*. Sie erkannten nicht nur die einzelnen Pflanzen an der Kirchendecke in ihrer etwas vereinfachten Darstellung, sie kannten die religiösen Bezüge zur Gottesmutter Maria, der ihre Kirche geweiht war, ihre Verwendung im Brauchtum sowie als Kräuter in der Küche und Medizin. Seit 2009 befindet sich vor der Kirche ein kleiner Garten, in dem alle im Gewölbe der Kirche dargestellten Marienpflanzen wachsen.

3.2.4 Weingärten und Baumgärten

Landläufig wird der Wein der Wetterau als „Dreimännerwein" bezeichnet: Ein Mann hält einen anderen Mann fest und ein dritter flößt dem festgehaltenen Delinquenten den Wein ein. Die Qualität des Wetterauer Weins war allerdings wesentlich besser als sein schlechter Ruf in der heutigen Zeit. Er wurde nicht nur bei den Kaiserkrönungen in Frankfurt ausgeschenkt, sondern auch ins Ausland ausgeführt und zu besonderen Anlässen kredenzt. So kamen von den 40 Weinen, die 1545 auf der Hochzeit des Herzogs von Württemberg ausgeschenkt wurden, mehrere aus der Wetterau.[106] Dies verwundert nicht, denn sowohl was die Böden als auch das Klima anbelangt, bietet die Wetterau für den Weinbau ideale Voraussetzungen. Klimatisch ist die Wetterau vergleichbar mit anderen deutschen Weinbaugebieten wie der Deutschen Weinstraße in der Pfalz oder der Hessischen Bergstraße.

Die Weinproduktion in der Wetterau war nicht nur für den Eigenbedarf bestimmt, sondern auch für den Weiterverkauf und hatte damit durchaus wirtschaftliche Bedeutung für die Region. Dies wird an den Verhältnissen in Ortenberg um das Jahr 1600 sehr deutlich. Von den 630 Morgen bürgerlichen Grundbesitzes, die zum Eigenbedarf bebaut werden konnten, *waren 430 Morgen Äcker, Wiesen und Baumgärten, 10 Morgen Wüstung und 130 Morgen Weingärten.*[107] Das Gelände für den Anbau von Wein umfasste zu dieser Zeit allein fast ein Fünftel der gesamten bewirtschafteten Fläche der Ortenberger Bürger.

Eingeführt haben den Weinbau, wie so vieles im Bereich des Garten- und Ackerbaus, die Römer. Ursprünglich wurde der Wein fast immer auf den Feldflächen gezogen. Diese Weingärten, landläufig auch *Wingerte* genannt, unterstanden dem Gartenrecht. Damit waren sie dem Flurzwang der Dreifelderwirtschaft entzogen und konnten individuell bewirtschaftet werden. Mit der zunehmenden Siedlungsdichte und der damit einhergehenden Verknappung der Flächen für den Anbau von Getreide wurden die Rebflächen seit dem Hochmittelalter zunehmend auf Gelände an Berghängen verlegt, die für den Ackerbau nicht oder nur schlecht zu nutzen waren. Einer gemeinschaftlichen Regelung unterlag die Bannung der Weingärten in der Zeit der Traubenreife und der Weinlese. Diese Maßnahmen waren erforderlich, um eine gerechte und überprüfbare Erhebung des Weinzehnten zu garantieren. Nach den Angaben in der *Flora der Wetterau* wurden im 18. Jahrhundert 12 grüne und 14 rote Traubensorten in der Wetterau gezogen:

Rote Trauben: *Schwarzer-, Blauer- und Roter Muskateller, Schwarzer und Roter Gutedel, Clävner aus Chiavenna, Schwarzer Burgunder, Müllertraube oder Burgunderbeere, Dickschwarze Traube, Blaue Zibebentraube, Schwarzer oder Blauer Silvaner, Roter Traminer, Jakobstraube, Ruländer.*

Grüne Trauben: *Weißer-, Grüner-, Aschgrauer Muskateller, Malvasier-Muskateller, Spanischer Muskateller, Zibeben-Muskateller, Weißer und Grüner Gutedel, Krachmost Gutedel, Weiße Zibebe, Grüner Silvaner, Kleiner Rießling.*[108]

Die Weinanbauflächen, so wie wir sie heute kennen, unterscheiden sich erheblich in Aussehen und Nutzung von früheren Weingärten, denn dort wurden nicht nur Weinstöcke angepflanzt, sondern auch die freien Flächen zwischen den Weinreben dienten der Aussaat und dem Anbau von Gemüse, Kartoffeln, Bohnen und Getreide. Auch Obst- und Nussbäume standen in den Weingärten, teilweise in solcher Menge, dass sie eher wie Baumstücke aussahen.

Der Weinstock lieferte nicht nur die Trauben zum Essen und zum Keltern von Wein, er wurde früher auf vielfältige Weise genutzt. Im ersten Band der 1799 erschienenen *Oekonomisch-technischen Flora der Wetterau* heißt es zur Nutzung des Weinstocks: *Die Blätter fressen viele Thiere; in einigen Ländern werden sie in Kuchen oder mit Butter gebakken gegessen, bei uns bedient man sich ihrer beim Einmachen der Gurken etc. Die Trauben werden reif gegessen und auch unreif zu mancherlei Speisen und zum Agrest*[109] *benuzt. Ausser dem Wein liefern sie auch noch wichtige Produkte, als Weinstein, Weingeist, Weinessig und Franzbrantewein. Trester und Hefen lassen sich auch mit Vortheil zu Brantewein benuzzen. Trester in verschlossenem Feuer zu Kohlen verbrannt und dann fein gemahlen, giebt eine vortreffliche Drukkerschwärze, und Hefen giebt durch Destillation Weinsteinöhl. Aus den Kernen kann man ein brauchbares Oehl pressen. Das dünne Rebholz dient zum Binden und aus dem stärkeren lassen sich Stökke verfertigen; auch kann es zur Gerberei dienen, und verbrannt zur Schwärze. Der Wolle giebt der Absud der Ranken braune Farben. Ihre Asche enthält ein blaufärbendes Wesen. Die Fortpflanzung des Weinstoks geschieht sowohl durch Rebenhölzer, Senker und Ableger, als auch nach Art der Römer durch Pfropfen.*[110]

Der Weinbau in der Wetterau wurde im 19. Jahrhundert durch die Umwandlung der Weinanbauflächen in Obstbaumgärten zurückgedrängt, da der Arbeitsaufwand beim Obstbau erheblich geringer und der Ertrag durch die einsetzende Industrialisierung und der damit verbundenen Verstädterung größer war. Das Obst konnte auf den städtischen Märkten verkauft werden, und anstatt des Weins aus Trauben ließ sich auch sehr gut aus den Äpfeln Apfelwein keltern. Nach dem massenhaften Auftreten der Reblaus wurde der Weinbau in der Wetterau weitgehend aufgegeben. Im Kreis Friedberg gab es im Jahr 1900 noch 5,6 Hektar bewirtschaftete Rebflächen; elf Jahre später, im Jahr 1911, waren es in ganz Oberhessen nur noch 1,3 Hektar Weingärten.[111]

3.2.5 Tiergärten

Unter einem Tiergarten verstand man im Mittelalter entweder ein *eingegrenztes Jagdgehege* oder eine *Menagerie*, in der wilde oder zahme Tiere gehalten wurden. Der Wetterauer Erasmus Alberus definiert in seinem 1540 erschienen Wörterbuch einen *Tiergarten* als *Ort, an dem (Wild-)Tiere gezogen und gemästet werden.*[112] Neben Flächen, auf denen z. B. Fohlen, Gänse, Hühner, Rinder oder Schafe innerhalb oder außerhalb der Siedlung gehalten wurden, gab es auch *Tiergärten*, die der Adel zu Jagdzwecken oder als Menagerien an-

Abb. 6: Das Wilhelmsbad bei Hanau um 1850. Im Hintergrund liegt die 1713 angelegte Fasanerie nördlich des Schlosses Philippsruhe mit ihrem barocken Jagdstern für die Parforcejagden. Lithografie von Jakob Ludwig Buhl nach einem Gemälde von Theodor Reiffenstein. Quelle: Geschichtsverein Hanau

legen ließ. Im Büdinger Raum sind Tiergärten seit dem 15. Jahrhundert belegt: 1427 in Büdingen,[113] 1489 in Aulendiebach[114] und Wolf[115] und 1575 in Büches.[116] Ein spezieller Tiergarten ist die 1743 genannte *Fasanerie* in Büdingen.[117] Weitere Bezeichnungen geben Rückschlüsse auf ihre Anlage und Beschaffenheit: *Fasanengarten,*[118] *Fasanenmauer*[119] und *Fasanenwäldchen.*[120] Zu Jagdzwecken und zum geselligen Vergnügen wurden seit dem 16. Jahrhundert Laub- und Nadelwälder, in denen auch früchtetragende Büsche wuchsen, planmäßig angelegt, durch gerade Schneisen erschlossen und mit Zäunen und Mauern umgeben, um einheimische wilde und gezähmte exotische Fasanen wie den Goldfasan zu halten.[121] Die Fasanerie des Schlosses Philippsruhe in der Nähe von Wilhelmsbad bestand aus *der Wilden und Zahmen Phasanerie.*[122] Neben Fasanengärten für die Jagd und das Vergnügen, gab es auch für andere Wildtiere spezielle, eingezäunte Flächen, so für Rebhühner,[123] Hasen, Hirsche oder Wildschweine.

Zu Jagdzwecken wurden Tiere auch herangezogen und zur Jagd in den Revieren ausgesetzt. So bestand bis zum Ende des 18. Jahrhunderts in Kilianstädten im sogenannten *Reihergarten* und *Reiherwald* eine große Reiherkolonie. Die Graureiher wurden für die Falkenjagd in Wabern bei Kassel gehegt. Ein eigens dafür eingestellter Aufseher beaufsichtigte nicht nur die Tiere, sondern er musste sie auch täglich mit Abfällen und Innereien aus der Hanauer Schlossküche füttern. Nach einer Beschreibung aus dem Jahr 1726 gehörte zu seinem Dienst, *daß er alle Tage Fisch und Gelinge allhier abholen, auch den Garten täglich begehen und die Aufsicht darüber haben müßte.*[124] Ein Mal im Jahr kamen Falkner vom Hof des Landgrafen von Hessen-Kassel, um in der Reiherkolonie in Kilianstädten Graureiher für die Falkenjagd in Wabern zu fangen. *Die unblutige Reiherbeize war ein ganz besonders edler Sport, bei der die erste Dame bei Hofe dem erlegten Reiher einen Ring anlegen durfte. Der Reiher wurde danach wieder freigelassen. In einem eigens zu diesem Zweck erbauten Pavillon konnten die Damen zuschauen und die Komplimente der Herren entgegennehmen.*[125]

In den trockenen Befestigungsgräben der Städte und Burgen wurde Reh- und Damwild gezogen, um das Gras kurz zu halten und in Not- und Kriegszeiten als Nahrungsreserve zu dienen. Daran erinnern Straßen- und Flurnamen wie *Hirschgarten* und *Hirschgraben.*[126]

Im Graben der Friedberger Burg hielt sich Burggraf Johann Eberhard von Cronberg[127] einen zahmen Damhirsch. Als Kurfürst Friedrich IV. von der Pfalz (1574-1610)[128] mit seinem Gefolge nach der Taufe seines Patensohns Prinz Moritz von Hessen (1600-1612)[129] auf der Rückreise von Kassel nach Heidelberg unterwegs war, übernachtete er am 29. August 1600 in Friedberg. Burggraf und Burgmannen luden den Kurfürsten von der Pfalz und sein Gefolge für den nächsten Tag zu einem Essen in die Friedberger Burg ein. Der Burggraf empfing den Kurfürsten am Tor der Burg. *Darauf begab er sich mit seinem Geleite in die Burg, besah sich diese, wobei der Burggraf erwähnte, Kurfürstliche Gnaden kämen in ein alt öd' Haus, darinnen nicht viel Lustiges zu sehen, besichtigte die Kirche und das Zeughaus, darob er gut Gefallen getragen. Durch die hintere Pforte spazierte der Kurfürst auf den Rahmengarten, wo der Burggraf sich im Graben einen zahmen Hirsch hielt. Sobald des Kurfürsts Trifthund, „Griffon" mit Namen, diesen erspähet, hat er ihn „angebollen" und ihn verfolgt. Der Hirsch aber stellte sich und versetzte ihm ein Kräftiges mit den Füßen, worauf der Hund zurückgewichen und erschrecklich geschrien. Ihro Kurfürstliche Gnaden hatten daran ein sondere Kurzweil und Gelächter, konnte aber den Hund nicht wieder anbringen.*

Nach diesem begab man sich zum Mittagsmahl in den Saal, der mit Maien und wohlriechenden Kräutern geschmückt war und drei Tafeln, darunter eine lange Herrentafel, enthielt. Die „Botteley" (das Büffet) war ebenfalls schön mit Brot und gutem Wein bestellt. Als man sich setzen wollte, fragte der Kurfürst

Abb. 7: Der Hirschgraben der Burg Friedberg, 2008. Stadtarchiv Friedberg: Fotosammlung, Foto: Sieglinde Roßgardt

wieder nach dem Hirsch, der dem Volke gefolgt war und nun unter der Burglinde stand. Durch einen Kammer-Jungen wurde er in den Saal geholt. Sobald der Hirsch hereingekommen, nahm er das Brot auf den Tellern wahr, riß die Salveten (Servietten) von den Tellern und begehrte solches Brot zu nehmen. Darüber haben sich Ihro Kurfürstliche Gnaden abermals sehr erlustiget und gelacht und, zu mehrerer Contentierung[130] *dieses Tieres, es zu sich bringen lassen und aus der Hand gefüttert.*[131]

3.2.6 Friedhöfe und Schindanger

Als Gärten wurden auch die Friedhöfe und Schindanger angesehen, was sich auch in Bezeichnungen wie *Totengarten* oder *Schindgarten* widerspiegelt. Ursprünglich war der Kirchhof der Bezirk um eine Kirche, der mit einer Mauer umfriedet war und deshalb auch *Friedhof* genannt wurde. Auf diesem Gelände beerdigte man die Toten der Dörfer und Städte. Seine Lage an der Kirche und sein Rechtscharakter als gehegter Bezirk ließen den Friedhof im Mittelalter zum Versammlungs- und Gerichtsplatz werden, wie es für die Dörfer

Abb. 8: Der Dorffriedhof von Büdesheim an der Evangelischen Kirche auf einer Ansichtskarte um 1930. Das Gelände um die Grabstellen mit den Kreuzen ist mit Gras bewachsen, das zur Heu- und Grummetgewinnung genutzt wurde. Foto: Sammlung Bernd Vielsmeier

Heldenbergen und Rendel sowie die Stadt Windecken auch belegt ist. Grabpflege, wie sie heute betrieben wird, gab es in dieser Form früher nicht. Im Kirchgarten standen teilweise Obstbäume und das Gelände wurde entweder zur Gras- und Heugewinnung gemäht oder mit Vieh beweidet.

Für das Vergraben des verendeten Viehs gab es mehr oder weniger weit von der Siedlung entfernt sogenannte *Schindkauten*. In Heldenbergen diente die Schindkaute aber nicht nur zum Beseitigen der Tierleichen, sondern auch für das Vergraben der am Galgen in Kaichen Hingerichteten. Dies geht aus einer Beschreibung in einem Ackerbuch aus dem Jahr 1772 hervor. Eine der beschriebenen Ackerflächen lag *am Warth Baum oder am Creutz auf s.v. kleine Schinkauten gelegen* [...] *und daß Endt Nach dem Dorff Heldebergen zu auff die kleine schinkauth oder die Dotten Hol genannt.*[132] Da die *Dotten Hol* mit der *Galgenhohl* identisch ist, lässt sich erschließen, dass die kleine Schindkaute in Heldenbergen auch zum Verscharren der am Kaicher Galgen Gehenkten genutzt worden ist.

4 Lustgärten und Parkanlagen

Die Entdeckung Amerikas markiert auch in der Geschichte des europäischen Gartens einen Wendepunkt. Bereits vorher, mit dem Beginn der Renaissance in Italien, die sich die Welt der griechischen und vor allem der römischen Antike zum Vorbild nahm, rückte auch der Garten als Ort der Ruhe und Erholung wieder in den Blickpunkt – allerdings fast ausschließlich für die Reichen und Adligen sowie die begüterten humanistischen Gelehrten. Durch die wiederentdeckten Schriften antiker Schriftsteller konnte man damals eine konkretere Vorstellung von den antiken Gärten, insbesondere den römischen Gärten, bekommen. Der Renaissancegarten war ein geometrisch gestalteter Garten mit Alleen, die sich rechtwinklig kreuzten, formalen Beeten, Figuren und Brunnen. *Innere Balustraden verdeckten die Sicht auf die Umgebung, ermöglichten, sich zurückzuziehen und untergliederten den Garten in einzelne Räume. In den rechtwinkligen „Kabinetten" der Renaissancegärten konnte man allein sein, konnte lesen, seinen Gedanken nachhängen oder mit seinen Freunden plaudern. Hatte im Mittelalter der Klostergarten im Klosterhof die symbolische Bedeutung als „Grenze des Paradieses", so erweiterte der Renaissancegarten das Haus (die Villa, den Palast) nach außen. Nur die Isolierung von der Außenwelt behielten beide Gartenformen bei.*[133]

4.1 Der Butzbacher Lustgarten

Ein über die Grenzen Hessens hinaus bekannter Renaissancegarten war der Butzbacher Lustgarten des Landgrafen Philipp von Hessen-Butzbach (1581-1643).[134] Philipp war der mittlere Sohn des früh verstorbenen Landgrafen Georg I. von Hessen-Darmstadt (1547-1596).[135] Der ältere Bruder Ludwig übernahm mit 18 Jahren die Regierung des Landes. Seinen beiden jüngeren Brüdern ermöglichte er eine sorgfältige Erziehung durch Hauslehrer und die damals als Teil der Erziehung üblichen Bildungsreisen.[136] In den Jahren 1600 bis 1602 reiste Philipp zusammen mit seinem jüngeren Bruder Friedrich (1585-1638),[137] dem späteren ersten Landgrafen von Hessen-Homburg, nach Frankreich und in die Niederlande. Im Herbst 1602 brach er ohne seinen Bruder nach Italien auf, wo er über ein Jahr lang blieb. Philipp, zu dessen Interessen neben den Sprachen auch die Naturwissenschaften gehörten, lernte während dieser Reise den italienischen Philosophen, Mathematiker, Physiker und Astronomen Galileo Galilei (1564-1642) kennen. Seine Rückreise im Herbst 1603 führte ihn über Österreich und Ungarn wieder nach Darmstadt. Auf seiner dritten Bildungsreise von 1605 bis 1606 besuchte er Spanien und Frankreich, die vierte Bildungsreise von 1607 bis 1608 führte erneut nach Italien.[138]

Nach dem frühen Tod des Vaters verständigten sich die drei Brüder 1602/1606 auf die Primogenitur für die Landgrafschaft und die Zahlung von Apanagen des regierenden Landgrafen von Hessen-Darmstadt an die jüngeren Brüder. Landgraf Ludwig V. von Hessen-Darmstadt (1577-1626)[139] löste die Apanagen an seine beiden Brüder durch die Übertragung von Teilen der

Landgrafschaft ab. So erhielt der zweitgeborene Bruder Philipp im Jahr 1609 die Stadt Butzbach mit sieben Dörfern und später noch weitere Gebietsteile wie die Herrschaft Vöhl/Itter, der jüngste Bruder Friedrich bekam 1622 das Amt Homburg.[140]

Einem Großbrand in Butzbach 1603 fiel auch das baufällige Schloss der Grafen von Königstein zum Opfer. Philipp veranlasste 1609 den schnellen Wiederaufbau des Schlosses in seiner neuen Residenzstadt Butzbach. Landgraf Philipp von Hessen-Butzbach, gebildet und wissenschaftlich vielseitig interessiert, verstand es nicht nur, durch eine umsichtige Politik seine Landgrafschaft weitgehend aus den Kriegshandlungen des Dreißigjährigen Krieges herauszuhalten, sondern auch durch Musterwirtschaften und die Schaffung von Arbeitsplätzen seine Bevölkerung wirtschaftlich zu fördern. *Um den Volkswohlstand zu heben, machte Landgraf Philipp seine Wirtschaften zu Musterwirtschaften, und sorgte er für Arbeitsgelegenheiten. In ersterer Beziehung sind besonders seine Obstkulturen und Hopfengärten zu nennen, mit denen er den Bauern des Butzbacher Landes und darüber hinaus ein ausgezeichnetes Vorbild gab. Landgraf Philipp war einer der ersten, der in der Wetterau den Anbau von Pfirsichen und Quitten im großen betrieb.*[141] Trotz notwendiger sparsamer Haushaltsführung gelang es ihm, seine Butzbacher Residenz zu einem Ort der Wissenschaft und Kunst auszubauen. Zur Ausstattung von Schloss und Garten beschäftigte er zahlreiche Handwerker und Künstler, wie den Friedberger Maler Konrad Mantius[142] oder den Zeichner Valentin Wagner (um 1610-1655).[143] Er legte im Laufe der Jahre eine fast 3.000 Bände umfassende Schlossbibliothek an und besaß eine umfangreiche Sammlung mathematischer, astronomischer und physikalischer Instrumente. Er stand mit einer Reihe von Wissenschaftlern wie Galileo Galilei und Johannes Kepler in brieflichem und persönlichem Kontakt. Der kaiserliche Hofastronom Johannes Kepler (1571-1630) hielt sich in den Jahren 1621 und 1627 in Butzbach auf, um die Sternwarte, die um 1618 im Dachgeschoss des Schlosses eingerichtet worden war, zu benutzen. Neben Kepler besuchten *Astronomen, Astrologen, Physiker, Mathematiker, Theologen, Musiker und Poeten*[144] die Butzbacher Residenz.[145] Eine persönliche oder briefliche Bekanntschaft bestand auch zu einem der führenden europäischen Gartentheoretiker seiner Zeit, dem Ulmer Architekten und Architekturschriftsteller Joseph Furttenbach d. Ä. (1591-1667). Möglicherweise lernten sich beide in Italien kennen oder Landgraf Philipp suchte bei ihm, wie Graf Johannes von Nassau-Idstein (1603-1677),[146] Rat und Hilfe bei der Gartengestaltung. Joseph Furttenbach d. Ä. widmete sein 1640 erschiene-

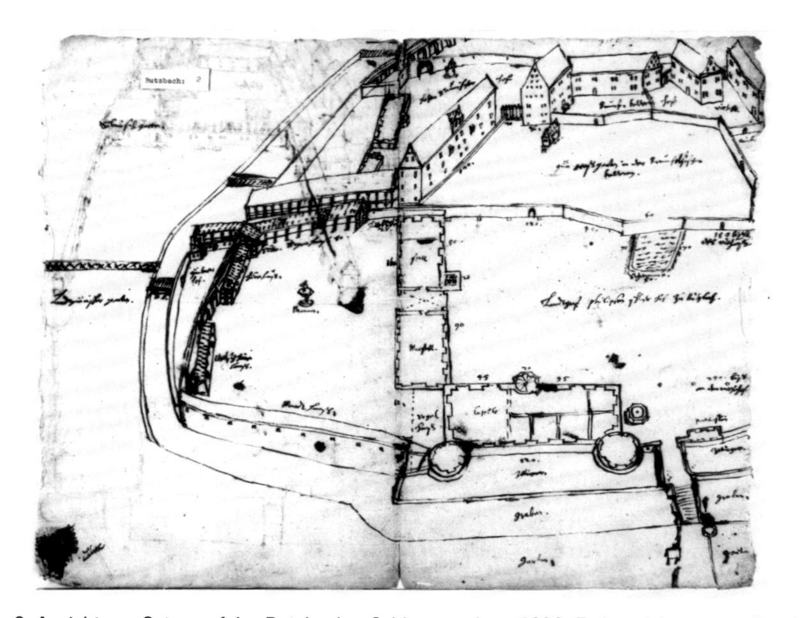

Abb. 9: Ansicht von Osten auf das Butzbacher Schlossareal um 1630. Federzeichnung von Landgraf Moritz dem Gelehrten von Hessen-Kassel (1572-1632). Im unteren Teil der Zeichnung ist die Verbindung zwischen Lustgarten und Schlosshof abgebildet. Durch einen Mauerdurchbruch führt ein Weg über den Zwinger und eine Bohlenbrücke über den Graben in den Lustgarten. Das kreisförmige Bauwerk rechts unten neben der Bohlenbrücke ist wahrscheinlich der berühmte Planetenbrunnen. Quelle: Universitäts- und Murhardtsche Bibliothek Kassel, 2 Ms. Hass. 107 Butzbach, Blatt 2v

nes Buch *Architectura recreationis*, eine Ergänzung der *Architectura Civilis*, seiner 1628 erschienenen gartentheoretischen Abhandlung, *Denen Durchleutigen vnd Hochgebornen Fuersten vnd Herren / Herren Philipsen / vnd Herren Georgen / Landgrafen zu Hessen.*[147]

Landgraf Philipp ließ in den Jahren 1625 bis 1628 im nahegelegenen Dorf Münster eine schlossartige Festung mit dreieckigem Grundriss bauen, die den aktuellen militärischen Erfordernissen entsprach. Sie war gedacht zur sicheren Aufnahme von Vorräten und als Fluchtburg für die umliegende Bevölkerung im Kriegsfall. *Die erheblichen Kosten dieser Festung einerseits und das Fehlen einer erkennbaren Investition in die Verteidigungsfähigkeit von Butzbach andererseits, machen deutlich, dass Philipp eine klare Trennung zwischen Wohnschloss, seiner Residenz und dem militärischen Zweckbau vollzogen hatte. Für das Reich ist dies ein zu dieser Zeit noch ungewöhnlicher, aber durchaus in die Zukunft weisender Schritt. Deutlich tritt diese Haltung Philipps auch bei*

Abb. 10: Die große Pergola. Die undatierte Tuschezeichnung des Zeichners Valentin Wagner zeigt möglicherweise einen Laubengang im Butzbacher Lustgarten. Solche Laubengänge oder Treillagen dienten in den Renaissancegärten als Begrenzung des Gartens und waren für den Gartentheoretiker Joseph von Furttenbach d. Ä. (1591-1667) wichtige Gestaltungselemente im Garten zur Erzielung von Tiefenwirkungen. Für seine Theorie der Mitwirkung der Perspektive in der Gartengestaltung spielten sie eine wichtige Rolle. Sie fanden schnell Verbreitung durch die Beschreibung in seiner gartentheoretischen Schrift *Architectura civilis.* Quelle: Graphische Sammlung Albertina Wien, D 567 recto, Inv.-Nr. 3407 recto

der Anlage des Schlossgartens hervor. Dabei griff der Landgraf nicht nur über den mittelalterlichen Mauergürtel hinaus, sondern ließ die Befestigung sogar für eine Renaissancepforte durchbrechen und eine Brücke über den Graben schlagen.[148]

Die Anlage eines *Lust- und Baumgartens* in seiner Residenzstadt Butzbach jenseits der Stadtmauer war für Landgraf Philipp Bestandteil seiner Gestaltung des Schlossbereichs. Neben dem eigentlichen Schlossbau gehörte in der Renaissance die Gartenanlage als Erweiterung des Wohnbereichs nach außen dazu.[149] Er begann 1611 Grundstücke aufzukaufen und zu tauschen. Bis 1615 besaß Landgraf Philipp ein fast 8,5 Hektar großes Gelände, das ausreichend Platz für einen Lustgarten bot.[150] Für die Gestaltung seines Schlossgartens dürften ihm die Renaissancegärten, die er auf seinen Bildungsreisen in Italien kennengelernt hatte, Vorbild und Anregung gewesen sein.[151] Wie der mittelalterliche Garten war er durch Mauern oder Hecken deutlich von der Umgebung abgegrenzt und der Gesellschaft des Butzbacher Landgrafenhofes vorbehalten. Wege, Hecken und Laubengänge gliederten den Garten in geometrische Flächen und einzelne Gartenräume, die unterschiedlich mit Pflanzen und Skulpturen gestaltet waren. Um eine Verbindung zwischen Residenzschloss und Garten herzustellen, wurde die Butzbacher Stadtmauer durchbrochen und der vorgelagerte Stadtgraben überbrückt.[152] So war es möglich, vom Schloss durch eine Renaissancepforte, die in den Durchbruch der Befestigungsmauer gebaut worden war, und die Brücke über den Befestigungsgraben in den Garten zu gelangen.[153] Noch während der Erweiterung und Arrondierung des Schlossgartengeländes durch Grundstücksankäufe und Grundstückstausch waren die Gestaltung der Gartenanlagen und deren Ausstattung mit Skulpturen bereits in vollem Gange. Im Schlosshof wurde 1613 ein großer Brunnen gegraben und im Lustgarten ein Brunnen gebaut. Für die Wasserversorgung von Schloss und Garten ließ Landgraf Philipp zusätzlich drei Quellen fassen und eine Wasserleitung verlegen. Über die Ausstattung des Gartens mit Bildhauerarbeiten gibt eine zeitgenössische Aufstellung über die mit den Bildhauern abgeschlossenen Verträge Aufschluss. Der Frankfurter Bildhauer Johann Hocheisen († 1635)[154] lieferte 1613 *4 Löwen im Lustgarten an den bronnen,* im Jahr 1614 *ein Bilt sambt dem Stock uf dem Brunnen,* der Schlitzer Bildhauer Adam Frank erhielt 1616 den Auftrag, *alle bilter im Lustgarten zu machen von eichen holtz bossiren und zu schneiden* und 1618 *vor etlich Vögel uff die hütten und porthal im Lustgarten zu machen.*[155] Zu dieser Zeit gehörten zur Ausstattung der Anlage mindestens sechs mit Portalen verzierte Gartenpavillons, in denen Skulpturen standen. Dazu kam als Gebäude 1618 noch ein zweistöckiges Gewächshaus mit einer Grundfläche von 55 Quadratmetern, das bereits 1621 auf 110 Quadratmeter erweitert wurde.[156] Eine Zusammenstellung der Gartenskulpturen, die Adam Frank in den Jahren 1616 bis 1618 fertigte, vermittelt einen Eindruck von dem Bildprogramm der Gartenanlage: *7 Personen und der Walfisch zum Schiff gehörig, 7 Stück zur Kutsche gehörig, 7 Stück zum Bauernwagen, 4 Stück Neptunus mit 3 Pferden, 4 Stück um die Fallbrücke, 2 Stück Arion auf den Delphin, 2 Stück Adam und Eva, 2 Böcke, 2 Hunde, 1 Hirsch, 1 Reh, 2 Stück der Jäger und das Schwein, 1 Elephant, 1 Auerochs, 1 Bär, 1 Löwe, 1 Affe, 1 welscher Hahn, 1 Reiher, 1 Adler, 1 nackter Bauer, 9 Vögel auf die Knöpfe im Lustgarten, 2 große Hirschköpfe, ein Gemskopf, die Fortuna, Venus und Cupido auf 2 Schlitten.*[157] Der Friedberger Maler Konrad Mantius erhielt in den Jahren 1617 bis 1618 den Auftrag *alle bilder* [...] *zu mahlen und anzustreichen* und *die knöpff sambt den Vögeln darauf und anderer blumenwerg, so im Lustgarten uf die hütten und porthal gehörig, zu mahlen und zu vergülden.*[158]

Im Jahr 1620 wurde Johannes Hofmann († 1629),[159] *Bürger und Rothgießer in Frankfurt,* mit der Fertigung eines astronomischen Brunnens beauftragt, der vom großen Brunnen im Schlosshof gespeist und durch eine Pumpe betrieben wurde. Aufschluss über das Aussehen und die Konstruktion dieses 1621 im Garten aufgestellten Kunstwerks geben die abgeschlossenen Werkverträge sowie ein Gemälde von Konrad Mantius im Treppenhaus des Schlosses. *Genutzt wurde der Planetenbrunnen zur spielerischen und lehrhaften Demonstration der himmlischen Phänomene, sowie zur bildhaften Darstellung von Horoskopen. Z. B. konnte so der Einfluss des Mondes auf gesellschaftliche Belange zur Schicksalsdeutung veranschaulicht werden.*[160] Dieser Planetenbrunnen wurde von den Zeitgenossen als „Wunderwerk" gerühmt und war über die Grenzen Butzbachs hinaus bekannt.

Abb. 11: Blick auf das modern rekonstruierte „Zeitfenster" zur Erinnerung an den ehemals vorhandenen und seinerzeit sehr bekannten großen Renaissancelustgarten des Landgrafen Philipp von Hessen-Darmstadt zu Butzbach (reg. 1609-1643). Der moderne Lustgarten wurde am 4. Juli 2002 eingeweiht. Foto: Dr. Dieter Wolf

Als Hofgärtner war seit 1621 Georg Hanff, der aus einer Coburger Gärtnerfamilie stammte, an der Pflege und Ausgestaltung der Gartenanlagen beteiligt, zu denen neben dem Lustgarten auch der Baumgarten gehörte. Dieser Gartenbereich scheint als Arboretum angelegt worden zu sein, in dem sich eine Sammlung seltener Baum- und Straucharten befunden hat.

Nach dem Tod Philipps im Jahr 1643 fiel die Landgrafschaft Hessen-Butzbach wieder an Hessen-Darmstadt zurück, da er keine Kinder hatte. Die Gartenanlagen wurden nicht mehr gepflegt und verwilderten. 1720 wurde ein Teil der seltenen Sträucher und Bäume in den Botanischen Garten der Gießener Universität verpflanzt, ein Teil wurde verkauft. Geblieben ist von der Gartenanlage nicht allzu viel. Der gut dokumentierte Idsteiner Schlossgarten[161] und ein Kupferstich von Matthäus Merian vom Garten des Frankfurter Stadtschultheißen Johann Schwind aus dem Jahr 1641[162] vermitteln einen Eindruck vom Aussehen und der Gestaltung zeitgenössischer Renaissancegärten des Adels und des Bürgertums in der näheren Umgebung.

4.2 Garten und Park als politisches Programm

Abgelöst wurde das Zeitalter der Renaissance nicht zuletzt durch den französischen König Ludwig XIV. und die Schloss- und Gartenanlage in Versailles vor den Toren der Hauptstadt Paris. Ludwig gilt bis heute als Verkörperung des Absolutismus. Im Schlossbau und der Gartenkunst wurde Versailles zu einem Meilenstein für das Zeitalter des Barocks. In der Anlage und Ausgestaltung von Versailles wurde der Anspruch sichtbar, den Ludwig XIV. für sich erhob. Alle Linien in den Gartenanlagen sind auf das Schloss ausgerichtet. Genau im Mittelpunkt des Schlosses befindet sich das Schlafzimmer des Königs. Ludwig verstand sich als politisches, wirtschaftliches und gesellschaftliches Zentrum Frankreichs. Die Skulpturen in den Gartenanlagen und die Darstellungen im Schloss zeigen ihn als Helden. Auch die Anlagen in den Gärten sind Demonstrationen der Macht des Königs über die Natur, die sich, wie die Menschen an seinem Hof, seinen Regeln unterwerfen muss. Der Herzog von Saint-Simon,[163] der die Gärten von Versailles geschmacklos fand, schreibt in seinen Memoiren: *Es war dort dem König ein Vergnügen die Natur zu tyrannisieren und sie mit dem Aufgebot von Kunst und Geld zu bändigen* [...] *Man fühlt sich durch den Zwang, der überall der Natur angetan ist, angewidert.*[164] Ludwig XIV. hatte zeitweise ca. zwei Millionen Topfpflanzen in seinen Gärtnereien, um täglich die Bepflanzung der Rabatten wechseln zu lassen. Das Auswechseln der Bepflanzung der Rabatten führte der höfischen Gesellschaft gleichzeitig vor Augen, dass es in der Macht des Königs stand, die Zusammensetzung seines Hofstaats wie die seiner Rabatten nach seinem Willen zu gestalten.

Für seinen Gartenarchitekten André Le Nôtre (1613-1700) war der Garten eine Ergänzung der Architektur und sollte *die Unterwerfung der Natur unter den Willen des Menschen symbolisieren.*[165] Dem Ausdruck unumschränkter Macht dienten auch die exotischen Pflanzen wie Palmen und Zitrus, die zur

Überwinterung in eigens dafür errichtete beheizbare Gewächshäuser gebracht wurden, die sogenannten *Orangerien.* Der König setzte bewusst auch seine Gartenanlagen ein, um seinen Adel und das Ausland zu beeindrucken und seine Macht augenscheinlich zu machen. Die Gärten von Versailles waren angelegt zur Entspannung der Hofgesellschaft, zum Feiern, zur Belustigung – sie waren aber eben nicht nur Lustgärten, sondern dienten durchaus auch der Machtdemonstration des Königs.[166]

Abb. 12: *Das Türkische Haus* in den *Türkischen Gärten* in Hanau um 1809. Das Aquarell von Bernhard Hundeshagen (1794-1858) zeigt den Gartenpavillon eingebettet in eine idyllische Landschaft mit einem Schäfer, der seine Herde hütet, und einem Fluss, auf dem zwei Männer mit einem Kahn fahren. *Die Türkischen Gärten* wurden unter Graf Johann Reinhard III. von Hanau-Lichtenberg (1665-1735) zwischen 1717 und 1719 als barockes Gartenparterre angelegt und bildeten den mittleren Teil der *Haingassengärten.* Quelle: Museum Hanau, Schloss Philippsruhe, B 3401 a HGV

Ludwig XIV. und sein Schloss Versailles wurden zum nachahmenswerten Vorbild nicht nur für die Könige Europas und den Kaiser des Heiligen Römischen Reiches deutscher Nation, sondern auch für die Adligen der Wetterau. Die Schlösser Philippsruhe in Hanau und das Assenheimer Schloss beispielsweise orientierten sich am Vorbild Versailles. Barocke Gärten und Parks entstanden in Höchst an der Nidder, im Kloster Ilbenstadt, der Naumburg oder in Staden. Doch gab es durchaus im Zeitalter des Barocks Gartenanlagen, die keine barocken Züge aufwiesen, sondern sich an den örtlichen Gegebenheiten orientierten. Ein Plan der Johanniter-Komturei in Niederweisel aus dem Jahr

1732 lässt deutlich erkennen, dass die Gärten und Baumstücke rund um die Gebäude der Komturei in unregelmäßigen Grundrissen innerhalb der Umfassungsmauer angelegt waren.[167]

Die Ende des 17. Jahrhunderts in England neu aufgekommene Idee des Landschaftsgartens war eine Abkehr vom geometrischen, formalen französischen Garten und eine Abkehr vom Absolutismus. Der neue Gartenstil sollte versuchen, den Garten naturnah zu gestalten, möglichst so, dass man den Eindruck hatte, sich in der freien Natur zu bewegen. Idealerweise sollte der englische Landschaftsgarten so angelegt sein, dass der Betrachter keinen Übergang vom Park zur anschließenden Naturlandschaft erkennen konnte. Durch die Anlage von Sichtachsen, Teichen, Hügeln und Felsen, den Bau von Teehäusern, Brücken, Grotten, Ruinen, Kapellen oder Tempeln in bewusst gestalteten Grünanlagen wurden Landschaftsbilder geschaffen, die bei den Parkbesuchern Stimmungen hervorrufen sollten. Daher grasten auf den Grünflächen des englischen Landschaftsgartens Kühe und führten Schäfer ihre Herden durch die Parks. In Meiereien auf dem Parkgelände, deren Gebäude zum Teil im schweizerischen Stil erbaut waren, wurde die Milch der Kühe verarbeitet. Die Grünflächen wurden auch zur Heugewinnung genutzt, wie es eine kolorierte Postkarte des Bad Nauheimer Kurparks zeigt.[168]

Der Strenge des Barockstils und den damit verbundenen gesellschaftlichen Zwängen versuchten die Adligen im 18. Jahrhundert zu entfliehen. Im Zeitalter des Rokoko trat der Aspekt des Vergnügens und der Ablenkung in einer privateren, intimeren Umgebung stärker in den Vordergrund. Dies beeinflusste auch die Gartengestaltung. Der strengen Symmetrie und formalen Formgebung von Beeten und Pflanzen wurden natürlich wirkende Gartenanlagen mit verschlungenen Wegen nach dem Vorbild englischer Landschaftsgärten als Rückzugsmöglichkeiten vom höfischen Zeremoniell entgegengestellt. So entstand in Versailles ein kleines Bauerndorf, in dem die letzte französische Königin Marie Antoinette verkleidet Bäuerin oder Schäferin spielen konnte.[169] Es entstanden auch Einsiedlerklausen, in denen Männer gegen Lohn als Eremiten lebten.

Im 18. Jahrhundert begann man sich in Europa für China sowie den Orient und deren Kultur zu interessieren. Beschreibungen von China und seinen Gärten führten in Frankreich zu einer China-Begeisterung. Als Abkehr vom formal streng gestalteten Barock- und Rokokogarten entstand in Frankreich der *jardin anglo-chinois,* ein Garten in der Manier englischer Gärten, ausgestattet mit Skulpturen und Bauwerken im chinesischen oder orientalischen Stil in einer kunstvoll gestalteten, natürlich wirkenden Gartenstaffage, die Gefühle und Empfindungen beim Betrachter hervorrufen sollte. Die Gartenanlagen bildeten dabei lediglich den Hintergrund. In Abgrenzung zum englischen Landschaftsgarten verband der *jardin anglo-chinois* Elemente des englischen Landschaftsgartens mit Formen des Rokokogartens und des Fernen Ostens. Im Unterschied zum angestrebten Ziel für einen klassischen englischen Landschaftsgarten, einen Park möglichst naturnah zu gestalten, bildete die Gartenanlage im anglo-chinesischen Garten die Kulisse für Skulpturen und Bauwerke.[170] *Französisch war in der Mischform des „jardin anglo-chinois" das Überleben geometrischer Rokokoformen und die effektheischerische Fülle der Staffagen, die sich zum Teil aus der illusionistischen Welt des Theaters herleitete.*[171] Die Faszination fürs Exotische bezog sich natürlich auch auf die maurischen und persischen Gartenanlagen in Spanien, der Türkei und dem Nahen Osten, die in der Gartengestaltung imitiert wurden.

Als Gebäude in diesen Gartenanlagen entstanden chinesische Brücken und Pagoden, holländischen Windmühlen, orientalische Moscheen oder maurische Kioske. Der Kiosk war ursprünglich im persischen Garten ein offener Pavillon, der in den europäischen Gartenanlagen zur Bezeichnung für ein freistehendes Gartenhaus wurde. An den Bau eines solchen Kiosks im Jahr 1719 im herrschaftlichen Küchen- oder Gemüsegarten, dem *Türkischen Lusthaus,* erinnert in Hanau der Straßenname *In den Türkischen Gärten.*[172] Heute kennen wir den Kiosk nur noch als Verkaufsstand für Zeitungen und Getränke. Diese Begeisterung für den Orient zeigte sich auch in der Musik. Bekannte Zeugnisse sind Mozarts türkischer Marsch *Rondo alla turka* und sein Singspiel *Die Entführung aus dem Serail,* das 1782 uraufgeführt wurde und als erste deutsche Oper gilt.

In der Wetterau war seit 1787 der Schlosspark von Assenheim als empfindsamer Landschaftsgarten angelegt worden. *Obwohl die Zentrierung des Gartens noch barocke Merkmale zeigt, zählte der Assenheimer Park aus der Zeit Graf Volrats zu den frühen Beispielen anglo-chinesischer Gärten in Deutschland.*[173] Diese Gartenanlage ließ Erbgraf Maximilian zu Solms-Rödelheim und Assenheim (1826-1892) um 1850/1860 von Heinrich Siesmayer umgestalten.

Es war aber nicht nur das Interesse an exotischen Ländern, das die Gestaltung der Gärten und Parks seit dem Ende des 18. Jahrhunderts beeinflusste. Spätestens seit der Französischen Revolution wurde die Ausgestaltung der Gärten und Parks auch zur Plattform der politischen Meinungsäußerung. Durch die Ausstattung mit Denkmälern, die z. B. der Freiheit gewidmet waren, dem

Abb. 13: Werbeplakat für den Schwalheimer Brunnen um 1900. Stadtarchiv Friedberg: Plakatsammlung. Bestand 4.03. Nr. 124

Bau von Gebäuden im orientalischen, chinesischen oder schweizerischen Stil wurde der Forderung nach politischen Veränderungen Ausdruck verliehen. China und das Osmanische Reich sowie insbesondere England mit seinem Parlamentarismus und die schweizerische Eidgenossenschaft mit ihrer jahrhundertealten republikanischen Struktur galten als politische oder kulturelle Ideale, die beispielhaft der eigenen Lebenswelt entgegengestellt wurden. In späteren Zeiten sind diese Gestaltungselemente natürlich auch aus rein dekorativen Gründen errichtet worden, weil sie als „schön" oder „malerisch" empfunden wurden.

In diesem Zusammenhang dürfte auch die Freimaurerkapelle im Schlosspark von Groß-Karben zu sehen sein – eine der seltenen Freimaurerkapellen in den englischen Landschaftsgärten Europas. Nach einem längeren Englandaufenthalt hatte Johann Peter Freiherr von Leonhardi um 1800 im Bereich seines Schlosses in Groß-Karben einen englischen Landschaftsgarten anlegen lassen, zu dessen Planung er den Frankfurter Stadtgärtner Sebastian Rinz (1782-1861) hinzugezogen hatte. Johann Peter Freiherr von Leonhardi *war seit 1789 der erste deutsche Provinzal-Großmeister der Freimaurerloge für den Ober-Niederrhein und den Fränkischen Kreis.*[174] Als Versammlungsraum für Zusammenkünfte der Freimaurer ließ er im Park eine kleine Kapelle errichten.

4.3 Brunnen- und Kuranlagen

In der Wetterau kam neben dem adeligen Lustgarten seit dem 18. Jahrhundert der Gesundheitsfürsorge mit Brunnen- und Kurbetrieb sowie den dazugehörigen Kuranlagen immer stärkere Bedeutung zu. Rekrutierten sich die Kurgäste im 18. Jahrhundert aus dem Adel, ging im 19. Jahrhundert neben dem Adel auch das Großbürgertum zur Kur. Neben den Kureinrichtungen für die medizinische Versorgung und Betreuung der Kurgäste gehörte ein Kurpark zur Erholung und Zerstreuung zur Ausstattung eines Kurbades. Die Anlage eines Kurparks ging wie in Wilhelmsbad auf die Initiative des Landesherrn Landgraf Wilhelm IX. von Hessen-Kassel (1734-1821) zurück oder wurde aus dem Gewinn einer Spielbank finanziert wie in Bad Nauheim und Bad Homburg. Während im 18. Jahrhundert der Aufenthalt im Kurpark noch den adeligen Kurgästen vorbehalten war, entwickelte sich der Kurpark im 19. Jahrhundert zunehmend zum öffentlichen Volkspark.

Als Beispiele für eine gärtnerisch gestaltete Brunnenanlage werden im Folgenden der Mineralwasserbetrieb des Selzerbrunnens in Groß-Karben und für einen Kurpark das Wilhelmsbad bei Hanau näher betrachtet, die beide im 18. Jahrhundert auf Initiative der Landesherren entstanden.

4.3.1 Der Groß-Karbener Selzerbrunnen

In der Regierungszeit des Friedberger Burggrafen Johann Ehrwein von Greiffenclau zu Vollrats (1710-1727) entstand eine barocke Brunnen- und Gartenanlage, in deren Mittelpunkt der quadratisch eingefasste Selzerbrunnen lag. Eingerahmt wurde er von einem Quadrat zweireihiger Alleen, auf das vier kerzengerade zweireihige Alleen aus Linden, Kastanien und roten Vogelkirschbäumen hinführten. Die Ecken des Alleenquadrats bildeten geometrisch verschieden gestaltete Kabinette aus Hainbüschen. Angepflanzt hatte die Alleen der Kaiserlich Burggräfliche Gärtner.[175] Aus zwölf Röhren strömte das Mineralwasser aus einem quadratischen Block in ein Becken. 1753 plante die Burg Friedberg, das Mineralwasser zu vermarkten und den Absatz zu steigern. 1775 ließ das Burgregiment ein Haus zur Unterbringung und Bewirtung von Gästen errichten und verpachtete den Brunnen. Zu den Aufgaben des Pächters gehörte als Brunnenmeister neben dem Abfüllen des Wassers und dem Mineralwasserversand auch der Betrieb des Gasthauses. Das Gasthaus am Selzerbrunnen entwickelte sich im Laufe der Zeit zu einem beliebten Treffpunkt und Ort für Tanzveranstaltungen. Seit 1816 gehörte der Selzerbrunnen dem Großherzog-

Abb. 14: Zeichnung des Groß-Karbener Selzerbrunnens um 1865. Im Vordergrund liegt die quadratische Brunnenfassung aus der Barockzeit, eingebettet in eine Gartenanlage im Stil des englischen Landschaftsgartens. Quelle: Sammlung Helmut Weigand, Groß Karben

tum Hessen, nachdem der letzte Burggraf von Friedberg seine Rechte am Selzerbrunnen abgetreten hatte. Ab 1827 betrieb die Offenbacher Spedition Böhm & Marchand als Pächter des Selzerbrunnens den Mineralwasserversand. Die Domänenverwaltung des Großherzogtums Hessen erweiterte durch Grundstücksankäufe das Gelände des Mineralbrunnenbetriebes. Der neue Pächter errichtete ein neues Gasthaus und betraute den Offenbacher Kunstgärtner Jakob Philipp Siesmayer mit der Verwaltung der Gärtnerei und der Baumschule. Er legte auf dem erweiterten Außengelände Gärten und Boskette im englischen Landschaftsstil an.[176] Hier erwarb sich sein Sohn Heinrich Siesmayer erste Kenntnisse und Fertigkeiten als Gärtner. Als 1882 Adolph Laurenze als neuer Pächter des Selzer- und Ludwigsbrunnens den Mineralwasserbetrieb übernahm, ließ er hinter dem Verwaltungsgebäude einen Park mit ausländischen Sträuchern und Bäumen anlegen.[177]

4.3.2 Das Wilhelmsbad bei Hanau

Eine bedeutende Kuranlage entstand in den Jahren 1777 bis 1785 in der Nähe von Hanau. Dort hatte man 1709 eine Heilquelle entdeckt, den *guten Brunnen*. Nachdem die alte Brunnenanlage erneuert werden musste, bewilligte 1777 Erbprinz Wilhelm von Hessen-Kassel (1743-1821)[178] Mittel für den Ausbau des Bades, das 1779 nach ihm in *Wilhelmsbad* umbenannt wurde.

Der bedeutendste deutsche Gartentheoretiker der Aufklärung, Christian Cay Laurenz Hirschfeld (1742-1792), der als Fürsprecher des empfindsam-romantischen Landschaftsgartens galt, schrieb in seiner *Theorie der Gartenkunst* im Jahr 1785: *Wilhelmsbad* [...] *behauptet von der Seite der Anmuth unter Deutschlands Bädern wohl den ersten Rang. Man mag auf die Schönheit der Gebäude, auf die Reinlichkeit und den guten Geschmack der Ausmöblirung der Wohnzimmer, auf die Sauberkeit der Bäder, auf die Tafel, wo Feinheit und*

Abb. 15: Ansicht von Wilhelmsbad im Jahr 1780 mit dem Karussell (Mitte), dem Heckentheater (links) und Spielgeräten (rechts). Miniaturansicht aus einem Kupferstich von Johann Jakob Müller nach einer Zeichnung von J. Valentin Lenaw. Quelle: Museum Hanau, Schloss Philippsruhe, HGV

Anstand herrschen, und Personen beyderley Geschlechtes von der ersten Klasse erscheinen, auf die Anlagen und Spaziergänge, [...] *auf die Ordnung in der Einrichtung des Ganzen, und so dann auf die überaus wohlfeilen Preise sehen.*[179] Der Ruf des Wilhelmsbades war durch eine 1780 anonym erschienene Werbeschrift mit dem Titel *Briefe eines Schweizers über das Wilhelmsbad bei Hanau*[180] deutschlandweit bekannt geworden. Diese Schrift hatte kein geringerer als der später berühmt gewordene Adolph Freiherr von Knigge (1752-1796) als Auftragsarbeit für den Erbprinzen verfasst.

Wilhelmsbad bot seinen Kurgästen auf relativ kleinem Raum Zerstreuung für Geist und Körper. Neben den Bädern bestand die Möglichkeit, mit dem Karussell oder auf dem Großen Teich mit einer Gondel zu fahren, Spaziergänge im Park zu unternehmen oder Theatervorstellungen im Komödienhaus und dem Heckentheater zu besuchen. Die in relativ kurzer Zeit errichteten Gebäude wurden anfangs im Stil des Barocks und Rokoko errichtet, die Pyramide und die Burgruine gehören bereits der Romantik an. Selbst eine Eremitage fehlte nicht. *Die Einsamkeit des Waldes im hinteren Parkteil wurde 1785 durch den Bau einer Einsiedelei ins Melancholische gesteigert.*[181] Sie wurde in einen Hügel als grottenartiges Bauwerk hineingebaut und war als Behausung eines Einsiedlers vollständig eingerichtet – jedoch ohne besoldete „Einsiedler", wie sie andernorts als lebendes Bild ihren Dienst im Auftrag ihrer Herrschaft in entsprechender Kleidung versehen mussten. Der Wilhelmsbader Eremit war ein Automat. 1794 wird berichtet, im Inneren konnte der Besucher *einen ganz in menschlicher Gestalt von Holz sehr künstlich nachgemachten Einsiedler vor einem Krucifix in seinem Costume an einem Tische mit einem Buch sitzend* [sehen], *der vermittelst eines künstlichen Mechanismus mancherlei Bewegungen mit Kopf und Händen machen* konnte.[182] Die Eremitage symbolisierte im Zeitalter der Empfindsamkeit und der Romantik *ein anspruchsloses Leben im Einklang mit der Natur und thematisierte zugleich die Einsamkeit, den Rückzug von der Gesellschaft, um zu größerer Gottesnähe zu gelangen.*[183]

Während die Gebäude der Kur- und Badeanlage noch im Stil des Barocks errichtet wurden, ist der Park schon im Stil des empfindsamen englischen Landschaftsgartens angelegt. Der Badebetrieb in Wilhelmsbad war allerdings nur von kurzer Dauer. Er wurde schon Anfang des 19. Jahrhunderts eingestellt. Erhalten geblieben sind die Gebäude und die Gartenanlagen des Kurbades. Der Wilhelmsbader Kurpark gehört neben den Wörlitzer Gärten zu den frühen englischen Gärten in Deutschland.

4.4 Das Buschkett – Der Ortenberger Berggarten

Das *Buschkett* am Ortenberger Schloss ist vermutlich der einzige Bergpark der Wetterau. Er entstand Anfang des 19. Jahrhunderts auf einem 2,5 Hektar großen Gelände, das sich an die Altstadt von Ortenberg nach Osten anschließt und sich unterhalb des Schlosses bis an die Nidder erstreckt. Der Höhenunterschied im Parkgelände beträgt 40 Meter. Der Park wurde im englischen Stil als *Boskett*[184] mit geschwungenen Wegen angelegt. Zum Parkgelände gehörten im westlichen Bereich ein terrassierter Weinberg und eine herrschaftliche Baumschule, die bis 1898 bestand.[185]

Nach seinem Ausscheiden aus kurmainzischen Diensten lebte seit 1775 Graf Heinrich Christian Friedrich zu Stolberg-Roßla (1747-1810), genannt der *dicke Fritz*, in Ortenberg. Als er 1805 das Schloss umbauen ließ, wurde auch der Schlosspark neu gestaltet. Vorbild war vermutlich das Fürstenlager bei Auerbach. *Auf alten Plänen und Bildern kann man erkennen, dass in der Ägide Graf Friedrichs ein repräsentativer Park rund um das Schloss entstand, in dessen Anlage sich das Berggarten-Konzept Hirschfelds mit Elementen des auf dem Kontinent weiter entwickelten Modell des Englischen Landschaftsparks mischten.*[186] Für die Ausführung der Gartenpläne war der Hofgärtner des Ortenberger Schlosses zuständig. Als Verbindung zwischen dem Schloss und dem sogenannten *Hanauer Haus*, dem heutigen Rentamt, wurde die Allee *Unter den Linden* gepflanzt. Zu den Gärten des Schlosses gehörte der Hofgarten in der Stadt Ortenberg, der eigentliche Schlosspark, der bis heute nach seiner damaligen Gestaltung als Wäldchen das *Boskett* genannt wird, der Rosengarten und die Baumschule.

Abb. 16: Das Schloss der Grafen von Stolberg-Wernigerode in Ortenberg von Westen mit dem Bergpark *Buschkett* (Ausschnitt aus einem Stahlstich). Quelle: Stadtarchiv Ortenberg

Im Schlosspark lud im Sommer das *Tannenkabinett,* ein kreisrunder Platz, der mit Nadelbäumen umpflanzt war, als schattiger Ort zum Verweilen ein. *Kanapees* [...] *aus rohen Birkenästen aufgebaut, mit dicken Rasenauflagen gepolstert, Bastschleifen als Dekoration*[187] dienten dort als Sitzgelegenheiten. Das zweite Rondell, das Mauerrondell, befand sich auf den Grundmauern der alten Schlossbefestigung, auf die man romantisierend Zinnen gesetzt hatte. Zwei große Linden flankierten diesen Platz. Als Aussichtspunkt bot sich der Blick ins Tal der Nidder. Der Bewuchs unterhalb dieses Rondells wurde von den Gärtnern so geschnitten, dass die Sichtachsen und Ausblicke frei blieben. Ein drittes Rondell im unteren Parkbereich war von einem Wasserlauf umgeben. *Ein „Pappelsaal" auf terrassierter Grundfläche wurde hier vor 200 Jahren angelegt. Die schlanken, hohen Bäume (Pyramidenpappeln) entsprachen dem klassizistischen Zeitgeschmack.*[188] Für das Jahr 1811 ist der Bau einer Kegelbahn im Park zum geselligen Zeitvertreib belegt. Zum Ausruhen standen neben Bänken auch überdachte Häuschen im Park an markanten Punkten zur

Abb. 17: Die russische Zarenfamilie in den Gartenanlagen des Ortenberger Schlosses am 11. September 1910.
v.l.n.r.: Zar Nikolaus II. von Rußland (1868-1918), Großfürstin Maria Nikolajewna (1899-1918), Großherzog Ernst Ludwig von Hessen und bei Rhein (1868-1937), Großfürstin Anastasia Nikolajewna (1901-1918), Großfürstin Tatjana Nikolajewna (1897-1918) und Sophie Tutchef, Hofdame der Zarin und Gouvernante der vier Zarentöchter. Foto: Alexander Fürst zu Stolberg-Roßla, Ortenberg

Verfügung. So werden bereits 1813 eine Bauernhütte und das 1803 erbaute *Knorzhäuschen* erwähnt, dessen Wände außen mit Brettern und innen mit Borkenstücken verkleidet waren. 1843 wurde es wegen Baufälligkeit abgebrochen. Zur Ausstattung des Parks gehörte damals auch ein Altar, der möglicherweise der Freundschaft oder Tugend geweiht war. Von der Sonnenuhr ist nur noch der Sockel erhalten geblieben. Der Hundefriedhof bestand bis 1945. Er wurde am Ende des Zweiten Weltkriegs durch eine Granate zerstört. Die Anlage des Ortenberger Bergparks ist in zwei Plänen aus den Jahren 1828/1839 und 1895 dokumentiert.[189] Diese bilden die Grundlage für die derzeitige Wiederherstellung des Schlossparks, der bisher noch nicht wieder öffentlich zugänglich ist.

5 Gärten und Parks seit dem 19. Jahrhundert

Durch die politischen und wirtschaftlichen Neuerungen des 19. Jahrhunderts und den damit einhergehenden sozialen Veränderungen entstanden auch neue Formen von Gärten. Der Palmengarten in Frankfurt war von Beginn an mehr als ein botanischer Garten – er diente gegen die Bezahlung eines Eintrittsgeldes auch der Entspannung und Erholung für die (gutbürgerliche) städtische Bevölkerung. In Städten wie Frankfurt etablierten sich auch Tiergärten, zoologische Gärten. Auch sie dienten nicht nur Forschungs- und Studienzwecken, sondern konnten gegen Eintritt besucht werden. Sie waren nicht nur Ort der Entspannung und Erholung, sondern befriedigten auch die Lust auf Exotik und Sensation. Zirkusartige Vorstellungen mit „wilden" Tieren und Schaubilder mit „wilden" Völkern aus Afrika und Asien sowie „Indianervorstellungen" in Wildwest-Manier boten Abwechslung und Nervenkitzel.

Abb. 18 und 19: Die englischen Landschaftsgärten der beiden solmsischen Residenzen in Arnsburg um 1880 (oben) und Assenheim um 1875 (unten). Quellen: Arnsburg: Fotoserie mit Ansichten oberhessischer Schlösser im Verlag von A. Mencke & Co., Wandsbek bei Hamburg; Assenheim: Schlossmuseum Assenheim

Die Anlage von Gärten im englischen Stil war kein Privileg des Adels. Auch bürgerliche Gartenbesitzer ließen sich ihre Gärten in englischer Manier anlegen. In Friedberg hatte bereits im 18. Jahrhundert ein höherer Beamter des Oberrheinischen Kreises, der seinen Sitz in der Burg hatte, einen englischen (Landschafts-)Garten auf einer Wiese direkt unterhalb der Burg angelegt, zu dem auch ein Irrgarten und ein Gartenhaus gehörten.[190]

Neben der Schicht der Landarbeiter brachte die Industrialisierung als neue Schicht die Industriearbeiter hervor, die in den Städten unter beengten und schlechten Wohnverhältnissen und meist ohne die Möglichkeit einer Gartennutzung lebten. Nach dem Leipziger Arzt und Pädagogen Daniel Gottlieb Moritz Schreber (1808-1861) sind die Kleingärten benannt worden, die am Rand der Städte und Dörfer liegen und teilweise mit Gartenhütten ausgestattete sind. Diese Form der Nutz- und Erholungsgärten entwickelte sich im 19. Jahrhundert zu ganzen Laubenkolonien. Kommunen und Gartenbauvereine vergaben auf Pachtbasis Gartenflächen an Arbeiter.

Neben der Gründung von Baumschulen wie der Siesmayerschen in Bad Vilbel entstanden im 19. Jahrhundert Gärtnereien, die im großen Stil den Bedarf nach Obst- und Gemüse und für Bürgertum und Adel nach Nutz- und Zierpflanzen durch großflächigen Anbau deckten. Mitte des 19. Jahrhunderts erfreuten sich aufwändig gestaltete Blumenbeete, die sogenannten *Teppichbeete,* großer Beliebtheit.[191] Für ihre Kunden ließen diese Gartenbetriebe Sortimentskataloge drucken, aus denen die gewünschten Pflanzen bestellt werden konnten.[192] Geliefert bekam der Kunde die bestellte Ware frei Haus per Bahn und Post.[193]

Eine neue Form der Gartenkultur und des Gärtnerbetriebs entstand in der Wetterau Mitte des 19. Jahrhunderts, die bis heute sichtbar und für Steinfurth prägend geblieben ist: der feldmäßige Anbau von Rosen. Als Heinrich Schultheis 1868 nach Beendigung seiner Ausbildung in England wieder nach Steinfurth zu seiner Familie zurückgekehrt war und mit seinen beiden Brüdern die erste deutsche Rosenschule gründet, legte er den Grundstein für eine neue „Industrie“, die vielen Menschen eine wirtschaftliche Zukunftsperspektive bot. Hauptanbauziel war die Produktion von Rosenpflanzen durch Veredlung. Zehn Jahre nach ihrer Gründung vermehrte die Firma 1496 Rosensorten und zogen 180.000 Hochstämme und 200.000 niedrige Rosen.[194] *Sie bewirtschafteten mit sechzig Arbeitern und vielen Hilfskräften rund 120 Morgen Ackerland.*[195] Verkauft wurden 1878 neben Rosenpflanzen auch Rosen als Schnittblumen insbesondere in die Kurorte Bad Nauheim, Bad Homburg, Bad Soden, Bad Ems und Wiesbaden und 2300 Kilogramm Rosenblätter an Schnupftabakfabriken in Offenbach und Frankfurt. Die Produktion von Rosenöl kam

Abb. 20: Ansicht der Burg Friedberg von Norden mit Gartenanlagen im Jahr 1893 mit dem Adolfsturm in seiner ursprünglichen Form, dem 1939 abgebrochenen Wasserturm in der Mitte und davor ein Pavillon im Burggarten auf der Bastion. Gouache eines unbekannten Künstlers. Quelle: Christian Hermann, Friedberg

1880 hinzu. Im Jahr 1901 vermerkte der Pfarrer in der Kirchenchronik: *die von vielen Bewohnern in jüngster Zeit betriebene Rosenzucht ist trotz vieler Arbeit recht lohnend. Hauptsächlich sind es Niederrosen, d. h. am Wurzelhals des Wildlings okulierte, die gezogen werden. Es sind sicherlich 60 Einwohner, die einen Gewerbeschein zum Rosenhandel gelöst haben. Der Handel geht bis nach Dänemark, Rußland, selbst nach Italien. Einzelne Geschäfte ziehen jährlich bis 300 000 Pflanzen, dazu kommt, daß zur Blütezeit der Rosen, der Versand der Rosen ganz ungeheuerlich ist. In Moos verpackt, geht die Blume nach verschiedenen Orten des In- und Auslandes. Durch den Rosenanbau kommt Wohlstand nach Steinfurth.*[196] 1920 waren es 120 Bauern, die auf ihren Feldern Rosen zogen.[197] Seit 1986 sammelt das Rosenmuseum in Steinfurth Objekte zum Thema Rosen und präsentiert in Ausstellungen die Rose in der Kunst- und Kulturgeschichte.[198]

5.1 Park und Industrialisierung im 19. Jahrhundert

Für uns heute vielleicht nur mit einigen Schwierigkeiten nachvollziehbar ist die Einstellung des Adels und des Großbürgertums zur Industrialisierung mit dem Lärm der Maschinen und den Abgasen der Dampfmaschinen. Parkgestaltung und Dampfmaschine schlossen sich nicht aus: Dampfmaschinen in den Hofgütern, die den Herrenhäusern mit ihren Gärten und Parks oft eng benachbart waren, wurden zum Teil gezielt platziert, um bestimmte Stimmungen zu erzeugen und Empfindungen zu wecken. Bei großen englischen Landschaftsgärten war der Bau einer Eisenbahnlinie durch das Parkgelände gewollt. War keine Eisenbahnlinie geplant, wurden eigens für den Park kleine Eisenbahnstrecken als romantisches Parkelement angelegt.

Als Mitte des 19. Jahrhunderts die Main-Weser-Bahn gebaut wurde, wünschte Großherzog Ludwig III. von Hessen (1806-1877),[199] dass die Bahnlinie möglichst nahe an der Friedberger Burg, seiner Sommerresidenz, vorbeigeführt werde, damit er die Eisenbahn beobachten könne. Die Friedberger opferten einen Teil ihrer mittelalterlichen Stadtmauer dem Wunsch ihres Großherzogs nach einer malerischen Kulisse. Auch die erste Eisenbahnbrücke über die Usa, die an ein römisches Aquädukt erinnern sollte, unterstrich bewusst die beeindruckende Kulisse von Burg und Stadt Friedberg durch ihre Architektur.

5.2. Garten und Park im 21. Jahrhundert

Garten und Park sind als Gebilde des Menschen Natur und Kunst zugleich. Sie unterliegen in ihrem Erscheinungsbild nicht nur dem Wandel der Jahreszeiten, sondern auch dem Zeitgeschmack. Sie sind nicht statisch. Daher hat sich die Denkmalpflege bei den historischen Garten- und Parkanlagen auch etwas schwer mit dem Denkmalbegriff getan.[200] Die Rekonstruktion ist manchmal trotz vorhandener Quellen nicht einfach, gerade was den Bestand an Kunstwerken und Garteneinrichtungen oder auch die Verwendung alter Pflanzensorten betrifft.

Es sind nicht immer die nur „großen“ Gartenanlagen, die als schutzwürdig oder erhaltenswert angesehen werden. In Büdingen setzten sich Bürger für die Erhaltung des Staudengartens von Edith Kölsch (1894-1985) ein, die ihr Haus mit ihrem Garten der Stadt Büdingen vererbt hatte. Ihr Garten verwilderte nach ihrem Tod durch mangelnde Pflege zunehmend. Edith Kölsch hatte im Laufe ihres Lebens in ihrem Garten im Zwinger der Stadtbefestigung einen bemerkenswerten Staudengarten angelegt, in dem in jedem Monat des Jahres etwas Blühendes zu sehen sein sollte. Sie ergänzte den vorhandenen Pflanzenbestand auf ihren Reisen um neue Arten und Sorten. Seit 2003 ist der wiederhergerichtete Garten vor der malerischen Kulisse der Büdinger Altstadt für die Öffentlichkeit zugänglich.[201]

6 Gärtner als Beruf

Gärtner, ist ein Künstler, welcher den Garten-Bau absonderlich wohl verstehet, und wenn er in seiner Kunst vollkommen gehalten seyn will, soll er in denen viererley Arten derer Gärten, nemlich in dem Lust-, Küchen-, Baum- und

Abb. 21 und 22: *Rosenfirma Gebrüder Schultheis.* Ansicht des Firmengeländes um 1900 auf einem Briefkopf (oben) und der Rosenfelder für niedrige und hochstämmige Rosen im Jahr 1888. Quellen: Rosenmuseum Steinfurth (oben) und Deutsche Gärtner-Zeitung Nr. 9/1888 (unten)

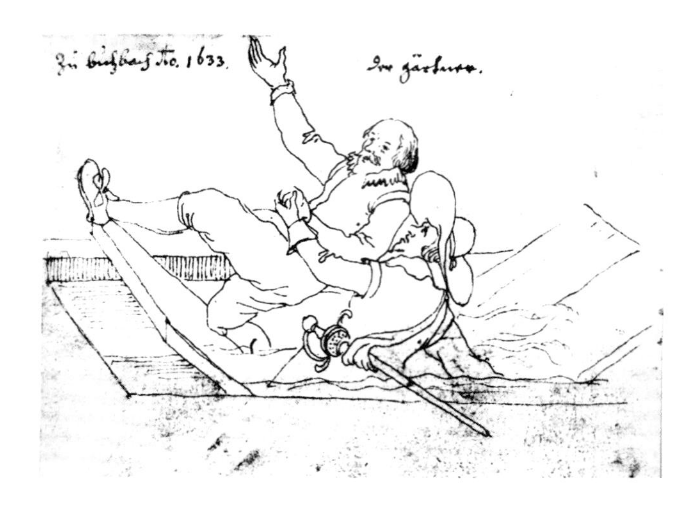

Abb. 23: Valentin Wagner (um 1610 bis 1655) hielt auf dieser Zeichnung einen Zwischenfall fest, der sich 1633 in Butzbach ereignete. Als ein Kavalier mit Degen und *der gärtner* einen morschen Bretterboden betreten, bricht dieser zusammen und beide fallen in eine Sickergrube. Vermutlich handelt es sich bei dem Gärtner um Georg Hanff (1596-1635). Quelle: Graphische Sammlung Albertina Wien, D 567 recto, Inv.-Nr. 3416 recto

Medicinischen Garten gute Erfahrung, auch beydes einen Garten von neuem geschickt anzulegen, als einen bereits angelegten in gutem Stande zu erhalten, gelernet haben. Von einem Gärtner wird hauptsächlich erfordert: daß er den Grund und Boden seines Gartens wohl kenne, die mancherley Arten derer Winde recht zu unterscheiden, und so wohl des Mondes Lauf, als die Witterung wohl in Acht zu nehmen und zu beurteilen, auch hernach seine Garten-Arbeit, graben, säen, pflantzen, versetzen, begüssen, pfropffen, oculiren, absäugeln, beschneiden Früchte abnehmen, Saamen einsammeln, und der gleichen wohl anzustellen und zu verrichten wisse.[202]

Neben Gärtnern gab es natürlich auch Gärtnerinnen. Interessant ist ihr Aufgabenbereich im Vergleich zu dem ihrer männlichen Kollegen. Im gleichen Lexikon heißt es:

Gärtnerin, ist ein gewisses Weib, so über die Lust-Gärten bestellet ist, das darinnen gewachsene Obst, Früchte und Blumen zu Marckte trägt, denen Spaziergehenden die Garten-Thüre auf- und zuschlüßt, und ihnen bey dem Abtrit[203] *ein Blumen-Bouquet zu geben pflegt.*[204]

In Zedlers *Universal-Lexicon* von 1735 werden drei Arten von Gärtnern genannt: Es gibt die Gemüse- oder Krautgärtner, *die die gewöhnlichen Gemüsesorten anbauen,* die Kunstgärtner, *die die Erzeugung der feinern Gemüsesorten u. Blumen aller Art, u. die Behandlung exot. Pflanzen in Gewächs- u. Treibhäusern, so wie das Anlegen geschmackvoller Gärten verstehen* sowie die Handelsgärtner, *die vorzügl. Sämereien u. dgl. Erziehen u. damit einen ausgebreiteten Handel betreiben.*[205]

Den Gärtner als Berufsstand und zünftigen Beruf gab es seit dem Ausgang des Mittelalters. In den Klöstern arbeiteten neben Nonnen und Mönchen auch Laienbrüder und angestellte Spezialisten als Gärtner. In den Städten betrieben Zunftgärtner Erwerbsgärtnereien, in denen sie Kraut, Rüben, Rettich und Zwiebeln zur Versorgung der Bevölkerung anbauten.[206] Daneben waren es in den Städten oft gerade die Armen, die sich ihren Unterhalt durch den Anbau und den Verkauf von Pflanzen auf den Märkten verdienten. Die selbstständigen und angestellten Gärtner rangierten allerdings auf der alleruntersten Stufe. Sie bildeten vielerorts zusammen mit den Obsthändlern und Hocken gemeinsam eine Zunft.[207] Allerdings schlossen sich viele Gärtner nicht in einer Zunft zusammen. Die einer Zunft angehörenden Gärtner hatten wie alle übrigen zünftigen Berufe eine mehrjährige Ausbildung bei einem Meister und eine vorgeschriebene Zeit der Wanderschaft als Gärtnergehilfe zu absolvieren.[208] Wer seine Meisterprüfung ablegte, konnte eine erwerbsmäßige Anstellung als Gärtner annehmen. Der Verdienst eines Gärtners war karg und reichte bei den einfachen Gärtnern kaum zur Bestreitung der Lebenshaltungskosten. Auch der Gartenarchitekt Heinrich Siesmayer durchlief seine Ausbildung bei karger Entlohnung.

Gärtner wurden im 18. und 19. Jh. – wie es auch Siesmayer in seinen Lebenserinnerungen am Beispiel seines Vaters ausdrücklich herausstellt – oft von ihren Arbeitgebern, meist Vertretern der reichen Oberschicht, mit Hungerlöhnen abgespeist. Gut dotierte Gartenarchitekten (wie z.B. Ludwig von Skell) waren Ausnahmen. Daß Gärtner sich daher immer wieder etwas Neues einfallen ließen, um ihre ‚Herrschaft' übers Ohr zu hauen und auf diese Weise ihre bescheidene Existenz ein wenig aufzubessern, erfährt man bei der Lektüre der langen Liste von Betrugsmöglichkeiten, die G. P. Hönn in seinem 1720 und 1761 erschienenen ‚Betrugs-Lexicon' für den Beruf des Gärtners zusammengestellt hat.[209]

Aber nicht nur die Entlohnung war karg, auch die Ausstattung mit Gerätschaften konnte sehr dürftig sein. Als 1843 der Ortenberger Hofgärtner Wimmer, der für den Bergpark und die Umgebung des Schlosses zuständig war, entlassen wurde, erhielt sein Nachfolger Hofgärtner Rühl an vorhandenen Gartengerätschaften ausgehändigt: *ein Pflug, eine Heckenschere, eine Radhacke,*[210] *eine Schippe ganz alt.*[211]

6.1 Bemerkenswerte Gärtner der Wetterau

6.1.1 Georg Hanff (1596-1635)

Landgraf Philipp von Hessen-Butzbach stellte Georg Hanff, der aus einer weitverzweigten Coburger Kunstgärtnerfamilie stammte, als Hofgärtner ein. Unter den Gärtnern hatten die herrschaftlichen und höfischen Gärtner eine Sonderstellung, *die in nicht wenigen Fällen „vererbt" wurde. Wahre Gärtnerdynastien entstanden auf diese Weise.*[212] Georg Hanff, der aus einer solchen Gärtnerdynastie stammte, wirkte seit 1621 an der Gestaltung des Butzbacher Schlossgartens mit, der nach dem Vorbild der italienischen Renaissancegärten angelegt wurde. Er starb 1635 in Butzbach an der Pest.[213] Sein Cousin zweiten Grades Michael Hanff bekam 1647 in Berlin von Kurfürst Friedrich Wilhelm von Brandenburg (1620-1688) die Leitung der Anlage des 1,5 km langen Reitwegs zwischen dem Berliner Stadtschloss und dem Tiergarten nach holländischem Vorbild als vierreihige Allee aus Linden und Nussbäumen übertragen, der späteren Berliner Prachtstraße *Unter den Linden*. Er war als Gärtner auch mit der Gestaltung des dortigen Lustgartens beauftragt.[214]

6.1.2 Johann Wolfgang von Goethe (1749-1832)

Zum Kreis derjenigen, die sich an der Gestaltung von Gärten in der Wetterau beteiligten, gehört auch Johann Wolfgang von Goethe. Goethe war 1776 in Weimar Mitglied des Geheimen Rates geworden und hatte sich ein altes Gartenhaus mit Grundstück an der Ilm ersteigert, das von Herzog Carl August von Sachsen-Weimar und Eisenach finanziert wurde. Es war Goethes erstes Wohnhaus in Weimar. Am 16. Januar 1778 ging die siebzehnjährige Christiane von Laßberg aus Liebeskummer in die Ilm, in der sie entweder ertrank oder wegen des eiskalten Wassers starb. Ihre Leiche wurde im Bereich der Felsentreppe in unmittelbarer Nähe von Goethes Gartenhaus von seinen Dienern gefunden und aus der Ilm geborgen. Sie soll eine Ausgabe von Goethes *Werther* bei sich getragen haben. Goethe war vom Tod der jungen Adligen tief betroffen und begann bereits einen Tag später, am 17. Januar 1778, mit der Gestaltung der Felsentreppe im Nadelöhr und deren unmittelbarer Umgebung zu ihrem Andenken. Für ihn war es *ein seltsam Plätzgen wo das Andenken der armen Christel verborgen stehn wird.*[215] So sollte die Pflanzung von dunklen Fichten an die junge Frau und ihr tragisches Ende erinnern. Goethe war später in Weimar an der Planung des Schlossparks beteiligt, für dessen Ausgestaltung er Denkmäler entwarf.[216] Goethe war es auch, der dem vierundzwanzigjährigen Grafen Hermann von Pückler-Muskau (1785-1871) bei einem Besuch in Weimar im Frühjahr 1810 empfahl, sich mit der Gartenkunst zu beschäftigen. Er riet dem jungen Grafen: *Verfolgen Sie diese Richtung. Sie scheinen Talent dafür zu haben. Die Natur ist das dankbarste, wenn auch unergründlichste Studium, denn sie macht den Menschen glücklich, der es sein will.*[217] Es war einer der wenigen Ratschläge, die der spätere Fürst von Pückler-Muskau in seinem Leben befolgte. Goethe konnte damals freilich nicht ahnen, dass er diesen jungen Adligen mit seiner Empfehlung in den Ruin trieb.

Abb. 24: Johann Wolfgang von Goethe 1780. Gipsbüste von Gottfried Martin Klauer aus dem ehemaligen Schloss Ziegenberg. Quelle: Adelslandschaft Wetterau (1982), S. 103

Der auf Schloss Ziegenberg in der Wetterau wohnende Freiherr Wilhelm Christoph von Diede (1732-1807) bat Goethe in Weimar um die Mitwirkung bei der Anlage eines Landschaftsgartens. Ab 1779 entwickelte sich ein reger Schriftverkehr zwischen den beiden über die Gestaltung und Ausstattung des Ziegenberger Schlossparks. Erhalten ist das Denkmal *Dem Dreyfach Gefesselten Glyke,* das nach einer Idee Goethes 1782 von Adam Friedrich Ohser entworfen und vom sächsischen Hofbildhauer Maria Gottlieb Knauer ausgeführt wurde.[128]

6.1.3 Carl Heinrich Bindernagel (1775-1854)

Über den Geometer und großherzoglichen Burggärtner in Friedberg Carl Heinrich Bindernagel ist bisher wenig Biografisches bekannt. Geboren wurde er am 7. Juli 1775 in Kassel als Sohn des hanauischen Steuerskribenten Johann Lorenz Bindernagel (1750-1799) und der Dorothea Elisabeth Strack (1750-?).[219] C. H. Bindernagel heiratete die in Gelnhausen geborene Susanne

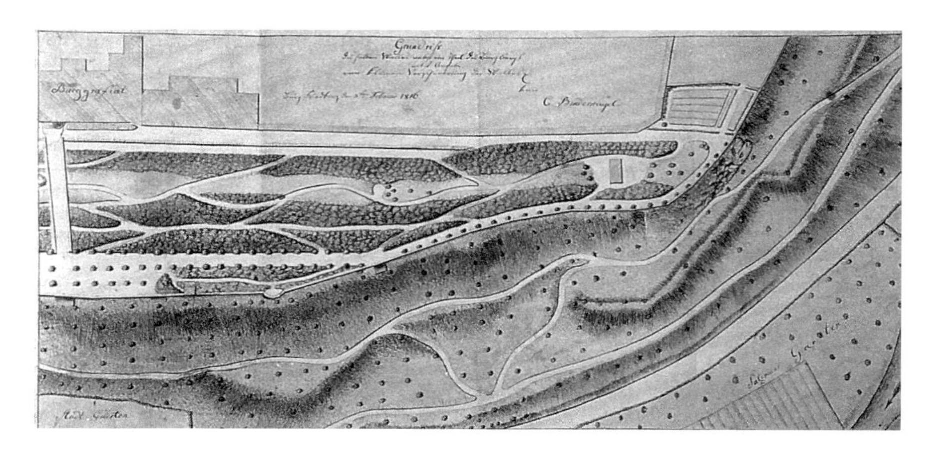

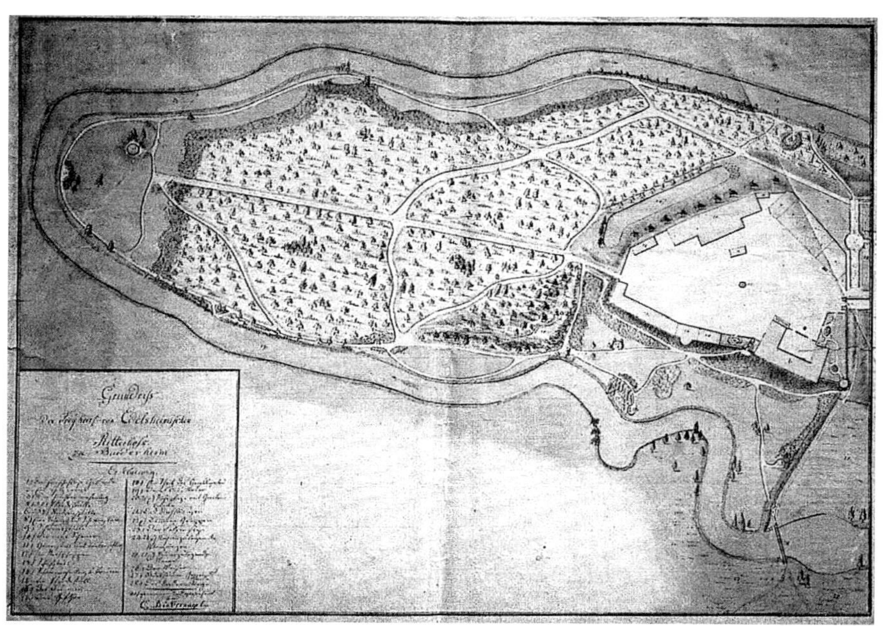

Abb. 25 und 26: Zwei Gartenpläne des großherzoglichen Burggärtners Carl Heinrich Bindernagel in Friedberg. Der obere Plan ist ein Grundriss für den nördlichen Burggarten der Burg Friedberg aus dem Jahr 1816, der untere der Plan des Schlossparks von Büdesheim für die Freiherren von Edelsheim aus dem Jahre 1810. Quellen: Hessisches Staatsarchiv Darmstadt

Catharina Huth (1772-1859). Aus dieser Ehe ging der Friedberger Buchhändler Karl Christian Bindernagel (1803-1848) hervor. Carl Heinrich Bindernagel starb am 18. Juni 1854 in der Residenzstadt Darmstadt.[220]

Überliefert sind mehrere Gartenpläne aus dem beginnenden 19. Jahrhundert für die Gartenanlagen der Friedberger Burg,[221] des Kurparks in Bad Salzhausen und des Büdesheimer Schlossparks. Noch unter dem letzten Burggrafen von Friedberg wurde Bindernagel mit der Umgestaltung der barocken Burggärten in englische Gartenanlagen beauftragt. Nach dem Übergang der Friedberger Burg an das Großherzogtum Hessen nutzte die großherzogliche Familie die Burganlage als Sommerresidenz. Carl Bindernagel konnte als großherzoglicher Burggärtner seine Umgestaltungspläne weiter umsetzen.

Eigenständige Entwürfe Carl Bindernagels sind der um 1810 geplante und auch ausgeführte englische Landschaftspark des Büdesheimer Schlosses für die Freiherren von Edelsheim und der Kurpark von Bad Salzhausen. Der Kurpark in Salzhausen wurde 1824 bis 1826 auf Initiative des Großherzogs Ludwig I. von Hessen-Darmstadt (1753-1830) von seinem Gärtner der Friedberger Burg geplant und angelegt. Der Kurpark zählt heute zu den ältesten Kurparks in Deutschland[222] und ist wohl auch als erster Kurpark in Deutschland von Anfang an als Volks- oder Bürgerpark geplant gewesen. Er war der Allgemeinheit uneingeschränkt und ohne die Zahlung von Eintritt zugänglich. Um 1950 wurde die Anlage Carl Bindernagels um den heutigen unteren Kurpark auf rund 53 Hektar Fläche erweitert. Ein Wegenetz mit einer Länge von 23 Kilometern erschließt das Gelände des Kurparks, in dem der Ort Bad Salzhausen sowie seine alten und neuen Kureinrichtungen liegen. Im Parkgelände wachsen etwa 300 teilweise seltene und außergewöhnliche Gehölzarten wie Blauglockenbaum (*Paulowina tormentosa* [Thunb.] Steud.), Götterbaum (*Ailanthus altissima* [Mill.] Swingle), Maiglöckchenbaum (*Crinodendron patagua* Mol.), Taschentuchbaum (*Davidia involucrata* Baill.) und Tulpenbaum (*Liriodendron tulipifera* L.). Zur Pflege des Kurparks werden gegen einen geringen Betrag Baumpatenschaften vergeben. Interessierte Besucher können sich ihr „Patenkind" aussuchen. Auf den Beschriftungstafeln dieser Gehölze stehen unter den Namen der Pflanzen auch die Namen der Baumpaten. Neben den gestalteten Parkpartien hat sich auf dem feuchten Wiesengelände im Park eine Salzflora mit seltenen Salzpflanzen etabliert.[223] Derzeit wird ein Parkpflegewerk für den Kurpark von Bad Salzhausen erarbeitet.

6.1.4 Sebastian Rinz (1782-1861)

Für die Planung seines Parkgeländes hinter dem Schloss in Groß-Karben holte sich Peter Freiherr von Leonhardi den jungen Stadtgärtner Sebastian Rinz aus Frankfurt. Er gestaltete dort auf Empfehlung des Hofgärtners Bode in Würzburg seit 1806 für den Fürstprimas Carl Theodor von Dalberg (1744-1817) die geschleiften Wehranlagen der Stadtbefestigung in einen Ring von Grünanlagen um. Die Anlage des Frankfurter Alleenrings wurde für Rinz zur Lebensaufgabe.[224] Er ließ sich in Frankfurt nieder und betrieb in der Nähe des Doms eine Blumen- und Samenhandlung, und später kam noch eine Gärtnerei im Westend hinzu.[225] Hier bildete er gemeinsam mit seinem Sohn Jakob Rinz den in Groß-Karben aufgewachsenen Heinrich Siesmayer zum Gärtner aus. Siesmayer gestaltete um 1854 neben dem bestehenden von Sebastian Rinz geplanten Parkteil der Familie von Leonhardi in Groß-Karben den sogenannten *Neugarten* hinter dem Degenfeldschen Schloss.[226] Dieses Gelände kaufte 1869 Ludwig Freiherr von Leonhardi.[227]

Abb. 27: Der Frankfurter Stadtgärtner Sebastian Rinz 1857 im Alter von 75 Jahren. Gemälde von Jakob Bekker. Quelle: Historisches Museum Frankfurt

6.1.5 Carl Eduard Adolph Petzold (1815-1891)

Nachdem Johann Friedrich Ferdinand von Löw (1709-1774) aus dem diplomatischen Dienst ausgeschieden war und aus England nach Staden zurückkehrte, ließ er 1746 den Schlosspark als englischen Landschaftsgarten anlegen. Seine Urenkelin Luise, die mit dem Freiherrn Bernhard von Stein (zu Nord- und Ostheim) verheiratet war, übernahm 1857 das Herrenhaus, das Hofgut und den Park in Staden. Für die Umgestaltung ihres Schlossparks in Staden

Abb. 28: Carl Eduard Adolph Petzold. Quelle: Klassik Stiftung Weimar

konnte das Ehepaar von Stein den *Park- und Gartendirektor der Niederlande* Eduard Petzold gewinnen,[228] der seit 1852 *Park-Inspector* in Muskau war und nach dem Verkauf der Standesherrschaft durch Fürst Hermann von Pückler-Muskau dessen Park für den neuen Besitzer Prinz Wilhelm Friedrich Karl von Oranien-Nassau (1797-1881) betreute. Freiherr und Freifrau von Stein reisten 1874 nach Muskau, um sich die berühmte Parkschöpfung des Fürsten von Pückler-Muskau anzusehen und baten während ihres Besuchs Eduard Petzold um seine Hilfe. Das Ehepaar von Stein wünschte von ihm eine Überarbeitung des bestehenden Schlossparks. Noch im gleichen Jahr reiste Eduard Petzold nach Staden, um sich selbst vor Ort ein Bild für seine Gestaltungspläne zu verschaffen.[229] Grundlage seiner Neuplanung war ein detaillierter Bestandsplan für seinen Entwurf eines englischen Landschaftsgartens mit einem Pleasureground am Schloss und einem Teich. Sein Parkkonzept entsprach dem Stil und Zeitgeschmack in der zweiten Hälfte des 19. Jahrhunderts. Die Originalpläne, die sich im Archiv des Instituts für Denkmalpflege in Dresden befinden, bilden seit 1990 die Grundlage für die Wiederherstellung des Schlossparks, der bereits 1885 an die Gemeinde verkauft worden war und seit 1904 unter Denkmalschutz steht.[230]

6.1.6 Franz Heinrich Siesmayer (1817-1900)

Eine besondere Rolle unter den Gestaltern von Gärten und Parks in der Wetterau nimmt Heinrich Siesmayer ein, nicht nur wegen der Vielzahl von Gartenanlagen, an denen er als Gartenarchitekt in Mittel- und Süddeutschland beteiligt war, sondern auch wegen der Bedeutung und dem Stellenwert in der Gartengeschichte Hessens, die er insbesondere durch den Kurpark von Bad Nauheim und den Palmengarten in Frankfurt einnimmt. Er zählt zu den bedeutendsten deutschen Gartenarchitekten des 19. Jahrhunderts. Über Siesmayers Leben und Werk sind wir durch seine 1892 erschienen *Lebenserinnerungen* unterrichtet. Erst vor einigen Jahren setzte eine wissenschaftliche Beschäftigung mit seiner Person und seinem Werk ein.

Siesmayer stammte aus einer alten Gärtnerfamilie und wurde 1817 *auf dem Sande* bei Mainz als zweitältester Sohn des Kunstgärtners Jakob Philipp Siesmayer aus Nieder-Selters im Taunus geboren. Er besuchte zunächst in Offenbach die Schule.

Nach Fertigstellung der Gärten in Offenbach siedelte mein Vater auf längere Zeit nach Groß-Karben, am Selzerbrunnen, über und erhielt daselbst für Böhm & Marchand die Verwaltung der Gärtnerei, wobei er die dortige Park-Anlage ausführte. Ich selbst blieb noch ungefähr zwei Jahre in letzterem Orte und nahm Privatunterricht in Ermangelung einer besseren Schule bis zu meinem Abgang in die Lehre. Hier, in Groß-Karben, war es auch, wo ich an der Hand meines verehrten Vaters zuerst in die Gärtnerei eingeführt wurde, und unter den damaligen Eindrücken erwachte in mir der Sinn, die Lust und Liebe zu meinem späteren gärtnerischen Berufe. [...] *So lag denn auch in mir schon unbewußt der Drang zum gärtnerischen Schaffen, ja, als zwölfjähriger Knabe, veredelte und pfropfte ich bereits, in meinem Eifer manchmal sogar gegen den Willen meines Vaters, fünf bis 6 Sorten auf einen Baum, wovon die Exemplare heute noch in der Selzerbrunnen-Allee existiren. Ebenso wurde ich dort bei der Unterhaltung der Neu-Anlage beschäftigt, machte mich überhaupt nützlich, wo sich eine Gelegenheit bot. Ich besorgte Commissionen für meinen Vater, trug Geld, Gemüse, Obst u.s.w. nach Offenbach zu Böhm & Marchand, half sogar bei der Füllung des Wassers aus dem Selzerbrunnen, packte Krüge auf die verschiedenen Wagen und bekam dafür manche Vergütung, die mein Vater bei seiner geringen Gage und zahlreichen Familie sehr nötig brauchen konnte.*[231]

Über seinen Vater schreibt Siesmayer: *Mein Vater* [...] *mit dem wir nun gemeinschaftlich arbeiteten, war ein hochbegabter, hervorragender Kunstgärtner, der sich auf dem Gesamtgebiete der Gärtnerei ausgezeichnete Kenntnisse erworben hatte. Er unterstützte uns bei seinem reichen Wissen und seinen Erfahrungen mit Rat und Tat in jeder Beziehung, so daß wir beide an ihm einen treuen Führer hatten, der uns rastlos ermutigte, namentlich in den schweren Tagen bei der Gründung des eigenen Geschäftes. Er wirkte in dieser Weise noch als 84jähriger Greis im Vollbesitz seiner geistigen Kräfte.*[232]

Als fünfzehnjähriger begann Heinrich Siesmayer am 1. April 1832 seine Gärtnerlehre in dem angesehenen Gartenbaubetrieb von Sebastian und Jacob Rinz in Frankfurt. Seine beiden Lehrmeister Sebastian Rinz, Stadtgärtner von Frankfurt, unterrichtete ihn in den Bereichen Baumschulen und Landschaftsgärtnerei, dessen Sohn Jacob Rinz, spezialisiert auf exotische Gewächse und wissenschaftlicher Botaniker, vermittelte ihm die Grundlagen der Botanik.

Siesmayer wurde im Verlauf seiner Ausbildung mit der Zeit auch mit dem Zeichnen seiner Gartenpläne betraut. Er konnte sich so während seiner achtjährigen Lehr- und Gesellenzeit alle wichtigen theoretischen und praktischen Kenntnisse für seine angestrebte Selbstständigkeit aneignen. Mit 23 Jahren mietete er sich in Bockenheim einen Garten und arbeitete seit dem 1. Mai 1840 als selbstständiger Gärtner. Er legte damit den Grundstein zu einem der größten und erfolgreichsten Gartenbauunternehmen des Rhein-Main-Gebiets,[233] der 1842 zusammen mit seinem Vater Jakob Philipp Siesmayer und seinem Bruder Nicolaus gegründeten Firma *Gebrüder Siesmayer*.[234] Aller Anfang ist schwer – auch bei Siesmayer. Er schreibt über seine Arbeit in dieser Zeit:

Ferner machte ich, als 25jähriger junger Mann, Geschäftstouren in die Wetterau und nach Oberhessen, verkaufte den Landleuten hochstämmige Äpfel-, Birn- und Kirschbäume, die wir von Metz billig bezogen, und die ich vorteilhaft umsetzte. Ich führte die Bäumchen in einem Wagen bei mir und gab sie einzeln oder parthieweise ab, von Dorf zu Dorf, von Stadt zu Stadt gehend und immer munter neben dem Wagen hermarschierend. Nur dann und wann kehrte ich mit dem Fuhrmann ein, um mit ihm ein Viertelchen Kartoffelschnaps und ein Stück Käsebrod zu mahlzeiten. Das Nachtquartier war ebenfalls sehr primitiver Natur und bestand häufig, z.B. in Grünberg, Hungen u.s.w., nur aus einem Strohsack. Auf diesen Touren war ich stets darauf bedacht, den Geschäftskreis zu erweitern, was mir auch gelang, indem ich viele vorteilhafte Geschäftsverbindungen anknüpfte, wobei mir auch die kleinsten sehr willkommen waren.[235]

Er bereiste aber nicht nur die Wetterau und den Vogelsberg, sondern unternahm ausgedehnte Geschäftsreisen ins europäische Ausland, die er zugleich nutzte, um durch die Besichtigung bedeutender Gartenanlagen seine eigenen Kenntnisse zu erweitern. Während er sich auf seinen Reisen um den Vertrieb und die Erweiterung des Kundenkreises kümmerte, leitete sein Bruder Nicolaus Siesmayer[236] die Baumschule und die Pflanzenzucht der Firma. Relativ schnell erhielt Heinrich Siesmayer Aufträge für die Gestaltung von Gärten in der näheren und weiteren Umgebung. Als er für den Fürsten Ludwig zu Sayn-Wittgenstein-Berleburg (1799-1866) einen ca. 30 Morgen großen Park anlegt hatte, äußerte sich Fürst Hermann von Pückler-Muskau bei der Besichtigung des Parks nicht nur sehr lobend über Siesmayer, sondern fuhr von Sayn nach Bockenheim: *Ich wollte Sie gerne persönlich kennen lernen, deshalb komme ich eigens nach Bockenheim. Ihre Anlagen in Sayn geben, wenn sie so fortfahren,*

Abb. 29: Der große Teich im Bad Nauheimer Kurpark um 1960. Stadtarchiv Friedberg: Postkartensammlung

alle Berechtigung eines großen Meisters für die Zukunft![237] – eine außerordentliche Anerkennung des damaligen „Gartenpapstes" für den jungen Gartenarchitekten.

Eine seiner flächenmäßig größten Parkschöpfungen ist der in den Jahren 1857 bis 1858 entstandene Kurpark von Bad Nauheim, der 2010 Ort der Landesgartenschau war.

Rückschauend schreibt Siesmayer in seinen Lebenserinnerungen über die Zeit von 1850 bis 1860:

Die Hauptarbeit in diesem Zeitabschnitt waren die Nauheimer Kur-Park-Anlagen, von ganz bedeutendem Umfang, ca 330 hessische Morgen groß. Diese Anlage ist eine meiner größten Ausführungen in meiner beinahe fünfzigjährigen selbständigen Thätigkeit. [...] *Die Nauheimer Anlage ist in englischem Style ausgeführt mit bedeutender, großer Terrasse und Restaurationsgebäude nebst Auffahrt, ausgedehnten Fahr- und Fußwegen, Alleen, freien Plätzen, großem Teich von ca. 36 Morgen für Gondelfahrer, warmem Sprudel, Badehäusern, Trinkhalle u.s.w. Die Arbeiten erforderten bis zur Fertigstellung eine Zeit von zwei Jahren; es waren 150 bis 200 Leute, sowie 10-15 Pferde ununterbrochen dabei in Thätigkeit. Die Uferarbeiten an dem Usabach, die großen Fahrstraßen nach der Stadt und dem Teichhaus, die Brückenübergänge, kleinen Wasseranlagen, Terrainarbeiten an der großen Terrasse und sonstige ausgedehnte Ter-*

rainbewegungen nahmen großen Kosten- und Zeitaufwand in Anspruch. Die gärtnerische Ausführung für Grundarbeiten, Chausséen und Lieferungen erforderten 150000 Mark excl. Erdarbeiten zur Horziontallegung der großen Terrasse und Ausschachtungen an der Trinkhalle.
Diese öffentliche Parkanlage, die zur Zufriedenheit der Kurfürstlichen Regierung vollendet wurde, trug viel zur Verbreitung und Hebung meines Renommées als Gartenarchitekt bei.[238]

Seine über die Grenzen Hessen hinaus bekannteste hessische Gartenanlage dürfte der Palmengarten in Frankfurt sein. Die Anlage eines botanischen Gartens für Frankfurt entstand aus der Not heraus und hatte ursprünglich auch nicht die Funktion eines botanischen Gartens, da Frankfurt zu dieser Zeit noch keine Universität hatte. Heinrich Siesmayer schreibt in seinen Lebenserinnerungen:

Abb. 30: Grabmal von Heinrich Siesmayer auf dem Bockenheimer Friedhof in Frankfurt am Main im Herbst 2015. Foto: Dr. Matthias Weber

Die politischen Ereignisse des Jahres 1866 und die damit verbundenen Unzuträglichkeiten waren die Veranlassung, daß der Herzog Adolf von Nassau seinen Wohnsitz in Biebrich aufgab und seine umfangreichen Gewächshäuser und weltberühmten Wintergärten mit sämtlichem Inventar für die Summe von 120.000 Gulden zum Verkaufe bot. Da meine Arbeiten und Lieferungen bei Hofe bekannt waren, forderte mich die Gartendirektion auf, den Verkauf der höchst wertvollen Gewächse zu leiten. Dieser Auftrag, durch den das Vertrauen, welches ich bei Hofe genoß, in so hohem Maße bekundet wurde, ermunterte und freute mich ungemein und weckte sogleich in mir die Idee, diese kostbare Sammlung für Frankfurt zu gewinnen. Sofort wandte ich mich an Herrn Baron Ludwig von Erlanger, dessen Garten ich arrangierte, und der mich deshalb als Gartentechniker genügend kannte, schilderte ihm die Vorzüge, die es haben würde, wenn die Biebricher Gärten nach Frankfurt verlegt würden, und bat ihn dringend um seine Vermittlung. Ich glühte vor Lust und Freude, daß ich nach langen und schweren Kämpfen endlich einmal Gelegenheit haben sollte, mich als Fachmann hier am Platze zeigen zu können, zumal da ein Kurhesse damals in Frankfurt auch nicht das mindeste Vertrauen und Ansehen in der Öffentlichkeit genoß.[239]

HEINRICH SIESMAYER,
Königl. Preuss. Gartenbau-Direktor und Grossh. Hess. Hof-Garten-Ingenieur.
Firma:
GEBRÜDER SIESMAYER,
Garten-Architekten
Handelsgärtnerei und Baumschulenbesitzer.
Hoflieferanten
Sr. Maj. des Königs von Preussen, Ihr. Maj. der Königin von Preussen, Sr. Kgl. Hoheit des Prinzen Carl von Preussen, Sr. Kgl. Hoheit des Grossherzogs von Baden und Sr. Kgl. Hoheit des Grossherzogs von Hessen.
Arrangeur des Palmengartens.
Bockenheim bei Frankfurt am Main. — **Vilbel** Station der Main-Weser-Bahn.

Abb. 31: Briefkopf der Firma *Gebrüder Siesmayer* um 1895. Quelle: Hessische Landesbibliothek Wiesbaden Wf 8577

Für Heinrich Siesmayer und seine Firma war der Palmengarten sehr werbewirksam und brachte weitere interessante und lukrative Aufträge ein. Neben der Pflanzenproduktion in der eigenen Gärtnerei gehörten zum Unternehmen als weitere Betriebszweige die Planung und Ausführung neuer Gartenanlagen, die Pflege bestehender öffentlicher und privater Gartenanlagen und Parks sowie die Produktion von Pavillons und Laubengängen aus rohem Eichenholz.[240]

1877, fünf Jahre nach dem Tod seiner Frau, erwarb er 60 Morgen Land in Vilbel zur Anlage einer großen Baumschule – einen Schul- und Pflanzgarten für die *ausdauernde Pflanzenwelt* –, die er nach seiner Frau den *Elisabethenhain*[241] nannte. Ausschlaggebend für Bad Vilbel war die Lage des Geländes an der Main-Weser-Bahn. *Die Pflanzen wurden mit der Eisenbahn an die Auftragsorte transportiert und ein Teil des Personals von inzwischen nahezu 400 Mitarbeitern führte die Anlagen mit Hilfe von Tagelöhnern aus. Etwa 150 Obergärtner, Gärtner und Gartenarbeiter waren außerdem mit der Unterhaltung von Gartenanlagen beschäftigt, einem wichtigen Geschäftszweig der Firma. So wurden beispielsweise die Kurparks von Bad Nauheim, Wiesbaden und Bad Homburg jahrzehntelang von den Gebr. Siesmayer gepflegt.*[242]

Als am 22. Dezember 1900 Heinrich Siesmayer im Alter von 83 Jahren hochgeehrt und hochgelobt starb, übernahmen seine Söhne Philipp, Joseph und Ferdinand Siesmayer die Firma.[243] Der Erste Weltkrieg und die Inflationszeit führten zum Konkurs der Firma. 1931 mussten alle Arbeiter entlassen werden, 1933 wurde die Firma aufgelöst. Ein Teil der Bäume im Bad Vilbeler Kurpark stammen aus der Konkursmasse.

6.1.7 Ludwig Eberling (1823-1898)

Zu den bedeutenden Gärtnern aus der Wetterau gehört Ludwig Eberling, der 1823 als Sohn des Gärtners Johann Conrad Eberling und der Amalie Münch im alten Rathaus von Büdingen (in unmittelbarer Nähe der Marienkirche) geboren wurde und dort aufwuchs. Nach seiner Ausbildung verdiente er sich seinen Lebensunterhalt als Wandergärtner. Ludwig Eberling nahm 1856 eine Anstellung als Hofgärter des Großherzogs Friedrich I. von Baden (1826-1907) auf der Bodensee-Insel Mainau an. Überliefert ist, dass Eberling bei seinem ersten Besuch der Mainau direkt wieder umkehren wollte, als er den verwahrlosten Zustand der Gartenanlagen sah. Der ehemalige Besitz des Deutschen Ordens hatte nach dem Untergang des Deutschen Reiches in der ersten Hälfte des 19. Jahrhunderts mehrfach den Besitzer gewechselt. Der badische Großherzog Friedrich I. kaufte die Mainau 1853 für 130.000 Gulden. Als Hofgärtner war Ludwig Eberling ab 1856 mit der Umsetzung der Gartenpläne des badischen Großherzogs für die Bodensee-Insel Mainau betraut. Die Gartenanlagen der Insel Mainau sollten Ludwig Eberling bis zu seinem Tod nicht mehr loslassen.

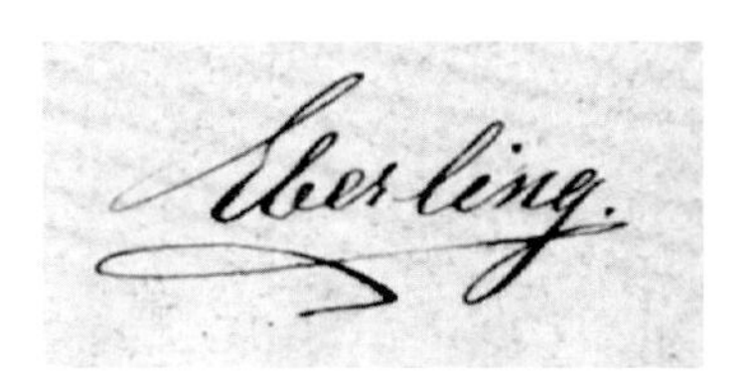

Abb. 32: Unterschrift Ludwig Eberlings auf einem Brief aus dem Jahr 1861. Quelle: A. u. J. Dées de Sterio (1977), S. 65

Über das Verhältnis Eberlings zu seinem Dienstherren Großherzog Friedrich I. von Baden ist Folgendes überliefert:

Sehr schnell entwickelte sich ein selten vertrautes Verhältnis zwischen dem Fürsten und ihm, wohl in der Person und der gemeinsamen Liebe zu Natur und Gartenkunst begründet. In der Folgezeit wurde unter dem energischen, tatkräftigen, auch durchaus seines Wertes sich bewußten Manne vieles anders. Die Unterstützung des Großherzogs und das Vertrauen in die eigene Energie waren ihm Hilfe, sich der Bevormundung der Karlsruher Stellen widersetzen zu können. Nach seinen Aufzeichnungen mußten die geringfügigsten Dinge, wie die Anschaffung einer Blumenspritze, nach vorherigem Antrag und eingehender Begutachtung dort erst genehmigt werden.

Die Zusammenarbeit der beiden für die Pflanzenwelt begeisterten Männer schuf das, was der Großherzog 'mein Paradies' nannte. Mit sicherem Blick bestimmte er die anzuschaffenden Bäume und Gewächse sowie den Ort, an dem sie Wurzel fassen sollten. Auf seinen Reisen kaufte er Orangenbäume in Ita-

lien, seltene Rosen in Malmaison, Palmen in Nizza und vieles andere mehr an anderen Plätzen, um mit handgeschriebener Anweisung alles auf die Mainau schicken zu lassen. Schweizer, italienische, französische, elsässische, holländische und deutsche Baumschulen lieferten ihr Bestes. [...]
Die Karlsruher Hofgärtnerei erhielt Anweisung, von ihm ausgewählte Pflanzen von dort an seinen Lieblingsplatz zu schicken – nicht immer zur Freude der eifersüchtigen Residenzgärtner.
Langsam gedieh die Mainau zu einer Parklandschaft, in der der arboretische Teil, gemäß dem dendrologischen Interesse des Großherzogs, überwog. Gemüsegärten und Kartoffeläcker verschwanden, Rebberge wurden abgetragen; dort gediehen nun Koniferen, seltene Bäume und Sträucher. An der sonnigen Südseite entstand in liebevoller Kleinarbeit der italienische Rosengarten mit Laubengängen und Pergolen, in die Intimsphäre der herzoglichen Familie einbezogen und zur Freude ihrer zahlreichen Gäste.[244]

Unter der Leitung von Ludwig Eberling entstand in enger Zusammenarbeit mit Großherzog Friedrich I. von Baden in den 42 Jahren bis zu seinem Tod 1898 in ihren Grundzügen die Insel Mainau mit ihren Gartenanlagen in ihrer heutigen Form. 1898 starb Ludwig Eberling im Alter von 75 Jahren im Gärtnerturm der Mainau.[245]

6.1.8 Friedrich Kreiß (1842-1915)

Zu den bedeutendsten Gartenarchitekten des 19. Jahrhunderts in Niedersachsen zählt Friedrich Kreiß, der am 28. August 1842 in Ortenberg als Sohn des Architekten und Maurermeisters Georg Kreiß geboren wurde. Nach dem Abschluss der Gewerbeschule in Nidda begann er 1860 als Hilfsgärtner seine vierjährige Ausbildung zum Gärtner unter dem Gräflich Stolberg-Roßlaschen Hofgärtner Rühl. *Ihr Tätigkeitsbereich umfasste den eigentlichen Hofgarten in Ortenberg, den Schlosspark „Boskett" sowie die Unterhaltung der unterhalb des Rosengartens gelegenen Baumschule.*[246] Nach dem Abschluss seiner Ausbildung in Ortenberg arbeitete er ab 1864 für zwei Jahre als Obergehilfe in der herzoglichen Landesbaumschule in Braunschweig. 1866 ging er nach England, um dort in einer zweijährigen Ausbildung seine Kenntnisse zu vertiefen. Als Obergärtner war er an der Erweiterung des Battersea Parks in der Nähe von London beteiligt. Er nutzte die Zeit seines Aufenthaltes zum Studium bedeutender Gartenanlagen und Gärtnereien in England und Schottland. Er kehrt 1868 nach Braunschweig zurück. Dort nahm er 1872 bei der Generaldirektion der herzoglichen Eisenbahnen die Stelle eines Bahnhofsobergärtners an. Friedrich Kreiß wurde 1880 in den braunschweigischen Staatsdienst übernommen und 1884 von Herzog Wilhelm zu Braunschweig und Lüneburg (1806-1884) zum *Herzoglichen Promenadeninspektor* ernannt. Während seiner Zeit als Promenadeninspektor von 1884 bis 1914 gestaltete er in Braunschweig mehrere Parks, darunter den Bürgerpark.[247] Aber auch an der Gestaltung von Gartenanlagen außerhalb von Braunschweig wirkte er mit. Um 1910 nahm er von dem dänischen Grafen Christian von Rewentlow (1845-1922) den Auftrag für die Umgestaltung des 10 Hektar großen Parks seines Schlosses Etelsen im Landkreis Verden an. Nach seinem Tod 1915 erhielt Friedrich Kreiß auf dem Braunschweiger Hauptfriedhof ein Ehrengrab.

Abb. 33: Ehrengrab von Friedrich Kreis auf dem Braunschweiger Hauptfriedhof im Jahr 2015. Foto: Stadt Braunschweig

6.1.9 Heinrich Schultheis (1846-1899)

Heinrich Schultheis, Sohn des Bürgermeisters von Steinfurth, ging als Zwanzigjähriger zur Ausbildung nach England. In der Nähe von Hereford arbeitete er als Lehrling in der *Kings' Acre Nurseries* von John Cranston, einem Rosenfachmann. Bei ihm lernte er den Anbau, die Vermehrung und die Veredlung von Rosen.[248] Für *Möller's Deutsche Gärtner-Zeitung* beschrieb Heinrich Schultheis 1888 dem Herausgeber Ludwig Möller seinen Werdegang: *Mit Beginn meines ersten Lebensjahres wurde ich in die Welt gesetzt, besuchte dann bis zum 14. Jahr die Bauernschule in Steinfurth, erhielt bei der Konfirmation vom Paten eine silberne Uhr zum Geschenk und lernte dann mit 14-tägiger Krankheitsunterbrechung 3 Jahre lang bei schmaler Kost und wenig Geld die*

Abb. 34: Heinrich Schultheis und seine beiden Brüder Wilhelm und Konrad Schultheis. Quelle: Firmenarchiv Familie Schultheis Steinfurth

Gärtnerei und -Wege putzen. Dann reiste ich bis zum 24. Jahre ununterbrochen durch Deutschland, Frankreich und England etc. ohne väterliche Unterstützung, sah viel und lernte. Zurückgekehrt zu Muttern, wurden Äpfelbäume und Rosen gepflanzt im Lande Canaan (Wetterau), die Rosen behielten aber bald die Oberhand, weil sie sich am besten verkiefen![249] Nach seiner Rückkehr aus England 1868 gründete er mit seinen beiden Brüdern Wilhelm und Konrad als erste Rosenschule in Deutschland die Rosenfirma *Gebrüder Schultheis, Rosisten*[250]. Mit dem feldmäßigen Anbau von Rosen führte Heinrich Schultheis einen neuen Erwerbszweig in der Wetterau ein, der in und um Steinfurth zahlreichen Menschen Lohn und Brot verschaffte.

7 Gartenlandschaft Wetterau

Wie vielfältig die Wetterau als Gartenlandschaft ist, zeigen Veröffentlichungen wie die 2008 erschienenen Bände *Oberhessen grünt* und *GartenRhein-Main,* die einen Querschnitt durch historische und neue Gartenanlagen bieten. Dass zeitgenössische Gartenschöpfungen nicht nur über die Grenzen der Wetterau hinaus Beachtung finden zeigt der Rosenhang in Klein-Karben. Ralf Berster, der im eigenen Garten für seine Rosen keinen Platz mehr hatte, fragte aus seiner Platznot heraus bei der Stadt Karben an, ob er ein verwildertes Hanggrundstück in städtischem Besitz in Klein-Karben mit seinen Rosen bepflanzen dürfe. Nach der Zusage der Stadt legte Ralf Berster seit 1993 einen Rosengarten mit über 700 überwiegend historischen Rosensorten auf einer Fläche von etwa einem halben Hektar an.[251] 2015 erschienen in den Gartenzeitschriften *Mein schöner Garten,*[252] *Gartenpraxis*[253] und *American Rose,*[254] einer Zeitschrift amerikanischer Rosenfreunde, Artikel über Ralf Berster und den Karbener Rosenhang. 2013 legte Ralf Berster ein Buch zur Geschichte und zum Bestand dieses Wetterauer Rosengartens vor.[255]

Eine Geschichte der Gärten und Parks in der Wetterau sowie ihrer Gärtnerinnen und Gärtner ist ein Desiderat. Die vorliegende Zusammenstellung vermag nicht mehr als ein paar Schlaglichter auf diesen Aspekt der Wetterauer Geschichte zu werfen. Von der Existenz der meisten historischen Gärten ist heute nicht mehr geblieben als ein Straßen- oder Flurname. Gärten sind als Anlage nichts Statisches. Sie unterliegen einem ständigen Wandel, sei es durch die bewusste Gestaltung ihrer Besitzer, sei es durch einen Besitzer- oder Nutzungswechsel. Auch wenn heute die Funktion des Gartens als Nutzgarten hinter dem Freizeit- und Erholungsaspekt immer mehr zurücktritt, so hat der Garten seine Bedeutung für den Menschen nicht verloren. Auch der Park als öffentliche Grünanlage hat eine Veränderung erfahren. Wenn heute in der Wetterau Gärten beispielsweise unter dem *Feng Shui*-Aspekt oder dem *New German Stile* gestaltet werden oder nach dem Prinzip des *Blackbox-Gardenings* gegärtnert wird, wenn der Park als öffentliche Grünanlage von allen ohne die Entrichtung von Eintritt zur Freizeitgestaltung genutzt werden kann oder als Denkmal in seiner ursprünglichen Gestalt gepflegt bzw. wieder angelegt wird, weil er als wichtiges Kulturdenkmal eingestuft ist, dann sind der Garten und der Park in der Wetterau das, was sie früher auch schon waren: Kinder ihrer Zeit und damit auch ein Spiegelbild ihrer Zeit.[256]

1 Vgl. I. Forman (2006), S. 34.

2 Vgl. H. Merk (2008), S. 32; zum Apothekergarten mit seinen angebauten Pflanzen vgl. J. G. Mayer (2002), S. 47f.

3 Vgl. F. Kluge (1989), S. 245f.

4 Vgl. Deutsches Wörterbuch IV,I,1, Sp. 1399f.

5 Vgl. F. Kluge (1989), S. 528.

6 1. Mose 2,4b-25.

7 Vgl. G. v. Rad (1976), S. 52-55.

8 Vgl. B. Vielsmeier (1995), S. 408.

9 Vgl. dazu K. S. Bader (1958) und ders. (1973), S. 67-91.

10 K. S. Bader (1973), S. 52.

11 Philipp Christoph von Franckenstein aus Ockstadt.

12 Seetor.

13 Allmende, d.h. Gemeindeweide.

14 Der Tag des Heiligen Michael am 29. September war für die Bestellung von Äckern, Gärten und Wiesen ein wichtiger Termin. Mit dem Michaelstag begann ein neuer Zeitabschnitt im bäuerlichen Jahreslauf. Der Sommer war vorbei. Ab diesem Tag durften Wintergetreide gesät und die Wiesen wieder gedüngt werden (vgl. Handwörterbuch des deutschen Aberglaubens 6 [1987], Sp. 236f).

15 Die Chroniken von Friedberg 1 (1937), S. 54.

16 StA Darmstadt, F 1, 179/1.

17 StA Marburg, 81, C 103/7.

18 So ließ Graf Anton von Isenburg am Burgberg der Ronneburg ab 1523 den größten Teil des Waldes am Burgberg abholzen und auf dem Gelände Gärten und Weinberge anlegen. Ein Lustgarten mit Badehaus kamen 1581 unter Graf Heinrich von Ysenburg-Büdingen als wohnliche Einrichtungen auf der Ronneburg hinzu (Vgl. P. Nieß [1970], S. 22).

19 Vgl. D. Richter (2006).

20 Vgl. B. Modrow (1998), S. 28.

21 Zitiert nach T. Schilp (1982), S. 140.

22 Vgl. K. S. Bader (1973), S. 60.

23 Vgl. K. Augustin (2008), S. 27.

24 Vgl. T. Schilp (1982), S. 140f.

25 Vgl. ebd., S. 146.

26 Fürstliches Archiv Stolberg-Roßla in Ortenberg, Plansammlung; vgl. A.-C. Baier (2006), Anhang, S. 4f.

27 Vgl. M. Schroeder (2010), S. 14f.

28 Vgl. ebd.

29 Transkription des Textes nach A.-C. Baier (2006) / P. Feldmann (2000).

30 Erbse (*Pisum sativum* L.).

31 Vermutlich Weinraute (*Ruta graveolens* L.) in der Mitte der Pflanzreihen.

32 Saubohne, Dicke Bohne, Ackerbohne (*Vicia faba* L.).

33 Steckrübe (*Brassica napus* L.).

34 Merseburger Rübe, eine weiße Steckrübe (vgl. C. H. T. Schreger (1810), S. 75).

35 Die Erdbirne oder Topinambur (*Helianthus tuberosus* L.) stammt aus Nordamerika und wurde in Europa nachweislich 1661 erstmals in England eingeführt. Die essbaren Knollen schmecken ähnlich wie Artischocken (vgl. H. Marzell 2 [2000], Sp. 776-781).

36 Möglicherweise ist das Bohnenkraut (*Satureja hortensis* L.) gemeint.

37 Mangold (*Beta vulgaris* subsp. *vulgaris* L.) (HessNassWb 2 [1943], Sp. 893); archäologisch als Gartenpflanze in der Wetterau nachgewiesen durch Funde in der römischen Zivilsiedlung in Butzbach (vgl. U. Körber-Grohne [1994], S. 206). Auch der in der Wetterau gebräuchliche Name *Römischer Kohl* verweist auf die Einführung dieser Pflanze durch die Römer.

38 Schnittlauch (*Allium schoenoprasum* L.) (HessNassWb 2 [1943], Sp. 691).

39 Porree (*Allium porrum* L.)?

40 Pastinake (*Pastinaca sativa* L.); archäologisch als Gartenpflanze in der Wetterau nachgewiesen durch Funde im Römerkastell Butzbach (vgl. U. Körber-Grohne [1994], S. 232).

41 Kartoffel (*Solanum tuberosum* L.).

42 Zuckerwurzel (S*ium sisarum* L.).

43 Melone (*Cucumis melo* L.); archäologisch als Gartenpflanze in der Wetterau nachgewiesen durch Funde im Römerkastell und der römischen Zivilsiedlung in Butzbach (vgl. U. Körber-Grohne [1994], S. 301).

44 Gurke (*Cucumis sativus* L.), wetterauisch *Gommer,* wurde wohl erst im 16. Jahrhundert von den osteuropäischen Slaven als Gartenpflanze übernommen (vgl. U. Körber-Grohne [1994], S. 304-306), dafür spricht auch die aus dem Slavischen übernommene Bezeichnung *Gurke* (vgl. H. Marzell 1 [2000], Sp. 2158f).

45 Feuersalbei (*Salvia splendens* Sellow ex Roem. & Schult.); stammt aus Brasilien und wird dort bis zu 1,5 m hoch. Der Salbei liebt humose Böden, verträgt aber keine Staunässe.

46 Gemeint ist wahrscheinlich Pflücksalat (*Lactuca sativa var. crispa* L.).

47 Krauser Kopfsalat = Endivie (*Cichorium endivia* L.), Frisee.

48 Der Kopfsalat (*Lactuca sativa* var. *capitate* L.) wurde vermutlich von den Römern in der Wetterau als Gartenpflanze eingeführt (vgl. U. Körber-Grohne [1994], S. 274f.).

49 Der Kohl (*Brassica oleracea* L.) stammt aus dem Mittelmeerraum und ist vermutlich durch die Römer als Gartenpflanze eingeführt worden. Bereits die Kelten kannten den Kohl. Die keltischen Sprachen haben für den Kohl die drei Wortstämme *kol* oder *kal*, *bresic* und *kap*. Sie sind bis heute erhalten in den Bezeichnungen *Kohl, Brassica* und *Kappes* für den Kopfkohl (vgl. U. Körber-Grohne [1994], S. 179-184).

50 Blumenkohl (*Brassica oleracea* var. *botrytis* L.).

51 Der Spinat (*Spinacia oleracea* L.) ist in Deutschland erst seit dem 16. Jahrhundert mit Sicherheit nachweisbar. Er stammt ursprünglich aus Zentralasien und ist im Mittelalter als Gartenpflanze entweder über die Mauren in Spanien oder die Kreuzfahrer aus dem Orient nach Deutschland gelangt (vgl. U. Körber-Grohne [1994], S. 217-219).

52 Vermutlich Echter Speik (*Valeriana celtica* L.), eine niedrige Baldrian-Art (vgl. H. Marzell 4 [2000], Sp. 986).

53 Rettich (*Raphanus sativus* L.) ist als Gartenpflanze vermutlich von den Römern in Deutschland eingeführt worden (vgl. U. Körber-Grohne [1994], S. 195-197).

54 Frdl. Hinweis von M. Schroeder v. 28.10.2015.

55 Vgl. U. Körber-Grohne (1994), S. 143.

56 Vgl. Hessischer Flurnamenatlas (1987), Karte 15: Beune.

57 Vgl. B. Vielsmeier (1995), S. 62.

58 Vgl. W. Ahlers (1998), S. 36.

59 Vgl. Oberhessen grünt (2008), S. 110-115.

60 Vgl. Handwörterbuch des deutschen Aberglaubens 5 (1987), Sp. 440-446; vgl. M. Schroeder (2009), S. 2f.

61 M. Schroeder (2009), S. 2.

62 Vgl. M. Schroeder (2009), S. 4-16 mit Erläuterungen zur Geschichte, Bedeutung und Verwendung der Pflanzen.

63 Vgl. H. Marzell 1 (2000), Sp. 363.

64 Vgl. ebd. 2 (2000), Sp. 1015.

65 Vgl. ebd. 1 (2000), Sp. 403f.

66 Vgl. ebd. 2 (2000), Sp. 400.

67 Vgl. ebd. 4 (2000), Sp. 1056-1063.

68 Vgl. ebd. 4 (2000), Sp. 998f.

69 Vgl. ebd. 3 (2000), Sp. 1017.

70 Vgl. ebd. 3 (2000), Sp. 450-452.

71 Vgl. ebd. 1 (2000), Sp. 549f.

72 Vgl. ebd. 2 (2000), Sp. 737f.

73 Vgl. ebd. 3 (2000), Sp. 403.

74 Vgl. ebd. 3 (2000), Sp. 1430.

75 Vgl. ebd. 2 (2000), Sp. 951f.

76 Vgl. ebd. 3 (2000), Sp. 73f.

77 Vgl. ebd. 1 (2000), Sp. 383.

78 Vgl. ebd. 3 (2000), Sp. 916.

79 Vgl. ebd. 4 (2000), Sp. 1026f.

80 Vgl. ebd. 1 (2000), Sp. 293-302.

81 Vgl. ebd. 2 (2000), Sp. 354-362.

82 Vgl. ebd. 2 (2000), Sp. 594-596.

83 Vgl. ebd. 1 (2000), Sp. 271-277.

84 Vgl. ebd. 2 (2000), Sp. 1333-1336.

85 Vgl. ebd. 4 (2000), Sp. 600-656.

86 Vgl. ebd. 4 (2000), Sp. 332f.

87 Vgl. ebd. 3 (2000), Sp. 534-561.

88 Vgl. ebd. 3 (2000), Sp. 372-378.

89 Vgl. ebd. 1 (2000), Sp. 139-144.

90 Vgl. ebd. 3 (2000), Sp. 136-139.

91 Vgl. ebd. 1 (2000), Sp. 720.

92 Vgl. ebd. 3 (2000), Sp. 1438; Zur Symbolik der Rose siehe: Lanfranconi und Frank (2008), S. 76f.

93 Vgl. ebd. 4 (2000), Sp. 47.

94 Vgl. ebd. 1 (2000), Sp. 89.

95 Vgl. ebd. 2 (2000), Sp. 1043.

96 Vgl. ebd. 3 (2000), Sp. 805-815.

97 Vgl. ebd. 4 (2000), Sp. 1178.

98 Vgl. ebd. 2 (2000), Sp. 327.

99 Vgl. ebd. 2 (2000), Sp. 1307.

100 Vgl. ebd. 4 (2000), Sp. 716.

101 Vgl. ebd. 4 (2000), Sp. 1170.

102 Vgl. ebd. 3 (2000), Sp. 247.

103 Vgl. ebd. 3 (2000), Sp. 1552-1556.

104 Vgl. ebd. 4 (2000), Sp. 784-790.

105 Vgl. ebd. 4 (2000), Sp. 84-86.

106 Vgl. B. Vielsmeier (1995), S. 526f.

107 M. Schroeder (2012), S. 86.

108 Oekonomisch-technische Flora der Wetterau 1 (1799), S. 328-335.

109 Saft von unreifen Weintrauben.

110 Oekonomisch-technische Flora der Wetterau 1 (1799), S. 336f.

111 F. v. Bassermann-Jordan (1923), S. 88.

112 E. Alberus (1540), Bl. Vu iv b.

113 Wiese *oben dem diere Garten* (Fürstl. A. Büdingen, ungeordnet, o. Nr., Isenburg. Zinsregister 1427, fol. 2, zitiert nach www.lagis-hessen.de/Hessische Flurnamen, Stand: 1.11.2012).

114 Wiese, Garten *genant der dyer gartte* (StA Darmstadt, C 1, Nr. 1/10, fol. 23', zitiert nach www.lagis-hessen.de/Hessische Flurnamen, Stand: 1.11.2012).

115 Acker *Im diergarten* (StA Darmstadt, C 1, Nr. 1/10, fol. 55, zitiert nach www.lagis-hessen.de/Hessische Flurnamen, Stand: 1.11.2012).

116 *im diergarten* (Fürstl. A. Büdingen, Stadt und Land, Fasz. 21, Nr. 150a, fol. 4', zitiert nach www.lagis-hessen.de/Hessische Flurnamen, Stand: 1.11.2012).

117 *fasanerie* (Corvinus [1941]: Fürstl. A. Büdingen, Urkunden, S. 73, zitiert nach www.lagis-hessen.de/Hessische Flurnamen, Stand: 1.11.2012).

118 1754 *der Fasanen-Garten* (Corvinus [1941]: Fürstl. A. Büdingen, Urkunden, S. 73, zitiert nach www.lagis-hessen.de/Hessische Flurnamen, Stand: 1.11.2012).

119 2012 *An der Fasanenmauer* (www.lagis-hessen.de/Hessische Flurnamen, Stand: 1.11.2012).

120 2012 *Das Fasanenwäldchen* www.lagis-hessen.de/Hessische Flurnamen, Stand: 1.11.2012).

121 Vgl. G. Bott (2002), S. 100; M. Kessler (2008), S. 48.

122 G. Bott (2002), S. 100.

123 In der Grafschaft Hanau bestand im Ostheimer Wald ein *Rebhuhngarten* (vgl. B. Vielsmeier [1995], S. 390f).

124 C. B. Zee-Heraeus (1957), S. 60.

125 M. Lemberg (2002), S. 13.

126 Vgl. E. J. Zimmermann (1919), S. 347f.

127 Burggraf von 1577-1617 (vgl. K.-D. Rack [1988], S. 401).

128 Vgl. Haus Hessen (2012), S. 72.

129 Vgl. ebd., S. 84.

130 Zufriedenstellung.

131 Die Chroniken von Friedberg in der Wetterau 1 (1937), S. 68.

132 Vgl. B. Vielsmeier (1995), S. 430.

133 G. u. R. Leps (1994), S. 130.

134 Vgl. Haus Hessen (2012), S. 272f.

135 Vgl. ebd., S. 267-269.

136 Zum Besuchsprogramm dieser Bildungsreisen gehörte auch die Besichtigung bedeutender Gartenanlagen, die sich entweder in weltlichem oder in geistlichem Besitz befanden und als nicht öffentliche Gärten nur mit Erlaubnis der Eigentümer betreten werden konnten. *Wer besuchte die Lustgärten? Belegt ist der Zugang für alle Stände: Adelige, Gesandte, Wissenschaftler, Schriftsteller und Künstler als „gebildete Besucherschicht" suchten auf ihren Reisen nicht nur bedeutende kirchliche und weltliche Bauwerke und Kunstsammlungen auf, sondern auch die Gärten. Im Rahmen ihrer Kavalierstour durch viele Länder Europas besichtigten die männlichen jungen Adeligen auch Garten- und Parkanlagen als Teil ihres umfangreichen Bildungsplanes. Dokumentiert sind uns die Besucherinnen und Besucher aller Stände in zahlreichen Beschreibungen und Bildern, die uns im Übrigen bisweilen auch die in den Gärten arbeitenden Gärtner und das Gesinde überliefern.* (E. Berger [2015], S. 359).

137 Vgl. ebd., S. 393f.

138 Vgl. ebd. und ausführlich W. Diehl (1909), S. 6-11, 48.

139 Vgl. Haus Hessen (2012), S. 269-271.

140 Vgl. ebd., S. 269-273, 393f.

141 W. Diehl (1909), S. 57.

142 Vgl. S. Rösch (1975), S. 106, Anm. 6.

143 Vgl. D. Wolf (2003) und E. Brohl (2003).

144 D. Wolf (2006), S. 3.

145 Vgl. H. Th. Gräf (2010), S. 526-529.

146 Vgl. dazu C. Lentz u. M. Nath-Esser (1990), S. 182f.; Joseph Furttenbach d. Ä. zeichnete 1655 einen Entwurf für den Idsteiner Schlossgarten.

147 Vgl. D. Wolf (2006), S. 8.

148 H. Th. Gräf (2005), S. 32f.

149 Vgl. G. u. R. Leps (1994), S. 130.

150 Vgl. D. Wolf (2006), S. 6.

151 *Es ist dabei selbstverständlich, dass die Grenzen zwischen passivem Rezipieren, aktivem Produzenten und Multiplikator hierbei als schwimmend zu bewerten sind. Am deutlichsten wird dies vielleicht in der Gartenkultur sichtbar, wenn sich etwa ein Adliger auf Reisen bzw. über die einschlägige theoretische Gartenliteratur mit der Idee des englischen Landschaftsgartens vertraut macht, anschließend seinen eigenen Besitz entsprechend gestaltet und dann selbst zum unter Umständen Standesgrenzen überschreitenden Vorbild für andere wird.* (H. Th. Gräf [2010], S. 523).

152 Durch die zunehmende Verwendung von wirkungsvollen Feuerwaffen verloren die Befestigungsgräben und -mauern der Burgen und Städte in der Renaissancezeit zunehmend ihre militärische Bedeutung. 1572 richteten die Bürger von Ortenberg die Bitte an die Herrschaft, dass die Wälle und Gräben der Stadtbefestigung zur Anlage von *Pflanzländen* eingeebnet werden sollen (vgl. M. Schroeder [2012], S. 54). *Pflanzenländer* oder *Setzlingsbeete* wurden Gärten genannt, die zumeist in Siedlungsnähe lagen und auf denen Jungpflanzen (Setzlinge) für die Gärten gezogen wurden (vgl. B. Vielsmeier [1995], S. 377f., 449).

153 Vgl. H. Th. Gräf (2005), S. 32.

154 Vgl. H. Th. Gräf (2012). S. 447f.

155 Vgl. D. Wolf (2006), S. 16.

156 Vgl. ebd., S. 6.

157 P. A. F. Walther (1867), S. 391 (zitiert nach D. Wolf [2006], S. 17).

158 Ebd., S. 392.

159 Vgl. H. Th. Gräf (2012), S. 74.

160 D. Wolf (2006), S. 15; zum Aussehen und zur Konstruktion des Planetenbrunnens vgl. S. 14-20.

161 Vgl. C. Lenz u. M. Nath-Esser (1990).

162 B. Modrow (1998), S. 13.

163 Louis de Rouvroy, duc de Saint-Simon (1675 -1755).

164 Zitiert nach N. Elias (1983), S. 338.

165 B.-R. Schwesig (1986), S. 77.

166 *Welche Aufgaben hatten die Lustgärten zu erfüllen? Sie boten dem barocken Zeremoniell als unumgängliches Regulativ im sozialen Leben der Ständegesellschaft Platz, dienten aber ebenso zur Erholung von den Staatsgeschäften, zur Erbauung, zum Promenieren, zum Ausruhen, zum Zeitvertreib und zum Amusement: Sie waren Schauplatz für die Aufführung von Theater-, Opern- und,* (sic!) *Ballettstücken, musikalischen Darbietungen, Festen und Feuerwerken, sie enthielten Räume für Spiel und Sport, und Bereiche für die Ausübung der Jagd.* (E. Berger [2015], S. 359).

167 Lageplan der Komturei Niederweisel 1732 (nach F. Klar). In: E. A. Schering (1983), S. 99.

168 Vgl. B. Vogt (2009), S. 45: Die Fotografie aus dem Anfang des 20. Jahrhunderts zeigt eine große Wiesenfläche vor dem Bad Nauheimer Kurhaus, auf der ein beladener Heuwagen steht, der mit zwei Fahrkühen bespannt ist. Das hohe Gras auf der Wiese im

Kurpark ist zum Teil schon gemäht. Das gemähte Gras wird von zwei Männern zusammengerecht und auf den Leiterwagen geladen.

169 Vgl. A. v. Buttlar (1989), S. 106; P.-A. Lablaude (1995), S. 156.

170 Vgl. A. v. Buttlar (1989), S. 107-110.

171 A. v. Buttlar (1989), S. 110.

172 Vgl. E. J. Zimmermann (1978), S. 815.

173 D. Loyal (1992), S. 247.

174 Vgl. P. v. Leonhardi (2008), S. 108f. Weitere Gebäude für Freimaurerversammlungen befinden sich beispielsweise in den Anlagen von Schloss Laxenburg bei Wien in einer künstlichen Burg (freundlicher Hinweis von B. Vogt) und im Park Monceau in Paris, wo Herzog Louis Philippe II. Joseph von Orleans (1747-1793) im *Lustpavillion (maison des plaisance)* seine Logenversammlungen abhielt (vgl. A. v. Buttlar [1989], S. 114). Zum Bau des Chinesischen Teehauses und zum Grab Friedrichs des Großen von Preußen auf der Gartenterrasse von Sanssouci unter Aspekten des Freimaurertums vgl. A. v. Buttlar (1994) und (1996). In Wilhelmsbad trafen sich 1784 Freimaurer aus ganz Deutschland, weil es, wie der Ritter vom Schwan alias Adolph Freiherr von Knigge schrieb, *im Julius in Wilhelmsbad am lebhaftesten ist und die Zusammenkunft so vieler Fremden weniger Aufsehen macht und dem dortigen Gastwirte eine schöne Einnahme verschafft, wofür man wohlfeiler lebt, als in der Stadt* (zitiert nach G. Bott [1963], S. 3).

175 Vgl. S. Kunz (2000), S. 9.

176 Vgl. ebd., S. 14-19. Eine Ansicht des Selzerbrunnens, die um das Jahr 1865 entstanden ist, zeigt die quadratische barocke Brunnenanlage mit Gasthaus und einem Nebengebäude eingebettet in einen Landschaftsgarten (S. 30, Abb. 23).

177 Vgl. ebd., S. 38f.

178 Vgl. Haus Hessen (2012), S. 139-143: Wilhelm IX., regierender Landgraf von Hessen, seit 1803 Wilhelm I. Kurfürst von Hessen.

179 Christian Cay Laurenz Hirschfeld: Theorie der Gartenkunst, Band 5 (1785), S. 101; zitiert nach G. Bott (2002), S. 86.

180 A. v. Knigge (1780/2009).

181 B. Modrow (1998), S. 139.

182 D. Richter (2007), S. 39.

183 Ebd., S. 38.

184 Das Boskett, frz. le bosquet *Wäldchen, Gehölz* oder *Dickicht,* entstand als Element des Gartens im Zeitalter der Renaissance. Im Barock- und Rokokogarten sind diese Lustwäldchen aufwändig gestaltete Gartenteile aus geometrisch gepflanzten und streng in Form geschnittenen niedrigen Hecken (z. B. Buchs), Büschen und Bäumen. Boskette eigneten sich sehr gut zur Anlage von Labyrinthen. Das Boskett gehörte auch zum Programm des englischen Landschaftsgartens. Angelegt wurden sie als kleine, natürlich gestaltete Waldteile, die aus verschiedenen Büschen und Bäumen bestanden. Unterschiedliche Wuchshöhen und -formen der Gehölze, Kontraste in der Laubfärbung und Blüten in unterschiedlichen Jahreszeiten gehörten zu den Gestaltungselementen eines Bosketts. Erschlossen war dieser Teil des Gartens durch schmale, geschlängelte Wege, die den Besucher an schattige Sitzplätze, Aussichtspunkte und besondere Gartenbauten

wie Grotten oder Ruinen führten. Sie bildeten in einigen Anlagen auch das Arboretum für die Sammlung seltener Gehölze.

185 Vgl. A.-C. Baier (2006), S. 118.

186 Oberhessen grünt (2008), S. 211.

187 Vgl. ebd., S. 213.

188 Vgl. ebd., S. 214.

189 Vgl. A.-C. Baier (2006), S. 43-68 u. frdl. Hinweis von M. Schroeder v. 7.10.2015.

190 Vgl. G. Falck (1910), S. 40.

191 Seit 1996 befinden sich im Bad Homburger Schlosspark wieder Teppichbeete, die nach alten Plänen angelegt wurden (vgl. M. Handke [2008], S. 85).

192 Vgl. dazu C. A. Wimmer (2015).

193 Vgl. U. Eisenbach (2014), S. 76.

194 Vgl. S. Kübler (1990), S. 133f.

195 Ebd., S. 134.

196 Zitiert nach ebd., S. 136.

197 Ebd., S. 135f.

198 Vgl. S. Kübler (2011), S. 46ff.

199 Vgl. Haus Hessen (2012), S. 347f.

200 Vgl. dazu exemplarisch das Schicksal des Schlossparks in Staden, der bereits 1904, ein Jahr nach dem im Großherzogtum Hessen-Darmstadt erlassenen Denkmalschutzgesetz, unter Denkmalschutz gestellt worden war (D. Schwendemann [2004]).

201 Vgl. Oberhessen grünt (2008), S. 60-63.

202 Universal-Lexicon 10 (1735), Sp. 48f.

203 Den Besuchern beim Verlassen des Gartens.

204 Universal-Lexicon 10 (1735), Sp. 50.

205 Ebd., 11 (1735), Sp. 356.

206 Vgl. G. u. R. Leps (1994), S. 74f.

207 Vgl. ebd., S. 138.

208 Vgl. A. Schnabel (1983), S. 121: danach waren für die Gärtnergesellen vorgeschrieben für den Sohn eines Meisters drei Wanderjahre, für einen gelernten Gärtnergesellen vier Wanderjahre. Neben deutschen Städten lagen die Wanderziele in der Schweiz, in Holland und England.

209 E. Caspary u. R. Spitzlay (1983), S. 225, Anm. 15.

210 Hacke zum Roden.

211 Zitiert nach A.-C. Baier (2006), S. 8.

212 G. u. R. Leps (1994), S. 135.

213 Vgl. B. Heil (1993), S. 165.

214 Vgl. H. Th. Gräf (2011).

215 Zitiert nach S. Grosz (2005), S. 312.

216 Vgl. A. v. Buttlar (1989), S. 160f.

217 Zitiert nach H. Ohff (2003), S. 63.

218 Vgl. Kulturdenkmäler in Hessen. Wetteraukreis II (1999), S. 897f.; M. Backes (1982), S. 949.

219 Vgl. F. Herrmann (o. J.).

220 Vgl. Familienbuch Friedberg (2008), S. 93.

221 Im Hessischen Staatsarchiv Darmstadt befinden sich fünf Pläne Carl Bindernagels aus der Zeit zwischen 1802 bis 1816 zur Umgestaltung des Friedberger Burggartens im englischen Stil (vgl. H. J. Augustin (1985), S. 71).

222 Vgl. C. Renner (2008), S. 149.

223 Vgl. Oberhessen grünt (2008), S. 187-190.

224 Vgl. B. Wissenbach (2010), S. 30.

225 Vgl. Frankfurter Biographie 2 (1996), S. 199f.

226 Ungeklärt ist, mit welcher Aufgabe Heinrich Siesmayer dort betraut war, ob er das gesamte Parkgelände plante oder nur einzelne Beete entwarf. (Frdl. Hinweis von P. von Leonhardi v. 15.12.2015).

227 Vgl. P. v. Leonhardi (2008).

228 Vgl. D. Schwendemann (2004), S. 150.

229 Vgl. ebd., S. 151.

230 Vgl. F. U. Pfuhl (2008), S. 97; D. Schwendemann (2004), S. 163-182.

231 H. Siesmayer (2006), S. 25f.

232 E. Caspary u. R. Spitzlay (1983), S. 227.

233 Die Firma zählte in der zweiten Hälfte des 19. Jahrhunderts zu den größten Gartenbauunternehmen in Südwestdeutschland (freundlicher Hinweis von B. Vogt).

234 Vgl. Frankfurter Biographie 2 (1996), S. 338.

235 H. Siesmayer (2006), S. 36.

236 Neben Heinrich und Nicolaus Siesmayer arbeiteten ihre beiden anderen Brüder ebenfalls als Kunstgärtner (freundlicher Hinweis von B. Vogt).

237 H. Siesmayer (2006), S. 124.

238 Ebd., S. 45f.

239 Ebd., S. 60f.

240 Vgl. B. Vogt (2006), S. 19 und freundliche Hinweise v. B. Vogt.

241 E. Caspary u. R. Spitzlay (1983), S. 240.

242 B. Vogt (2006), S. 19.

243 Vgl. B. Vogt (2009), S. 90.

244 A. u. J. Dées de Sterio (1977), S. 63.

245 Vgl. H. V. Heuson (1984).

246 Oberhessen grünt (2008), S. 211.

247 Vgl. Friedrich Kreiß – https://de.wikipedia.org/wiki/Friedrich_Kreiß, aufgerufen am 5.10.2015.

248 Vgl. G. Nagel (1983), S. 71.

249 Zitiert nach S. Kübler (1990), S. 133.

250 Vgl. C. A. Wimmer (2015), S. 54f.

251 S. Kübler (2011), S. 100.

252 S. Eberhard (2015).

253 H. Panten (2015).

254 D. Filiberti (2015).

255 R. Berster (2013).

256 Für ihre Anregungen, Kritik und Hilfe bedanke ich mich sehr herzlich bei Holger Th. Gräf, Michael Schroeder, Barbara Vogt und Dieter Wolf.

Quellen und Literatur

Quellen:

Staatsarchiv Darmstadt
F 1, 179/1, P 1 Nr. 1353
Staatsarchiv Marburg
81, C 103/7
Fürstl. Archiv Stolberg-Roßla Ortenberg
Plansammlung

www.lagis-hessen.de: Hessische Flurnamen
https://de.wikipedia.org/wiki/Friedrich_Kreiß, aufgerufen am 5.10.2015

Literatur:

Adamy, Rudolf: Kunstdenkmäler des Großherzogthums Hessen, Kreis Friedberg, Darmstadt 1895.

Adelslandschaft Wetterau im 18. und 19. Jahrhundert. Ständische Repräsentation im Zeitalter der Auflösung der Feudalgesellschaft, Hrsg. vom Magistrat der Stadt Friedberg (Hessen). Friedberg (Hessen) 1982.

Ahlers, Wolfgang: Botanischer Garten in Gießen. Ein Weltreich der Pflanzen. In: *R. Hein* (1998), S. 36-41.

Alberus, Erasmus: Novum dictionarii genus. Frankfurt am Main 1540.

Augustin, Hans Joachim: Konzeption zur Sicherung des Burggartens Friedberg. Diplomarbeit. Echzell 1985. (FH Wiesbaden).

Augustin, Katja: Burggarten Friedberg. In: *GartenRheinMain* (2008), S. 26f.

Backes, Magnus (Bearb.): Georg Dehio. Handbuch der deutschen Kunstdenkmäler: Hessen. 2. bearb. Aufl. München, Berlin 1982.

Bader, Karl Siegfried: Gartenrecht. In: Zeitschrift der Savigny-Stiftung für Rechtsgeschichte, Germanistische Abteilung 75 (1958), S. 254-273.

Bader, Karl Siegfried: Rechtsformen und Schichten der Liegenschaftsnutzung im mittelalterlichen Dorf. Wien, Köln, Graz 1973. (Studien zur Rechtsgeschichte des mittelalterlichen Dorfes 3).

Baier, Ann-Cathrin: Entwicklungskonzept für die historische Parkanlage des Schlosses Ortenberg in Hessen. (Diplomarbeit FH Wiesbaden). Wiesbaden 2006.

Bassermann-Jordan, Friedrich von: Geschichte des Weinbaus. Zweite wesentlich erweiterte Aufl. Frankfurt am Main 1923.

Berger, Eva: Die Nutzung der Zier- und Lustgärten und deren Zugangsmöglichkeit im Barock. In: Die Gartenkunst 27 (2015), S. 359-371.

Berster, Ralf: Der Rosenhang in Karben. Strauch- und Wildrosen in ihrer natürlichen Umgebung. Karben 2013.

Bott, Gerhard: Wilhelmsbad bei Hanau. München, Berlin 1963.

Bott, Gerhard: Badeanlagen – Wilhelmsbad. In: *Natur wird Kultur* (2002), S. 72-99.

Bott, Gerhard: Die Fasanerie bei Wilhelmsbad. In: *Natur wird Kultur* (2002), S.100-111.

Brohl, Elmar: Landgraf Philipp III. von Hessen-Butzbach und Valentin Wagners Festungszeichnungen. In: *Valentin Wagner* (2003), S. 71-82.

Buttlar, Adrian von: Der Landschaftsgarten. Gartenkunst des Klassizismus und der Romantik. Köln 1989.

Buttlar, Adrian von: Sanssouci und der »Ewige Osten«. Freimaurerische Aspekte im Garten Friedrichs des Großen. In: Die Gartenkunst 6 (1994), S. 219-226.

Buttlar, Adrian von: Sanssouci und der »Ewige Osten«. Teil II: Zur Deutung des Chinesischen Teehauses. In: Die Gartenkunst 8 (1996), S. 219-226.

Caspary, Eugen und Robert Spitzlay: Franz Heinrich Siesmayer 1817-1900. Der Lebensweg eines großen Kunst- und Handelsgärtners an der Wende zwischen feudal-privatwirtschaftlichem und bürgerlich-kommunalwirtschaftlichem Zeitalter. In: Nassauische Annalen 94 (1983), S. 221-244.

Dées de Sterio, Alexander und Johanna: Die Mainau. Chronik eines Paradieses. Stuttgart und Zürich 1977.

Denkmalpflege & Kulturgeschichte 2. Hrsg. vom Landesamt für Denkmalpflege Hessen. Wiesbaden 2002.

Deutsches Wörterbuch von Jakob und Wilhelm Grimm. Bd. IV,I,1: Forschel – Gefolgsmann. Bearb. v. Jacob Grimm, Karl Weigand und Rudolf Hildebrand. Fotomechanischer Nachdruck der Erstausgabe Leipzig 1878. München 1984. (dtv 5945).

Die Chroniken von Friedberg in der Wetterau. Hrsg. von Christian Waas. Bd. 1. Friedberg (Hessen) 1937.

Die Wetterau. Beiträge zur Kultur-, Wirtschafts- und Sozialgeschichte einer Landschaft. Hrsg. von der Kreissparkasse Friedberg (Hessen) aus Anlaß ihres 150jährigen Bestehens 1833 – 1983. Friedberg 1983.

Die Wetterau. Landschaft zwischen Tradition und Fortschritt. Hrsg. von Michael Keller und Herfried Münkler im Auftrag der Sparkasse Wetterau. Friedberg (Hessen) 1990.

Diehl, Wilhelm: Philipp, Landgraf von Hessen-Butzbach. Darmstadt 1909. (Hessische Volksbücher 5).

Eberhard, Silke: Wunderwerk eines Rosensammlers. In: Mein schöner Garten 5 (2015), S. 38-40.

Eisenbach, Ulrich: Die Zeche zahlen die Kommunen – Finanzierung und Rentabilität der oberhessischen Nebenbahnen. In: Anschluss an die weite Welt. Zur wechselvollen Entwicklung der Eisenbahn in Oberhessen. Hrsg. Oberhessische Versorgungsbetriebe AG (OVAG). Friedberg 2014. S. 70-91.

Elias, Norbert: Die höfische Gesellschaft. Untersuchungen zur Soziologie des Königtums und der höfischen Aristokratie. Frankfurt am Main 1983.

Falck, Georg: Flur- und Gewann-Namen der alten Gemarkung Friedberg. Ein Beitrag zur Ortsbeschreibung nebst einem ausführlichen Plane. In: Friedberger Geschichtsblätter 2 (1910), S. 31-40.

Familienbuch Friedberg – Stadt und Friedberg-Burg der evangelisch-lutherischen Kirchengemeinde ab 1583. Bd. 1: Abel – Hennemann. Bearb. von Brigitte Zuckerstätter. Friedberg 2008. (Schriften des Stadtarchivs Friedberg (Hessen) 4/1).

Feldmann, Peter: Untersuchungen zur Baugeschichte von Schloss Ortenberg (zugl. Diss. Univ. Frankfurt am Main). Microfiche. Marburg 2000. (Edition Wissenschaft, Reihe Kunstgeschichte 21).

Filiberti, Daphne: Ralf Berster's Rosenhang. In: American Rose 5/6 (2015), S. 76-83.

Forman, Inken: Klostergärten. Verborgen hinter hohen Mauern. In: *SehensWerte Schlösser & Gärten in Hessen* 3 (2007), S. 34f.

Frankfurter Biographie. Personengeschichtliches Lexikon. Bd. 2: M – Z. Hrsg. von Wolfgang Klötzer. Bearb. von Reinhard Frost und Sabine Hock. Frankfurt am Main 1996. (Veröffentlichungen der Frankfurter Historischen Kommission XIX/2).

GartenRheinMain. Vom Klostergarten zum Regionalpark. Erweiterte und neu illustrierte Auflage. Hrsg. KulturRegion Frankfurt RheinMain. Hanau 2008.

Giegerich, Willi: Bad Vilbel – Landschaft, Geschichte, Kunstdenkmäler, Kultur. Frankfurt am Main 1969.

Gräf, Holger Th.: Arolsen und Butzbach. Beobachtungen zum alten und neuen Typus der kleinen Residenzstadt im Alten Reich. In: Forschungen und Beiträge zur Wiener Stadtgeschichte 44 (2005), S. 27-52.

Gräf, Holger Th.: „Adelige Musenhöfe" und ihre Bedeutung zur „kulturellen Dichte" in Hessen (17.-19. Jahrhundert). Ein Problemaufriss. In: Adel in Hessen. Herrschaft, Selbstverständnis und Lebensführung vom 15. bis ins 20. Jahrhundert. Hrsg. von Eckart Conze, Alexander Jendorff und Heide Wunder. Marburg 2010, S. 519-542.

Gräf, Holger Th.: Hanff. In: Allgemeines Künstler-Lexikon. Bd. 69: Hammon – Hartung. Berlin 2011, S. 92.

Gräf, Holger Th.: Hocheisen, Johann. In: Allgemeines Künstler-Lexikon. Bd. 73: Heunert – Hoellwarth. Berlin 2012, S. 447f.

Gräf, Holger Th.: Hofmann, Johan. In: Allgemeines Künstler-Lexikon. Bd. 74: Hoelscher – Hornstein. Berlin 2012, S. 141.

Grosz, Stefan: Johann Wolfgang von Goethe und die Gartenkunst. Eine Gattung verliert an Einfluß – Die Gartenkunst und ihre Kritik. In: Die Gartenkunst 17 (2005), S. 311-318.

Handke, Manfred: Schlosspark Bad Homburg v. d. Höhe. In: *GartenRheinMain* (2008), S. 84f.

Handwörterbuch des deutschen Aberglaubens. Hrsg. von Hanns Bächtold-Stäubli. Bd. 1-10. Unveränderter fotomechanischer Nachdruck der Erstausgabe Berlin und Leipzig 1927-1942. Berlin, New York 1987.

Haus Hessen. Biografisches Lexikon. Hrsg. von Eckhart G. Franz. Darmstadt 2012. (Arbeiten der Hessischen Historischen Kommission NF 34).

Heil, Bodo: Der Butzbacher Schloßpark und die Lustgärtnerfamilie Hanff. In: Butzbacher Geschichtsblätter Nr. 90 (29. Dezember 1993). Butzbach 1993, S. 165-168.

Hein, Rainer: Gartenkunst in Hessen. Spaziergänge durch historische Anlagen und Parks. Frankfurt am Main 1998.

Herrmann, Fritz: Vorfahren und Nachkommen des Burggärtners und Kreisgeometers Heinrich Carl Bindernagel in Friedberg (Hessen). Auf Grund der

Kirchenbücher zusammengestellt. Friedberg o. J. (Gedruckte Familientafel: StadtA Friedberg, Sign. DF 202/Nr. 333).

Hessen-nassauisches Volkswörterbuch. Ausgewählt und bearbeitet von Luise Berthold, Hans Friebertshäuser und Heinrich J. Dingeldein. Bd. 2-4. Marburg (Lahn) 1943-2015.

Hessischer Flurnamenatlas. Hrsg. von Hans Ramge. Darmstadt 1987. (Arbeiten der Hessischen Historischen Kommission, NF 3).

Heuson, Hans Velten: Ludwig Eberling. Hofgärtner der Insel Mainau (1823-1898). In: Büdinger Geschichtsblätter 12 (1984), S. 143-146.

Hönn, Georg Paul: Betrugs-Lexicon worinnen die meisten Betrügereyen in allen Ständen nebst denen darwider guten Theils dienenden Mitteln entdecket. 3. erw. Aufl. Coburg 1724.

Kessler, Monika: Fürstliche Tiergärten und Jagdreviere. In: *GartenRhein-Main* (2008), S. 48f.

Kluge, Friedrich: Etymologisches Wörterbuch der deutschen Sprache. Unter Mithilfe von Max Bürgisser und Bernd Gregor völlig neu bearbeitet von Elmar Seebold. Berlin, New York 1989.

Knigge, Adolph von: Briefe eines Schweizers über das Wilhelmsbad bei Hanau. Neudruck der Ausgabe von 1780. Mit einer Einführung von Gerhard Bott. Hanau 2009.

Körber-Grohne, Udelgard: Nutzpflanzen in Deutschland. Kulturgeschichte und Biologie. 3., unveränderte Aufl. Stuttgart 1994.

Kübler, Sabine: Brot und Rosen. Steinfurth – Vom Dorf der armen Leute zur Rosenindustrie. In: *Die Wetterau* (1990), S. 131-143.

Kübler, Sabine: Ein Museum für die Königin der Blumen in Bad Nauheim. In: *Stachelige Schönheiten* (2011), S. 44-49.

Kübler, Sabine: Wildwuchs am Rosenhang in Karben. In: *Stachelige Schönheiten* (2011), S. 98-101.

Kulturdenkmäler in Hessen. Wetteraukreis II: Friedberg bis Wöllstadt. Hrsg. vom Landesamt für Denkmalpflege Hessen: Heinz Wionski. Wiesbaden 1999. (Denkmaltopographie der Bundesrepublik Deutschland).

Kunz, Stefan: Karben und die Geschichte seiner vier Mineralbrunnen. 1. Aufl. Karben 2000.

Lablaude, Pierre-André: Die Gärten von Versailles. Worms 1995.

Lanfranconi, Claudia und Sabine Frank: Die Damen mit dem grünen Daumen. Berühmte Gärtnerinnen. München 2008.

Lemberg, Margret: Höfisches Leben in hessischen Schlössern. In: *Denkmalpflege & Kulturgeschichte* 2 (2002), S. 10-13.

Lentz, Christel und Martina Nath-Esser: Der Schlossgarten zu Idstein. In: Die Gartenkunst 2 (1990), S. 165-216.

Leonhardi, Peter von: Schlosspark Karben-Groß-Karben. In: *GartenRheinMain* (2008), S. 108f.

Leps, Günther und Rose.: Der Gärtner. Zwischen Schönheit und Nutzen. Leipzig 1994. (Historische Berufsbilder).

Löwenstein, Uta: Äpfel und Orangen. Die Gärten der Landgrafen von Hessen-Kassel im 17. und 18. Jahrhundert. In: *Denkmalpflege & Kulturgeschichte* 2 (2002), S. 14-20.

Loyal, Dierk: Ein ehemaliger anglo-chinesischer Schloßgarten in Assenheim. Ein Beitrag zur Geschichte der Solmser Residenz in Assenheim. In: Hessische Heimat Nr. 11 (1988), S. 41-43.

Loyal, Dierk: Die Solmser Residenz in Assenheim – Eine baugeschichtliche Untersuchung. In: Wetterauer Geschichtsblätter 41 (1992), S. 141-294.

Marzell, Heinrich: Wörterbuch der deutschen Pflanzennamen. Bd. 1-5. Fotomechanischer Nachdruck der Erstausgabe Leipzig 1943-1979. Köln 2000.

Mayer, Johannes Gottfried: Klostermedizin. Die Kräutergärten in den ehemaligen Klosteranlagen von Lorsch und Seligenstadt. Regensburg 2002. (Edition der Verwaltung der Staatlichen Schlösser und Gärten Hessen: Informationsbroschüren, Broschüre 16).

Merk, Heidrun: Klostergärten der ehemaligen Benediktinerabtei Seligenstadt. In: *GartenRheinMain* (2008), S. 32f.

Modrow, Bernd: Gartenkunst in Hessen. Historische Gärten und Parkanlagen. Worms 1998.

Müller, H. und H. Ludwig: Altbockenheim in Wort und Bild. 1910, S. 89.

Nagel, Günter: Rosen aus Steinfurth. Geschichte und Entwicklung des Rosenanbaus in der Wetterau. In: *Die Wetterau* (1983), S. 69-101.

Natur wird Kultur. Gartenkunst in Hanau. Hrsg. von Anton Merk. Hanau 2002.

Nieß, Peter: 700 Jahre Ronneburg mit baugeschichtlichem Abriß und Übersichtsplan. Nach einem Sonderdruck aus *Büdinger Geschichtsblätter 3* (1959). Neudruck. Büdingen 1970.

Oberhessen grünt. Schöne Gärten. Hrsg. von Rainer Schwarz und Rolf Gnadl mit Texten und Fotografien von Elfriede Maresch, Anne Bohl, Andreas Matlé, Alexandra Schäfer, Stefanie Sperling und Günter Hamich. Friedberg (Hessen) 2008.

Oekonomisch-technische Flora der Wetterau. Bd. 1-3. Hrsg. von Gottfried Gärtner, Bernhard Meyer und Johannes Scherbius. Frankfurt am Main 1799-1802.

Ohff, Heinz: Der grüne Fürst: Das abenteuerliche Leben des Hermann Pückler-Muskau. 2. Aufl. München 2003. (Serie Pieper 3715).

Panten, H.: Ralf Berster. In: Gartenpraxis 6 (2015), S. 58f.

Pfuhl, Frank Uwe: Park Florstadt-Staden. In: *GartenRheinMain* (2008), S. 96f.

Pitzler, Andreas: Gründlich-auffrichtige Beschreibung des Gesundheits- vulgo Carber-Sultzbrunnens, in dem Kayserl. Burg-Friedbergischen Territorio, zwischen Groß-Klein- und Ocarben gelegen, entworffen von Andreas Pitzlern, Medic. Doct. Scab. & Physico der Kayserl. Freyen Reichs-Stadt Friedberg, Sambt einem accuraten Grund- und perspectivischen Abriß. Frankfurt am Main 1724.

Rack, Klaus-Dieter: Die Burg Friedberg im Alten Reich. Studien zu ihrer Verfassungs- und Sozialgeschichte zwischen dem 15. und 19. Jahrhundert. Darmstadt und Marburg 1988. (Quellen und Forschungen zur hessischen Geschichte 72).

Rad, Gerhard von: Das erste Buch Mose / Genesis. Göttingen 1976. (Das Alte Testament Deutsch 2-4).

Renner, Christian: Kurpark Nidda-Bad Salzhausen. In: *GartenRheinMain* (2008), S. 148f.

Richter, Dunja: Der Garten in der Burg. Verschwunden und vergessen. In: *SehensWerte Schlösser & Gärten in Hessen* 2 (2006), S. 22.

Richter, Dunja: Einsiedeleien in hessischen Gärten. „Ganz von allem Gewühl des rauschenden Vergnügens entfernt“. In: *SehensWerte Schlösser & Gärten in Hessen* 3 (2007), S. 38f.

Rösch, Siegfried: Landgraf Philipp III. von Hessen-Butzbach und Johannes Kepler. In: Wetterauer Geschichtsblätter 24 (1975), S. 99-108.

Schering, Ernst A.: Geschichte der Johanniter-Kommende Niederweisel. In: Wetterauer Geschichtsblätter 32 (1983), S. 67-117.

Schilp, Thomas: Die Reichsburg Friedberg im Mittelalter. Untersuchungen zu ihrer Verfassung, Verwaltung und Politik. Friedberg (Hessen) 1982. (Wetterauer Geschichtsblätter 31).

Schnabel, Arthur: Mit Gunst Ihr Herren habe zu grüßen ... Das Handwerk gestern und heute. In: *Die Wetterau* (1983), S. 103-148.

Schreger, Christian Heinrich Theodor d. J.: Handbuch zur Selbstprüfung unserer Speise und Getränke zur ihrer Güte und Aechtheit. Nürnberg 1810.

Schroeder, Michael: Der Marienkräutergarten und die gemalten Blumen und Kräuter im Gewölbe der Marienkirche zu Ortenberg. Ortenberg 2009.

Schroeder, Michael: Schloß Ortenberg. Ein Führer zu Burg und Schloß Ortenberg sowie zur Familiengeschichte des Fürstlichen Hauses Stolberg-Roßla. Ortenberg 2010.

Schroeder, Michael: Ortenberg in Hessen: Ein Altstadt-Rundgang. Hrsg. vom Kulturkreis Altes Rathaus und der Stadt Ortenberg. Königstein im Taunus 2012. (DIE BLAUEN BÜCHER).

Schroeder, Michael: Besuch des Zaren Nikolaus II. auf Schloß Ortenberg am 11. September 1910. Ortenberg 2013. (Ortenberger kleine historische Schriften 1).

Schroeder, Michael: Marienkirche Ortenberg. Kunst und Geschichte der Marienkirche zu Ortenberg. Hrsg. von der Evangelischen Kirchengemeinde Ortenberg. Ortenberg 2013.

Schwendemann, Dieter: Der Park zu Staden – Geschichte und Besitz. In: Staden. Das Klein-Venedig der Wetterau. 700 Jahre Stadtrechte Staden 1304–2004. Hrsg. v. der Gemeinde Florstadt. Florstadt 2004 (Schriften des Historischen Archivs der Gemeinde Florstadt 3). S. 143-183.

Schwesig, Bernd-Rüdiger: Ludwig XIV. Hamburg 1986. (rowohlts monogaphien 352).

SehensWerte Schlösser & Gärten in Hessen. Heft 1-3. Hrsg. von der Verwaltung der Staatlichen Schlösser und Gärten Hessen. Bad Homburg 2005-2007.

Siebert, A.: Franz Heinrich Siesmayer. In: Hessische Biographien Bd. II. Darmstadt 1927, S. 49.

Siesmayer, Franz Heinrich: Lebenserinnerungen. Neu herausgegeben von Thorsten Reuter und Peter Althainz. Norderstedt 2006.

Stachelige Schönheiten. Rosengärten in Franfurt RheinMain. Hrsg. KulturRegion FrankfurtRheinMain gGmbH. Frankfurt am Main 2011.

Grosses vollständiges Universal-Lexicon aller Wissenschafften und Künste. Hrsg. von Johann Heinrich Zedler. Bd. 10-11. Halle und Leipzig 1735.

Valentin Wagner (um 1610-1655). Ein Zeichner im Dreißigjährigen Krieg. Aufsätze und Werkkatalog. Hrsg. und bearb. von Holger Th. Gräf und Helga Meise. Darmstadt 2003.

Vielsmeier, Bernd: Flurnamen der südlichen Wetterau. Bd. 1: Namenlexikon. Darmstadt und Marburg 1995. (Quellen und Forschungen zur hessischen Geschichte 101).

Vogt, Barbara: Heinrich Siesmayer. In: *Franz Heinrich Siesmayer: Lebenserinnerungen* (2006), S. 15-22.

Vogt, Barbara: Siesmayers Gärten. Frankfurt am Main 2009.

Walther, Philipp A. F.: Landgraf Philipp von Hessen, genannt „der Dritte“, oder auch von Butzbach. In: Archiv für Hessische Geschichte und Alterthumskunde 11 (1867), Beilagen S. 390-396.

Wimmer, Clemens Alexander: Historische Pflanzenkataloge. In: Gartenpraxis 9/2015. S. 52-56.

Wissenbach, Björn: Mauern zu Gärten. 200 Jahre Frankfurter Wallanlagen. Frankfurt am Main 2010.

Wolf, Dieter: Butzbach. Eine kleine fürstliche Residenz im Dreißigjährigen Krieg. In: *Valentin Wagner* (2003), S. 61-69.

Wolf, Dieter: Butzbach auf historischen Abbildungen, Karten und Plänen vom 16. bis 19. Jahrhundert. In: Wetterauer Geschichtsblätter 54 (2005), S. 93-387.

Wolf, Dieter: Der Butzbacher Lustgarten. Verlorene Gartenarchitektur des 17. Jahrhunderts. 10. September bis 15. Oktober 2006. Begleitheft zur Kleinen Sonderausstellung des Museums der Stadt Butzbach. Butzbach 2006.

Zee-Heraeus, Carl Bernhard: Kilianstädten. Geschichte eines wetterauischen Dorfes im Wirbel des deutschen Geschehens. Kilianstädten 1937, Neufassung 1957. (Ms.)

Zimmermann, Ernst J.: Hanau Stadt und Land. Kulturgeschichte und Chronik einer fränkisch-wetterauischen Stadt und ehemal. Grafschaft. Mit besonderer Berücksichtigung der älteren Zeit. Unveränderter Nachdruck der vermehrten Ausgabe von 1919. Hanau 1978.

Das Friedberger Strafrecht des Mittelalters

Reinhard Schartl

Eine Darstellung des mittelalterlichen Strafrechts Friedbergs wurde bislang noch nicht unternommen. Dies zeigt einmal mehr, dass das lokale Strafrecht des Mittelalters im Gegensatz zum Privatrecht weniger Aufmerksamkeit genossen hat.[1] Diese rechtshistorische Forschungslücke soll für Friedberg nunmehr geschlossen werden. Dabei muss sich die Untersuchung vornehmlich auf die Reichsstadt konzentrieren, weil jede Befassung mit dem mittelalterlichen Recht der Reichsburg unvollkommen bleibt, solange nicht die Protokolle des Burggerichts (aus den Jahren 1369 bis 1384, 1389 bis 1429 und seit 1498, im Staatsarchiv Darmstadt vorhanden[2]) erschlossen sind.

I. Heutige Struktur des Strafrechts

Aufgrund der seit dem 19. Jahrhundert angestellten rechtsdogmatischen Überlegungen werden die Strafvorschriften des sogenannten Besonderen Teils des Strafrechts (§§ 80 ff. des Strafgesetzbuches, StGB)[3] in den „Tatbestand" einerseits und die „Rechtsfolge"[4] andererseits gegliedert. Während im Strafrecht als Rechtsfolge die Strafandrohung für das Delikt benannt wird, beschreibt der Tatbestand das mit der Strafe bedrohte Verhalten. So bestimmt § 242 StGB als Tatbestand des Diebstahls: „Wer eine fremde bewegliche Sache einem anderen in der Absicht wegnimmt, die Sache sich oder einem Dritten rechtswidrig zuzueignen,..." und als Rechtsfolge: „...wird mit Freiheitsstrafe bis zu fünf Jahren oder mit Geldstrafe bestraft". § 223 StGB regelt den Tatbestand der Körperverletzung wie folgt: „Wer eine andere Person körperlich misshandelt oder an der Gesundheit schädigt,...", wobei die als Rechtsfolge angedrohte Freiheits- oder Geldstrafe mit der des Diebstahls übereinstimmt. Voraussetzung der Bestrafung ist somit, dass der Täter durch sein Verhalten den Straftatbestand erfüllt. Ungeschriebene Voraussetzung jeder Straftat ist weiterhin, dass das Verhalten rechtswidrig ist, was regelmäßig der Fall ist, wenn nicht ausnahmsweise ein Rechtfertigungsgrund eingreift. Die bekanntesten Rechtfertigungsgründe sind die Notwehr (§ 32 StGB) und die Einwilligung des Verletzten, die somit die Rechtswidrigkeit einer an sich tatbestandmäßigen Handlung ausschließen.[5] Schließlich muss ein Verschulden des Täters hinzukommen, wobei das heutige Strafrecht regelmäßig Vorsatz verlangt und nur bei einigen Tatbeständen Fahrlässigkeit ausreichen lässt (zum Beispiel fahrlässige Tötung, fahrlässige Körperverletzung, fahrlässige Brandstiftung).[6] Eine wichtige Errungenschaft des liberalen Staats- und Menschenverständnisses seit dem 19. Jahrhundert besteht darin, dass eine Bestrafung nur zulässig ist, wenn der Täter einen zur Tatzeit bereits bestehenden gesetzlichen Straftatbestand erfüllt. Unzulässig ist deshalb nicht nur die Bestrafung nach einem erst nach der Tat in Kraft getretenen Gesetz, sondern auch die analoge Anwendung von Straftatbeständen. So konnte die vom Gesetzgeber bei der Schaffung des Reichsstrafgesetzbuches 1871 nicht vorausgesehene Entziehung elektrischer Energie, also das „Anzapfen" fremder Stromleitungen, nicht als Diebstahl bestraft werden, weil elektrische Energie nicht, wie von der Diebstahlsnorm des § 242 StGB vorausgesetzt, eine „Sache" im Rechtssinne, darstellt.[7] Es musste deshalb ein neuer Straftatbestand für die Entziehung elektrischer Energie eingefügt werden (§ 248c StGB). Nicht die Strafwürdigkeit, sondern allein die Verwirklichung eines bereits bestehenden Strafgesetzes kann zur Bestrafung führen. Überspitzt hat dies der Strafrechtler Franz von Liszt dahin formuliert, dass das Strafgesetzbuch die „Magna Charta des Verbrechers" sei,[8] denn alles, was dort nicht unter Strafe gestellt wird, kann nicht bestraft werden.

Die Rechtsfolge der Strafandrohung ist zugleich das entscheidende Kriterium, um das Strafrecht von anderen Rechtsgebieten zu unterscheiden. Dass beispielsweise der Bestohlene vom Dieb als Rechtsfolge die gestohlene Sache zurückverlangen kann und Anspruch auf Ersatz des sonstigen, durch den Diebstahl verursachten Schadens hat, folgt aus den Bestimmungen des bürgerlichen Rechts. Nur soweit der Diebstahl auch mit Strafe bedroht ist, handelt es sich um Strafrecht.

II. Mittelalterliches Strafrecht

Im mittelalterlichen Strafrecht wurden Überlegungen zur strengen rechtlichen Regelung strafbaren Verhaltens noch nicht angestellt.[9] Gleichwohl beschrieben bereits die sogenannten germanischen Volksrechte des Frühmittelalters sehr differenziert, welche Taten mit welcher Geldbuße geahndet wurden. So enthielt beispielsweise die auch im Rhein-Main-Gebiet geltende Lex Salica (ca. 507/511 n. Chr.) unterschiedliche Bestimmungen über die Geldbußen für den Diebstahl von Schweinen, Rindern, Schafen, Hunden, Habichten, Gänsen und Bienen oder die Entführung von Unfreien und Frauen, wobei teilweise nochmals zwischen dem Geschlecht und dem Kindheits- oder Erwachsenenstadium des Tieres oder des Menschen unterschieden wurde, ohne dass aber der Begriff des Diebstahls definiert wurde, ferner Bestimmungen für Körperverletzungen, jeweils unterschiedlich nach dem betroffenen Körperteil, oder für Beleidigungen, unterschieden nach dem benutzten Schimpfwort.

Demgegenüber besagte der etwa 1225 verfasste Sachsenspiegel als wichtigste mittelalterliche Rechtsquelle (allerdings nur für Nord- und Ostdeutschland) lapidar: „Den def scal man hengen" (Den Dieb muss man hängen, Landrecht, 2. Buch 13 § 1 Satz 2), sah allerdings für den leichteren Fall des Diebstahls bei Tage und von geringwertiger Beute eine Leibesstrafe („zu Haut und Haaren") vor, die durch eine Geldzahlung ablösbar war.[10] Eine weitere Unterscheidung nach dem Wert des Tatobjekts traf der Sachsenspiegel nicht. Eine nähere Beschreibung, was unter Diebstahl zu verstehen sei, hielt der Verfasser Eike von Repgow ebenfalls nicht für erforderlich.[11]

Allgemein ist für das Hoch- und Spätmittelalter bekannt, dass verschiedene Formen der Todesstrafe praktiziert wurden (Hängen, Enthaupten, Rädern, Verbrennen, Ertränken, lebendig Begraben), desgleichen wurden körperverletzende und verstümmelnde Leibesstrafen angewandt (Abschlagen von Gliedmaßen, Herausschneiden der Zunge, Brandmarken, Stäupen = Schlagen). Weitere, das Vermögen betreffende Strafen waren Hauszerstörung und Geldbußen, Strafen betreffend die Aufenthaltsfreiheit und Freizügigkeit waren Stadtverweisung, Verbannung und Gefängnisstrafe, wobei die Freiheitsstrafe erst im 14. Jahrhundert aus der Gefangenlegung der Beschuldigten zur Verwahrung während des Strafverfahrens bis zum Urteil entstanden sein dürfte.[12] Als Ehrenstrafe entwickelte sich die Prangerstrafe.[13] Bei den mittelalterlichen Strafen wurde zwischen den peinlichen[14] Strafen und den bloßen Bußen unterschieden. Zu den peinlichen Strafen gehörten solche, die an Hals und Hand gingen, also Todes- und verstümmelnde Strafen,[15] die leichteren waren vor allem die Schand-[16] und Geldstrafen. Kennzeichnend für diese Epoche der Rechtsentwicklung ist das nahezu reine Erfolgsstrafrecht, das ursprünglich wahrscheinlich allein den eingetretenen Schaden zum Anlass einer Bestrafung nahm („Die Tat tötet den Mann"[17]), während deutliche Unsicherheit bei nur

Abb. 1: Eingezeichneter Galgen in einer Gewannkarte der Straßheimer Gemarkung um 1775 von Johann Philipp Preußer. Stadtarchiv Friedberg: Karten, Pläne Alt I; Nr. 1. Foto: Johannes Kögler

versuchten Taten, bei Notwehrhandlungen und in der Berücksichtigung geringen Verschuldens herrschte.[18]

Bestraft wurden beispielsweise Totschlag, Mord als vorbedachte und damit als schwerere Form der Tötung,[19] Körperverletzung, Frauenraub und Vergewaltigung, Raub als Diebstahl mit Gewalt oder Drohung, einfacher Diebstahl, Brandstiftung als schwere und gemeingefährliche Form der Sachbeschädigung, Münzdelikte, Ketzerei, Beleidigung und Verleumdung sowie Meineid.[20] Zusätzlich wurde zahlreiches anderes schädliches oder gefährliches Verhalten mit Geldbußen geahndet.

Insgesamt erscheint gerade das spätmittelalterliche Strafrecht als unmenschlich und grausam. Dabei zeigen sich aber in der Praxis deutliche Milderungstendenzen, wie Geldbußen oder Stadtverweisung anstelle schwerer peinlicher Strafen, Asylrechte oder Gnadenbefugnisse,[21] die sich aber anscheinend auf Einheimische beschränkten, während das den Frieden besonders gefährdende Berufsverbrechertum weiterhin mit abschreckenden Strafen bekämpft wurde.[22] Zu Beginn der Neuzeit erhielten in erster Linie das Strafprozessrecht, aber auch Teile des materiellen Strafrechts durch die Peinliche Gerichtsordnung Kaiser Karls V. (1532) eine reichseinheitliche Regelung.

III. Das Friedberger Strafrecht

1. Überliefertes Schriftgut

Für die Zeit seit der erstmaligen urkundlichen Erwähnung von Burg und Stadt Friedberg 1216 bzw. 1219 bis zum Jahr 1410 steht eine Reihe von Urkunden zur Verfügung,[23] die allerdings nur zum geringen Teil für die Strafrechtsgeschichte von Interesse sind. Für die Burg können nur die Burgfrieden Ludwigs des Bayern vom 17.7.1337 und Karls IV. vom 3.6.1349[24] herangezogen werden. In dem Oberhofprotokollband des Stadtgerichts für den Zeitraum 1469 bis 1599[25] sind einige strafrechtlich und strafprozessrechtlich relevante Fälle vermerkt. Ab dem Jahr 1486 mit Lücken vom 24.10.1494 bis zum 15.6.1498 und vom 28.6.1499 bis zum 3.3.1502 sind die Ratsprotokolle[26] erhalten[27]. Hervorzuheben aus dieser Quelle ist eine Rechtsweisung des Friedberger Rates für das Dorf Melbach aus dem Jahr 1487.[28] Die Weisung griff Fälle auf, die 1478 aus Melbach den Friedberger Schöffen vorgelegt worden waren.[29] Innerhalb der Zünfte wurde die Einhaltung der Zunftregeln durch die Zunftordnungen mit Geld- und anderen Bußen erzwungen,[30] worauf hier allerdings nicht in allen Einzelheiten eingegangen wird.

2. Rechtsquellen

Auch in Friedberg treffen unterschiedliche Rechtsquellen aufeinander. Durch königliche Anordnungen wurden Zuwiderhandlungen dagegen mit Strafen bedroht, so Verstöße gegen die von Kaiser Ludwig zwischen Burg und Stadt gesetzten Frieden.[31] Für die Burgmannen galten die vorerwähnten königlichen Burgfrieden. Weiter wurden in Vereinbarungen zwischen Burg und Stadt Strafen für Vergehen gegen die getroffenen Regelungen angedroht.[32] Für anderes schädliches oder unerwünschtes Verhalten drohte der Rat Geldbußen an. Dabei verstärkte er einerseits abstrakt-generelle, also allgemein geltende Anordnungen mit Strafandrohungen.[33] In anderen Fällen erwähnte er eine vorgesehene Bestrafung nicht[34], was ihn bei Verstößen jedoch nicht an der Ahndung gehindert haben dürfte. Strafen wurden nach den Eintragungen in den Ratsprotokollen teilweise auch ohne vorherige Androhung verhängt. Ebenso wurden Einzelanordnungen unter Strafdrohung gestellt.[35] Mit Strafen waren auch die von den Zünften erlassenen, vom Rat bestätigten Ordnungen (sogenannte ordinancien) versehen.[36] Daneben stand der Kernbereich gemeinwidrigen Tuns gewohnheitsrechtlich unter Strafe, wie er teilweise in der

Rechtsweisung für Melbach von 1487[37] zusammengestellt war, mit welcher der Friedberger Rat aber sicherlich nur die Art und Höhe der Strafen und nicht die Strafbarkeit als solche mitteilen wollte. In der vorliegenden Untersuchung sollen in erster Linie die von den Friedberger Organen angedrohten oder verhängten Strafen interessieren.

3. Einzelne Strafen

Unterschieden wurde auch in Friedberg zwischen peinlichen (von lat. *poena*[38]) und sonstigen[39] Strafen sowie zwischen Bußen und anderen Strafen.[40]

a) Todesstrafe

Die schwerste Strafe war die Todesstrafe. In der Sühne zwischen Stadt und Burg vom 24.5.1387[41] wurde festgelegt, dass ein Henker[42] vom Rat zu verdingen ist, um „schedeliche lute"[43] hinzurichten. Die städtischen Büttel hatten dem Henker dabei behilflich zu sein, indem sie alle Gerätschaften „zu felde zu gerichte schicken" sollten, die zu der Hinrichtung gehören, wie sie die Untäter verdienten. Während die landschädlichen Leute zu der außerhalb der Stadt gelegenen Richtstätte[44] geführt wurden, sollten die Büttel den Henker vor der Volksmenge schützen.[45] Die Art der Hinrichtung war ersichtlich regelmäßig das Hängen. Im Arnsburger Urbar wird im 14. Jahrhundert für Friedberg ein Galgen genannt.[46] Die Ratsprotokolle erwähnen das Hängen nur selten, so als ein Knecht „zu hengen gefangen gelegt" worden war.[47] Dagegen ist für Frankfurt belegt, dass das besonders unehrenhafte Hängen die häufigste Todesstrafe war.[48] Das Enthaupten lässt sich in Friedberg bis zum 16. Jahrhundert nicht nachweisen, gemäß einer Überlieferung aus dem Jahre 1590 wurde die Hinrichtung mit dem Schwert geübt.[49] 1389 trug die Stadt in einer Streitigkeit mit der Burg vor, dass sie Leute wegen Betrugs[50] „gebrant" hatte, was hier nicht nur eine Brandmarkung,[51] sondern eine Hinrichtung auf dem Scheiterhaufen meinte, wie die Nebeneinanderstellung „gebrant oder libelois"[52] belegt. Auch in der Frankfurter Kriminalpraxis war diese Strafe insbesondere im 15. Jahrhundert nicht selten,[53] obwohl sie in den Ratsgesetzen nirgends ausdrücklich erwähnt wird.[54] In der Rechtsweisung des Friedberger Rates für Melbach wurde als Strafe für Totschlag und für die Körperverletzung einer Person in deren Geleit ohne Bestimmung der Hinrichtungsart mitgeteilt, dass der Täter sein Leben verwirkt habe.[55] In einem Fall eines Tötungsdelikts von 1487 („so den

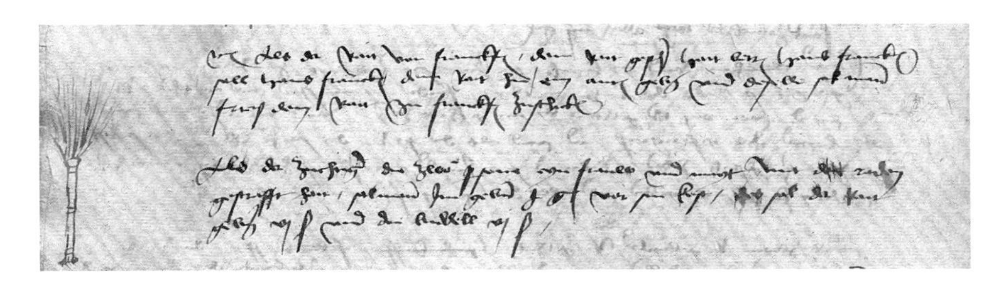

Abb. 2: Rute. Zeichnung des Ratsschreibers neben einem Eintrag vom 6. Oktober 1486. Stadtarchiv Friedberg: Depositum 12/1 (Urkundenanhang Nr. 24)

furmann von bechtheym vom leben zum toidt bracht hat") wird die Strafe diskret beschrieben als „handeln nach sinem uerdinst".[56]

Daraus wird zugleich deutlich, dass Friedberg als Reichsstadt die Hochgerichtsbarkeit, also die Befugnis zur Verhängung und Vollstreckung von Todes- und Leibesstrafen[57] besaß.

b) Leibesstrafe

Als verstümmelnde Strafe erwog der Rat 1489, dem Täter „die Augen auszubrechen". Alternativ sollte er mit Ruten aus der Stadt gehauen werden,[58] eine deutlich mildere Bestrafung.

Die Ratsprotokolle berichten 1486, dass zwei Frauen mit Rutenschlägen gestraft und „ausgehauen" wurden, wobei die Strafe vom Züchtiger (Henker) vollstreckt wurde.[59] Ansonsten wird die Vollstreckung der Strafe nur als „züchtigen"[60] oder „am Leibe strafen"[61] bezeichnet. Auch in einem Eintrag in den Ratsprotokollen von 1514 wird erwähnt, dass zwei Gefangene für die nächsten zwei Tage in das Halseisen gestellt, die Artikel verlesen und die Täter danach mit Ruten ausgehauen werden sollen.[62] Einer kurzen Freiheitsstrafe in den Halseisen folgte somit die Prügelstrafe. In Frankfurt wurde diese Form der Züchtigung neben der Stadtverweisung als häufigste Strafe praktiziert.[63]

c) Stadtverweisung, Verbannung

1386 und 1388 klagte die Burg neben zahlreichen anderen Beschwerdepunkten, dass die Stadt, d. h. der Rat, ohne Wissen der sechs Burgmannen und des Burggrafen und ohne jedes Gerichtsverfahren Leute der Stadt verwiesen habe.[64] In ihrer Klageerwiderung bestritt die Stadt, dass sie Leute aus der

Stadt verwiesen habe.[65] Wenngleich damit offen bleibt, ob es in den von der Burg angesprochenen Fällen zu solchen Stadtverweisungen gekommen war, kann doch nicht bezweifelt werden, dass auch in der Stadt Friedberg schon damals die Stadtverweisung als Strafe verhängt werden konnte, was nach den Ratsprotokollen wiederholt vorkam.[66] Auch wer in Bann gelegt worden war, musste die Stadt verlassen.[67]

Die Burgfrieden aus dem 14. Jahrhundert sahen als einzige Strafe auch bei schwersten Delikten wie Totschlag und Verwundung die zeitlich begrenzte „Leistung" vor, so das Privileg Ludwigs des Bayern von 1337: „Wo ein burgman den andern ze tode sluege, daz Got verbiede, der sol leisten ein iar, umb ein wunden ein halb iar,[68] um einen feustslag einen monad, umb verkorne wort vierzehen nacht, umb unrecht nome ouch vierzehen tag, domit ist dem burgrafen und den burchmannen gebezzert und heme nicht, dem das geschehen ist".[69] Bei der „Leistung" handelte es sich – wie im Bürgschaftsrecht[70] – um eine Einquartierung in einer offenen Herberge auf eigene Kosten. Da sie außerhalb der Burg stattzufinden hatte, ging sie für die Dauer der Leistung mit einer Verweisung aus der Burg einher.[71] Das Privileg stellte ferner klar, dass damit nur die Bestrafung im Verhältnis zur Burg („domit ist dem burgrafen und den burchmannen gebezzert") vollzogen wurde, während über die schadensersatzrechtliche Wiedergutmachung gegenüber dem Verletzten der Burggraf mit zwei ausgesuchten Burgmannen in Gestalt einer Sühne zu entscheiden hatte. Übereinstimmend drohte das Frankfurter Recht selbst bei Totschlag lediglich die dort auch ansonsten häufig verhängte Stadtverweisung an.[72] Eine strengere Folge hatte es, wenn der durch die Sühne verurteilte Burgmann dieser nicht Folge leistete, da er dadurch für immer aus der Burgmannschaft ausgestoßen sein sollte.[73]

d) Freiheitsstrafe

Das Bederegister des Bürgermeisters Konrad von der Ziit des Jahres 1368 vermerkt einen Jahreszins von einer „habstad by dem stokhuse,"[74] wobei das Stockhaus das Gefängnis bezeichnete.[75] Ferner wird 1376 erwähnt, dass die Stadt ein Haus abgebrochen hatte, „dae ein dipstok dez gerichtes uffestund, und darmidde denselbin dipstok".[76] Vor dem Abbruch des Diebstocks wurden alle „schedelich lude", die darin verbüßten, „behalden". Mit „Diebstock" wurde allgemein zwar auch der Pranger für Diebe benannt,[77] hier handelte es sich aber ersichtlich um das vorerwähnte Gefängnis.[78] Dafür spricht, dass mehrere schädliche Leute (Missetäter) dort gleichzeitig Strafen verbüßten und festgehalten, also gefangen gehalten wurden.[79] 1389 kam in einer weiteren Streitigkeit der Stadt mit der Burg zur Sprache, dass ein Henne Schaube wegen Diebstahls von Fischen aus dem See der Burg „in dem thorne lag“.[80] Wahrscheinlich wurde nach dem Abbruch des Gefängnishauses die Freiheitsentziehung in einem der städtischen Türme vollzogen. 1483 wird in einer Streitigkeit vor dem Rat angesprochen, dass der Kläger ins „gefengniß“ gekommen war.[81] In den Ratsprotokollen wird sodann häufiger erwähnt, dass ein Beschuldigter in das Gefängnis gebracht worden war.[82] Das Gefängnis wurde auch als „Loch“[83] oder „Betzenkammer“[84] bezeichnet.

Bei der Gefangenlegung handelte es sich allerdings, wie es bereits 1410 in dem Schied König Ruprechts der Stadt geboten worden war,[85] teilweise um eine der Untersuchungshaft entsprechende Sicherungsmaßnahme, um die Anwesenheit des Beschuldigten für das weitere Verfahren und für die drohende Strafe zu sichern.[86] Wenn in einem Eintrag betreffend ein Tötungsdelikt die Rede davon ist, dass man den Gefangenen „heruff soll thun vnd Inn sack schlagen vnd uersorgen biß vff nehstin fritag“,[87] so ist damit gemeint, dass der Beschuldigte bis dahin im „Loch“ gehalten worden war, nunmehr daraus hervorgeholt werden und wahrscheinlich im Hinblick auf die Hinrichtung in Sackleinen gekleidet werden sollte.[88]

Aber auch als Strafe erwähnen die Ratsprotokolle die Gefangenlegung, so für Diebstahl und anderes kriminelles Unrecht („undagent“), ebenso aber für sogenannten Ungehorsam.[89] Gleichermaßen wurde in Frankfurt die Freiheitsstrafe angedroht und – zu verbüßen in einem Turm – verhängt.[90] Gelegentlich ordnete der Friedberger Rat an, dass eine Freiheitsstrafe in einem Kloster zu verbüßen war, so 1487 für acht Tage, einmal in einem vom Verurteilten zu wählenden, ein anderes Mal in einem nicht benannten Kloster, 1488 bei den Barfüßern[91] und 1494 einen Monat lang jeweils täglich wechselnd in zwei Klöstern.[92] In den Fällen von 1488 und 1494 wurde als die zu strafende Tat genannt, dass die Täter einen anderen „vbergeben“, also entweder geschädigt, verletzt oder beschimpft hatten.[93] Im letzteren Fall bezeichnete dies der Rat ausdrücklich als „gnedige straff“ wegen der Jugend des Täters.1486 kam ein Beschuldigter ins Gefängnis „der wacht halben“, also wahrscheinlich wegen Versäumung seiner Bewachungspflichten,[94] häufiger wird wiederum Diebstahl als Delikt genannt.[95] 1490 erhielt ein Beschuldigter für eine Körperverletzung am „Stubenknecht“, einem Bediensteten der Stadt, eine gnadenweise milde Gefängnisstrafe von drei Tagen.[96] 1491 bestimmte der Rat, dass Bürger, die „sich buben“ (liederlich leben), mit Dirnen „flißen“ (sich abgeben) etc., „in das

Loch“ gelegt werden.[97] Die gleiche Strafe wurde 1492 Bürgern angedroht, die mit Eimern der Juden Wasser aus dem Brunnen schöpften.[98]

Eine möglicherweise verhältnismäßig kurze, aber körperlich spürbare Freiheitsentziehung war es, wenn der Delinquent in das Halseisen gestellt wurde, was der Rat 1438 für Meineid („üble eide“) androhte.[99]

e) Pranger

Bei der vorgenannten Strafe des Halseisens handelte es sich, sofern diese nicht in einem Kerker, sondern öffentlich vollzogen wurde, um eine Prangerstrafe.

Eine besondere Prangerstrafe zum Gespött der Umstehenden war der 1489 in den Ratsprotokollen als Strafe für eine Frau wegen Beleidigung oder Verleumdung und Sachbeschädigung erwähnte Schandkorb, möglicherweise in Form des ebenfalls bekannten Schnellkorbs.[100]

f) Geldbuße

Die häufigste Strafe war ersichtlich die Geldbuße, im mittelalterlichen Deutsch oft als „pene“ oder „pêne“[101] (wie „peinlich“ von lat. *poena*).[102] Die ältesten Nachrichten für Friedberg betreffen Bußgeldandrohungen durch den König beziehungsweise Kaiser für Zuwiderhandlungen gegen seine Gebote. So drohte Kaiser Ludwig 1332 im Sühnebrief zwischen Burg und Stadt an: „…wer der wære, ez si burgman oder burger, der wider die sůne keme oder tête, mit worten oder mit werken oder mit ufhaben sust oder so, der ist ze pen verfallen zehen marck silbers, fumf dem clager und die andern fumf dem burgrafn“.[103] Bei den von der Stadt selbst verhängten Bußen wurde unterschieden zwischen der höchsten Buße und kleinen Bußen, deren geringste die Mindestbuße war. 1386 machte die Burg in einer Klage gegen die Stadt geltend, dass „die hoeste buße … unde die andern cleynen buße“ dem Burggrafen zur Verfügung zustünden.[104] Später wurde die Geldbuße zwischen dem Burggrafen und dem städtischen Rat hälftig geteilt.[105] Ferner wurden nach dem Delikt Frevelbußen von anderen Bußen unterschieden.[106] In einer Oberhofunterweisung der Schöffen von 1478 wurde die Mindestbuße mit fünfeinhalb Pfund Heller beziffert,[107] in der Rechtsweisung des Rates für Melbach von 1487 dann mit zehn Pfund Heller[108] (für leichte Körperverletzungen und Verleumdungen). Die höchste Buße betrug nach einer weiteren Rechtsweisung für Melbach 30 Pfund Heller.[109] In den Ratsprotokollen werden aber auch erheblich geringere Bußen für leichtere Verstöße gegen Ratsanordnungen genannt, so zwölf oder acht Schillinge,[110] ein Gulden,[111] zwei Heller[112] und drei Turnosen.[113]

Die Friedberger Münzrelationen im 15. Jahrhundert lauteten: ein Gulden = 24 Schillinge Heller, ein Schilling = neun Heller.[114] Eine ältere Geldeinheit als der Gulden war das Pfund Heller. Dabei entsprachen etwa, wie für Frankfurt festgestellt worden ist, sechs Pfund Heller fünf Gulden sowie eine Mark eineinhalb Gulden,[115] ferner zwei Schilling einer Turnose.[116]

Aus den Friedberger Quellen geht nicht hervor, ob der Verurteilte auf andere Weise (etwa durch eine Gefängnisstrafe) verbüßen musste, wenn die Geldbuße nicht einbringlich war.[117]

1481 wandten sich ein Einwohner Melbachs und die Melbacher Schöffen an das Friedberger Gericht. Der Schwager des Einwohners hatte sich gegenüber den Schöffen schmähend geäußert. Dafür hatte der Täter eine Geldbuße von einer Mark verwirkt, zu deren Zahlung sich der Einwohner, der die Tat nicht begangen hatte, verpflichtete.[118] Das hielt das Friedberger Gericht ohne weiteres für wirksam, was die Gleichstellung einer strafrechtlichen mit einer bürgerlich-rechtlichen Zahlungspflicht zeigt.

Eine andere Vermögensstrafe bestand in der Pflicht, das verbotswidrig durch Tausch erworbene Getreide abzuliefern[119] oder ein Viertel Wein zu geben.[120] Weiter wurde eine Vermögensstrafe bezeichnet als die „kuchen (Küche?) nemmen".[121]

g) Berufs- und Amtsverbote

Als bloß disziplinarische Strafe ist der vorübergehende Ausschluss von einem öffentlichen Amt anzusehen. Verhängt wurde dies 1487 gegen ein Ratsmitglied für einen Monat wegen Misshandlung seiner Ehefrau und 1493 ebenfalls gegen einen Ratsmann wegen anmaßenden Verhaltens.[122]

4. Allgemeine Fragen

Wie auch sonst reichsweit im spätmittelalterlichen Recht zu beobachten ist, mussten sich die Friedberger Rechtspflegeorgane bei kriminellem und sozialschädlichem Verhalten mit rechtlichen Problemen befassen, die im modernen Recht dem Allgemeinen Teil des Strafrechts zugeordnet würden.

a) Verursachung

In den Friedberger Quellen wird die Verursachung eines schädlichen Erfolges wie einer Körperverletzung oder einer Tötung nur in einer Oberhofweisung für Rodheim von 1489 erwähnt. Es ging um die Frage, ob die Erben eines durch Totschlag Umgekommenen ebenso wie der Täter für die Tat büßen müssen. Das verneinten die Friedberger Schöffen, weil der Getötete nicht „sins eygenns todes ursecher Sye".[123] Wahrscheinlich wurde hier eine als berechtigt angesehene Abwehrhandlung des Getöteten als (rechtlich) irrelevante Ursache seines Todes behandelt.

b) Rechtswidrigkeit

Der Begriff der Rechtswidrigkeit war im deutschen mittelalterlichen Recht noch nicht bekannt.[124] Der Sache nach wurde ein Verhalten aber als rechtswidrig (als verboten) mit dem Begriff „frevelich" qualifiziert.[125] Er taucht auch in der Friedberger Überlieferung auf.[126] Im gerade genannten Rodheimer Fall von 1489 wurde nicht erörtert, ob etwa der letztlich Getötete als einer der beiden Tatbeteiligten in Notwehr gehandelt hatte, weil er sich eines Angriffs seines Gegenübers erwehren wollte.[127] In einem Eintrag in den Ratsprotokollen aus dem beginnenden 16. Jahrhundert wird dagegen dem Täter eines Totschlages der Beweis gestattet, dass er „dazu genöttigt sey",[128] was sich als Notwehrhandlung qualifizieren lässt. Der Beweis oblag somit – anders als unter dem Grundsatz *in dubio pro reo* – dem Beschuldigten. Schon nach einem Eintrag in den Frankfurter Gerichtsbüchern von 1384 benannte der Beschuldigte zwei Zeugen dafür, dass der durch einen Stich Verwundete „sin messer vor gezuckit und yn geslen" habe.[129] Welche Folge die vom Täter nachzuweisende „Nötigung" zu der Tat haben würde, wird allerdings nicht deutlich, möglichweise führte sie nur zu einer milderen Bestrafung.[130]

c) Verschulden

Die Friedberger Quellen geben keine Hinweise darauf, dass sich etwa fehlender Vorsatz des Täters oder gar fehlende Fahrlässigkeit (mittelalterlich: Ungefährwerk) zu seinen Gunsten auswirkte. Immerhin wurde aber 1477 als mildernder Grund die Begehung einer Schmähung „im Zorn" vom Rat berücksichtigt.[131] Bezeichnend für die Unsicherheit des Rates bei der Behandlung der Sache ist, dass die Entscheidung „in der gutlichkeit" erging, also abseits des strengen Rechts, das einen derartigen entlastenden Umstand vielleicht noch nicht kannte. Auffällig ist ferner, dass der Rat entgegen seiner sonstigen Gepflogenheiten eine recht ausführliche Begründung gab, nämlich dass der Täter nach seiner Einlassung im Verfahren von dem Kläger und seinem Vater nur Gutes wisse. 1494 berücksichtigte der Rat die „Jongheit", also das geringe, vielleicht jugendliche Alter des Täters strafmildernd.[132]

d) Versuch

In der Rechtsweisung für Melbach von 1487 wird der Tatbestand des Messerzückens ohne zu stechen erwähnt und mit körperlichen Misshandlungen ohne Verwundung gleichgestellt.[133] Dies kann im Friedberger Recht als erste strafrechtliche Erfassung eines bloßen Versuchs einer Körperverletzung oder Tötung qualifiziert werden.[134] 1486 und 1493 wurden vor dem Rat Verfahren gegen Beschuldigte geführt, wobei im ersten Fall der Beschuldigte einen Degen gezogen und beabsichtigt hatte, einen anderen zu stechen, sowie im zweiten Fall einem anderen mit einem Degen nachgelaufen sein soll.[135] Es liegt auf der Hand, dass der Täter auch bei diesem Vorfall eine Verletzung des anderen beabsichtigt hatte, seine Tat blieb jedoch im Versuchsstadium. Die Strafbarkeit begründete sich – wie heute – kriminologisch ersichtlich mit der Gefährlichkeit der Handlung, die jederzeit zu einer schweren Körperverletzung oder zur Tötung des Verfolgten führen konnte. Zugleich dürfte aber die Störung des Friedens durch die bedrohliche Lage eine Rolle gespielt haben. 1487 erwähnen die Ratsprotokolle ein schon ergangenes Verbot, derartige Waffen zu tragen.[136]

e) Delikte gegen Personen im Geleit

Wurden Delikte gegen eine Person begangen, die ein Geleitsrecht genoss, verschlechterte sich Stellung des Täters. Das Geleitsrecht wurde im Mittelalter Personen, insbesondere Reisenden, unter anderem zur Verbesserung ihres Schutzes gegen Gewalttätigkeiten oder andere Verletzungen gewährt. Verliehen wurde das Geleitsrecht, oftmals gegen eine Abgabe, vom Landesherrn.[137] So beanspruchte der Burggraf aufgrund einer Rechtsverleihung durch Kaiser Karl IV. die Befugnis, Geleit zu erteilen.[138] Die Stadt erhielt 1395 von König Wenzel die Bestätigung des Privilegs, allen Leuten, die in die Stadt kommen, Geleit zu geben wie die Stadt Frankfurt.[139] Allerdings hatte die Stadt auch zuvor schon das Recht zur Geleitsgewährung.[140]

Das Geleitsrecht eines tätlich Angegriffenen war zunächst Gegenstand mehrerer Anfragen der Melbacher Schöffen bei den Friedberger Schöffen. Nach dem geschilderten Sachverhalt hatte der Täter einen anderen „In synem geleide geslagen". Der Melbacher Schultheiß, der die Tat mit Bußen belegen sollte, fragte die Melbacher Schöffen, ob sie beide büßen sollen.[141] Die Frage erscheint nur verständlich, wenn auch der Geleitsberechtigte selbst tätlich geworden war. Die Friedberger Schöffen wiesen, dass der Geleitsberechtigte nicht büßen solle. Sein Verhalten könnte auch unter dem Gesichtspunkt der Notwehr gesehen werden, deren Behandlung – wie oben erwähnt – im Mittelalter Probleme bereitete.[142] Ersichtlich griff aber auch die Schutzwirkung des Geleitsrechts ein. Auffallend bei dieser Unterweisung für Melbach ist, dass sie nahezu wortgleich ein zweites Mal im Protokollband eingetragen wurde, allerdings mit einem erweiterten Sachverhalt („Vnd der sleger habe nit gewust....", dazu sogleich).[143] Wahrscheinlich hatte der Schreiber den nicht unwichtigen Teil des Sachverhalts versehentlich nicht notiert und deshalb die Anfrage der Melbacher Schöffen noch einmal vollständig eingetragen. Dafür spricht vor allem, dass der zweite Teil der Anfrage ebenfalls mit dem ersten Eintrag inhaltlich übereinstimmte, allerdings nunmehr kürzer gefasst wurde. Dieser zweite Teil betraf eine Schmähung („vorkorn wort"[144]) gegenüber einem Geleitsberechtigten.[145] Da der Täter nach der Weisung der Friedberger Schöffen dafür die geringste Buße verwirkt hatte, dürfte die Strafe für die gleiche Tat gegenüber einem Nichtgeleitsberechtigten noch milder gewesen sein, so dass sich das Geleit hier strafverschärfend auswirkte. Delikte gegenüber Geleitsberechtigten kehrten später in der Rechtsweisung des Rates für Melbach von 1487 wieder. Die strafschärfende Wirkung des Geleits zeigt sich deutlich daran, dass der Täter wegen einer Körperverletzung (Verwundung) an einer Person in deren Geleit sein Leben verwirkt hatte.[146]

f) Irrtum

In der soeben besprochenen Oberhofweisung für Melbach von 1478 legten die Melbacher Schöffen einen Fall wegen Körperverletzung eines Geleitsberechtigten vor, die der Täter ohne Kenntnis des Geleitsrechts begangen hatte. Der Irrtum über das Geleitsrecht änderte jedoch nach der Weisung der Friedberger Schöffen nichts daran, dass der Geleitsberechtigte für die wahrscheinlich von ihm (zur Verteidigung) verübte Gewalt nicht bußfällig wurde.

g) Sippenhaft

Im Spätmittelalter war diese dem germanischen Recht angehörende Ausdehnung der strafrechtlichen Haftung kaum noch geläufig. Eine Spur findet sich noch in den Ratsprotokollen, als 1488 in einem Fall Gefängnis gegen einen Ehemann „siner husfrauwen halben“ angeordnet wurde.[147]

h) Strafzumessung

Dem Rat stand bei der Zumessung der Strafe häufig ein Spielraum zu, wie die Wendung „den wolt der Rat straffen nach sinem gefallen“ ausweist.[148] Auch das Frankfurter Recht sah vor, dass der Rat die Strafe „nach Gelegenheit“ bestimmte.[149]

Wahrscheinlich war es auch in Friedberg üblich, gegen Fremde strengere Strafen zu verhängen als gegen Bürger. Die mildere Strafe für einen Täter wegen dessen Jugend wurde bereits oben angesprochen.

Ferner konnte der Beschuldigte eine härtere Strafe vermeiden, wenn er sich einsichtig zeigte und sich mit dem Verletzten einigte.[150] Umgekehrt wurde seine Weigerung auch in einem Fall strafverschärfend gewürdigt, während in der Zunftordnung der Schumacher eine solche ältere Bestimmung vom Rat explizit aufgehoben wurde.[151]

5. Einzelne Straftaten

a) Totschlag und Mord

Bereits der Sühnebrief König Albrechts nennt den Totschlag als eine Form von „unfuge“.[152] Im Städtebündnis zwischen Frankfurt, Friedberg und Wetzlar von 1334 wurde „morde“ neben anderem als „bösheit“ bezeichnet.[153] Während die königlichen Burgfrieden des 14. Jahrhunderts für Totschlagsdelikte unter den Burgmannen nur ein einjähriges auswärtiges Einlager vorsahen, besagt die Rechtsweisung des Rats nach Melbach von 1487 klar, dass der Täter sein Leben verwirkt habe, ohne allerdings die Art der Todesstrafe zu nennen.[154] Im selben Jahr hatte ein „Redderknecht“ den Fuhrmann von Bechtsheym „vom leben zum toidt“ gebracht, was anscheinend mit seiner Hinrichtung geahndet wurde (siehe oben zur Todesstrafe).[155] In einer Oberhofweisung für Rodheim ist aber auch eine Geldbuße als Strafe erwähnt.[156] Ansonsten finden sich keine Spuren von einem Recht des Täters, die Strafe durch eine Bußzahlung abzulösen. Insoweit zeigt sich ein Unterschied zum Frankfurter Recht.

Dort war vom Rat verordnet worden: „...wo einer eynen mord gedut..., der sal der stad gebin zehen phund phen. unde nicht mynner. Unde die pene mag der rat wale meren".[157] Wie erwähnt, sahen die königlichen Burgfrieden für Totschlag nur eine „Leistung" von einem Jahr vor, während das Schwergewicht der Ahndung in einer Schadensersatzleistung gelegen haben dürfte. Ähnlich begnügte man sich in Frankfurt außer der Bußzahlung mit einer Verbannung.[158]

Eine kurzfristige Freiheitsstrafe von acht Tagen verhängte der Rat gegen einen Hausbesitzer, der es zugelassen hatte, dass in seinem Haus die Schlägerei entstand, bei welcher der oben genannte Fuhrmann zu Tode kam.[159] Ob dem Beschuldigten damit nur die Schlägerei oder auch die dadurch fahrlässig verursachte Tötung angelastet wurde, wird nicht deutlich. Letzteres erscheint aber naheliegend.

b) Körperverletzung

Während die Burgfrieden des 14. Jahrhunderts für Verwundung und Faustschlag eine auswärtige Leistung für ein halbes Jahr bzw. einen Monat anordneten, sah die Rechtsweisung für Melbach von 1487[160] für eine Körperverletzung an einer Person im Geleit die Todesstrafe vor. Für andere Fälle unterschied sie zwischen schweren und leichteren Körperverletzungen. Deutlich wird, dass sich die Schwere nach der Behandlungsbedürftigkeit der dem Opfer zugefügten Verletzungen richtete. Um eine schwere Körperverletzung durch Schlagen oder Stechen handelte es sich, wenn man den Verletzten „hefften[161] adder mit wiechen[162] heyln must". Eine leichte Tat im Sinne einer körperlichen Misshandlung lag vor, wenn der Täter das Opfer stach oder mit der Faust schlug, ohne es zu verwunden. Die Taten wurden im ersten Fall mit der höchsten Buße,[163] im anderen Fall mit der geringsten Buße geahndet. Der weiter aufgeführte Tatbestand „eyn messer tzucht vnd nit stiecht" ist nicht als Körperverletzung, da er eine Verletzung gerade nicht voraussetzte, sondern als Versuch oder Bedrohung zu werten.

Die Misshandlung seiner Ehefrau musste ein Ratsmitglied mit einem einmonatigen Ausschluss vom Ratsamt büßen.[164]

Im Vorfeld von Tötungs-, vor allem aber von Körperverletzungsdelikten war es – wie in Frankfurt – verboten, Waffen mitzuführen.[165]

c) Freiheitsberaubung

Die Freiheitsberaubung kam meist als Gefangennahme vor, wie es zum Beispiel in der 1387 zwischen Burg und Stadt geschlossenen Sühnevereinbarung im Hinblick auf Burgmannen und Bürger angesprochen wurde „...odir ir eyner den andirn fynge...“. Dies sollte vom Burggraf beziehungsweise vom Bürgermeister unterbunden und der Täter zum Schadensersatz („keren“) veranlasst werden; falls der Täter dem nicht Folge leiste, sollte er bestraft werden.[166] Einen konkreten Vorfall einer gewaltsamen Gefangennahme nennen die Friedberger Quellen für das Jahr 1403,[167] ohne dass es allerdings zu einer strafrechtlichen Verfolgung oder Ahndung kam.

d) Diebstahl, Unterschlagung und Raub

Sehr ähnlich dem gegenwärtigen Recht wird der Diebstahlsbegriff des fränkischen Rechts folgendermaßen beschrieben: Dieb ist, wer eine fremde beweglichen Sache in der Absicht der Aneignung heimlich aus fremdem Gewahrsam wegnimmt. Dadurch wird der Diebstahl von anderen Delikten (Raub, Unterschlagung, bloße Gebrauchsanmaßung) abgegrenzt.[168] Eine solche Definition findet sich in den mittelalterlichen Rechten selbst allerdings nicht.

Das oben erwähnte Städtebündnis zwischen Frankfurt, Friedberg und Wetzlar von 1334 nennt „dubete“ (Dieberei) als weitere „bösheit“. In der Sühne zwischen Burg und Stadt von 1387 wird als ein zu ahndendes Verhalten aufgeführt, dass „eyner dem andirn daz sine neme“ und sich erweise, „daz daz unrecht name were“.[169] Vom Tatbestand fiel darunter ersichtlich sowohl die heimliche (Diebstahl) als auch die offene und gewaltsame Wegnahme (Raub, räuberische Erpressung), während weiter hervorgehoben wurde, dass es sich um eine unrechte, also rechtswidrige Wegnahme handeln musste.[170]

Nach den Burgfrieden des 14. Jahrhunderts war Diebstahl („Griffe ouch ein burgman an des andern burgmannes guet frevelichen und mit wizzen“) nicht mit Strafe bedroht, sondern hatte nur bürgerlich-rechtliche Folgen, wie die Rückgabe der Sache.[171] In der Stadt wurde Diebstahl mit Leibesstrafe geahndet. 1486 beschloss der Rat, dass ein „armer Mensch“, der zunächst wegen des Diebstahls gefangengenommen worden war,[172] gezüchtigt, also mit Stäupen oder Prügel bestraft werden sollte.[173] Dieselbe Strafe, nämlich mit Ruten ausgehauen zu werden, wurde gegen eine Magd verhängt, die ihren Dienstherrn bestohlen hatte.[174]

Als Straftat erwähnen die Ratsprotokolle des Weiteren die Unterschlagung von Geld, ohne dass eine genaue Abgrenzung zum Diebstahl deutlich wird. [175]

Als Diebstahl wurde von der Burg auch die Fischwilderei bezeichnet: „daz uns derselbe Henne Schaûb in unserme sehe gefischet hatte und unser fische verstohlen, den wir uff frischer taid funden…".[176] Die Fische waren wohl als wilde Tiere herrenlose Sachen. Bei dem genannten See handelte es sich um die Aufstauung des Seebachs unterhalb der westlichen Stadtmauer.[177] Der Fischbestand gelangte durch den Seebach in den See. Die herrenlosen Tiere standen somit nicht im Eigentum der Burg, jedoch beanspruchte die Burg das Fischereirecht und damit das Recht zur Aneignung gefangener Fische. Die Tat des Henne Schaûb stellte sich deshalb als Fischwilderei[178] und nicht im oben genannten Sinne als Diebstahl dar. Diese Unterscheidung wurde aber von der Burg als wahrscheinlich unnötig nicht getroffen.

e) Brandstiftung

Die Brandstiftung („mit brande schaden tete") wird in der schon erwähnten Sühnevereinbarung zwischen Burg und Stadt von 1387 als zu unterbindende und andernfalls auch zu bestrafende Tat aufgeführt.[179]

f) Sachbeschädigung

Wegen Sachbeschädigung an Gärten und Zäunen ordnete der Rat 1490 eine Gefängnisstrafe an.[180] Für eine solche Tat in einer Tatmehrheit mit Beleidigung wurde eine Frau 1489 mit dem Schandkorb bestraft.[181] 1490 wurde ein ins Gefängnis gelegter Wüstling erwähnt, der in einem fremden Haus unter anderem einen Tisch „abgerissen" hatte.[182] 1492 gebot der Rat einem Schafhalter unter Strafdrohung („soll er das uerbußen so decke er daß thu"), seine Schafe nicht über fremden Grund zu treiben, damit die Tiere daran keinen Schaden anrichten.[183]

g) Ehrdelikte

Zu unterscheiden sind hier die üble Nachrede, also die Behauptung einer ehrenrührigen unwahren Tatsache über den Verletzten, und die bloße Schmähung.

Die üble Nachrede kommt in der Behauptung vor, der Angegriffene sei ein Lügner oder haben gelogen („so lugestu als eyn schalck vnnd bosewiecht"[184]).

Der Täter wurde bußfällig, wenn er nicht beweisen konnte, dass der Angesprochene gelogen habe.[185]

Die Schmähung eines anderen („vorkorn wort",[186] auch „übergeben"[187] und „schelten"[188]) wurde in den Burgfrieden mit einer Leistung von 14 Nächten bedroht. Nach der Rechtsweisung nach Melbach sollte die Tat mit der Mindestbuße belegt werden, wenn sich der Beleidigte im Geleit befunden hatte.[189] Welche Strafe folgte, wenn dies nicht der Fall war, ist nicht überliefert. Einem dem Friedberger Gericht 1481 vorgelegter Streitfall zwischen einem Einwohner Melbachs und den Melbacher Schöffen lag eine Schmähung gegenüber den Schöffen zugrunde, was mit einer Geldbuße von einer Mark geahndet wurde.[190]

1486 führte eine mehrfache Beleidigung gegenüber der Ehefrau eines Kochs („Ketzerin, Hündin, sie koche niemandem außer Henkern, Schalken und Bösewichtern") und einem gleichzeitigen Verstoß gegen eine vertragliche Pflicht zur Unterlassung von „Wort und Werk" zu einer Gefängnisstrafe.[191]

Nach einem neuen Ratsgesetz („nuw uffgericht ordnung") belegte der Rat eine Schmähung mit der höchsten Buße.[192]

h) Meineid

Nach der Ratsordnung von 1438 wurde das falsche Schwören („üble Eide") mit der Strafe des Halseisens bedroht.[193]

i) Sonstiges schädliches und gefährliches Verhalten

Daneben stellte der Rat vielfältig Verhalten unter Bußandrohung, das als Gefahr für die allgemeine Gesundheit, für das Vermögen der Bürger oder als Störung des friedlichen Zusammenlebens empfunden wurde. In anderen Fällen ging es um den Ungehorsam gegenüber Anordnungen zur Regelung der wirtschaftlichen Produktions- und Absatzbedingungen.

Dazu gehörte ferner das Verhältnis zu den jüdischen Einwohnern. So wurde es mit einer Gefängnisstrafe bedroht, wenn Eimer der Juden in den Brunnen[194] gelassen werden.[195] Eine Geldbuße drohte, wenn die Metzger für die Juden schächteten („sechen"[196]) oder man die Juden Brot, Fleisch oder andere Speisen angreifen oder betasten ließ, bevor die Juden die Ware gekauft und bezahlt hatten.[197] Eine weitere Anweisung verlangte – ohne Strafandrohung[198] – von den Juden, ihre (kegelförmige?) Kappe („kogell") abzusetzen, wenn das Sakrament über die Straße getragen wurde.[199]

Insbesondere griff der Rat am Ende des 15. Jahrhunderts in den Bereich der Wirtschaft ein:

Gegen Gesundheitsgefahren richtete sich die Lebensmittelaufsicht, wie die Androhung einer Leibesstrafe für das Kochen (und wohl das Anbieten) von sogenanntem finnigen Fleisch.[200] Eine Geldbuße wurde auch allgemein für den Verkauf von schlechtem Fleisch verhängt.[201] Mit Buße wurde es ferner bedroht, wenn Bäcker Brot nicht richtig gebacken hatten.[202] Der Hygiene diente letztlich auch das Gebot der Straßenreinigung mit Androhung einer Geldbuße.[203] Ohne Strafandrohung wurde einem Bürger geboten, seine kranken oder gebrechlichen Pferde nicht an die gemeine Tränke gehen zu lassen.[204]

Den unzulässigen Verkauf von Fleisch, Fisch und Salz außerhalb der städtischen Schirn oder an Feiertagen betreffen einige Fälle, in denen Geldbußen verhängt wurden.[205] Den Webern gebot der Rat, ihre Gewichte nach einem Mustergewicht des Rates herstellen zu lassen, bei Verstößen sollte eine Geldbuße verwirkt sein, im Wiederholungsfall eine Strafe nach dem Ermessen des Rates.[206] Den Wirten wurde bei Verlust einer Geldbuße geboten, ihre Kannen zu eichen.[207] Ebenfalls wurden Geldbußen angedroht, wenn Wirte sich weigerten, zur Kirmes Wein auszuschenken.[208] Schließlich setzte sich nach einer Ratsanordnung von 1489 einer Geldbuße aus, wer Vieh nicht vom Hirten treiben ließ, sondern bei sich hielt, wenn andere dadurch zu Schaden kämen.[209]

Einer erheblichen Geldbuße von zehn Gulden setze sich nach einer Ratsordnung von 1445 aus, wer schlechtes Geld in die Stadt brachte.[210]

Das Zunftwesen wurde durch Zunftordnungen (ordinancien) geregelt, die vom Rat bestätigt werden mussten.[211] Die Zunftordnungen enthielten, um die Einhaltung der Zunftregeln zu sichern, Bußandrohungen, wie z. B. die Ordnung der Weberzunft: Wer nachts webte, musste ein Pfund Wachs geben und war für ein Jahr aus der Zunft ausgeschlossen. Wer sein Tuch nicht kennzeichnete, hatte die höchste Buße verwirkt.[212] Der Rat griff hier aber auch selbst ein. So schaffte er 1488 die Bestimmung in der Ordnung der Schuhmacher ab, dass die Buße sich verdoppelte, wenn der Bußfällige sich nicht gütlich vor dem Zunftgericht (den Kerzenmeistern und den zugeordneten Zunftmitgliedern) einließ.[213] Diese Einstellung ist für das Mittelalter durchaus bemerkenswert, weil sie dem Beschuldigten das Leugnen der Tat ohne Nachteil ermöglichte. Eine Weinbuße verhängte der Rat gegen den Schmied vor dem Mainzer Tor, weil er sich zweier Zünfte gebrauchte, indem er Brot backte und Schmiedearbeiten ausführte.[214]

Abb. 3: Altes Rat- und Gerichtshaus der Stadt Friedberg (1368-1738), heute Kaiserstraße 49. Stadtarchiv Friedberg: Fotosammlung

Die Einnahmen durch Mahlgeld, das bei einem Tausch von Getreide mit Auswärtigen nicht anfiel, sicherte der Rat 1489 mit einem Verbot dieses Tauschhandels. Die angedrohte Strafe bestand darin, die Menge des durch den Tausch erlangten Getreides der Stadt abzuliefern oder eine wertentsprechende Geldbuße zu zahlen.

Den Privatrechtsverkehr regelte der Rat gleichfalls durch Bußandrohungen. 1486 verbot er – sicherlich nur deklaratorisch – die Verpfändung gestohlener Sachen, benannte in diesem Falle allerdings eine Strafe nicht.[215] 1493 behandelte er den Fall, dass nach dem Tod eines Bürgers dessen Mutter Nachlassgegenstände beiseite geschafft hatte, weshalb die Gläubiger des Verstorbenen nicht bezahlt wurden. Der Rat beschloss, dass man die Ehefrau und die Mutter des Verstorbenen bestrafen werde, falls sich erweisen sollte, dass sie „etwas abgetragen vnd verhalten hetten".[216] 1499 beschloss der Rat, dass derjenige dem Rat und dem Burggrafen „verfallen" sein soll, der ein verliehenes Grundstück anschließend einem Dritten überließ.[217] In beiden Fällen sollte mit den Mitteln des Strafrechts die Erfüllung von schuldrechtlichen Verpflichtungen gesichert werden. Ebenfalls 1493 drohte der Rat den Bürgern eine Buße an, wenn sie gegenüber Juden Bürgschaften übernehmen.[218] Damit sollte einer weiteren Verschuldung der Bürger bei den Juden vorgebeugt werden.

Die Störung des öffentlichen Friedens durch unzüchtiges Verhalten und derartige Äußerungen wurde mit Gefängnis geahndet.[219] Den aus spätabendlichem Zechen folgenden Gefahren versuchte der Rat mit einer Sperrstundenordnung zu begegnen.[220] Mit einer Geldbuße bedrohte der Rat ferner das Würfelspiel in öffentlichen Häusern wie Gaststuben, wobei derjenige, der in seinem Haus das Spiel zuließ, mit der doppelten Buße belegt werden sollte.[221] Zur Vermeidung von Unfällen mussten die Bürger, ihre Söhne und Diener nachts auf den Gassen ein Licht mitführen.[222]

Mit acht Tagen Klosterarrest ahndete der Rat 1487 eine versuchte Strafvereitelung, als der Beschuldigte seinem vermutlich mit einer Freiheitsstrafe belegten Knecht zum Entkommen über die Stadtmauer verhelfen wollte.[223]

Der Verstoß gegen die Hochzeitsordnung („ordinancie der hochzytt halben"), die wahrscheinlich den zulässigen Aufwand regelte, wurde mit einer Buße von einem Gulden belegt.[224]

6. Gerichtsverfassung und Verfahren

a) Das Stadtgericht

Das seit 1236 nachweisbare Stadtgericht[225] bestand aus dem Burggrafen, der als königlicher Amtsträger[226] den König beziehungsweise Kaiser als Stadtherrn und damit Gerichtsherrn vertrat, sich seit der Mitte des 13. Jahrhundert aber durchweg von dem von ihm eingesetzten Schultheiß vertreten ließ, sowie aus den bis zu 14 Schöffen.[227] Die Schöffen hatten als Rechtssachverständige das Urteil zu finden, das der Burggraf oder Schultheiß sodann verkündete.[228]

Wie es scheint, lag die Zuständigkeit zur Aburteilung von Frevel oder Untat zunächst grundsätzlich beim Stadtgericht. So formulierte die Burg in einer Klage gegen die Stadt 1376: „Ouch enfuren sie ungerechte lude nit an daz gerichte, als daz von alder ist gewest und herekommen".[229] 1386 klagte die Burg erneut: „Dan wer da frabil oder untat tut, daz solde man vor gerichte brengen und daz bußen nach des gerichtes ußtrag vor dem burggraven oder syme schultheißen.[230] Ähnlich heißt es wenig später in einer weiteren Klage der Burg: „wan man iclichen umbe frabil und buße durch recht vor gerichte beßirn und bußin sal".[231] Zu einzelnen Fällen gibt die Friedberger Überlieferung jedoch kaum Material. Immerhin wird 1381 in den Burggerichtsprotokollen erwähnt, dass ein Erwin aus der Burgmannenfamilie derer von Schwalbach wegen eines Mordes vor dem „gericht in der staid, daz der burgrave darbi geseßen sye" stand, wobei Erwin mit der Acht belegt wurde. Seine Brüder beschuldigten den Burggrafen vor dem Burggericht, dass dies gegen die Gerichtsstandsprivilegien der Burgmannen[232] verstoßen habe.[233]

b) Der Rat

Der etwas später als das Stadtgericht erstmals 1266 fassbare Rat bestand aus dem Burggrafen, den Schöffen, zwölf Ratsbürgern sowie – seit dem 1306 zur Befriedung von Zwistigkeiten zwischen Stadt und Burg erlassenen Sühnebrief König Albrechts – den sechs Burgmannen, dem später sogenannten „(adeligen) Sechser".[234]

1374 verbriefte Kaiser Karl IV. der Stadt das Recht, „eyn yglichen iren mitburger ... der sich seczet oder seczen wulde wider soliche sachen", dass „der rat den strafen moge nach dem, ase denselben rat dunket, das des frevel verwurket habe, der sich also widergeseczet hat".[235] Damit hatte der Rat die Befugnis, für Freveltaten nach seinem Gutdünken Strafen zu verhängen. Dass der Rat schon zu dieser Zeit Strafen („pene") verhängte, ergibt sich auch aus den Klage- und Erwiderungsschriftsätzen von Burg und Stadt aus dem letzten Viertel des 14. Jahrhunderts,[236] für das späte 15. Jahrhundert aus den zahlreichen Einträgen in den Ratsprotokollen. Die Zuständigkeitsabgrenzung zwischen Stadtgericht und Rat ist unklar.[237] Allerdings ist sowohl für bürgerliche Streitigkeiten als auch für „sache(n) von unfuge und frabils wegen" überliefert, dass das Gericht, wenn sich die Schöffen einer Sache „nit versten",[238] diese „uff das hus"[239] werfen, also vor den Rat bringen sollten.[240] Durchaus zutreffen kann die Ansicht von Menz, dass „besonders seit dem 15. Jahrhundert" unter dem Druck der Burg die höhere Gerichtsbarkeit vom Schöffengericht auf den Rat übergegangen sei.[241] Dafür sprechen einige der in den Ratsprotokollen behandelte Fälle von Tötungs- und sonstigen schweren Delikten.[242]

Die Strafgewalt der Stadt und damit des Rates erstreckte sich in örtlicher Hinsicht auf Taten, die im Stadtgebiet begangen wurden. Dies schloss die zur

Stadt gehörenden Felder ein.[243] In persönlicher Hinsicht waren der städtischen Strafgewalt die Bürger und andere Einwohner der Stadt sowie die in die Stadt gekommenen Fremden unterworfen. Dagegen besaß die Stadt keine strafrechtliche Handhabe gegenüber den Burgmannen und deren Familienmitgliedern, Gefolge und Bediensteten. Damit erklärt sich, dass selbst bei schwerwiegenden Delikten der Bediensteten der Burgmannen regelmäßig nur der Burgmann aufgefordert wurde, derartige Schädigungen abzustellen. So schlug ein Knecht des Ott Wais, der der Burgmannenfamilie der Wais von Fauerbach angehörte, 1486 einen städtischen Torwächter mit einem Schwert, was aber nur zur Folge hatte, dass der Burggraf freundlich mit den Burgmannen reden und Ott Wais solches untersagen sollte.[244] Ebenfalls unterfielen die Mitglieder der Judengemeinde nur der Strafgewalt der Burg.[245] Dies wird bei Verhalten deutlich, das der Rat unterbinden wollte, wenn dabei jüdische und christliche Einwohner zusammenwirkten, da in diesen Fällen allenfalls den Christen, nicht aber den Juden Strafen angedroht wurden. So stellte der Rat zu dem Verbot, mit jüdischen Eimern Wasser aus dem Brunnen zu schöpfen, nur den Christen eine Gefängnisstrafe in Aussicht.[246] Ferner verbot der Rat sowohl den Juden als auch den Bürgern jüdische Geldkredite mit Bürgengestellung und erklärte derartige Geschäfte für unwirksam („soll keyn macht han"), für Verstöße wurde aber nur den Bürgern eine Strafe angedroht.[247] Soweit der Rat ausnahmsweise einen Juden wegen verbotswidrigen Verhaltens mit einer Geldbuße belegte, wurde dem Täter sogleich wieder Gnade zuteil.[248] Ersichtlich hatte der Rat seine Strafbefugnis nicht effektiv überschreiten wollen.

c) Burggraf, Schultheiß und Bürgermeister

Im Jahre 1395 bestätigte König Wenzel Burg und Stadt die Gewohnheit und das Herkommen, gegen landschädliche Leute in einem abgekürzten Verfahren vorzugehen: „wenn untettig und schedlich lute in dem sloss und stat zu Fridberg gelegen sind, das denn der burggraff, der schultheis und der burgermeister zu in gangen sind und fragten sie umb ire untat. Wurden sie irer missetat bekentlich, so hat man uber sie gerichtet, das man sie nicht fur gerichte furtte".[249] Die Urkunde belegt zum einen, dass grundsätzlich schädliche Leute in der Stadt vor das Stadtgericht zu stellen waren, jedoch eine Aburteilung durch die genannten Amtsträger möglich war, wenn der Beschuldigte die Tat gestand. Nahe liegt, dass in diesen Fällen nicht der Burggraf und der Schultheiß gemeinsam den Beschuldigten befragten. Ersichtlich wurde die Aufgabe von dem Vorsitzenden des Stadtgerichts wahrgenommen, das heißt vom Burggra-

Abb. 4: Der rote Turm als Ort der Beschuldigtenvernehmung in einer Ansicht von Burg und Stadt von Nordosten. Ölgemälde des Monogrammisten N.S. 1565 im Wetterau-Museum, A.1.1565. Foto: Stadtarchiv Friedberg (Dietrich Skrock)

fen oder vom Schultheiß als seinem Untervertreter.[250] Einer der Bürgermeister dürfte zuständig gewesen sein, wenn er vom Schultheiß beauftragt und ermächtigt worden war. 1488 bestimmte der Rat, dass der Schultheiß, die Bürgermeister und die Knechte einen Lohn in Form von Wein für ihre Tätigkeit bei der Gefangenlegung und dem Verhör erhalten, wenn der Beschuldigte bestraft wird, während sie bei Gefängnis für bloßen Ungehorsam nicht vergütet wurden.[251]

d) Henker

Vollstreckungsorgan war der Henker. Wie oben bereits erwähnt, hatte er die Todes- und Körperstrafen zu vollziehen. Für das 15. Jahrhundert ist mehrfach überliefert, dass sich die Stadt Friedberg des Frankfurter „Züchtigers" bediente.[252] Nach der Hinrichtung sollte die Stadt den Henker entlohnen und wieder nach Hause schicken.[253] Wohl erst 1493 wurde dem Züchtiger eine Wohnung in einem Haus an der Judengasse zugewiesen.[254] Die Kosten des Henkers mussten von den Delinquenten getragen werden.[255]

1489 wurde der Züchtiger selbst bestraft, weil er „unredlich lute zuchtige, schinde boben" (Buben= Bösewichte[256]) und nachts Gäste ungebührlich lange bei sich hatte spielen, trinken, saufen und essen lassen.[257]

e) Verfahrensablauf

Wer einer schwerwiegenden Tat (Untat,[258] Missetat[259]) verdächtig war, wurde in Haft genommen.[260] Dies wurde anscheinend vorwiegend gegenüber Auswärtigen angewandt. Bei geringeren Vergehen blieb der Beschuldigte auf freiem Fuß.

Die Verfahren wurden vor dem Stadtgericht zumindest zum Teil dadurch eingeleitet, dass die Büttel „frabel und ungefuge vor gerichte" brachten.[261] Auch vor dem Rat begann ein Teil der Verfahren durch eine Rüge,[262] also eine förmlichen Anzeige. In anderen Fällen wurde das Verfahren vom Rat von Amts wegen aufgenommen, wie im Jahre 1490, als mit dem Ratsstubenknecht ein Beamter des Rates geschlagen und verwundet wurde.[263]

In leichteren Fällen wie Beleidigungs- und Verleumdungssachen klagte der Verletzte selbst.[264]

Der Beschuldigte wurde zum Tatvorwurf vernommen.[265] Nach dem älteren urkundlichen Material erfolgte dies durch den Burggrafen, den Schultheiß oder die Bürgermeister (siehe oben). Daneben ist für das späte 15. Jahrhundert auch die Vernehmung vor dem Rat überliefert.[266]

Bereits im 14. Jahrhundert wird durch eine Klageschrift der Burg und eine Sühne zwischen Burg und Stadt mitgeteilt, dass in der Stadt auch die Folter angewandt wurde,[267] wobei der Burggraf oder der Schultheiß anwesend sein sollten.[268] Aus dem Gebrauch der Folter wird deutlich, dass es zur Verurteilung des Angeklagten eines Geständnisses bedurfte, dessen Erzwingung die Folter diente. Umgekehrt bestätigt dies die auch sonst für das Mittelalter überlieferte Rechtspraxis, dass sich der Angeklagte – wenn er den Vorwurf nicht bekannte – grundsätzlich durch den Unschuldseid reinigen konnte.

Zur Überführung des Täters konnten aber auch Indizien herangezogen werden. So führte die Stadt 1389 in einer Klageantwort gegenüber der Burg an, dass ein gewisser Clas „bii uns zů Fredeberg gestolen hatte in grußem brande, der bii uns geschach, desselbin dupstals wir auch bi ieme eyns deils fůnden".[269] Der Besitz eines Teils der Diebesbeute bewies somit die Täterschaft.

Der Rat vernahm ferner Zeugen zum Tatvorwurf, wie in einem Fall eines Tuchdiebstahls,[270] worin sich deutlich die Anwendung eines Untersuchungsgrundsatzes zeigt.

Darauf erging das Urteil, wie für das Stadtgericht bestimmt wurde: „sollin die scheffen deilen, als sie schuldig sin zu tune und als daz von alder ist herkommen".[271] Ergab sich kein ausreichender Beweis, wurde der Beschuldigte der Buße ledig erkannt.[272]

Häufig gewährte der Rat Gnade, was zur Folge hatte, dass der Beschuldigte aus dem Gefängnis entlassen wurde, meist aber nur gegen eine sogenannte Urfehde, mit der sich der Beschuldigte verpflichtete, die Stadt in Zukunft nicht zu schädigen.[273] Auch die gnadenweise Wandlung einer Körperstrafe in eine Stadtverweisung[274] oder die Milderung einer Geldbuße kamen vor.[275] Bisweilen lehnte der Rat aber auch eine Begnadigung wegen der Schwere der Tat ab.[276]

In einer Beleidigungssache entging der Beschuldigte gemäß einer „nuw uffgericht ordnung" offenbar einer schärferen Strafe als der Höchstbuße, weil er ein Versprechen abgab. Interessant ist die altertümliche Form des Versprechens, indem der Beschuldigte dem Burggrafen an den Richterstab griff.[277] Das Versprechen könnte in der Übernahme einer Unterlassungs- oder Schadensersatzpflicht bestanden haben.

IV. Ergebnis

Neben den im Wesentlichen noch nicht erschlossenen Protokollen des Burggerichts ist die Überlieferung für die Stadt sehr lückenhaft, da außer einer Reihe von Urkunden des 14. Jahrhunderts Aufzeichnungen der strafrechtlichen Rechtspflege durch Stadtgericht und Rat erst wieder für die letzten Jahrzehnte des 15. Jahrhunderts vorliegen. Gleichwohl lassen sich Feststellungen zu vielen Grundfragen des spätmittelalterlichen Straf- und Strafverfahrensrechts treffen. Dabei erweist sich, dass das Friedberger Recht mit den für andere Rechtsquellen erarbeiteten Befunden weitgehend übereinstimmt. Dies gilt sowohl für die angewendeten Strafen als auch für die geahndeten Taten. Das Verfahrensrecht befindet sich am Ende des 15. Jahrhunderts in einem Umbruch zur Verfolgung von Missetaten durch den Rat von Amts wegen. Bestätigt werden kann auch, dass gegenüber den eigenen Bürgern und anderen Einwohnern durchweg eine milde Ahndung der Verfehlungen angestrebt wurde oder das Verfahren mit einer Begnadigung endete.

Urkundenanhang

Oberhofprotokolle: Staatsarchiv Darmstadt, Entscheidungen des Reichsgerichts zu Friedberg als Oberhof für die umliegenden Ortschaften, C 4 Nr. 89/4
Ratsprotokolle: Stadtarchiv Friedberg/Hessen, Depositum Konvolute 12/1-12/5

1a. Reichssachen Frankfurt am Main Nr. 4061 vor dem 5.5.1444
Abgedruckt bei Helmut Mertz, Der Frankfurter Oberhof, jur. Diss., 1954 (maschinenschr.), Urkundenbuch Nr. 13
Auch lieber Walter.
Do als Pauls Wiißel und Clas Breydenbach mit dir geredt han als von Rodehens wegen, hat derselbe Rodehen Peder Kremer uß sym huße geheyschen mit solichen worten: bistu eyn bidderman, so gang heruß mit mir gein Franckfurt, du schalck und lecker, das dir das fallendobel din hirn angee, und hat ynn mit vil me unfledigen worten gehandelt die da nit zu schreiben dogen. Bidden wir duch fruntlich, solichs fur die scheffen zu brengen und begern von Rodehens wegen zuschen hie und mitwochen eyn widderantwert.

1b. Reichssachen Frankfurt am Main Nr. 4061 5.5.1444
Abgedruckt bei H. Mertz, a. a. O., Urkundenbuch Nr. 14
Friedeberg.
Unsern fruntlichen dinst zuvor, ersame wiisen lieben besundern und guten frunde. uns han etliche unßere frunde gesaget, wie ir yn dorch uwere frunde habt tun furbrengen einen handel, antreffende einen fridebruch by uch gescheen zuschen eyme genant Rodhenne und Peter Kremer; und uns des einen zedel lassen horen und begert, uch underwisunge zu tun, wie wir solichs hie zu Frankfurt halden ob des not were etc. ersamen lieben besundern und guten frunde, daroff lassen wir uch gutlichen wissen, daz uber gemeyn fravele den scheffen des riches gerichte by uns geburet zu orteiln und zu erkenen nach derselben gerichtes alden herkomen und gewonheid, aber umb unser stede fridebruch, so unßer burgermeistere imandes der stede fridde gebuden fur worte und werke zu halden, dez sich doch selden by uns fuget und nit gerne tun, und so die verbrochen werden, soliche fridebruche han unße fordern und wir gestraffet und gebusset zu iglich zyt nach verhandelunge und gelaigenheit der sache als mit thorne oder andere buwe zu machen oder mit gelde zu geben so mercklich oder sost, daz der rad duchte nach gelegenheit den ubertret gestraf-

fet han. Dez tun wir uwer erberkeit inn besten zu wissen darnach zu richten. dan waz wir uch in solichen oder andern sachen zu liebe getun mochten, daz teden wir mit willen gerne.
datum feria tertia post Walpurgis virginis anno XIIII C XLIIII.

2. Oberhofprotokolle Bl. 98 recto 21.11.1477
Zwischen Peter grans vnd kalphen gnant fille
Anno etc. lxxvij quinta post elisabet Als peter grans sulde gesagt haben zu kalphen man hat dach mynem vatter nit eyn nuwen galgen gemacht etc. Dis sin nu die beide parthyen gangen zur gutlichkeit an dene radt In bywesen etzlicher der seßer Also hat der radt In der gutlichkeit erkant, das peter gesprochen hat, was er gesagt habe das habe er Im czorn getan, er weß von petern vnd sinem vatter nit anders want gut Vnd sullen die parthien der vatter peter Henn fille vnd anders wer des zuthun hat, hie mit gantz gruntlich vnd fruntlich gesonet sin auch furters laßen werck vnd wort vnd Eyn parthij die andern eren vnd furdern

3. Oberhofprotokolle Bl. 45 recto 4.9.1478
Melpach
Anno etc.lxxviij quinta post Johannis decollationem Sin etzliche der scheffen von melpach kummen fur vns die scheffen czu friedeberg Vnd vns furbracht muntliche ansprach vnd antwort wie das ir schultheiß czu melpach an geriecht sie gefraget habe vnd sich begert czuwisen Als by Ine czwene czusamen kumen syen vnd eyner den andern In synem geleide geslagen habe ffraget der schultheiße Obe der sleger alleyne Adder ob sie biede büßen sullen Vnd wie höch sie das büßen sullen Nach clage vnd antwort were das hie by vns so hielden wyrs also Das der ihenige der In sinem geleide geslagen ist nit bußen sulte
Item czum andern male habe ir schultheiße gefraget Als auch by Ine czwene zusamen kummen sijen Vnd der eyne habe geleide gehabt auch sich des selben geleides gebrucht Also habe der ander getan dem selben In sinem geleide vorkorn wort Hat der schultheiß gefraget wie hoch der selbe das büßen sulte Nach klage vnd antwort etc.
Were das hie bij vns so hielden wyrs also das der ihenige der dem andern die vorkorn wort getan hat Das büßen sale mit der mynsten buße Dwil der ander sich sines geleides gebrucht hat

4. Oberhofprotokolle Bl.181 verso 4.9.1478
Melpach
Anno etc.lxxviij quinta post decollationem Johannis Sin die scheffen von melpach kummen fur vns die scheffen czu friedeberg vnd vns furbracht muntlich ansprach vnd antwort wie das ir schultheiße sie an geriecht gefraget habe vnd sich begert czuwisen Iß syen czwene by Ine zusamen kumen vnd eyner habe den andern In sinem geleide geslagen habe Vnd der sleger habe nit gewust, das der ander geleide hatt Sondern habe darnach erst sin geleide gemelt Vnd da habe der sleger abgelaßen vnd dene sins geleides gebruchen ffraget der schultheiße Obe der sleger alleyne Adder ob sie biede bußen sulten Vnd wie höche sie das büßen sulten
Were das hie bij vns so hielden wirs also Das der Ihenige der geslagen ist In sinem geleide nit büßen sult
Item Czum andern male syen czwene czusamen kummen vnd der eyne habe geleide gehabt vnd sich des gebrucht Vnd der ander demselben In sinem geleide vorkorn wort getan
Were das hie bij vns so hielden wirs also Das der ihenige der die vorkorn wort getan hat Das büßen sale mit der mynsten buß So der ander sich sins geleides gebrucht hat.

5. Oberhofprotokolle Bl.181 verso 1.12.1478
Melpach
Item die selben scheffen Sin aber fur vns kummen Anno quo supra am dinstage nach andree Vnnd han aber gebeten sie czuwisen In dene nechsten obgeluten sachen Obe die mynste büße sulle sin funfftehalp phunt Adder obe die mynste büß sin sulle achtenhalben schilling als bij Ine gewoneheit sy
Han wir aber sie vnderwiset als obgelut ist, Were das hie by vns so hielden wirs also, das der ihenige der die vorkorn wort getan hat das büßen sale mit der mynsten büße das ist hie bij vns funfftehalp libra

6. Oberhofprotokolle Bl.181 verso 1.12.1478 (?)
Melpach
Item Ist jungher hemrich von karben mit sinen vnderthanen obgemelten scheffen von melpach fur vns komen vnd vns anbracht wie sich Ire nachbarn by Ine uchtlich slagen vnd die geleyde dardurch uberfarn worden vnd begerten an vns ine mit zuteyln was die Buß nach des richs ordenung bij vns vnd wem die zueygen sy Daruff han wir Ine mitgeteilt das die hochstbuß by vns xxx libra hel-

ler sein der werden dem Burggrauen xv libra vnd dem Rat xv libra vnd von des Rats xv libra gefelt den scheffen vii margkgelts Item die mynste buß ist funfftehalb libra die gefallen dem Burggrauen alleynn
Aber sie mogen yß an beyden teyln bij Ine halten wie sie wullen

7. Oberhofprotokolle Bl. 45 recto 3.8.1479
Rodeheym anno etc. lxxix tertia post vinculam petri
Item als die scheffen von rodeheym sin kummen fur vns die scheffen czu friedeberg vnd vns furbracht wie das der kleger geklaget habe Das der schultiger Ine freuelichen vnd geweltieglichen habe angegrieffen Vnd sy des czu kosten vnd büß kummen mit namen xx gulden Daroff der schultiger anwort Er sij solichs vnschuldig vnd begerrt auch by solicher vnschult czu bliben Und als der cleger sich des geczogen hat czu etzlicher kunde Vnd soliche kunde nit gesaget hat Das er Ine freuelich vnd geweltiglich angegrieffen habe etc. nach klage vnd antwort were das hie bij vns so hielden wirs also Tritte der schultiger dar vnd machet des den glauben als er In siner antwort fürstellet wie recht ist Das er dene clager nit freueliche vnd geweltiglich angegrieffen habe So entgehet er Ime

8. Oberhofprotokolle Bl. 178 verso 1.12.1480
Anno etc. lxxx Sexto post katerinem
Sin Im rade gewest Junghere Ludewig weise von fuerbach burggraue Johann von Hoenwißel Henrich bache vnd Reynhart von Swalebach Czwischen Johann monche vnd Thomas zymmerman Als dan der uberkummunge der montze halber etzliche scheltwort gehabt haben Also ist des raits meynunge Der radt wulle das hynder Ime behalden Vnd wan der radt nach thomas schecket So sale er das vorbußen Sunst als monchhenn gesaget sale Han Thomas habe bose montz ußgegeben Daroff habe thomas geantwort, Wan du das sagest So lugestu als eyn schalck vnnd bosewiecht Vnnd wulle auch damit des halber sin ere vorantwort haben Also hat der rait erkant Sy solichs thomas meynunge nach Vnd spreche er wyeße sust von monchhenn anders nit dan gut So sij ir keyner deme andern des halber nichts phlichtig Affter kuntlichen mogelichen geriechtß schadden

9. Oberhofprotokolle Bl. 181 recto 7.5.1481
Melpach
Anno lxxxj uf montag nach misericordia domini sin die scheffen von Melpach und henne wiespachs eyden gnant (Name fehlt) fur uns komen vnd han Ire ge-

brechen eyne margk buß auch ettlich ustragen worte halber durch sinen sweher henne obgnant gescheen also erput sich der obgnant eyden sinen fuß zustellen an sins swehers fußstapfen durch unsern guttlich entscheid den scheffen gnug zu thun und bat uns des zu beladen deßglychen so stalten die scheffen das zu Irem teyl auch an uns dem nach und also so entscheiden wir sie In der guttlichkeit das henne wiespachs eyden obgnanten an sins swehers stat den scheffen fur solich margk gelts buß dar zu vmb die costen die iczt mit den scheffen daruff mit demhier Inngeen ubergangen alles zusamen sal geben ein gulden und sullen die parthien dyß gebrechen halben geslecht gericht und vertragen sin und sal henne wispach sich fortt gepurlich halten sin mondt zu thun den scheffen nit hoch oder smehe worte reden oder noch thun und wo er das uberfure so behelt der scheffen hie das by Ime darumb noch Richs ordenung zu wysen.

10. Oberhofprotokolle Bl. 46 verso 30.1.1483
Anno etc. utsupra uff fritag nach dem sondag nach conversionem sint Im rade gewest lodewig weise burgraffe vnd Jungher Emrich von carben Ist vor radt kommen metin diln henß bruder vnd hat sich beclagt von den czwein Judin von ossenheym wie er irenthalben In gefengniß komen sij des han die Juden nit gestanden etc. hat sie der radt gebeden sie wollent zur gutlicheit an Ime bliben dass sie danne von beiden deiln vorfulgten dem nach hat sie der radt gutlich vnd gruntliche vmb alle sache was sich des halben begeben hat vnd soln die Juden dem Jungen ij gulden geben vor alle ansprach

11. Oberhofprotokolle Bl. 178 recto 9.7.1485
Anno etc. lxxxv vff samstag nach sent kylianis tag sint vor vns scheffen des heyligen Rychs gerichts czu friedeberg komen die scheffen von buchsecke vnd han clage vnd antwort schrijfftlichen furbracht etc. als der heren geschickten frunde begeren so sie cleger syen abe man Ine den man nit solde liebern das er vmb die puncte gefragt vnd verhoret werde etc. were das hie by vns so hielden wir eß also, das der man solde blyben in der heren gericht dar In er ansprechtig gemacht ist vnd nymands uber liebert werden von obgemelten heren wegen begeren abe sie nit da by sin sollen das der gefragt vnd verhoret werde etc. were das hie by vns so hielden wir eß also, Das ein burggreue als ein oberster Amptman vnd richter von des heyligen Rychs wegen vnd burgermeyster nemen die knecht dar czu gehoren vnd fragen vnd verhoren mit dem hartesten vmb puncte war vmb er gekumert ist ader wart vnd in gefengnisse komen ist

12. Oberhofprotokolle Bl. 147 verso 30.1.1486
Melckpach
Uff montag nach sant pauly tag conversionis anno lxxxvj Sint fur uns scheffen des heyligen Rychs geriecht komen die scheffen von melckpach und muntlich furbracht wie sie bescheyden syen von Ir herschafft wegen am nehsten vergangen dinstag gericht zu halten also hat der schultheyß da einer sich eins geholten gewyseten urteyls beruffen hat und begert eins beßern urtels ab er das den heren und dem gericht nit verbußen solle und wie hoch er das verbußen solde wer das hie by uns so hilden wir eß also wer da widder gewyset urteyle redt der sal das verbußen mit der hoesten buße
Randbemerkung: Wer zu Friedberg wieder geweist urtheil redet muß verbussen mitt der hochsten buß

13. Ratsprotokolle Konv. 12/1 30.3.1486
Item den armen Menschen so gefangen ist dupstals halben den salman furen vß dem loche vnd Inn den rodentorn vnd will vnßer herre der burggraue daby schicken, vnd sallmann Ine den menschen laßen verhorn als sich gepurt.

14. Ratsprotokolle Konv. 12/1 6.4.1486
Vff mondag nehstkomment sallmann den armen zuchtigen laßen vnd daß desta früer thun, damit das gericht auch gehalten werden moge

15. Ratsprotokolle Konv. 12/1 13.4.1486
Vff vorbette ist heinrich belderßheym gnade gethann vnd gnediglich uß gefengniß gelaßen, vnd so er furter siner sin muttwillen mere bewist vnd vben werde will man Inne straffen daßman sines sines muttwillen abe vnd uermidden habe Vnd sall sin zerung bezalen

16. Ratsprotokolle Konv. 12/1 5.5.1486
Als Rudolff storcke ein krangk ader gebrechlich phert hat sollen burgermeister mit Ime redden das solich phert in die gemein drenck nit solle geen laßen

17. Ratsprotokolle Konv. 12/1 18.5.1486
Als geisten henn Inne gefengnisse komen ist der wacht halber Soll man begnadigen vnd widder vßlassen.

18. Ratsprotokolle Konv. 12/1 1.6.1486
Als die fleyschbeseher velten dem metzeler kalpfleysch vnder der schirne genomen han das vnendelich gewest ist Sall das dem Rade verbußen wie man des Im Rade uberkomen ist das ist viij s

19. Ratsprotokolle Konv. 12/1 1.6.1486
Als dubenhenne ein degen vß getzogen vnd wygeln von lauppach vnderstanden czu stechen wil vnser herre der burggraue ein beradt dar uff nehmen vnd gutlichen bescheyt davon thun.

20. Ratsprotokolle Konv. 12/1 8.6.1486
Als den würten gebotten ist czu der kirmessen wine zu schencken Ist besloßen das die wurte die solichs gebott veracht haben sall iglicher verbußen mit j gulden vnd die wurt mit dem bier sal iglicher verbußen mit iij thurnosen

21. Ratsprotokolle Konv. 12/1 14.7.1486
Item als henchgin der koche vnd stobenknecht, sich beclagt hait von Engelharten dem koche vnd botten, wie Engelhart Im sin elich husfrauw gescholden habe ein ketzern ein huntin vnd sie koche nymant dan henckern schelcken vnd bosewechtern, Item vnd so sie sij hieuor zuschen engelhart vnd Im, als engelhart Ine die stegen herabe vnd biß vff den doit geworffen hatt, ein fruntlich uertrag durch den Rait vertheidingt, vnd wort vnd werck zu laßen by eyner pene zuhalten gebotten, habe er zu vielmale uberfarn zumal Im nit der Raitt wiß sich darIn zuhalten, vnd beclage sich das von Im, Item ist beschloßen man soll Ine In daß loch legen, biß zukunfft des burgrauen

22. Ratsprotokolle Konv. 12/1 28.9.1486
Item auch salman das broit wigen, vnd den wiger bescheiden so man eyn geback wiget daß er ein luip vffschnyde vnd sehe ob iß gebacken sij, bedunckt In daß iß nit wole sy gebacken, sall den, dem das broit zustet fragen, ob er iß nemmen woll adder nit, nymmet er iß, so hait iß sin gestalt, will er iß adder nit nemmen, so soll der becker das broit bezalen, vnd solichs verbußen dem Raitt

23. Ratsprotokolle Konv. 12/1 28.9.1486
Item cluerhen vnd eyn knecht so Inn sinem dinst zu hengen gefangen gelegt ist, als der knecht an cluern furdert eyn messer von v thurnosen, Item vnd vor viij thurnosen gelts er by Ime gehabe habe, Vnd vor uersumniß vnd wegen des

gefengniß vnd als die parthien die sache an die scheffen gutlichen gestalt haben, Salman sie In der gutlicheit schaiden daß cluerhen dem knecht sall geben vor alle dinge ij thurnosen

24. Ratsprotokolle Konv. 12/1 6.10.1486
Als der zuchtiger die zwe personen eyn frauwe vnd mayt mit roden gestrafft hait, salman Im geben j gl vor sin kost, des sal der Rait gebnn vj ß vnd die buddell vj ß
(Auf den linken Blattrand ist eine Rute gemalt.)

25. Ratsprotokolle Konv. 12/1 6.10.1486
Item als die Maidt so am nehsten mit roden ußgehuehen ist, Iren lidlon an Iren hern dem sie gestoln, gefurdert hait, Solman ir anntwort geben, Sie wiß wole wie sie abegescheiden, vnd was sie glabt habe, Ir soll keyn lone werden, woll sie In adder hen, so soll er Ir nach Irem uerdinst werden

26. Ratsprotokolle Konv. 12/1 6.10.1486
Item als fritz zur zytt den Judden gesecht vnd geschnydden hait, vnd dasselbe fleisch Inn sinem husch verkaufft vnd nit zur schyrn schynt, vnd nachdem er sich fruntlich uertheidigung gewygert hait, salman von Ime nehmen gantz buß

27. Ratsprotokolle Konv. 12/1 6.10.1486
Item kame hait ein kalp geschynt das nit tuglich gewest vnd daß vber verboit der fleischbeseher zuu schyrne verkaufft Item salman von Ime die buß nehmen nach lut der ordenung

27a. Ratsprotokolle Konv. 12/1 19.10.1486
Item lamer hen vnd mertin Item anhens contz ludwig, henngerlach Item wigelhen Item Richwinscune han hemel vnd geißbock gesecht vnd vnder den schyrnen feyle gehabt
Item Cone hait ein kalp geschynt das nit tuglich ist gewest, vnd daß vber verboit der fleischbeseher czur schyrne verkaufft
Item salman von Ine die buß nemmen nach lut der ordenung

28. Ratsprotokolle Konv. 12/1 23.11.1486
Als der keßeler in gefengnisse ist komenn sal beruhen vff zukunfft des burggrauen.

29. Ratsprotokolle Konv. 12/1 23.11.1486
Item als Johan henchin scher(er)s sone vngefuglich mit siner hußfrauwen vmb geet mit slagen vnd anders, Solln burgermeister mit henchin scher(er) redden das der sone der frauwen gutliche vnder augen gehe vnd fruntlich sij vmb der frucht willen vff das kein schaden dauon keme

30. Ratsprotokolle Konv. 12/1 7.12.1486
Als teglich hie gestollen vnd den Judden heym getragen wurdt, Salman die Judden uerbotten vnd Ine warnunge thun das sie sehen wem sie lihen vnd sich huden vor dupstal
Item der glichen salman burgern auch uerbotten vnd Ine sagen man habe mit den Judden gerette nymant vff dupstale zu lihen, vnd ob iß geschee, so wollman mit Ine redden vnd weißen were den dupstale uersatzt habe, daß sich eyn Iglicher hernach habe zurichten

31. Ratsprotokolle Konv. 12/1 7.12.1486
Item sallman dye gefangenen gemeynliche befragen vnd vff morn Ihres handels zuchtigen

32. Ratsprotokolle Konv. 12/1 28.12.1486
Als der portner an dem seher dore furbracht hait, wie ott wysen knecht der kuche Ine mit eym swert geschlagen habe, will unser herr der Burggraf fruntlich mit den Burgmannen dauon redden, furterß ott weysen solich vndersagen

33. Ratsprotokolle Konv. 12/2 8.3.1487
Als ludwig rutenstock vßwendig sinem husch fischwerck feyl gehalten hatt vber uerbott von den margktmeistern bescheen, etc. soll er den vngehorsam uerbußen wie der Rait uberkommen hait, nemlich viij ß

34. Ratsprotokolle Konv. 12/2 17.5.1487
Salman lubenhen vff eyn uerschreibung uß gefengniß laßen

35. Ratsprotokolle Konv. 12/2 17.5.1487
Item als eberhart haick Inne gefengniß gelegt ist, vnzuchtiger wort halben, hat sin Stiffater das weberhantwergk vor Ine gebetten, vnd salmann Ine vß gefengniß laßen.

36. Ratsprotokolle Konv. 12/2 26.6.1487
Auch als loses halbes Blatt, eingelegt vor dem 22.12.1486 (Entwurf, hier kursiv)
Vff fritag nach sanct Albans tag Anno lxxxvij sint herr Emerich ritter Burggraue hie czu friedberg Herman vnd Carlen von carben gevatter vnd gebruder an eym vnd die scheffen zu melpach anderntheils vor dem Rat gewest vnd von beidentheylen gewulkort, wes der wegen der Rat Sie Inn den nachfolgenden stücken vnderwiset darin wollen sie sich halten Nemlich so haben die genanten von Carben furbracht wie in dem dorffe melpach des sie dan gerichts hern sien vast on ordenung gehalten vnd geprucht worden, solichs got vnßerm hern zu lob und vnd vmb vermidung vnratt daruß erwasen mocht haben sie Ine furgenomen eyne erbare ordenung die vorgehalten vnd gebetten darInn vnderwisung zu geben Daruff haben die scheffen geantwort sie sien derselben stucke halben hie vnd fu(r)chten sich vor der gemeyne, als ob sie daran sien, daß Ir altherkommen abegestelt vnd die gemeyne beswert werde vnd haben gebetten Inn sachen sie zuversorgen dass sie nit beswert werden vnd haben solichs also wulkorlich an vns den Ratt gestelt Solich anbrengen hait der Raitt bedracht vnd angesehen vnd nachdem daß dorffe melpach des heyligen Richs eygenthum, will der Ratt beduncken Im wolle nit gezeimen, dar Ine den partheien ordenung zu geben adder zusetzen, dan sie von carben sien gerichtshern vnd wißten sich gegen Iren armen vnderthanen wole zuhalten ordenung vnd auch anders nach gelegenhait zumachen Aber iß sy bißher also geprucht von den von melpach, wan sie Inn sachen geprechen hetten, haben sie erforsch(ung) ann Ratt gethan als an Iren oberhoff, da habe der Ratt Ine auch zu yeder zytt vnderwisung, In der gestalt … is I… friddeberg so …
Item werre eynen Inn sinem ge(leide?) schläg(t hette sin) leben verwurckt.
Item were eynen Inn sinem gleidt verwont, der hette sin leben verwurckt
Item so eyner eyn toit schluge der hette auch sin leben uerwurckt
Item so eyner eyn Inn sinem gleide uerkorn wort thette, hette die mynst buß uerlorn nemlich x lb
Item so eyner eyn huewe odder steche also vnd daß man Ine hefften adder mit wiechen heyln must, hette uerfalln die host buß
Item sliecht eyner eyn vnd Ine nit verwont adder eyn messer tzucht vnd nit schliecht, adder eyn mit eyner fust schluge Also daß man den der geschlagen were, nit hefften adder wiechen mußt, der sall daß verbußen mit der mynsten buß x lb hlr
Item heyßt eyner eyn freuelich liegen, vnd daß nit bibrengen kann daß Jhener gelugen habe, sollt er daß verbußen mit der mynsten buß.

Item wer eym sin leben nymet und doit slecht der verluset sin leben
Item wer eim sin geleyde briecht freuelichen vnd wünt slecht vnd uberforet der verluset das leben

37. Ratsprotokolle Konv. 12/2 26.6.1487
Item salman den fremden gefangenen vff ein thorn füren vnd sines handels befragen.

38. Ratsprotokolle Konv. 12/2 2.8.1487
Item Als hartmann gise vnd sin sone vberfarunge der ordinancien der hochezytt halben gethan haben, gnade begert haben sollen sie der vberfar(unge) uerbußen mit j gl

39. Ratsprotokolle Konv. 12/2 2.8.1487
Item alle die personen so vff den abent orten vff der schnyder stoben gewest sint als hans schnyder sinem sone ein hochtzytt gehalten hait sollen uerbußen ein Iglicher mit eym schilling.

40. Ratsprotokolle Konv. 12/2 6.9.1487
Item als hans francke sines frauels vnd frauell wartte halben Inn gefengniß gelacht ist Salman Ine durch vorbede here albrechts doctor pherner czü friedeberg here Johann kremers vnd henne von Omstats begnadigen

41. Ratsprotokolle Konv. 12/2 nach 6.9.1487
Item als bißher Innden wiertshusern, tabern vnd zunff Stuben die persone vnd geselschafft feure Inn die nacht vnd vber gewonlich zytt geseßen haben, daruß schlegerj vnd vnratt erwaschen ist Solichs Im besten czuuorkomen, hait der Rat beschloßen, daßhinfur disse ordenung In gemelten husern gehalten werden sall, item Inn dem somer sallman nit lenger sitzen dan biß an die nune vren, vnd so iß nüne schleckt sall der thorhuder luden mit der Ratsglocken ein zeichen als lang alsman mit der langglocken plegt zuluden, zu eym bedutniß daß iß x geschlagen hait, vnd Im winther salmann nit vber die ix vren sitzen, vnd mit dem luden derglichen gehalten werden, vnd wer uber solich zytt so die glocken geludt ist funden wurdt der sall daß verbußen mit eym ort eins gulden adder drij nacht Ime loch ligen Als auch die vurigen burger soene vnd dyener nachtens etwa In iren sachen vff der gaßen zuwandern han, die sollen han eyn

berne liecht Inn eyner luchten, adder eyn bernewisch, auch by eyner buß der Ratt vberkomen ist
Als auch hiefur der langen messer, welschentegen vnd kolbenparten eyn verbott gescheen ist, will der Ratt daß iß furters nach lut desselben verbotts gehalten werden sall

42. Ratsprotokolle Konv. 12/2 nach 6.9.1487
Item der Schuknecht so daß messer dem bescheddigten uß der hant genomen hinwegk geczogen vnd hinden In eyn winckel geworffen hatt Ist vff furbette des geistlichen vatters des gardians zunn barfußern vnd der meister Schumecher hantwerg begnadiget vnd vß gefengnis vff eyn uerschribung vnd vrfrieden gelaßen

42a. Ratsprotokolle Konv. 12/2 nach 6.9.1487
Als Cles neßkann sinem knecht vff der stedde muren dartzu er eyn slußel hait gelaßen villeicht der meynung Im hinweg zu helfen, … Soll er uerbußen acht tage Inn der closter eynem, wilchs Im geliebt, vnd mag vff den nehstem Ratstage widderkomen vor den Ratt, vnd bitten vmb gnade

43. Ratsprotokolle Konv. 12/2 nach 6.9.1487
Item als winther zum winsberg gewißt hait, daß eyn schlagen gewest ist Inn sinem husch, vnd drube etztlich gesellschaft In schuknecht redder knecht vnd furlude Ine sinem husch gehabt schlaffen gelegen vnd denselben iren willen gelaßen hait, vnd von den selben aber ein schlagen erhaben vnd eyner vom leben zum toidt bracht ist, hait der Ratt beschlossen dwile winther scheffen und Ratt vnd bewist ist daß man vber die geordent zytt nit zierung halten soll, soll er uerbußen viij tag wie claß nußbaum hat der Rat dy buß erstreckt
Item sint beide buß erstreckt biß uff den nehsten Ratstag

44. Ratsprotokolle Konv. 12/2 nach 6.9.1487
Item In den sachen den Redderknecht, so den furmann von bechtheym vom leben zum toidt bracht hait salmann handeln nach sinem uerdinst

45. Ratsprotokolle Konv. 12/2 nach 6.9.1487
Item des gefangen halben der Redderknecht Ist beschloßen daßmann Ine heruff soll thun vnd Inn den sack schlagen vnd uersorgen biß vff morn fritag furter mit Im zuhandeln nach sinem verdinst

46. Ratsprotokolle Konv. 12/2 20.11.1487
Item loczen gotfryt sal Inn geleyde geen byß vff zukunfft unsers hern des burggrauen

47. Ratsprotokolle Konv. 12/2 20.12.1487
Als Johann rosenlecher burgermeister gerugt ist daß er vff er (!) hude nit Im ratt gewest vnd Im sunderlich vff hude by der Ruge zu sin gepurt Vnd des ratts schlußel vnd Siggell bestellung nit gethan hait Sall er uerbußen acht tage Vnd die buße sall er thun nach vßgang des Ampts welch Zyt Ine der ratt bescheidt In der closter eynem

48. Ratsprotokolle Konv. 12/2 20.12.1487
Item als Johannes hase gerugt ist, daß er siner hußfrauwen vbergehandelt hayt Sall er uerbußen nemlich daß er Inn eym Mandt lang nit czu Ratte ghen sall vnd zu vßgang des mantß sall er widderumb vff den Ratt komen

49. Ratsprotokolle Konv. 12/3 10.1.1488 24 R
Als dylman soldener der Jonge kalphen vbergeben hait sall er uerbußen acht tag zun barfußern

50. Ratsprotokolle Konv. 12/3 18.1.1488
Als peter der portner am fuerbacher thore mitsampt zweyn freunden gefangen ist etc. salman sie nach mittag befragen vnd vff verschribung vß laßen

51. Ratsprotokolle Konv. 12/3 8.5.1488
Item als die meister Schumechers hantwergs henne von bochen Iren mitgesellen vnzuchthalben vff Iren stoben ghen wochenhen, auch Iren kertzenmeistern vnd andern begangen, beclagt haben, nach clage vnd antwort hait der Ratte erkant, das hantwerg habe ordenung vom Rate bestetigt darInn ein punct der zuchte gemelt vnd gegeben stee derselben puncten sollen sie sich mit der buß ghegen den uerclagt halten vff gnade
Vnd furters als er ghen vngetzemlich schuwe getragen habe zuuerkauffen daß sij widder Ir vberkommen nach redde vnd widderredde Vnd nachdem solch herkommen vom Ratte nit bestetiget ist, hat der Ratt erkant daß hen von bokkenheym deshalben nit penefellig sy

52. Ratsprotokolle Konv. 12/3 16.5.1488
Als henn von bochen schumecher sich beclagt hait ghen vnsern hern den Burggrauen wie die meister duppell buß von Im heischen, vnd nachdem am nehst uergangenen rattstag vrteil gangen ist daß sie die buß nach lut Irer ordenung von Im sollen nehmen, doch was eym andern hiefur gnade gescheen sy, daß Sie Im der gleichen auch thun vnd dwile die milterung angehengkt ist, Ist des rats meynung daß hen von backenheym obgemelt solicher milterung genißen vnd bij der buß viij ß bliben sall auch schriblon vnd uorsprecher vßrichten sall

53. Ratsprotokolle Konv. 12/3 22.5.1488
Insachen die schumecher hantwergkmeister betreffend der buß halber vnd henne von buch anderteyls als vormals auch vor dem Radte gehandelt ist vnd gelutt, Ist beslоßen das der artickel so Inne Ir ordinancien stat so einer bußfellig wurt So der sich nit gutlichen vor kirtzenmeistern vurn vnd den zugegeben frundten gerechtet das der doppel buß soll geben Solichen artickel will der Radt vß der ordinancien han vnd sal furters blyben by der slechten buß viij ß eß weredan sache das der Radt das andert

54. Ratsprotokolle Konv. 12/3 21.8.1488
Salman boschenhenn Ingefengniß gelegen siner hußfrauwen halben

55. Ratsprotokolle Konv. 12/3 21.8.1488
Item als die meister der schnyderzunfft gebetten han das man henchin von Nydde begnadigen wolle Ir bette halber Sal henchen Irer vorbette genießen vff verschrybunge

56. Ratsprotokolle Konv. 12/3 25.9.1488
Item der Junge Elbrecht kormotter Ist vff vorbete guder frunde begnadiget vnd vßgefengnisse gelaßen uff verschrybunge

57. Ratsprotokolle Konv. 12/3 16.10.1488
Item als der schultheiß vnd knecht fordern Iren wine so man ein in gefengnisse ader vß leget vmb etzlich vndagent Ist besloßen So man eyn Innelegt ingefengnisse den man strafft vmb diepstale ader ander sache ader abe vnd zugeet vnd verhoret straffte man den so salman burgermeister schultheiß vnd knechten Iren wine geben Ist eß aber das man ein burger ader ein andern Inne legt vmb

vngehorsamkeyt So salman burgermeister schultheiß ader knechten nichts geben vnd auch glockhuß keyn sloßgelt geben eß sy dan das burgermeister Ine bescheyden

58. Ratsprotokolle Konv. 12/3 20.11.1488
Der webergewicht halben hatt der Raitt ein recht gewiecht gemacht vnd beslo-ßen daß ein Iglicher meister des hantwergß, vnd werre sich derselben webergewiecht gepruсht, desselben phünts glichniß han soll, also daß iß koppern messenn ader ysern sy, Vnd solichs sallmann Inn der zunfft verkunden das gewicht also zubestellen zuschen hie vnd wynachten nechst komment vnd die alten gewiecht sie syen ysern koppern ader blien solln sie dem Ratte adder dem der von des Rattswegen zuu sachen geordent wirdt vberlibern, die soll der Raitt behalten, weres auch sach daß heruber eyn meister ander gewicht anders dan der Ratt wie oblut vberkomen vnd gemacht hatt, der soll daß vorbußen mit viij ß, vnd so nach der pene vnd buß, derselb abermals bruchig funden wurde, den wolt der Raitt straffen nach sinem gefallen, auch so solman ein vß dem Rait dem Beischenmeister zugeben, dieselben gewiecht mit der Stedde zeichen zeichen zulaßen

59. Ratsprotokolle Konv. 12/3 3.4.1489
Item als der weysen scheffer kalphens knecht Inn dem felde geschlagen vnd uerwont hait Sint jungher walther uon filbel vnd Jungher Rudolffen brendel gebetten mit den weysen dauon fruntlich zuredden.

60. Oberhofprotokolle Bl. 98 recto 9.5.1489
Rodheym
Uff Samßtag nach dem Sonntag Misericordia domini anno 89 Sind die Scheffen von Rodheym fur unns des heyligenn Rychs Scheffen zu fridberg komen und uns furgehallten ain todschlagk sich by Inen zu Rodheym zwuschen zweyen begeben also das einer zu tod geschlagen Sy Demnach so haben die gemellten Scheffen zu Rodheym von unns begert sie zu underwyßen ob die erben des abgangen nit als wol als der thetter verbußen solle dwyl nun Inn anbrengen der gewelltigen von Rodheym nit gemellt wurdt, das der todes abgangen Sy sins eygenns todes ursecher Sye Und so das by uns were hiellten wir es also das die erben des gnanten abgangen Selig gedechtniße der klag ledig sin Sollen.

61. Ratsprotokolle Konv. 12/3 14.5.1489
Item des vehs halben so hie zu frideberg gezogen wyrdt, salman vor den hirten ghene laßen, welcher ader des nit thun wolt, der sall sin vehe Inn sinem husch halten vnd ziegen an der lude schaden, vnd wer daß vberfare vnd man des funde uff der gassen adder In zünen sal man von dem stück zu buß geben ij heller, vnd salman ein bestellen des eyn vffsehens zu han

62. Ratsprotokolle Konv. 12/3 21.5.1489
Vnd nachdem durch die besichtiger vom Ratte vber die gewiecht gesetzt etztlich meister bußfellig funden vnd angeschriben sint von den salman die vffgelegt buß furdern vnd nehmen

63. Ratsprotokolle Konv. 12/3 4.6.1489
Item Salman gebitten daßman die Straßen reynigen sall zuschen hie und dem sondag pentecoste (?), by eyner pene j gl

63a. Ratsprotokolle Konv. 12/3 4.6.1489
Als bißher wessel mit korn wyß und habern von bürgern vnd vff dem lande ghen einander geprucht ist dadurch der stedde daß malegelt verhalten wurdt hait der Raite beschloßen daß solich weßel abegestalt vnd furters von burgern nit mere gescheen sall, bij eyner pene nemlich daß ein iglicher burger vnd Inwoner der solichs vberfure von dem vberfor der stedde derselben frucht so viel achtel als er der uerwisselt hait, adder vur ein iglich achtel souiel gelts als iß czur zytt gilt, czu buß geben sall

64. Ratsprotokolle Konv. 12/3 11.6.1489
Salman den wierthen sagen daß sie alle Ir kanne sollen Ichen, by verlost der buße

65. Ratsprotokolle Konv. 12/3 18.6.1489
Als smidkryne ein erbarn gesellen, auch andere gnackbarn man vnd frauwen hie zu frideberg an Ire ere hait geschulden auch dye burger an Iren gerten vnd zunen bescheddigt hait, deshalben sie Inne gefengnis gelegt ist, Ist beschloßen daßman sie vff morne Samstag sall straffen mit dem korbe vff der schnappen

66. Ratsprotokolle Konv. 12/3 3.7.1489
Als Rudolff Storck Inn bann verkundt vnnd nachdem dem erbarn Ratt vor der zytt ein monitorium vnd warnungsbrieff furkomen In zwollff tagen nach der

execution In zuuerwyßen vnd kein gemeynschafft mit Im zu haben, ist den burgermaistern beuolhen mit Im zu Reden das er sich dermaßen halte und ledige

67. Ratsprotokolle Konv. 12/3 9.7.1489
Des vyehs halber als hieuor von dem erbarn Ratt hennchin von Nyde dar vber geordent Vnd sich von Rudolff Storks frawen beclagt wie sie sich der gebott vnd bußhalber ongehohersam gehalten Vnd In als ein diener des Rats deßhalben nach Irem willen gehandellt vnd vbergeben hatt, ist beschlossen man soll die buß wie das vor vberkomen ist von Ir fordern Ir da by sagen das sie sich furters des wort massige

68. Ratsprotokolle Konv. 12/3 24.9.1489
Als beide Rentmeister gerugt sin Inn sachen hartman gisen vnd den portner stolhen betreffent vnd nachdem man Im handell findt daß sie die sache Im besten gemeynt vnd hartman darInn nicht gedult noch In redde Im zuwidder adder smehe gepruscht haben hait man angesehen daß Ir entschuldigung gleuplich ist vnd sie der Ruge vnd buß erlaßen

69. Ratsprotokolle Konv. 12/3 12.11.1489
Item lubenhen vnd heiderich als die zu gefengniß komen sint, solen noch ein zytt also bliben In hafft
Als heiderich dem Ratte hochlich nachgeredt hait ist vffgeschlagen zuschen hie vnd dem nehsten Rattstag zu bedencken, ob man Im woll die augen vßbrechen adder mit Rotten zur stadt vßen hauwen laßen

70. Ratsprotokolle Konv. 12/3 17.11.1489
Vff dienstag nach martini hait Rudolff brendell als amptmann vnsers gnedigen hern von hanauwe vor heiderichen gebetten, vnd vmb siener fruntlichen bettewiln hait man heiderich gnade gethane vnd vß gefengniß gnediglich gelaßen vnd er soll globen vnd sweren nit mere Inn die stat czu komen vnd wo er iß vberfure willman Ine darumb straffen

71. Ratsprotokolle Konv. 12/3 10.12.1489
Sint die burgermaister bescheiden mit dem Schwytzer zu Reden das er sich des furkauffs vnd hockenery massige vnd In da by berichten wie dem erbarn Rat

furkomen sy er koche fynick fleysch das In kein weg zu lyden sy wo das aber dem Rat mere furkeme So wurd er an … (?) dem lybe gestrafft

72. Ratsprotokolle Konv. 12/3 31.12.1489
Als Meister bestian fürgenomen ist … zuuerbußen, daß er vnredlich lute zuchtige schinde boben vnd hern vnd ander geste vber gepurlich zytt Inn der nacht spielen vnd drincken eßen vnd suffen gehalten hait, soll er komen vor die burgermeister wan sie nach Im schicken des abtragk zumachen vnd zuuerbußen

73. Ratsprotokolle Konv. 12/3 21.1.1490
Als Endres von nydde, des Ratsstuben Knecht geschlagen vnd gehauwen hait vnd deshalben gewichen, vnd vmb gleide bitt etc. nachdem dan die dait ein pinlichstraff vnd eyner rechtvertigung erfurdert, so er dan sich derhalben will uertragen, sallman Im daruff gleide geben

74. Ratsprotokolle Konv. 12/3 28.1.1490
Als Endres vonn Nydde, des Ratts Stoben knecht geschlagen vnd verwont hait, vnd nach der hant vß der Stadt gewiechen ist, Ist beschloßen dwile man Ine mit dem libe nit hait magen han, Sallmann an Ine furdern die hohgst buß. Item ist endres vff hude erschyen vnd gebetten vmb aicht tag fligk die ist Im gegeben

75. Ratsprotokolle Konv. 12/3 4.2.1490
Item als endres von Nidde, des Ratts Stobenknecht geschlagen vnd verwont hait, Ist durch furbette der Junghern der weysen Im gnade gethan vnd daß er mit willen In gefengnuß ghene sall, vff dissen abent vnd den sondag nehst ghenn abent widderumb heruß gelaßen werden

76. Ratsprotokolle Konv. 12/3 11.3.1490
Item Salman dieJhenen so die den luden Ir zune zurbrechen, abhewen vnd die gerten bescheddigen Inn die betzenkamer legen vnd furters (der Eintrag bricht hier ab)

77. Ratsprotokolle Konv. 12/3 11.3.1490
Item salman den gefangen des abegeschnydden vnd gestollen duchs halben befragen, wo vnd by weme er dieselbe nacht gewest vnd darnach dieselben so er nennet, auch befragen ob iß also sij, Vnd die dinge vffheischen

78. Ratsprotokolle Konv. 12/3 22.4.1490
Item als der zuchtiger bitt vmb vnderwisung sines lons des boßelsarbeits sy Ist bescheidt iß sy eyn halber gulden, des soll die stat geben iij vnd die geriechtsknechte iij thurnosen

79. Ratsprotokolle Konv. 12/3 17.6.1490
Als hiefur durch ein gantzen Ratte eindrechtiglichen vberkomen vnd beschloßen ist Inn dem besten, daßman keyn fleisch soman zur schyrne feile hatt blasen nach fachen soll, Vnd als man itzt uerstett, daß solichs durch die meister gemeynlichen vberfarn ist, Will der Ratt zu siner gelegenheit nach den meistern schicken, vnd sie deshalben bußen, vnd sie sollen von stunt an sich gedachts gebotts halten, by pene wie beschloßen ist

79a. Ratsprotokolle Konv. 12/3 1.7.1490
Item als Itzung der Judde vß sinem husch zughene sich der dorn gestelt so uerbotten ist, sall er uerbußen mit eym gl vnd Im Ist gnade gescheen

80. Ratsprotokolle Konv. 12/3 4.11.1490
Item des gefangen halben der ein wustelung ist Vnd Inn herman swartz husch gespilet vnd daselbst eim sin disch abgerißen vnd ein gl vnderschlagen vnd genommen hait, Salman vnserm hern Burggrauen darumb schreiben vnd sin meynung deshalben zuuernemen

81. Ratsprotokolle Konv. 12/3 21.1.1491
Item als etztlich burger hie zu friedberg sich buben, mit den unzüchtigen frauwen flißen etc., soll man ein uffsehe(n) han und so man sie Im handell betrete, Inn das loch legen.

82. Ratsprotokolle Konv. 12/3 28.4.1491
Alsman die frucht vnd samen vff dem feldt bescheddiget, salman den schützen gepitten vff Ir eyde zu rugen wene sie wißen vnd obe sie dieselbigen nit mochten betredden vff frischer dait, daß sie dan Inn derselben husch vff die man gheene vnd darnach sehe obe sie der bescheddigung darInn finden daß furters an den Ratt zubrengen, vnd sie sollen daran nit frauweln

83. Ratsprotokolle Konv. 12/3 5.5.1491
Item der bescheddigung halben Im felde, ist beschloßen daß man sich halten der beschloß hiefur bescheen. Es sy mit büßen vnd ander straffen

84. Ratsprotokolle Konv. 12/3 11.8.1491
Item Ist der Rait vberkomen das eyn iclicher der vehe hait sal das vnder denn gemeynen hanten drybenn vnnd nit Eyn iclicher vur sich selbst Im velde faren vnnd ob sullichs oberfarn wurde vnnd nit gehalten sullen die velthern die schutzen bescheiden sullich vehe Inzudrieben vnd wem sullich vehe zu hort sall das verbußen

85. Ratsprotokolle Konv. 12/3 22.9.1491
Item des gefangen halben den wißgerber berüren sal man mit der frage beruwen biß vff vnsern hern burggrauen

86. Ratsprotokolle Konv. 12/3 22.9.1491
Item als etztlich der wysen knecht die burger schelden bluthunde ist beschloßen man sall mit den wysen da von fruntlich redden vnd sie bitten mit Iren knechten zuredden solich wort vnd redde furters zuerlaßen

87. Ratsprotokolle Konv. 12/3 10.11.1491
Item Salman verbitten daßman hinfurt keyn flaisch Inn der stadt brathen soll, sondern were des benotiget ist, sall daß thun vßwendig der stadt Ringkmuern, were daß vberfure will der Ratt straffen nach sinem gefallen

88. Ratsprotokolle Konv. 12/3 5.1.1492
Item als Conraden Slenckers doichter zu dryen maillen vff gebanten fiertag saltz feill gehabt hait Inn Juncker Hennß Huß von dettingen vnnd ir sullichß dorch deß Ratts knecht vnnd die marckt meister verbotten ist vnnd so er zu drien maillen die buss viij ß verfallen gewest ist vnnd so er gnade begert hait In der Rait bij vj alb gelaßen

89. Ratsprotokolle Konv. 12/3 16.2.1492
Item als die velthern furbracht haben wie machenhen den luden vile schadens thü mit sinen schaffen als er vber Ir ecker furet, Ist beschloßen man sal Im sagen vnd gebitten daß er nymanten bescheddige woll er off sinen acker farn so er daß kann gethun, daß er nit vber eins andern gelende darff farn, wo er aber vber eyn andern fure soll er daß uerbußen so decke er daß thu

90. Ratsprotokolle Konv. 12/3 15.3.1492
Item Salman den Judden Inn gemeyn sagen, daß sie vff zytt so man daß Sacrament Inn der Stadt dreyht, sich von Straßen thun sallen, wo sie ader nit gewichen konnen vnd stene blieben so sollen sie den rucken nit dahin keren sondern ir kogell abethun.

91. Ratsprotokolle Konv. 12/3 7.6.1492
Item als eyn frauw zu gutenluden ist gnant ele, die vast vngezigen vnd mit eym von Rodheym bolschafft tribt, ist beschloßen man soll sie heißen vß dem husch ghene, vnd will sie das nit thun, salman sie Inn die betzenkamer thun, dieselbe betzenkamer salman auch Inn zytt zurichten.

92. Ratsprotokolle Konv. 12/3 14.6.1492
Item als die Ampt vff die fronfasten Ir rüge vnd büß solln furbrengen vnd sie mit dem vffhieben der büß verhalten etc. ist beschloßen daß hinfur eyn iglicher vor der fronfasten sin buß soll Infurdern vff hieben vnd vff den Ratte somann rugen thut brengen

93. Ratsprotokolle Konv. 12/3 30.8.1492
Item als die Jüdischen sich beklagt, wie daß man Ine nit woll gestaten, Wasser von dem born zu holen, vnd müßen doch Ihr recht dauon geben etc. Ist beschloßen, Sie mögen sich der born gepruchen, so daß cristen personen Ine daß wasser holn vnd dieselben eygen eymer haben, die da gezeichent sien mit der stede zeichen, und der Judden eimer nit In born gelaßen werden, wo ader daß vberfarn vnd die bornmeister deß wise wurden, solman dieIhenen, so Ine wasser holten vnd den vberfare gethan han, In daß loche legen.

94. Ratsprotokolle Konv. 12/3 20.12.1492
Item so als lodewig von leythecken vnnd Contz Rauch sich fur dem Ratt myt worten gheyn Ein ander lut der ordenunge ernstlich gehalten habenn vnnd auch die frymden vmstender das horen layßen hait Inn der Rait czu pene vff gelegt so das sie die nechsten vierwochen Ir Raits gelt das halbtheyll In die Busche der Bruderschafft geben sullen.

95. Ratsprotokolle Konv. 12/3 18.1.1493
Als eyn zymermann Junghern hen von dudelßheym verkorn wort gethan soll

han, Salman den zymermann befragen vnd wie er antwort gibt, fuglich ader vnfuglich, so salman doch Junghern hen den unwillen fruntlich benennen

96. Ratsprotokolle Konv. 12/3 7.2.1493
Als sich Eyn snyderknecht gnant Bestiann von Hune beclagt hait von snyder henne so wie In snyderhenne mit Eyme Spieß uff der gassenn by abnt vmb die vij vwern vngeuerlich dar nydder geslagen habe So er Inn sins meysters dinst gewesen sy Also sin die Parthien der selben gebrechen grontlich vnnd In der guttlicheit an den Rait gangen sie dar vmb zu Entscheiden demnach hait sie der Rait Entscheiden so das snyderhenne dem gnanten Bestiann sall zwene gulden gebenn fur syne smerczen vnnd scherer lonne vnnd das der knecht sehe das der Rait Inn sachenn so ir knecht sullich frebell drybenn keyn gefallen haben hait Im der Rait vff die zyt von sime ampt orleub gebnn vnnd sullen also irer gebrechenn ganntz vnnd zu gronde gericht vnnd versonet sin vnnd keyne parthie des halben an die ander nicht zusprechen habenn

97. Ratsprotokolle Konv. 12/3 7.3.1493
Als Sigmont vnd sin dyern sich von eyn gescheiden vnd die dyrne gebußt hait vnd Sigmont Ir nachhangt, Soln die Burgermeister nach Ine beiden schicken vnd sie warnen sich eynander nit zukrodden vnd wo des nit geschee, wurde man sie darumb straffen

98. Ratsprotokolle Konv. 12/3 16.5.1493
Als Cristens hen tods abgangen die fraw das p(aternoster) vff das grabp gelegt und vast schulde gelaßen hait, und man verstet wie sin mutter daß Ihene wes der gnant Ir sone verlaßen, entfremde, und derhalben die schuldener nit zu bezalung komen mogen, Ist beschloßen daß man soll schicken nach siner husfrawen und mutter, und sie befragen uff den eidt daß sie sagen was da gewest, und ob sie etwas hinweg getragen, daß widder zustellen, dan so man uber kurtz adder lang erfarn, daß sie etwas abgetragen vnd verhalten hetten, woltman sie straffen daß man soll sehen daß man der dinge dermaßen nit nachlaßen noch gestaden will.

99. Ratsprotokolle Konv. 12/3 30.5.1493
Als clase naßman gerugt ist wie er sich gheenn die Jhenen so findtgelt erbe geschetzt mit widderspennigen worten ertzeigt, auch vnd darnach Inn Ratt gheen dem schuwknecht mit stoltzen worten hait horn laßen, hait der Rait czu

eyner milttiglich buß beschloßen, daß er eyn mant nit zu Rait vnd daher p(ene/ußen?) soll

100. Ratsprotokolle Konv. 12/3 13.6.1493
Item Salman das Judden husch forn bij der Jüddenschulen In dem geßgin gelegen zurichten vnd machen vnd die dore so ghen der Judden gaßen stet, zu machen vnd die setzen hinden vnd dem zuchtiger darInn wonung geben

101. Ratsprotokolle Konv. 12/3 13.6.1493
Item Soln die burgermeister mit dem moller In der huckenmoln redden des schadens halber er den burgern thut, daß furters zuvermiden (?), vnd so er des nit wurdt achten, Salman Ine bußen wie herkommen ist.

102. Ratsprotokolle Konv. 12/3 5.7.1493
Item ... (?) zu gedencken, ob gut were daß man eyn gemeyn gebott thette daß die burger keyn gelt uff burgen vnder den Judden entnemmen solt (!) auch und daß die Judden nit vff burgen lihen sollen, wo iß daruber geschee soll keyn macht han vnd sol der burger Inn sonderheit uerbußen, keyn burger des andern burger burg werden soll

103. Ratsprotokolle Konv. 12/3 12.7.1493
Als etzlich persone des gefangen von Sodels frunde hie erschinen sin, vnd ein fruntlich furbitt gethan haben den gefangen zubegnadigen, Ist Ine antwort geben sin verhandlung sij swere vnd vnglich vnd der ratt wiß Ine itzt nit antwort zugeben

104. Ratsprotokolle Konv. 12/3 8.8.1493
Item Als den Rait angelangt hait, wie her Conrat ernst erdenhen dem glockener mit eym degen nachgelauffen sij biß vff den kirchoff, Salman schicken nach hern Conraten vnd von sachen mit Im redden, vnd zuuerstene geben wie man die persone so bij dem handell geweset sint woll uerhorn

105. Ratsprotokolle Konv. 12/3 8.8.1493
Item Salman friderich von sodell so dupstalshalben gefangen ligt, vßlaßen vnd uerschribung von Im nemmen ... (?) vff burgen

106. Ratsprotokolle Konv. 12/3 15.8.1493
Item Salman Sigmont vßlaßen vff verlopnuß vnd uerschribung, vnd er soll sin zerunge gelten vnd dem Studenten sin scherrerlone

107. Ratsprotokolle Konv. 12/3 5.12.1493
Item als Sich lodewig leytecke vnd harpell als geordente fleisch beseher von wegen des Raits furbrengen wie die metzler den Judden sechen vnnd das fleisch vnder der Schirn feyll habenn hait der Ratt bescheiden die Jenne so bußfellig weren sullen sie bussen vnd ab sie vngehorsam weren sal man sie fur Rait bescheiden mit dem nemelichen fleiß sall iß gehalten werden wie man iß ober komen ist

108. Ratsprotokolle Konv. 12/3 3.4.1494
Item Salman mitt den Metzlern redden vnd Ine ernstlich gepitten, den Judden nit zu sechen, sondern woln die Judden fleisch han soln sie daß vnder der schyrne als die Cristen, man soll sie auch keyn brott fleisch oder eßelspise laßen angriffen ader betasten, er habe iß den zuuor gekaufft vnd bezalt, vnd welcher burger daß secht vnd furbrengt, salman die pene bedencken

109. Ratsprotokolle Konv. 12/3 11.4.1494
Item das sechen vnd ander betastung der Judden, wenn sie fleisch vnd ander eßelspise wollen keuffen, vnd sich anderß halten dan wie obgeschrieben vberkommen, Ist verbotten by eyner pene einß gulden vnd dauon salman geben dem Jhenen der das furbrengt ein ort, er sj geistlich ader werntlich

110. Ratsprotokolle Konv. 12/3 9.5.1494
Item als die brottbeseher peter den becker zu Nuheim bußfellig funden vnd Im viij leibe genomen, Soln die brottbeseher die buß von Im nehmen viij ß vnd Ime das brot wider geben

111. Ratsprotokolle Konv. 12/3 19.6.1494
Als wochenhensberbgin geclagt hait von wochenheintz wie er Ir smelich wort gethan habe zu belderßheim Im houe, Nemlich daß vngerich pherde vnd Swebin dücks sien Inn dem andern vnder vieln vnzemlichen redden, habe er zu Ir gerett er woll Ir wole sagen daß Ir In Iren swarten we thun soll vnd als heintz daruff geantwort vnd selbst montlich der sage bekannt hait, hait der Ratt die nuw uffgericht ordnung angesehen vnd verleßen lassen vnd darnach so hait

heintz unserm hern burggrauen an sin stabp gegriffen vnd der frauwen zür hant gangen vnd sall die smelich wort uerbußen mit der hohsten buß, alles lut des artikels Inn der ordnung begriffen

112. Ratsprotokolle Konv. 12/3 24.7.1494
Item als Engelhart nechst fulhenchgin vnd sin husfrawen mit worten vbergeben vnd gescholden hait, Ir ere vnd glumpff berürent vnd nachdem er derglichen hiefur mere gehandelt, Ist beschloßen daßman Inn zu eyner straffe die kuchen nemmen sall

113. Ratsprotokolle Konv. 12/3 25.9.1494
Als griffhen gerugt ist, wie er Inn dem frauwen husch gesellschaft gehalten vnd am andern alß er den Jongendylmann by der nacht vbergeben habe, ist angesehen sin Jongheit vnd deßhalben itzt ein gnedige straff vffgelegt also und daß er solichs soll uerbußen ein Mont In den zwey cloistern vnd den legger allen dag wechsell, nemlich so er ein tag vnd nacht Inn eym gewest soll er den andern tag vnd nacht Inn dem andern bußen, vnd daß also vmbghenderte ordnung folnbringen Vnd so der Mont vß vnd vmb ist, soll er vff den nehsten Rats tag widder uff den Rat komen, vnd sin geheisch forbringen, vnd anheben vff den nehsten Ratstag

114. Ratsprotokolle Konv. 12/3 25.9.1494
Als heintzell gerugt ist wie er clase Nesmann smelich wort gethan habe, vnd nachdem heintzel dem Ratt handells berecht vnd der Ratt auch etztlich persone des handels uerhert hait, erkennt der Ratt Ine der buß leddig

115. Ratsprotokolle Konv. 12/4 5.7.1498
Item als die meister beckers hantzwergs hifur das broidt czucleyn gebackenn vnd abermals die verordenten das besichtigenn vnd czu cleyn fünden Ist beschloßenn daß man nü hinvor die wochen czwey malle das beseen sall vnd welcher also czucleyn funden wirdt soln sie bussen lut der ordnung

116. Ratsprotokolle Konv. 12/4 13.12.1498
Item als etliche gefangen sin vnd Ingefengnuß acht tage gelegen umb etlich freuell uff der nuwen stuben so gehandelet han Salman der dry uff gelubnuß ußlassen, vnd belerßhen vnd Eigel sollen lenger bliben setzen

117. Ratsprotokolle Konv. 12/4 18.1.1499
Item als die becker furbracht haben von dem Schmidt vorm mentzer thur wie der sich zwier zunfften gebruch, brodt back vnd smidt, vnd vorzyten Im heruber bußß gesetzt ein vierteil ader halben ongeuerlich wins zugeben, des sich weigert, vnd darumb gebetten vmb vnderwisung, hat sich er In die buß gesetzt vnd die geben will ein viertel wyne wie die andern

118. Ratsprotokolle Konv. 12/4 28.2.1499
Item als wethen henn hat lassen gelangen an ein Rait wie hern Conrat ernst seligen Ime ein gelende geluhen hab vj Jare lange, und dwill hern ernst seligen nachfare ein andern In das gelende verwilliget zuwiddern, nemlich Gerlach der sich des guts anneme und underzuge, Nit ansehe das lehen auch besserunge die er uff solche getan daran Ime ein Jar noch gebure zuhan, deshalb gebetten umb underwisunge, Ist des Raits meynung und beschloissen das solichs furter nit mehe gescheen solle, und so das beschee solman dem Rat verfallen sin und dem Burggrauen zehen gulden Nachdem etzliche burger nach etzlichen guttern setzen vnd der stedde gutter lehnunge steigen den burgern zu abbruch vnd zuwidder

119. Ratsprotokolle Konv. 12/5 18.5.1503
Sollman die dirnn strack für die phorten wißen nymermer her Inn zu kommen ob sie sich aber des nit hallten vnd vbertreten wurde ihr mit weiterer straff zv begegnen

120. Ratsprotokolle Konv. 12/5 18.5.1503
Als sich geysenn Johann unzimlich mit Essenn und trincken hellt und das sine zu appruch siner hußfrauwen und kindern vberflussiglich verthut Ist beschlossen das die Burgermeyster mit Im Redenn sollenn solchß abzustellenn Wo er aber sich des nit hallte und Inn sinem bysherigen furnemenn beharren wollt In darvmb In das loch zulegen

121. Ratsprotokolle Konv. 12/5a 4.9.1505
Item Georg Metzler ist seines todtsschlags halber uf donnerstag nest nach francisci zu beweisen das er darzu genottigt sey here für rade betagt, solchs sal auch Cune seelig hawsfraw auch verkündigt werden

122. Ratsprotokolle Konv. 12/5a 18.9.1505
Georg Metzler ist seines todtsschlags halber zuuerantworten für Rade bescheiden uf donnerstag nest nach francisci

123. Oberhofprotokolle 168v 16.4.1548
Vnser gunstig gruße zuuor Ersame Insonders guthe freunde. Nach dem heud dan eure gesanth mit scheffen vmb vnderweisung eins vrtheils bei vns angesucht. Dieweil wir aber auß Inhalt der clage vnd antwort vernomen, das es ein peinliche sachen, vnd vnserm herkomen vnd geprauch zugegen in peinlich handlung vnderweisung zugeben, haben wir vns der sachen nit vndernehmen wollen. In anderm aber sein wir euch zu wilfahren vrputtig. Das haben wir euch vff euer gesanthen ansuchen nit vorhalten wollen. Datum montags nach Misericordia domini Anno 1548
Am linken Rand:
Peinlich sache
Schöffen zu Friedberg haben in fremten peinlichen sachen kein vrtheil geben wolln

1 Beispielhaft seien genannt Ferdinand Rau, Beiträge zum Kriminalrecht der freien Reichsstadt Frankfurt am Main vom Mittelalter bis 1532, jur. Diss. (Freiburg), 1916; Bernhard Reismann, Das Strafrecht der Stadt Groningen im Mittelalter, 1928; Franz Schulenburg, Das mittelalterliche Strafrecht der Stadt Riga, 1933; Gunter Gudian, Ingelheimer Recht im 15. Jahrhundert, 1968, S. 353-379; Hans-Rudolf Hagemann, Basler Rechtsleben im Mittelalter, 1981; Sven Schultheiß, Gerichtsverfassung und Verfahren. Das Zentgericht Burghaslach in Franken (14.-19. Jahrhundert), 2007, insbesondere S. 327 ff.; Reinhard Heydenreuter, Kriminalität in München – Verbrechen und Strafen im alten München (1180-1800), 2014.

2 Friedrich Battenberg/Albrecht Eckhardt, Der Richter in eigener Sache, dargestellt anhand spätmittelalterlicher Quellen, insbesondere des Burggerichts Friedberg/Hessen und des Reichshofgerichts, Zeitschr. für Rechtsgeschichte, Germ. Abt., Band 95 (1978), S. 79 ff., S. 87.

3 Ebenso im Allgemeinen Teil des StGB und in anderen Rechtsbereichen wie Zivilrecht und Verwaltungsrecht.

4 Gerhard Köbler, Etymologisches Rechtswörterbuch, 1995, Stichworte Rechtsfolge, Tatbestand.

5 Ausnahme ist z. B. die Tötung auf Verlangen, die trotz des Verlangens des Opfers, also einer qualifizierten Einwilligung, rechtswidrig bleibt, § 216 StGB.

6 Zum Ganzen siehe beispielsweise Reinhard Maurach/Heinz Zipf, Strafrecht Allgemeiner Teil, Teilband 1, 7. Aufl. (1987), S. 179 ff., 254 ff.

7 Urteil des Reichsgerichts, RGSt Band 32, S. 165.

8 Franz von Liszt, Strafrechtliche Vorträge und Aufsätze, 1905 (Nachdruck 1970) Band 2, S. 80; Claus Roxin, Strafrecht Allgemeiner Teil, Band 1 (1997), S. 97; Hans-Heinrich Jescheck/Thomas Weigend, Lehrbuch des Strafrechts, Allgemeiner Teil, 5. Aufl. (1995), S. 73.

9 Maurach/Zipf (Fn. 6) S. 45.

10 Eb. Schmidt, Einführung in die Geschichte der deutschen Strafrechtspflege, 3. Aufl. (1968), S. 58.

11 Gerhard Köbler, Deutsche Rechtsgeschichte, 6. Aufl. (2005), S. 120.

12 Eb. Schmidt (Fn. 10), S. 64 f.

13 Eb. Schmidt (Fn. 10), S. 61 ff.; Hinrich Rüping/Günter Jerouscheck, Grundriss der Strafrechtsgeschichte, 5. Auf. (2007), Rdn. 64-67; Gerhard Köbler, Bilder aus der deutschen Rechtsgeschichte, 1988, S. 188 ff.; Köbler (Fn. 11) S. 120.

14 Von lat. *poena*, siehe Köbler (Fn. 11) S. 120.

15 Eb. Schmidt (Fn. 10), S. 59; Heinrich Mitteis/Heinz Lieberich, Deutsche Rechtsgeschichte, 19. Aufl. (1992), Kap. 38 I 2.; Köbler, Bilder (Fn. 13) S. 181 ff.

16 Von Rüping/Jerouscheck (Fn. 13), Rdn. 67 ebenfalls als peinliche Strafe eingestuft.

17 Köbler (Fn. 11) S. 71 ; Mitteis/Lieberich (Fn. 15), Kap.9 IV 1 und Kap. 19 I 5 b; Eb. Schmidt (Fn. 10), S. 71; Maurach/Zipf (Fn. 6), S. 44.

18 Eb. Schmidt (Fn. 10) S. 70 ff.; Köbler (Fn. 11) S. 120.

19 Rüping/Jerouscheck (Fn. 13), Rdn. 60.

20 Eb. Schmidt (Fn. 10) S. 59 ff.; Rüping/Jerouscheck (Fn. 13), Rdn. 60-61; Köbler (Fn. 11) S. 120.

21 Eb. Schmidt (Fn. 10) S. 68 ff.; Gunter Gudian, Geldstrafrecht und peinliches Strafrecht im späten Mittelalter in: Rechtsgeschichte als Kulturgeschichte, Festschrift für Adalbert Erler zum 70. Geburtstag, unter Mitwirkung von Adolf Fink herausgegeben von Hans-Jürgen Becker, Gerhard Dilcher, Ekkehardt Kaufmann, Wolfgang Sellert, 1976, S. 273 ff.; zur Stadtverweisung bei Tötungsdelikten in Frankfurt siehe Armin Wolf, Die Gesetze der Stadt Frankfurt im Mittelalter (1969), Nrn. A2 (1349/52), 38 (1387), 56 (1396), 206 (1429), 314 (vor 1487).

22 Gudian (Fn. 21) S. 282 ff.: Eb. Schmidt (Fn. 10), S. 67 f.

23 Max Foltz, Friedberger Urkundenbuch, 1904 (zit. FUB), die Friedberger Ersterwähnungen siehe unter Nrn. 1 bis 3.

24 Abgedruckt bei Albrecht Eckhardt, Burggraf, Gericht und Burgregiment im mittelalterlichen Friedberg, Wetterauer Geschichtsblätter Bd. 20 (1971), S. 17 ff., 61 ff.

25 Vorhanden im Staatsarchiv Darmstadt C4 Nr. 89/4.

26 Vorhanden im Stadtarchiv Friedberg/Hessen, Dep. Konv. 12/1 ff. Einige Abschriften aus Ratsprotokollen von 1484 in einem späteren Ratsbuch enthalten nichts zum Strafrecht. Wahrscheinlich begann der Rat erst im Anschluss an die Ratsordnung von 1483 mit der kontinuierlichen Aufzeichnung der einzelnen Geschäfte, siehe auch Katja Augustin, Die Zukunft im Blick und die Vergangenheit in den Akten, WGBll. Bd. 56 (2007), S 241 ff. 245 f.

27 Wegen der rechtgeschichtlich bedeutsamen Quellen Friedbergs kann verwiesen werden auf Reinhard Schartl, Das Privatrecht der Reichsstadt Friedberg im Mittelalter, WGBll Bd. 37 (1988), S. 49 ff., 71 f.

28 Urkundenanhang Nr. 36. Der Eintrag ist wegen Beschädigung am oberen Blattrand nicht vollständig erhalten. Zu dem Eintrag findet sich aber ein kleineres loses Blatt mit großenteils übereinstimmendem Text, das offenbar als Entwurf diente. Die eingetragene Weisung ist im Urkundenanhang nach diesem Entwurf in Kursivschrift ergänzt. In späterer Zeit folgte der Rat wohl aufgrund Art. 219 Satz 2 der Peinlichen Gerichtsordnung Karls V. der Übung, in peinlichen Sachen keine Unterweisungen zu erteilen, siehe Urkundenanhang Nr. 123 (1548).

29 Urkundenanhang Nrn. 3 bis 6. Zum entsprechenden Eintrag im Melbacher Gerichtsbuch siehe Hermann Knodt, Das Melbacher Gerichtsbuch, WGBll Bd. 9 (1960), S. 45 ff., S. 48 Nr. 18. Die Vermutung Knodts, das Melbacher Gericht sei für Vergehen oder Verbrechen nicht zuständig gewesen, dürfte angesichts der hier genannten Einträge nicht zutreffen.

30 Siehe Reimer Stobbe, Die Stadt Friedberg im Spätmittelalter, 1992, S. 87 ff., 259 ff.

31 FUB Nr. 274 (2) (1331): „Wo si des nicht enteten oder wêr es nicht entet, der ist uns und dem riche mit leib und mit gût vervallen"; Nr. 276 (8) (1332): „Wir sprechen ouch, wer der wære, ez si burgman oder burger, der wider die sûne keme oder tête, mit worten oder mit werken oder mit ufhaben sust oder so, der ist ze pen verfallen zehen marck silbers, fûmf dem clager und die andern fumf dem burgrafn"; Privileg Kaiser Karls des V. Nr. 464 (1357): „Geschege iz, daz ymand, in welichen wirden daz er sie, die obgenanten burgere und stat ze Fridberg daran hindert odir schetiget, der wizze, daz er, so

dicke daz geschiet, vervallen ist in eyne pene hundert mark lotiges silbers, die wir uns und unsir kamerin zu dem halben teil und daz andir teil den burgern und der stat ze Fridberg haben behalten zu vordern an dieselbe, so offt sich daz geburet"; ferner Nr. 522 (5) (1364); Nr. 570 (5) (1373); Nr. 575 (1374): Nr. 757 (1397); Nr. 761 (1398).

32 Z. B. FUB Nr. 668 (8) (1387): „Und soglich soln die scheffene uff den eyd wisen auch unvirzoginliche umbe iren burger, der dann bruchig were, wie hohe der deme burggrefen von des riches wegin, den scheffen, deme rade und dem cleger verfallen sy und weme daz solle werden".

33 Z.B. in einigen Ratsordnungen, die bei Philipp Dieffenbach, Geschichte der Stadt und Burg Friedberg in der Wetterau, 1857 (Reprint 2010), S. 343 ff. abgedruckt sind, ferner Urkundenanhang Nrn. 20, 22 (beide 1486); 58 (1488); 63 (1489); 79 (1490); 81 (1491), wiedergegeben auch von Wilhelm Hans Braun, WGBll Bd. 26 (1977), S. 122; 84, 87 (1491); 92 (1492), wiedergegeben auch von W. H. Braun, WGBll Bd. 26 (1977), S. 56; 98, 102, 107-109 (alle 1493); 115 (1498), 118 (1499).

34 Urkundenanhang Nrn. 16, 30 (beide 1486); 42 (1487) bezüglich des Waffentragens.

35 Urkundenanhang Nrn. 71 (1489); 89, 91 (beide 1492), 97, 101 (beide 1493), nicht aber Nr. 16 (1486).

36 Urkundenanhang Nr. 40 (1488). Zur Oberaufsicht des Rates über die Zünfte siehe Stobbe (Fn. 30), S. 87.

37 Urkundenanhang Nr. 36.

38 Matthias Lexers Mittelhochdeutsches Taschenwörterbuch, 35. Aufl. (1979), Stichwort pêne.

39 Mhd. oft pene; Urkundenanhang Nrn. 43a (1489); 73 (1490); 94 (1492).

40 Urkundenanhang Nr. 83 (1491).

41 FUB Nr. 668 (3).

42 Im 15. Jahrhundert war auch die Bezeichnung „Züchtiger" für den Henker gebräuchlich, Urkundenanhang Nrn. 24 (1486); 100 (1493). In den Frankfurter Quellen wurde der Henker ebenfalls als „Züchtiger" bezeichnet, Rau (Fn. 1), S. 199.

43 Zu den landschädlichen Leuten: Umherziehende, Gaukler, Spielleute, sogenanntes zweifelhaftes Gesindel siehe Karl Kroeschell, Deutsche Rechtsgeschichte, Band 2 (1250 – 1650), 1973, S. 207 ff.; Gudian (Fn. 21), S. 281 ff.

44 Südwestlich der Stadt in Richtung des ausgegangenen Dorfes Straßheim gelegen, siehe Georg Falk, Geschichtlicher Plan von Burg und Stadt Friedberg, 1913, Faksimile in Michael Keller (Hrsg.), Friedberg in Hessen. Die Geschichte der Stadt, 1997, Karten und Pläne. Zur Lage von Richtstätten Köbler, Bilder (Fn. 13), S. 187.

45 In den Frankfurter Quellen hat Rau (Fn. 1, S. 31) zu solchen Sicherungsmaßnahmen keine Belege gefunden

46 „by dem galgin", Arnsburger Urbar fol. 61', siehe http://lagis.online.uni-marburg.de/de/subjects/sn/fln/id/440008040/tbl/belegort Flurnamen(Hessen)/Erweiterte Suche/Galgen/Friedberg. Zu dem Friedberger Flurnamen „Galgenfeld" siehe Stobbe (Fn. 30), S. 105.

47 Urkundenanhang Nr. 23 (1486).

48 Rau (Fn. 1), S. 45.

49 Fritz H. Herrmann, Strafen für Diebstahl, WGBll Bd. 7/8 (1959), S. 151. In Frankfurt wird das Enthaupten bereits im Stadtrecht von 1297 § 7 erwähnt, Rau (Fn. 1), S. 37.

50 „...wante vor cziden lude gebrant sin umb eyn falsch, der offenlichin bii en fondin ist". FUB Nr. 691 (8), siehe auch FUB Nr. 686 (8).

51 Zur Brandmarkung siehe für Frankfurt Rau (Fn. 1), S. 151 sowie den Fall des Ingelheimer Oberhofes von 1429 bei Adalbert Erler, Die älteren Urteile des Ingelheimer Oberhofes, Bd. 3 (1963) Nr. 2460 und Gudian (Fn. 21), S. 281.

52 Zur Verwendung von brennen für verbrennen siehe Eb. Schmidt (Fn. 10), S. 92; libelos = leblos, entleibt, siehe auch Wolf (Fn. 21) Nr. 276 (1468), wo der Frankfurter Rat die Paarformel „erstochen oder libelois gemacht" verwendete; ferner Gudian (Fn. 21), S. 275 Fn. 11 und S. 278 Fn. 26.

53 Rau (Fn. 1), S. 67, auch mit Nachweisen für die Bezeichnung „brennen" in den Fußnoten 234 und 235.

54 Armin Wolf, Gesetzgebung und Stadtverfassung, 1968, S. 53.

55 Urkundenanhang Nr. 36.

56 Urkundenanhang Nrn. 44, 45.

57 Vgl. Friedrich Merzbacher, Stichwort Hochgerichtsbarkeit in Handwörterbuch zur Deutschen Rechtsgeschichte, herausgegeben von Adalbert Erler, Ekkehard Kaufmann, Dieter Werkmüller, Bde. 1 bis 5, 1971 ff. (abgekürzt. HRG). Im Gegensatz dazu stand die Niedergerichtsbarkeit.

58 Urkundenanhang Nr. 69.

59 Urkundenanhang Nrn. 24, 25.

60 Urkundenanhang Nrn. 14, 21 (beide 1486).

61 Urkundenanhang Nr. 71 (1489)

62 Ratsprotokoll vom 30.3.1514, wiedergegeben von W. H. Braun, WGBll Bd. 26 (1977), S. 130.

63 Rau (Fn. 1), S. 156 f.

64 FUB Nrn. 663 (7); 686 (11).

65 FUB Nr. 691 (11) (1389).

66 Urkundenanhang Nrn. 70 (1489), 119 (1503). Siehe auch Herrmann (Fn. 49) mit einem Beleg aus dem Jahr 1583: Stadtverweisung für zwei Jahre wegen Diebstahls.

67 Urkundenanhang Nr. 66 (1489).

68 Der Burgfrieden Karls IV. wiederholt dies, nennt aber zusätzlich die Orte, an denen zu leisten war: Das volle Jahr wegen Totschlags „ubirReyn", das halbe Jahr wegen Verwundung in Frankfurt, Gelnhausen oder Wetzlar.

69 Eckhardt (Fn. 24), S. 61, 63.

70 Dazu Köbler (Fn. 11), S. 130; Gudian (Fn. 1), S. 158 f. und speziell zum Friedberger Recht Schartl (Fn. 27), S. 141 ff.

71 Ebenso Thomas Schilp, Die Reichsburg Friedberg im Mittelalter, WGBll Bd. 31 (1982), S. 119. Siehe ferner Dieffenbach (Fn. 33), S. 165, der dies als gewöhnliche mittelalterliche Strafe für einen Edelmann bezeichnet.

72 Wolf (Fn. 21) Nrn. A2 (1349/52); 38 (1387); 56 (1396); 206 (1429); 314 (vor 1487). Siehe ferner Rau (Fn. 1) S. 156 und Wolf, Gesetzgebung (Fn. 54), S. 48.

73 Eckhardt (Fn. 24), S. 61 ff., z. B. Burgfrieden von 1337 Nrn. 1 am Ende, Nr. 3 „Gulde er des nicht, so ist er maneid und ist furbas dhein burgman"; Burgfrieden von 1349 Nrn. 1-3, davon Nr. 2 bei Diebstahl; siehe ferner Schilp (Fn. 71), S. 71.

74 FUB Nr. 848 B III.

75 Gerhard Köbler, Mittelhochdeutsches Wörterbuch, 2014, Stichwort stochus, zugänglich unter http:/www.koeblergerhard.de/germanistischewoerterbuecher/mittelhochdeutscheswoerterbuch/mhdwbhin. html.Köbler

76 FUB Nrn. 595 (11), 596 (11).

77 Deutsches Rechtswörterbuch, herausgegeben von der Preußischen Akademie der Wissenschaften, 2. Bd., 1932-1935, Stichwort Diebstock; Köbler (Fn. 75), Stichwort diepstoc.

78 Lexer (Fn. 38), Stichwort stoc: unter anderem für Gefängnis; ebenso Köbler (Fn. 75), Stichwort stoc ; siehe ferner Jacob Grimm, Deutsche Rechtsaltertümer, 4. Aufl., 1899 (Neudruck 1983), Bd. 2 Rdn. 874

79 Lexer (wie Fn. 38) und Köbler (Fn. 75) Stichwort behalten, behalden, siehe auch zwei Frankfurter Ratsgesetze von 1406 und 1468, Wolf (Fn. 21) Nrn. 110 und 276 („wer die hanttetigen dan behelt und zu gefengnis brenget").

80 FUB Nrn.688 (6) und 692 (6), siehe dazu näher unten.

81 Urkundenanhang Nr. 10.

82 Urkundenanhang Nrn. 15, 31 (1486); 35 (1487); 105 (1493).

83 Urkundenanhang Nrn. 13, 21 (beide 1486); 81 (1491); 93 (1492).

84 Urkundenanhang Nrn. 76 (1490); 91 (1492); Ratsprotokoll vom 12.10.1503, wiedergegeben von W. H. Braun, WGBll Bd. 26 (1977), S. 166; vielleicht von mhd. bezzeren: bestrafen, bessern, siehe Köbler (Fn. 75).

85 FUB Nr. 840 (8).

86 So Urkundenanhang Nr. 13 (1486): Der Gefangene war zunächst im „Loch" und wurde zur Vernehmung in den Roten Turm gebracht, ebenso Urkundenanhang Nr. 37 (1487), wo nur von dem „thorn" die Rede ist. Zum Roten Turm siehe FUB Nr. 750 Zusatz b (1396). Weitere Beispiele Urkundenanhang Nrn. 21, 23, 31 (alle 1486); 31, 36 (1487); 39, 43 (1488); 49 (1489); 55 (1490).

87 Urkundenanhang Nr. 45.

88 Lexer (Fn. 38) und Köbler (Fn. 75) Stichwort sac.: Sacktuchkleidungsstück, Trauerkleid.

89 Urkundenanhang Nr. 57 (1488) und die Nachweise in Fn. 91-98.

90 Wolf (Fn. 21) Nr. 140 Nr. 4 (1414); Wolf (Fn. 54) S. 51.

91 Urkundenanhang Nrn. 42a, 47 und 49.

92 Urkundenanhang Nr. 113.

93 Lexer (wie Fn. 38) Stichwort übergeben, siehe auch die Fälle Urkundenanhang Nrn. 67 (1489) und 112 (1494).

94 Urkundenanhang Nr. 17, vielleicht auch in dem Fall Nr. 50 (1488).

95 Urkundenanhang Nrn. 57 (1488); 77 (1490); 105 (1493).

96 Urkundenanhang Nr. 75.

97 Urkundenanhang Nr. 81, wiedergegeben auch von W. H. Braun, WGBll Bd. 26 (1977), S. 122.

98 Urkundenanhang Nr. 93, wiedergegeben auch von W. H. Braun, WGBll Bd. 26 (1977), S. 56.

99 Abgedruckt bei Dieffenbach (Fn. 33), S. 344; siehe ferner Ratsprotokoll vom 30.3.1514, wiedergegeben von W. H. Braun, WGBll Bd. 26 (1977), S. 130.

100 Urkundenanhang Nr. 65 „straffen mit dem korbe vff der schnappen", vgl dazu Grimm (Fn. 78) 2. Bd., Rdn. 726.

101 Lexer (Fn. 38) Stichwort pêne.

102 Z. B. FUB Nr. 596 (3) (1376); Nr. 663 (4) (1386); Urkundenanhang Nrn. 43a (1489); 94 (1492); 108 (1493); 109 (1494).

103 FUB Nr. 276 (8). Siehe ferner Nrn. 464 (1357); 522 (5) (1364) oder 570 (5) (1373).

104 FUB Nr. 663 (4), siehe auch (5).

105 Urkundenanhang Nr. 6 (1478).

106 Wie Fn. 24.

107 Urkundenanhang Nr. 5.

108 Urkundenanhang Nr. 36.

109 Urkundenanhang Nr. 6. Eine ebenfalls hohe Geldbuße von 10 Gulden drohte der Rat in einer Ordnung von 1445 demjenigen an, der „böses Geld" in die Stadt brachte, Dieffenbach (Fn. 33), S. 345.

110 Ratsordnung von 1438, abgedruckt bei Dieffenbach (Fn. 33), S. 344; Urkundenanhang Nrn. 18 (1486); 53, 58 (beide 1488); 88 (1492); 110 (1494).

111 Urkundenanhang Nrn. 20 (1486); 38 (1487); 63 (1489).

112 Urkundenanhang Nr. 61 (1489).

113 Urkundenanhang Nr. 20 (1486).

114 Reinhard Schartl (Fn. 27) S. 56.

115 Wolf (Fn. 54) S. 48.

116 Wolf (Fn. 54) S. 44.

117 Die Ratsordnung von 1446 (abgedruckt bei Dieffenbach, Fn. 33) sah lediglich vor, dass der Delinquent ins Gefängnis zu werfen war, bis er die Geldbuße bezahlte, also nicht anstelle der Bußzahlung, sondern zu deren Erzwingung.

118 Urkundenanhang Nr. 9.

119 Urkundenanhang Nr. 43a (1489).

120 Urkundenanhang Nr. 117 (1499).

121 Urkundenanhang Nr. 112 (1494); nach einem Eintrag vom 11.3.1490 war dem beteiligten Tatopfer Fulhechgin „die anderkuchen" geliehen worden. Am 11.6.1490 wird er erneut erwähnt, als es darum ging, die „kuchin zu wechßelln".

122 Urkundenanhang Nrn. 48 und 99.

123 Urkundenanhang Nr. 60.

124 Das Wort „rechtswidrig" ist erstmals 1797 belegt, Ulrike Köbler, Werden, Wandel und Wesen des deutschen Privatrechtswortschatzes, 2010, S. 317.

125 Zum Frevel im Ingelheimer Recht siehe Gudian (Fn. 1) S. 353 ff.

126 FUB Nrn. 749 (3) (1395), 791 (2,3, 7, 10, 15, 19) (1403); Urkundenanhang Nr. 7 (1479); zu Frevel FUB Nrn. 663 (23): frabel und ungefug (1386), 791 (9, 10)

127 Auch in dem Oberhoffall aus Rodheim von 1479 (Fn. 125) war der Kläger zu einer Buße verurteilt worden, obwohl der Beklagte ihn angeblich angegriffen hatte. Die Frage einer Notwehr des Klägers war in dem Strafverfahren vor dem Rodheimer Schultheiß nicht geklärt worden.

128 Urkundenanhang Nrn. 121, 122 (beide 1505).

129 Isidor Kracauer, Urkundenbuch zur Geschichte der Juden in Frankfurt a. M. Band 1,2 (1914) S. 698. Die Erweislichkeit der Notwehr entsprach einer verbreiteten, schon im Sachsenspiegel Landrecht, 3. Buch 78 § 6 erwähnten Regel. Auch nach dem Frankenberger Stadtrechtsbuch (von 1493, neueste Ausgabe: Wilhelm A. Eckhardt, Das Frankenberger Stadtrechtsbuch, 2014) Buch I c. 8, Buch II c. 32: leibswehr bzw. noitwere, musste die Notwehr bewiesen werden.

130 Demgegenüber führte nach dem Frankenberger Stadtrechtsbuch (siehe vorige Fn.) Notwehr dazu, dass der Täter keiner Buße schuldig wurde.

131 Urkundenanhang Nr. 2; zur Schuldminderung der auf Zorn beruhenden Tat siehe Eb. Schmidt (Fn. 10), S. 71.

132 Urkundenanhang Nr. 113.

133 Urkundenanhang Nr. 36.

134 Zum Messerzücken als Versuchsform der Körperverletzung Maurach/Zipf (Fn. 6), S. 44; zur Behandlung der Versuchstat im Spätmittelalter Eb. Schmidt (Fn. 10), S. 72 f.

135 Urkundenanhang Nrn. 19 und 104.

136 Urkundenanhang Nr. 42.

137 Vgl. B. Koehler in: Handwörterbuch zur deutschen Rechtsgeschichte (Fn. 57) Stichwort Geleit.

138 FUB 591 (2) (1376), siehe auch Nrn. 663 (22) (1386); 686 (20) (1388); 691 (20) (1389); 710 (2) (1392); 712 (2) (1392), in späterer Zeit Urkundenanhang Nrn. 46 (1487) und 73 (1490).

139 FUB Nr. 741.

140 Siehe FUB Nr. 668 (9) (1387). Zum Geleitswesen zwischen Frankfurt und Friedberg siehe auch Stobbe (Fn. 30), S. 105-109.

141 Urkundenanhang Nrn. 3 und 4.

142 Volker Krey, Zur Einschränkung des Notwehrrechts bei der Verteidigung von Sachgütern, Juristenzeitung 1979, 702, 704.

143 Urkundenanhang Nr. 4 .

144 Lexer (Fn. 38) Stichwort „vorkorn“.

145 Urkundenanhang Nrn. 3 und 4.

146 Urkundenanhang Nr. 36.

147 Urkundenanhang Nr. 54 (1488). Das Frankfurter Gericht lehnte 1399 die Haftung des Ehemanns für eine von seiner Ehefrau verwirkten Buße ab, Johann Gerhard Christian Thomas, Der Oberhof zu Frankfurt am Main und das fränkische Recht in Bezug auf denselben, 1841, S. 371 Nr. 5. Auch im Ingelheimer Recht des 15. Jahrhunderts haftete der Ehemann für Deliktsschulden seiner Frau nicht mehr, Gudian (Fn. 1), S. 224.

148 Urkundenanhang Nr. 58 (1488), Nr. 87 (1491); auch schon FUB Nr. 577 (2) (1374).

149 Wolf (Fn. 21) Nrn. 204 (1428), 371 Nr. 17 (1500); Urkundenanhang Nr. 1a und b (1444).

150 Urkundenanhang Nr. 111 (1494).

151 Urkundenanhang Nr. 53 (1488).

152 FUB Nr. 162 (3) (1306), wo die Auslieferung des Täters von der Burg an die Stadt geregelt wurde.

153 FUB Nr. 294 (5).

154 Urkundenanhang Nr. 36.

155 Urkundenanhang Nrn. 44, 45.

156 Urkundenanhang Nr. 60 (1489).

157 Wolf (Fn. 21) Nr. A 19 (1349/52).

158 Wolf (Fn. 21), Nr. A2 ((1349/52), ferner Nrn. 38 (1387); 56 (1396); 206 (1429) und 314 (vor 1487).

159 Urkundenanhang Nr. 43 (1487).

160 Urkundenanhang Nr. 36.

161 Lexer (Fn. 38) Stichwort „heften“: binden.

162 Köbler (Fn. 75) und Lexer (Fn. 38) Stichwort „wieche“: Docht von Garn gedreht, gedrehte Charpie in einer Wunde.

163 Siehe auch den Fall Urkundenanhang Nr. 74 (1490).

164 Urkundenanhang Nr. 48 (1487).

165 Ratsordnung vom 30.3.1486, abgedruckt bei Dieffenbach (Fn. 33), S. 346 f.; Urkundenanhang Nr. 41 (1487), bezüglich Frankfurt siehe Wolf (Fn. 21) Nrn. A 26 (vor 1354); A 33 (um 1355); A 36 (vor 12.2.1356); A 76 (um 1365); 86 (3) (1402); 286, 287 (beide 1480).

166 FUB Nr. 668 (8).

167 FUB Nr. 791 (19) „... daz Gilbrecht Weise ... fing Hartman von Sulczpach, hern Hermans von Carben schultheissen, in des richis staid ... frebelichin mit gewalt und ane gerichte ...“.

168 Hans-Rudolf Hagemann, Vom Diebstahl im altdeutschen Recht, in: Festschrift für Hermann Krause, herausgegeben von Sten Gagnér, Hans Schlosser und Wolfgang Wiegand, 1975, S. 1.

169 FUB Nr. 668 (8).

170 Siehe auch FUB Nrn. 691 (8) (1389); 791 (11, 13) (1403).

171 Eckhardt (Fn. 24) S. 61, 63 jeweils unter Nr. 2.

172 Siehe auch Urkundenanhang Nrn. 57 (1488); 77 (1490); 105 (1493).

173 Urkundenanhang Nrn. 13, 14.

174 Urkundenanhang Nrn. 24, 25 (1486).

175 Urkundenanhang Nr. 80 (1490). Zum im Mittelalter verbreiteten weiten Diebstahlsbegriff, der jede Entziehung einer Sache – auch durch Unterschlagung – umfassen konnte, Rüping/Jerouscheck (Fn. 13) Rdn.61.

176 FUB Nr. 692 (6) (1389).

[177] Vgl. FUB Nr. 591 (2) (1376); siehe ferner die Darstellung des Sees in dem Aquarell der Burg Friedberg von Westen von Hans Döring (1553, Wetterau-Museum A.1.1553-2), verkleinerte Abbildung bei Johannes Kögler, Stadtdarstellungen, Pläne und Detailansichten vom 16. bis 20. Jahrhundert, in: Michael Keller (Hrsg.), Friedberg in Hessen (Fn. 44) S. 247 ff.; Falk, Geschichtlicher Plan (Fn. 44).

[178] Rudolf Hübner, Grundzüge des deutschen Privatrechts, 5. Aufl., 1930, S. 306 ff, 454 f.

[179] FUB Nr. 668 (8).

[180] Urkundenanhang Nr. 76.

[181] Urkundenanhang Nr. 65.

[182] Urkundenanhang Nr. 80.

[183] Urkundenanhang Nr. 89; ähnlich das Frankenberger Stadtrechtsbuch Buch II c. 45 (Fn. 128): „Wer dem andern ober syn befruchtigte lant oder syne geheigten weßen ferit, ridet ader drybt…", unter Bezugnahme auf den Schwabenspiegel.

[184] Urkundenanhang Nr. 8 (1480).

[185] Urkundenanhang Nr. 36 (1487). Darin stimmte der mittelalterliche Tatbestand mit unserem heutigen § 186 StGB überein.

[186] Burgfrieden, siehe Eckhardt (Fn. 24), S. 61, 63, die auch den „unrecht nome" erwähnen; Urkundenanhang Nrn. 3, 4 (beide 1478); 36 (1487) und 95 (1493).

[187] Siehe die Nachweise in Fn. 93.

[188] Urkundenanhang Nrn. Nr. 49 (1489); 86 (1491) und 112 (1494).

[189] Urkundenanhang Nr. 36.

[190] Urkundenanhang Nr. 9.

[191] Urkundenanhang Nr. 21., siehe ferner Nr. 95 (1493), zur Beleidigung städtischer Amtsträger Nrn. 67 (1489) und 99 (1493).

[192] Urkundenanhang Nr. 111 (1494).

[193] Siehe Fn. 99.

[194] Es ging wahrscheinlich um den der Judengasse am nächsten liegenden Katharinenbrunnen, siehe Falk (Fn. 44).

[195] Urkundenanhang Nr. 93 (1492).

[196] Für Frankfurt siehe Wolf (Fn. 21) Nr. 215 (1433).

[197] Urkundenanhang Nrn. 26 (1486); 107, 108 (beide 1493) und 109 (1494).

[198] Dazu siehe unten unter 6. b).

[199] Urkundenanhang Nr. 90 (1492).

[200] Urkundenanhang Nr. 71 (1489), zum Verkauf von finnigem Fleisch in Frankfurt siehe Wolf (Fn. 21) Nrn. 101 (1404); 191 (35) (1423).

[201] Urkundenanhang Nr. 18, 27, 27a (alle 1486).

[202] Urkundenanhang Nr. 22 (1486).

[203] Urkundenanhang Nr. 63 (1489), zur Regelung der Straßenreinigung in Frankfurt siehe Wolf (Fn. 21) Nrn. 134 (1411); 137, 138 (beide 1412); 242 (1443); 289 (3-5) (1481).

[204] Urkundenanhang Nr. 16 (1486).

[205] Urkundenanhang Nrn. 26, 27 (beide 1486); 33 (1487; 88 (1492).

[206] Urkundenanhang Nrn. 58 (1488); 62 (1489).

207 Urkundenanhang Nr. 64 (1489).

208 Urkundenanhang Nr. 20 (1486).

209 Urkundenanhang Nr. 61.

210 Abgedruckt bei Dieffenbach (Fn. 33), S. 345.

211 Urkundenanhang Nr. 51 (1488).

212 Stobbe (Fn. 30), S. 266 und 268, weitere Beispiele dort S. 90 ff.

213 Urkundenanhang Nr. 53.

214 Urkundenanhang Nr. 117 (1499).

215 Urkundenanhang Nr. 30.

216 Urkundenanhang Nr. 98.

217 Urkundenanhang Nr. 118.

218 Urkundenanhang Nr. 102.

219 Urkundenanhang Nrn. 35 (1487); 81 (1491).

220 Urkundenanhang Nr. 41 (1487).

221 Ratsordnung von 1438, siehe Fn. 99.

222 Ratsordnung vom 18.12.1447, abgedruckt bei Dieffenbach (Fn. 33), S. 343; Urkundenanhang Nr. 41 (1487), ähnlich Nr. 22 der Gerichtsordnung des Landgrafen Ludwig I. von Hessen (14.4.1455), abgedruckt bei Eckhardt (Fn. 128) Urkunden Nr. 17.

223 Urkundenanhang Nr. 42a (1487).

224 Urkundenanhang Nr. 38 (1487), vielleicht auch Nr. 39 (1487). Zu den Frankfurter Hochzeitsordnungen siehe Wolff (Fn. 21) Nrn. A 32 (um 1355); A 44 (10) (1356); 54 (6) (1395); 160 (1-5) (1418); 274 (8-12) (1468),

225 Vgl. Schilp (Fn. 71) S. 1 ff., 175 ff.; Schartl (Fn. 27), S. 57.

226 Meist als des Reiches (oberster) Amtmann bezeichnet, FUB Nrn. 407, 410 (beide 1350); 595 (11, 14, 15) (1376); 663 (4) (1386);

227 Vgl. Schilp (Fn. 71), S. 175 ff. und 201 ff.; Reinhard Schartl, Gerichtsverfassung und Zivilprozess in Frankfurt am Main im Spätmittelalter, Zeitschr. für Rechtsgeschichte, Germ. Abt., 123. Bd (2006), S. 136 ff,. 141.

228 Hartmann Menz, Burg und Stadt Friedberg bis 1410, 1909, S. 26 f., 34 f.

229 FUB Nr. 595 (12).

230 FUB Nr. 686 (4).

231 FUB Nr. 686 (9) (1388); siehe auch FUB Nrn. 668 (2, 7) (1387); 742 (1395).

232 Siehe zum Beispiel das Privileg König Rudolfs vom 1.5.1287, abgedruckt bei Eckhardt (Fn. 24), S. 60.

233 Zu dem Eintrag Battenberg/Eckhardt (Fn. 2), S. 93.

234 FUB Nr. 162 (1, 1a); Menz (Fn. 228), S. 9-17, 49-79; Schilp (Fn. 30), S. 200 ff.; Schartl (Fn. 27), S. 62 f.

235 FUB Nr. 577 (2).

236 FUB Nr. 596(3) (1376); Nrn. 608 (1), 609 (1) (beide1378) und Nr. 663 (4).

237 So auch Wilhelm Fertsch, Der Rat der Reichsstadt Friedberg i. d. W. im 16. Jahrhundert, 1913, S. 104 ff.; Reimer Stobbe, Die Geschichte Friedbergs von der Gründung bis zur Reformationszeit, in: Keller (Hrsg.) (Fn. 44), S. 131 ff., hier S. 145.

238 Das heißt: nicht zu entscheiden wussten.

239 Gemeint ist das Rathaus, FUB Nr. 663 (2) (1386); siehe auch schon FUB Nr. 595 (14) und 596 (14) (beide 1376); Menz (Fn. 224), S. 30 ff.

240 FUB Nr. 668 (7) (1387); so auch Menz (Fn. 228), S. 25.

241 Menz (Fn. 228), S. 24.

242 Urkundenanhang Nrn. 43-45 (1487), 121, 122 (1505): Tötung; 59 (1489), 73-75 (1490): Körperverletzung,

243 Urkundenanhang Nrn. 82-84 (alle 1491); 89 (1492).

244 Urkundenanhang Nr. 32; siehe auch Nrn. 59 (1489); 86 (1491).

245 Soweit von Heinrich Ehrmann, Aus dem Statutenbuch der jüdischen Gemeinde, WGBll. Bd. 1 (1909), S. 82, 86 die Ansicht vertreten wurde, in Kriminalsachen habe der Stadt das Recht zugestanden, die Jurisdiktion über die Juden auszuüben, dürfte das nur für die Neuzeit zutreffen.

246 Urkundenanhang Nr. 93 (1492).

247 Urkundenanhang Nr. 102 (1493), siehe ferner zu den Verboten, für Juden zu schächten und sie vor dem Verkauf Lebensmittel angreifen oder betasten zu lassen, Nrn. 107, 108 (beide 1493); 109 (1494).

248 Urkundenanhang Nr. 79a (1490).

249 FUB Nr. 742; zur Zuständigkeit des Burggrafen und der Bürgermeister siehe auch Urkundenanhang Nrn. 10 (1485); 12 (1486); 61 (1491), wohl auch 37 (1487).

250 Siehe oben unter a).

251 Urkundenanhang Nr. 57 (1488).

252 So 1423, 1429, 1437 und 1439 („menschenzuchtiger"), siehe Rau (Fn. 1), S. 238 f. Fußnoten 139, 140 und 142.

253 FUB Nr. 668 Nr. 3 (1387).

254 Urkundenanhang Nr. 106.

255 FUB Nr. 668 Nr. 3 (1387).

256 Köbler (Fn. 75) Stichwort buobe.

257 Urkundenanhang Nr. 72.

258 FUB Nr. 742 (1395), Urkundenanhang Nr. 43 (1488).

259 FUB Nr. 742 (1395).

260 „... in dem sloss und stat zu Fridberg gelegen sind...", FUB Nr. 742 (1395). Siehe auch das Städtebündnis zwischen Frankfurt, Friedberg und Wetzlar aus dem Jahr 1334, wo die Auslieferung geflohener „bosewichte" wegen „bosheit" wie „brande, dubede, morde adir an andirn bosen dingen, die der glich wern", geregelt wurde, FUB 294 (5), ferner Urkundenanhang Nrn. 45 (1487); 69 (1489) und 80 (1490).

261 So ihr Amtseid, FUB 668 (2) (1387).

262 Urkundenanhang Nrn. 47, 48 (beide 1487); 68 (1489); 82 (1491); 89 (1492); 99, 107 (beide 1493); 113 (1494); 114 (1498); siehe auch die Ratsordnung vom 18.12.1447, abgedruckt bei Dieffenbach (Fn. 33), S. 343.

263 Urkundenanhang Nrn. 74, 75, siehe auch Nrn. 77 (1490); 86 (1491); 88, 94 (beide 1492); 98, 104 (beide 1493).

264 Urkundenanhang Nrn. 2 (1477), vielleicht Nr. 8 (1480); Nrn. 10 (1483); 21 (1486); 51 (1488); 111 (1494); 117, 118 (beide 1499).

265 Außer den Belegen in Fn. 245 siehe auch Urkundenanhang Nrn. 37 (1487); 50 (1488).

266 Urkundenanhang Nrn. 50 (1488); 77 (1490); 98, 104 (beide 1493)

267 FUB Nrn. 663 (5, 9) (1386); 668 Nr. 3 (1387) „wigen, foltirn und virsuchen".

268 FUB Nr. 668 Nr. 3 (1387), Urkundenanhang Nr. 11 (1485): „fragen vnd verhoren mit dem hartesten vmb puncte, war vmb er gekumert ist ader wart vnd in gefengnisse komen ist", wobei auch die Anwesenheit der Bürgermeister genannt wird.

269 FUB Nr. 691 (8).

270 Urkundenanhang Nr. 77 (1490), ebenso Nr. 104 (1493).

271 FUB 668 (2) (1387).

272 Urkundenanhang Nr. 114 (1498).

273 Urkundenanhang Nrn. 14, 16 (beide 1486); 29, 33, 42 (alle 1487); 55, 56 (beide 1488); 75 (1490); 105, 106 (beide 1493). ,

274 Urkundenanhang Nr. 70 (1489).

275 Urkundenanhang Nr. 64 (1492)

276 So in einem Fall von 1493, Urkundenanhang Nr. 103, auch Nr. 116 (1498).

277 Urkundenanhang Nr. 111 (1494). Zu dieser Form siehe Grimm (Fn. 78), Bd. 1 Rdn. 135 und das fast zeitgleiche Frankenberger Stadtrechtsbuch (Fn. 128) Buch II c. 8.

Die Reformation in der Region – Von der Territorialisierung zum „Zwang zur Toleranz"?

Holger Th. Gräf

1. Vorbemerkung[1]

„Unreduzierbare Vielfalt und Überfluß an Kontrasten machen den Charme Deutschlands aus".[2] Diese elegante Charakterisierung der deutschen Geschichte durch Étienne François, den damaligen Leiter der französischen Mission Historique en Allemagne im Jahre 1985, gilt auch und vielleicht sogar ganz besonders ausgeprägt für unser Thema und die betrachtete Region. In Bezug auf die Konfession waren diese „Vielfalt und Überfluß an Kontrasten" bereits den frühneuzeitlichen Reisenden aufgefallen. So stellte im Jahre 1795 der italienische Reisende Aurelio de Giorgio Bertòla in seiner bekannten „Viaggio sul Reno" fest: „In wenigen Ländern wird es dem Reisenden so oft begegnen, dass er das Frühstück etwa bey einem Catholiken, das Mittagsmahl bey einem Reformirten und das Abendessen bey einem Lutheraner einnimmt."[3] Um dies zu veranschaulichen, mögen folgende Tabellen dienen.

Die erste zeigt die Konfessions- bzw. Religionszugehörigkeit ausgewählter Orte der Wetterau in den Jahren 1895 bzw. 1910 in Kombination mit der Einwohnerzahl. Zweierlei fällt sofort auf:

Erstens: je kleiner ein Ort war, desto einheitlicher scheint die Konfessionszugehörigkeit. Höchst, Friedberg, Bad Homburg haben ein Verhältnis von Protestanten zu Katholiken von rund 42% zu 57% bis 78% zu 16%. In vielen der kleineren Orte hat hingegen jeweils eine Konfession meist einen Anteil von 80%, nicht selten über 90%. Wickstadt wäre hier die berühmte Ausnahme, die die Regel bestätigt, was sich allerdings durch die spezifische Geschichte als ehemals dem Kloster Arnsburg zugehöriger Ort und dann ab 1803 quasi als Gutshof betriebener Besitz der Grafen von Solms-Rödelheim erklärt.[5]

Tabelle. 1: Konfessions- bzw. Religionszugehörigkeit in ausgewählten Orten der Wetterau[4]

Stadt/Dorf	Einwohner (Jahr)	Prot. Abs.	%	Kath. Abs.	%	Jüd. Abs.	%	Sonst. Abs.	%
Höchst/Main	10781 (1895)	4506	41,8	6111	56,7	128	1,2	36	0,3
Friedberg	9518 (1910)	7455	78,3	1543	16,2	491	5,2	29	0,3
Bad Homburg	9274 (1895)	6486	69,9	2318	25,0	447	4,8	23	0,4
Bad Nauheim	5694 (1910)	4677	82,1	828	14,5	164	2,9	25	0,4
Rödelheim	4888 (1910)	3028	62,0	1679	34,3	154	3,2	25	0,5
Butzbach	4579 (1910)	3669	80,1	795	17,4	103	2,2	12	0,3
Oberursel	4545 (1895)	1154	25,4	3355	73,8	22	0,5	14	0,3
Hofheim	2597 (1895)	383	14,7	2178	83,8	36	1,4	-	-
Kronberg	2576 (1895)	1509	58,6	1025	39,8	30	1,2	12	0,5
Kirdorf	2451 (1895)	370	15,1	2078	84,8	-	-	3	0,1
Königstein	2025 (1895)	382	18,9	1584	78,2	56	2,8	3	0,1
Usingen	1900 (1895)	1574	82,8	247	13,0	77	4,1	2	0,1
Rockenberg	1536 (1910)	419	27,4	1104	72,0	4	0,3	4	0,3
Ockstadt	1465 (1910)	46	3,1	1419	96,9	-	-	-	-
Ober-Rosbach	1427 (1910)	1356	95,0	60	4,2	10	0,7	1	0,1
Friedrichsdorf	1250 (1895)	1106	88,5	122	9,8	19	1,5	3	0,2
Köppern	1062 (1895)	1004	94,6	47	4,4	9	0,8	2	0,2
Ilbenstadt	971 (1910)	183	18,9	786	80,9	-	-	2	0,2
Oppershofen	690 (1910)	2	0,3	688	99,7	-	-	-	-
Gonzenheim	606 (1895)	493	81,4	113	18,6	-	-	-	-
Dorn-Assenheim	599 (1910)	27	4,5	572	95,5	-	-	-	-
Wickstadt	124 (1910)	40	32,3	84	67,7	-	-	-	-
Vergleichsorte									
Treysa	2385 (1895)	2171	91,1	20	0,8	193	8,1	1	0,0
Schotten	2204 (1895)	2041	92,6	55	2,5	107	4,9	1	0,0

Man neigt daher grundsätzlich zu der Ansicht, dass die städtische Bevölkerung eher zur konfessionellen Durchmischung neigte, während die dörfliche Bevölkerung stärker konfessioneller Uniformität unterworfen war bzw. diese länger Bestand hatte.

Zweitens erstaunt der konfessionelle Gegensatz von unmittelbar benachbarten Orten. So waren 96,9% der Ockstädter im Jahre 1910 katholisch, während im kaum 3 km südwestlich gelegenen Ober-Rosbach sich nur 4,2% zur römischen Kirche bekannten. Nicht ganz so ausgeprägt war der Konfessionsunterschied zwischen Bad Homburg mit knapp 70% Protestanten und dem benachbarten und wenige Jahre später eingemeindeten Kirdorf mit seinen fast 85% Katholiken.

Tab. 2: Konfessions- bzw. Religionszugehörigkeit in vier Kreisen der preußischen Provinz Hessen-Nassau und des Großherzogtums Hessen (1895/1910)

Kreis	Einwohner (Jahr)	Prot. Abs.	%	Kath. Abs.	%	Jüd. Abs.	%	Sonst. Abs.	%
Kreis Eschwege (Landgemeinden)	28622 (1895)	27661	96,6	215	0,8	647	2,3	99	0,30
Kreis Fulda (Landgemeinden)	35762 (1895)	592	1,7	35010	97,9	159	0,4	1	0,0
Kreis Friedberg (insgesamt)	79034 (1910)	58485	74,0	18257	23,1	1423	1,8	869	1,1
Kreis Höchst (Landgemeinden)	42117 (1895)	17604	41,8	24131	57,3	321	0,8	61	0,1

Interessant ist der Vergleich der Landgemeinden auf Kreisebene in der zweiten Tabelle. In den Kreisen Eschwege und Fulda herrschte jeweils eine Konfession mit 96,6% bzw. 97,9% eindeutig vor. Im Kreis Höchst ist das Konfessionsverhältnis hingegen mit 41,8% Protestanten und 57,3% Katholiken fast ausgeglichen und auch im Kreis Friedberg ist die Dominanz der 74,0% Protestanten gegenüber den 23,1% Katholiken weniger stark ausgeprägt. Mit diesen wenigen Zahlen wird deutlich, worin diese Konfessionsverteilungen ihre Ursache haben: im landesherrlichen Kirchenregiment, das dem jeweiligen Landesherrn seit dem Augsburger Religionsfrieden die Bestimmung des Bekenntnisses in seinem Territorium gewissermaßen als Herrschaftsrecht eingeräumt hatte. Daher etwa die Dominanz der Protestanten im Kreis Eschwege, der vollständig zur Landgrafschaft Hessen-Kassel gehörte, oder die Dominanz der Katholiken im Kreis Fulda, der fast gänzlich dem Fuldaer Fürstabt unterstand. Hingegen spiegelt sich in den Zahlen für die Kreise Friedberg und Höchst auch die territoriale Kleinteiligkeit dieser Gebiete wider. Diese Vielfalt an Konfessionen soll nun in ihren Ursachen und Wirkungen, vor allem aber in ihren Zusammenhängen mit der territorialen Vielfalt genauer betrachtet werden.

Zunächst ist allerdings kurz zu klären, was unter „Reformation" und „Region" im Folgenden verstanden wird. Nach dieser begrifflichen und räumlichen Vergewisserung werden dann einige Beispiele genauer betrachtet. Dabei wurde mit der Stadt Mainz das alte vorreformatorische kirchliche Zentrum des betrachteten Raumes gewählt, mit Frankfurt eine Reichsstadt und die unbestrittene wirtschaftliche Metropole der Region, mit Friedberg eine Reichsstadt, gewissermaßen in Koexistenz mit der Reichsburg, mit Butzbach der Typus einer kleinen mehrherrischen Landstadt und mit Ockstadt ein reichsritterschaftliches Dorf.

2. Begriffsklärung „Reformation"

Was unter „Reformation" zu verstehen ist, kann eigentlich vorausgesetzt werden – glaubt man zumindest. Tatsächlich gehört die Reformation seit jeher zu den am besten erforschten Themenfeldern der deutschen Geschichtswissenschaft. Von Luthers legendärem Thesenanschlag 1517 und seinem Auftritt vor dem Wormser Reichstag 1521 über die Confessio Augustana 1530 und den Augsburger Religionsfrieden von 1555 bis hin zu den Biographien einzelner Reformatoren scheint alles gesagt und bestenfalls nur noch in interpretatorischen Nuancen zu diskutieren.[6] Die Forschung ist sich weitgehend einig, dass die Reformation als ein, wenn nicht als das geschichtliche Ereignis am Übergang vom Mittelalter zum modernen Europa steht. In den letzten Jahrzehnten haben sich die Historiker allerdings zunehmend darauf verständigt, dass nicht die Reformation im engeren Sinne, also die Einführung von Reformations- und Landeskirchenordnungen durch die städtischen Magistrate und Landesfürsten, und schon gar nicht die Hammerschläge in Wittenberg eine weltgeschichtliche Umwälzung bedeuteten. Vielmehr sieht die neuere, eher struktur- und gesellschaftsgeschichtlich orientierte Historiographie darin vielmehr Symptome oder Schlüsselereignisse für längerfristig angelegte Wandlungsprozesse in den Bereichen von Staat und Gesellschaft, von Kirche und Religion.[7] Insbesondere von Seiten deutscher Wissenschaftler wurde dabei der Zusammenhang zwischen Reformation sowie nachfolgender Konfessionalisierung und frühmoderner Staatsbildung hervorgehoben.[8] Angesichts der Tatsache, dass in der Geschichte des Alten Reiches die Frage nach der Kirchenhoheit bzw. dem Reformationsrecht geradezu zu einer Nagelprobe territorialstaatlicher Souveränität (*ius territorialis*) wurde, und auch angesichts der Tatsache, dass sich der charakteristische territoriale Pluralismus wesentlich mit dem Religionsargument gegenüber einem kaiserlichen Zentralstaat durchsetzte, erscheint dies nicht weiter verwunderlich.

Die Behauptung des Reformationsrechtes (*ius reformandi*) durch die Fürsten, gewissermaßen als Höhepunkt des sich bereits im Spätmittelalter immer stärker abzeichnenden landesherrlichen Kirchenregiments als Teil der *superioritas territorialis*, war aber nur ein Aspekt für die epochenspezifische Durchdringung von Kirche und sich herausbildender frühmoderner Staatlichkeit. Die kirchliche Reform bedeutete auch eine Ausweitung der staatlichen Tätigkeitsfelder in Bereiche, die vorher fast gänzlich kirchlichen oder kommunalen Institutionen unterstanden, etwa im Bereich der Bildung sowie in der Armen-

und Krankenversorgung. Gerade für die größeren Territorialstaaten des Reiches bot sich in der „*christianitas afflicta*"[9] zudem die Möglichkeit, sich mit dem Religions- bzw. Konfessionsargument ein Stück weit aus dem Reichsverband zu lösen und sich selbstbewusst und eigenen Interessen folgend im ebenfalls im Entstehen begriffenen europäischen Mächtesystem zu positionieren.[10]

Mit diesem erweiterten, hier nur skizzierten Verständnis der Reformation ging nicht nur eine thematische, sondern vor allem auch eine chronologische Ausweitung einher. Das heißt, negativ ausgedrückt, die über lange Jahrzehnte, wenn nicht Jahrhunderte üblichen Zeitgrenzen 1517, 1525, 1530 oder 1555 wurden, wenn überhaupt, nur noch aus pragmatischen Gründen in Handbuchreihen beibehalten. In Konsequenz wurde bereits mehrfach gefordert, das „Reformationszeitalter" und die „Zeit der Gegenreformation" oder das „Konfessionelle Zeitalter" stärker als Einheit zu begreifen.[11]

Dieses zeitliche Ausgreifen ist für unser Thema deshalb wichtig, weil die Wirren der Reformationszeit zwar einerseits sehr früh in der Region spürbar wurden, die Entstehung reformatorischer Kirchentümer bzw. Landeskirchen sich jedoch andererseits sehr lange hinzog, teilweise bis in die zweite Hälfte des 16. Jahrhunderts,[12] und die katholische Konfessionalisierung bzw. „Gegenreformation" gar erst Anfang des 17. Jahrhunderts bzw. während des Dreißigjährigen Krieges griff.[13] Die Gründe für diese Verzögerungen sind wesentlich dem Herrschafts- und Machtgefüge der Region geschuldet, die daher als nächstes näher betrachtet werden soll.

3. Der Raum – historisch-politisch betrachtet

Die folgenden Überlegungen beziehen sich auf eine Region, die weniger geographisch-naturräumlich oder gar durch moderne Grenzen umrissen werden könnte. Am einfachsten ist sie vielleicht mit „Wetterau und ihre Randgebiete" umschrieben. Damit ist nicht nur der heute noch gebräuchliche geographische Landschaftsbegriff gemeint[14], sondern der historische Raum, wie er noch Mitte des 17. Jahrhunderts von Matthäus Merian für Wert befunden wurde, als eigenständiges Gebiet kartographisch dargestellt zu werden[15], und wie er etwa von dem aus Bruchenbrücken stammenden Erasmus Alberus (um 1500-1553), dem bedeutendsten Theologen der Region während des Reformationszeitalters, in seiner humanistisch geprägten „Kurtzen Beschreibung der Wetterau"[16] gelobt wurde.

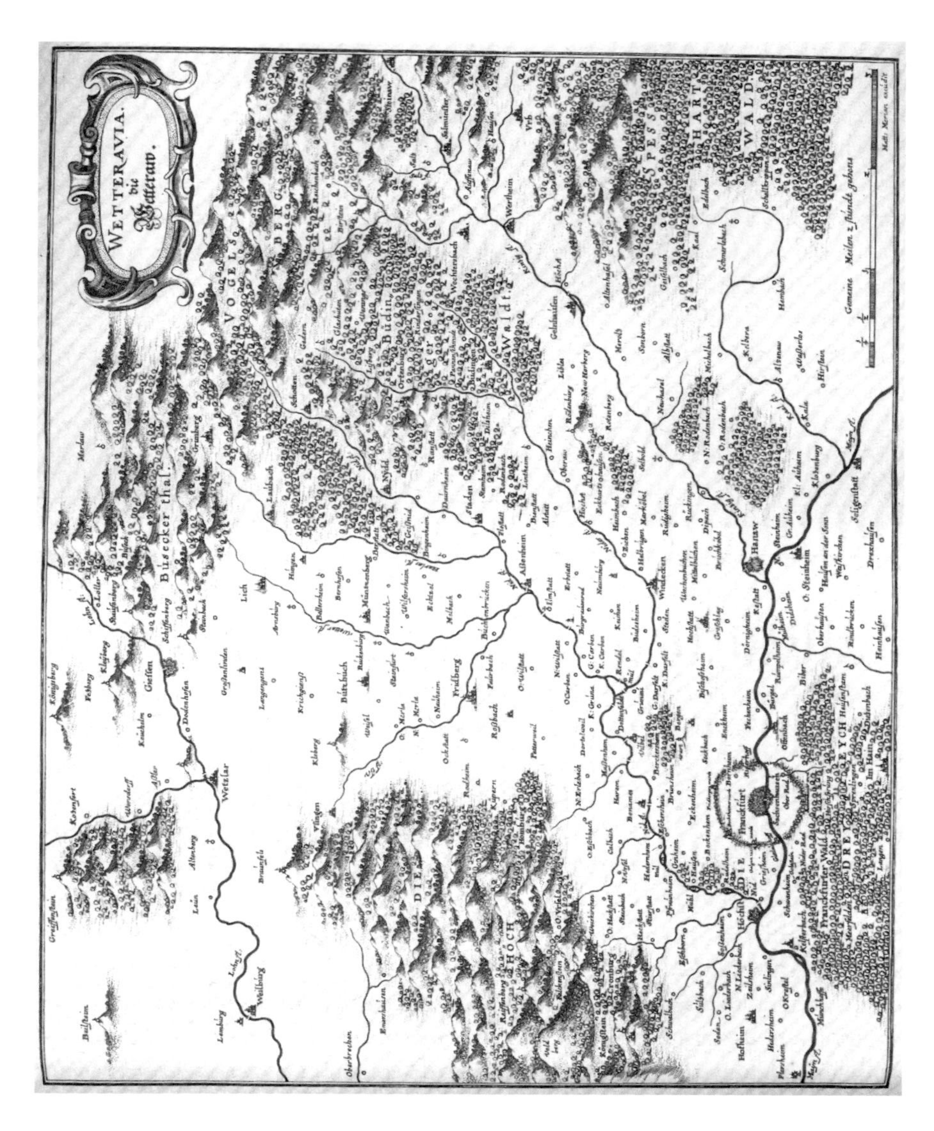

Abb. 1: Wetteravia (Matthäus Merian 1655)

In dieser Karte (Abb. 1) von Matthäus Merian d. Ä. wird sehr schön deutlich, was unter dem historischen Raum „Wetterau“ zu verstehen ist. Auf eine Feindarstellung des Reliefs oder gar der Territorialgrenzen hat Merian verzichtet. Dadurch erscheint die Wetterau im Grunde als eine große Ebene, die im Norden von der Lahn, im Süden und Südosten von Main und Kinzig, im Westen von der „Höch“, also vom Taunus, und im Osten vom Hügelland des Busecker Tals, des Vogelsbergs sowie des Büdinger Waldes begrenzt wird. Erasmus Alberus' Beschreibung deckt sich gänzlich mit diesem Raum: „Die Wetterau ist neun Meil Wegs lang und breit, reicht in die Länge von Gelnhausen bis an Castel diesseit Mainz am Rhein gelegen. In die Breit aber von Gießen bis gen Seligenstadt.“[17]

Tatsächlich hatten sich in diesem Raum im Zuge der spätmittelalterlichen Landfriedenspolitik seit 1422 zunächst gemischtständische Einungen von Rittern, Herren und Grafen herausgebildet.[18] Diese Einungen stifteten zwar eine gewisse regionale Identität – insbesondere zwischen den Rittern und den in den Reichsfürstenstand strebenden Territorialherren –, die selbst bei zunehmender ständischer Abgrenzung nicht aufgelöst wurde. Allerdings formierten sich die unterschiedlichen Herrschaftsträger seit dem Spätmittelalter in verschiedenen mehr oder minder korporativ verfassten Organisationen und Bünden.

Am Vorabend der Reformation ist daher in der Wetterau von vier Elementen auszugehen, die die politischen Entwicklungen wesentlich bestimmten und damit auch für das Reformationsgeschehen die Rahmenbedingungen und Handlungsspielräume absteckten. Dies waren erstens die vier Wetterauer Reichsstädte Wetzlar, Friedberg, Gelnhausen und Frankfurt. Von diesen konnte letztendlich aber nur Frankfurt seine Bedeutung auf Dauer behaupten, während die anderen als Pfandschaften und/oder Zankapfel zwischen den umliegenden Territorialherren schon im Laufe des Spätmittelalters an Einfluss verloren hatten und nach dem Dreißigjährigen Krieg zu keiner eigenständigen städtischen Politik mehr in der Lage waren oder gar auf einem niedrigen *status quo* vor sich hindämmerten[19]. Zweitens bildete sich das Wetterauische Reichsgrafenkollegium heraus, also der sich vom Niederadel absetzende Wetterauer Grafenverein, in dem etwa 15 Grafenhäuser mit teilweise einem halben Dutzend und mehr unterschiedlicher Linien vertreten waren.[20] Drittens formierte sich ein Verbund von Rittern und Niederadeligen, der sich in der Burgmannschaft der Reichsburg Friedberg konzentrierte.[21] Viertens entstanden schließlich eine ganze Reihe von Ganerbschaften und Condominaten, beispielsweise Kronberg, Falkenstein, Lindheim, Dorheim, Staden, Busecker Tal, Cleeberg und der Hüttenberg.[22] Insbesondere die Akteure in den beiden letztgenannten Gruppierungen waren dabei zum Teil personenidentisch. Sie entstammten niederadligen Familien, die sich nach und nach, beschleunigt durch die Turbulenzen der Reformationszeit, als eigener Kanton innerhalb der Reichsritterschaft organisierten. Die Bedeutung dieser Familien – die Brendel von Homburg, Wais von Fauerbach, von Hattstein, von Kronberg, Löw von Steinfurth, von Reifenberg, um nur einige wenige zu nennen – ist für die Geschichte der Reformationszeit und darüber hinaus kaum zu überschätzen. Zum einen waren sie lange Zeit ein wichtiges Instrument kaiserlicher Politik in der *terra imperii* der Wetterau; zum anderen gelang es einigen von ihnen, die Kapitel der mittelrheinischen Bistümer zu hegemonisieren und mit dem Mainzer Erzbischof immerhin den vornehmsten Reichsfürsten zu wählen. Doch es waren nicht allein diese vier Organisationen, die die politische Landkarte dieser Region so abwechslungsreich, so bunt machten.

So bestanden zum Beispiel noch einige kleinere geistliche Territorien – etwa das Kloster Arnsburg mit dem Hofgut Wickstadt, die Reichspropstei des Benediktiner-Klosters Naumburg östlich von Kaichen[23] – und Besitzungen geistlicher Orden – etwa der Johanniter in Nidda und Niederweisel oder des Deutschen Ordens auf dem Schiffenberg bei Gießen und in Frankfurt bzw. Sachsenhausen. Vor allem aber ragten zwei der wichtigsten macht- und reichspolitischen Akteure des Reformationsjahrhunderts mit ihrem Territorialbesitz bzw. kirchlichen Jurisdiktionsrechten in diesen Raum hinein. Dies war zum einen die Landgrafschaft Hessen. Sie war erst wenige Jahre vor der Reformation wieder vereint worden und mit dem Anfall des Katzenelnbogener Erbes 1479 und dem Erfolg im Bayrisch-Pfälzischen Krieg 1504/05 zum bedeutendsten Machtfaktor zwischen dem Rhein im Westen und Sachsen im Osten geworden. Zudem galt die Landgrafschaft neben Sachsen als ein „Stammland der Reformation"[24].

Vorlage Abb. 2: Geschichtlicher Atlas von Hessen, Karte 18 (Ausschnitt). Bearbeitung: M. Müller-Bering, Hess. Landesamt f. gesch. Landeskunde, Marburg) Hinter den einheitlich in grüner Farbe angelegten Flächen der anderen Graf- und Herrschaften stehen insbesondere die Territorien der unterschiedlichen Solmser (Nr. 302 a-c) und Isenburger Linien (Nr. 161 a-c) sowie die Grafschaft Hanau-Münzenberg (Nr. 114 a).

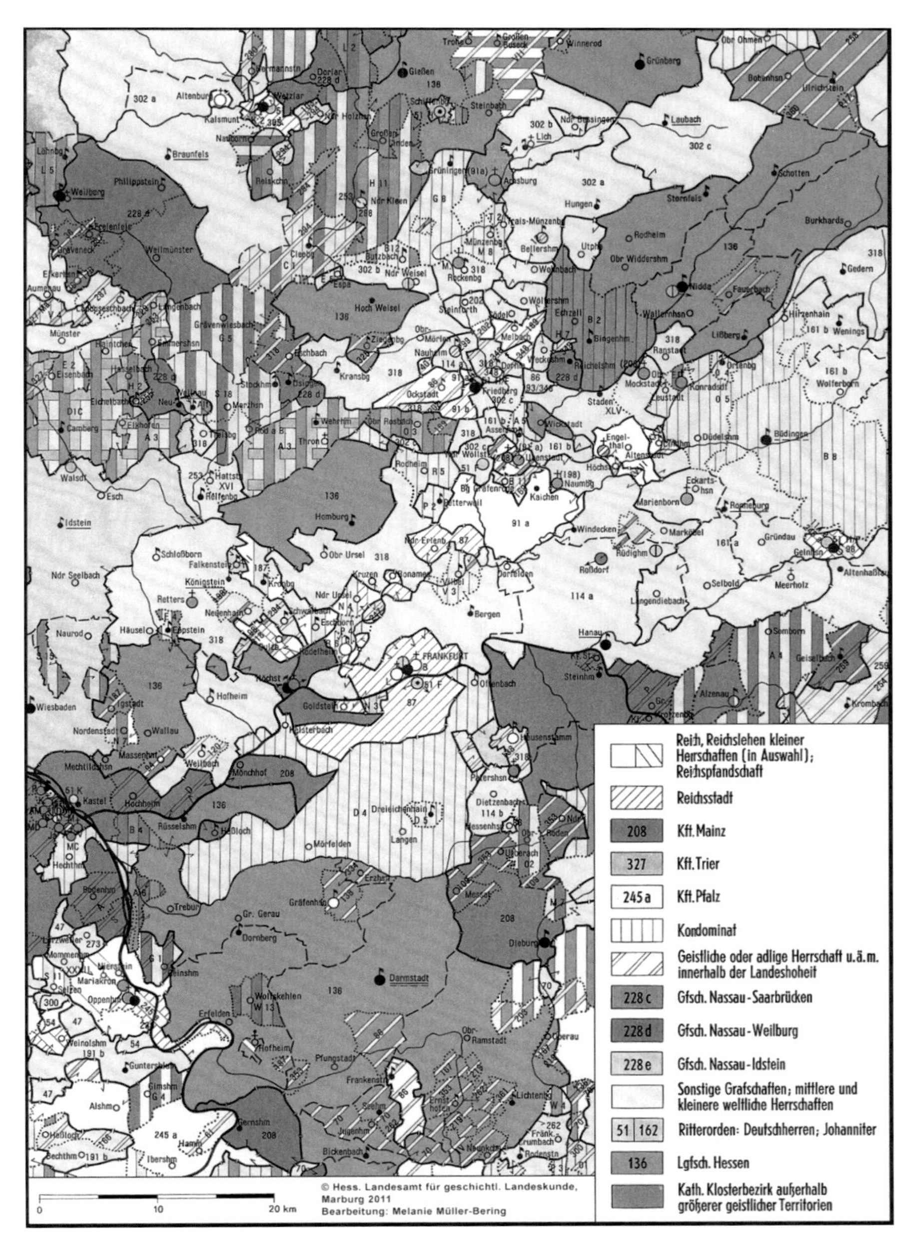

Abb. 2: Die Wetterau und ihre Randlandschaften um 1550

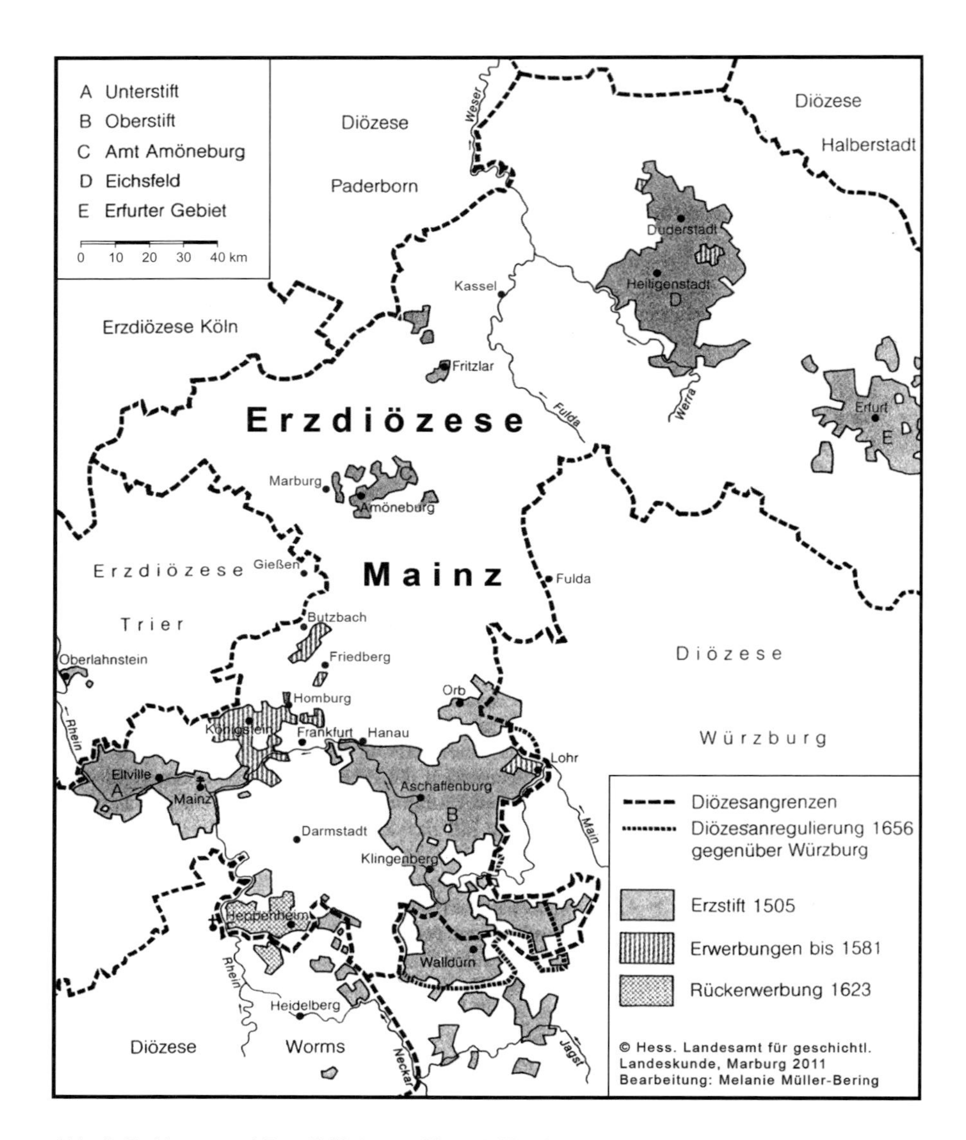

Abb. 3: Erzbistum und Erzstift Mainz im 16. und 17. Jahrhundert.

(Vorlagen: Geschichtlicher Atlas von Hessen, Karte 18; Schindling/Ziegler, Territorien (wie Anm. 24), S. 60. Bearbeitung: M. Müller-Bering, Hess. Landesamt f. gesch. Landeskunde, Marburg)

Zum anderen ist Mainz zu nennen. (Abb. 3). Es galt als „besondere Tochter der römischen Kirche", als „Metropolis Germaniae".[25] Abgesehen vom westlichen Rand, der zur Erzdiözese Trier gehörte, war der Erzbischof von Mainz kirchlicher Oberhirte der gesamten oben umrissenen Region. Der weltliche Territorialbesitz des Erzstifts beschränkte sich indessen auf wenige kleinere Gebiete. Erst mit dem Anfall der Herrschaft Königstein nach dem Aussterben der Grafen von Stolberg-Königstein im Jahre 1581 konnte das Erzstift seine Herrschaft im Taunus und in der Wetterau noch einmal wesentlich erweitern. Ansonsten übte es durch seine Kontrolle über die Klöster und Kirchen in der Region sowie als oberstes geistliches Gericht bis in die Reformationszeit hinein erheblichen Einfluss aus.[26] Schließlich wurde es gegen Ende des 16. Jahrhunderts Träger des erneuerten Katholizismus im Zeichen der Gegenreformation und konnte die Rekatholisierung auch seiner bis in die 1560er Jahre – abgesehen von wenigen Ausnahmen – vollständig protestantisch gewordenen Besitzungen in Taunus und Wetterau durchsetzen.

4. Beispiele

Angesichts der territorialen Vielfalt der Region kann sich die folgende Betrachtung nur auf wenige ausgewählte Beispiele beschränken. Dabei wird versucht, die reformatorischen Vorgänge in herrschafts- und verfassungspolitisch unterschiedlichen Territorien bzw. Städten zu beschreiben.

Die „reformatorische Bewegung"[27], um eine Formulierung Wilhelm Diehls, des unbestrittenen Altmeisters der hessischen Kirchengeschichtsschreibung aufzugreifen, fasste zuerst in Mainz und Frankfurt Fuß.

In **Mainz** waren es vor allem die Theologieprofessoren der Universität und die Pfarrer, die von den reformatorischen Ideen Luthers erfasst wurden.[28] Neben so bekannten Namen wie Wolfgang Capito und Kaspar Hedio spielte etwa auch der Vikar Johann Bernhard, gen. Algesheimer, eine gewisse Rolle. Die Mainzer Bürgerschaft stand wohl überwiegend hinter Luther und verhinderte im November 1520 die öffentliche Verbrennung seiner Schriften. Aber auch der junge, humanistischen Tendenzen zugewandte Erzbischof Kardinal Albrecht von Brandenburg hegte zunächst große Sympathien für Luther und seine Anhänger, nicht zuletzt in der Hoffnung, damit einem nationalen Kirchentum in deutlicher Absetzung zu Rom näherzukommen.[29] Immerhin verweigerte er seine Unterschrift unter das Wormser Edikt von 1521 und verzögerte die Veröffentlichung der kaiserlichen Achterklärung gegen Luther im Erzstift bis 1524. Die Wende brachte dann der rasch radikalisierte Bauern- und Bürgeraufstand von 1525. Macht- und herrschaftspolitische Interessen ließen den Erzbischof und das Domkapitel auf eine striktere Linie gegen die evangelische Bewegung im Erzstift einschwenken. Viele der evangelischen Prediger, die 1525 das Erzstift verließen, waren dann als Reformatoren an anderen Orten tätig, etwa der erwähnte Johann Bernhard, gen. Algesheimer, der ab 1525 in Frankfurt und ab 1537 in Ulm predigte.[30] Dies bedeutete allerdings nicht, dass der Kurfürst seine vergleichsweise kompromissbereite und konziliante Linie gegenüber den protestantischen Nachbarterritorien auf Reichsebene aufgegeben hätte. Diese Politik behielten auch seine nächsten drei Nachfolger, Sebastian von Heusenstamm (1545-1555), Daniel Brendel von Homburg (1555-1582) und Wolfgang von Dalberg (1582-1601) während ihrer Pontifikate bei. Erst Johann Adam von Bicken (1601-1604) und dann Johann Schweikhard von Kronberg (1604-1626) schwenkten auf eine teilweise rigorose Rekatholisierungspolitik ein.[31]

In der Messe-, Handels- und Reichsstadt **Frankfurt** waren die frühen reformatorischen Schriften Luthers ebenfalls rasch bekannt geworden.[32] Sie fielen dort bei den humanistisch gebildeten Patriziern, die auch den städtischen Rat dominierten, durchaus auf fruchtbaren Boden. Unter ihrem Schutz fanden die ersten reformatorischen Predigten in der Kirche des Katharinenklosters statt. Als sich im Zusammenhang mit dem Bauernkrieg 1525 die Zunfthandwerker erhoben und weitere reformatorische Forderungen laut wurden, gab der Rat nach und stellte zwei evangelische Prediger unter Missachtung des Kollationsrechtes des Bartholomäusstiftes, der Frankfurter Hauptkirche, an. In den Jahren bis zum Eintritt in den Schmalkaldischen Bund 1536 lavierte der Rat zwischen den immer selbstbewusster und fordernder auftretenden Prädikanten und der Bürgerschaft auf der einen Seite und der Rücksichtnahme gegenüber dem Kaiser und dem Reich auf der anderen.[33] Immerhin wurde 1533 die altkirchliche Messfeier in allen Kirchen verboten. Die Kanoniker des Bartholomäus-, St. Leonhard- und Liebfrauenstiftes wie die Mönche des Dominikaner- und Karmeliterklosters blieben jedoch in der Stadt. Ihre seelsorgerische und liturgische Betätigung blieb ihnen aber bis 1548 verwehrt. Nachdem der Rat durch seinen Beitritt zum Schmalkaldischen Bund schließlich seine Kirchenpolitik abgesichert glaubte, schlug er eine strikt lutherische Richtung ein und drängte die oberdeutsch-zwinglianischen Einflüsse nach und nach zurück. Der Augsburger Religionsfriede von 1555 sicherte dann den lutherischen Konfessionsstand der Stadtkirche und der Mehrheit der Bürger ebenso ab wie den Fortbestand der drei katholischen Stifte und der beiden verbliebenen Klöster. Jedoch sorgte die in mehreren Wellen erfolgte Zuwanderung niederländischer Glaubensflüchtlinge ab 1554 für konfessionelle Spannungen, insofern damit auch dezidiert reformierte Fremdengemeinden in die Stadt kamen. Die daraus erwachsenden konfessionell gepolten Spannungen beschäftigten die Stadtoberen bis in das 17. Jahrhundert hinein.

Auch in der Reichsstadt **Friedberg** sind die frühesten reformatorischen Vorgänge und evangelische Prediger bereits vor den Unruhen von 1525 greifbar.[34] Hier hatte der Rat schon vor der offiziell eingeführten Reformation die Kontrolle über die Stadtkirche übernommen und so nicht zuletzt seine Stellung als städtische Obrigkeit gefestigt. So richtete sich die von reformatorischem Gedankengut getragene Kritik der frühen 1520er Jahre vor allem gegen die Klöster der Augustiner und Franziskaner. Das Gemisch von zunehmend als bedrückend empfundener städtischer Obrigkeit des Rates, der Vormacht der Reichsburg und dem aus dem Spätmittelalter tradierten Antiklerikalismus bildete eine brisante Mischung, die 1525 ebenfalls durch die Bauernkriegsunruhen von außen gezündet wurde. Drei Tage nach dem Ausbruch der Gewalttätigkeiten in Frankfurt kam es auch in Friedberg zu Ausschreitungen gegen Geistliche und zu einem Aufstand gegen die Ratsherrschaft. Eine, wenngleich nicht ganz klare Rolle spielte dabei der Stadtpfarrer, der die Menge durch seine radikalen Predigten aufwiegelte. Sicher ist hingegen, dass neben dem später hingerichteten Haupträdelsführer ein Friedberger Altarist und der namentlich nicht benannte Pfarrer aus dem benachbarten Ockstadt den Aufstand anführten.[35] Der Aufruhr wurde niedergeschlagen und der Rat versuchte zunächst, eine Reform der Kirche und des Gottesdienstes im evangelischen Sinne zu verhindern. In den folgenden Jahren, ja Jahrzehnten, stellte die Pfarrerberufung daher immer wieder einen Streitpunkt zwischen der Gemeinde auf der einen sowie dem Rat und den Benediktinerinnen des Klosters Rupertsberg bei Bingen auf der anderen Seite dar. Dieses Kloster hatte seit 1314 die Patronatsrechte an der Friedberger Stadtkirche inne.[36] Es setzte den Rat beispielsweise 1533 derart unter Druck, dass der dezidiert protestantische Prediger Wolfgang Haber spätestens zu Beginn des folgenden Jahres entlassen wurde. Haber siedelte daraufhin in das landgräflich-hessische und nassauische Kondominium Ober-Rosbach über. Zunächst predigte er aber auch noch in Friedberg weiter. Schließlich liefen die Friedberger nach Rosbach aus, um dort den Gottesdienst zu besuchen.[37] Kein geringerer als Landgraf Philipp setzte später eine Entschädigung Habers von Seiten der Stadt Friedberg durch. Die kirchlichen Zustände blieben indes noch in der Schwebe. Nachdem die Klöster in der Stadt aufgegeben worden waren, setzte sich 1545 die evangelische Predigt zwar durch, der offene Übertritt der Burg und der Stadt Friedberg erfolgte jedoch erst 1552, nachdem der Passauer Vertrag den lutherischen Glauben gleichsam legalisiert hatte und man keine nachhaltigen Spannungen mit dem Kaiser mehr zu befürchten hatte.[38]

In der zwischen den hessischen Landgrafen und den Grafen von Solms-Braunfels und Solms-Lich geteilten Landstadt **Butzbach** wurden die ersten reformatorischen Vorgänge ebenfalls um 1525 aktenkundig. Die Anfänge der evangelischen Predigt reichen aber wahrscheinlich weiter zurück. Wie in Friedberg mischten sich auch hier vorreformatorische Kirchen- und Klerikerkritik mit den innerstädtischen sozialen Spannungen. Die Tatsache, dass die Stadtherrschaft zwischen den hessischen Landgrafen sowie den Grafen von Königstein und Solms geteilt war, ließ den Rat schon im späten 15. Jahrhundert vergleichsweise selbstbewusst gegenüber dem Kugelherrenstift St. Markus auftreten, das auch als Stadtkirche fungierte. Um 1525 begann der aus Butzbach stammende Rockenberger Pfarrer Kaspar Göbel, gen. Wenix, im evangelischen Sinne zu predigen. Da ihm die Kugelherren den Zugang zu Stift und Kirche verboten, hat er „vor der Griedeler Pforten uff einem Baum gestanden und seine Predigt gethan".[39] Göbel, der Sohn des landgräflichen Amtmanns (Kellers) in Butzbach, fand bald darauf die Unterstützung Landgraf Philipps und konnte im landgräflichen Schloss vor den Butzbacher Bürgern predigen. Der Stiftsherr Pater Leonhard wandte sich daraufhin an den strikt katholisch gebliebenen Grafen von Königstein, der das eigentliche Pfarrerberufungsrecht innehatte. 1528 kam es im Zusammenhang mit dem Auftreten von Wiedertäufern zum Konflikt zwischen Hessen und Königstein. Philipp ermahnte den Rat, keine Winkelprediger zuzulassen, sondern nur solche, die „von unsern gelerten examinirt und von uns verordnet sind."[40] Der Rat wies den Landgrafen darauf hin, dass ohnehin „der mehrerteil unser mitburger an unser paters und an etzlicher seiner mitbruder predig nit gesetiget und darzu keinen Gefallen gehabt, derhalben bi andere frombden prediger in u.[nseres] g.[nädigen] h.[errn] von Hessen bane gegangen, [und] daselbst ire predig gehort"[41]. Das heißt, auch die Butzbacher liefen in benachbarte landgräfliche Gemeinden zum evangelischen Gottesdienst aus. Der Königsteiner forderte seinerseits den Rat zwar ebenfalls dazu auf, fleißig auf Winkelprediger zu achten, aber auch, den Landgrafen in aller Deutlichkeit darauf hinzuweisen, dass die „versehung der pfar und die collegiatstiftung in Butzpach uns allein zustunde“.[42]

Zwar sperrte sich Graf Eberhard von Königstein bis zu seinem Tod 1535 gegen die Berufung evangelischer Prediger, konnte die Ausbreitung der evangelischen Predigt damit allerdings nicht verhindern. Spätestens ab 1532 predigte einer der Stiftsherren evangelisch und Landgraf Philipp setzte bei dem jungen Königsteiner Grafen 1536 dann die Berufung eines evangelischen Pfarrers durch. Bis Ende der 1530er Jahre zelebrierten die altkirchlich gesonnenen Kollegiaten allerdings die Messe noch nach katholischem Ritus in dem durch eine einfache Bretterwand vom Kirchenschiff abgetrennten Chor der Stadt- und Stiftskirche. Nachdem die Stiftsherren nach und nach weggestorben waren, setzten die Stadtherren den letzten Überlebenden als Administrator des Stiftsbesitzes ein, den sie sich gegenseitig missgönnten. Als dieser Administrator schließlich 1555 verstarb, kam es zu einem Vergleich zwischen den Stadtherren, von dem die Stadtgemeinde erheblich profitierte, insofern aus dem sogenannten Kugelhausfonds künftig die Pfarrer, Lehrer und vier Stipendiaten bezahlt wurden.[43]

Eng mit den bereits erwähnten reformatorischen Vorgängen in Friedberg hingen auch die religiös-politischen Vorgänge in dem reichsritterlichen Dorf **Ockstadt** zusammen. Sie sollen etwas umfänglicher geschildert werden, denn in diesem Fall treten einige für die territorial kleinteilige Region charakteristische Abläufe besonders deutlich hervor.[44] 1374 hatte Kaiser Karl IV. Ockstadt und einige andere Dörfer (Hollar +, Melbach und Heyenheim +) je zur Hälfte an die Stadt Friedberg und die Herren von Carben verpfändet. Über hier nicht näher darzustellende Erbschaften traten die eigentlich im Odenwald ansässigen Franckensteiner als Erben der Herren von Cleen ab 1522 in deren Ockstädter Besitz auf.[45] Als die von Carben 1525 ihren Besitz in bzw. ihre Rechte an Ockstadt an die Burg Friedberg verkauften, die Bewohner von ihrem Eid und ihren Pflichten entbanden und sie anwiesen, die Burgherren von Friedberg künftig als neue Herren anzuerkennen, protestierte Hans von Franckenstein entschieden, zumal er bereits zuvor als Obrigkeit über Dorf und Gericht nach außen aufgetreten war.

Im Zusammenhang mit den Unruhen des Jahres 1525 waren die Ockstädter, wie bereits erwähnt, auch von ihrem namentlich ungenannten Pleban gemeinsam mit dem Friedberger Priester zum Aufruhr gegen die Klostergeistlichen, die städtische Obrigkeit und die Burg ermutigt worden. Die Rolle der Franckensteiner in diesen Auseinandersetzungen ist leider ungeklärt. Fest steht, dass sie in den folgenden Jahrzehnten die Kirchen- bzw. Konfessionsfrage zu einem zentralen Thema in ihrem Ringen um herrschaftliche Anerkennung bzw. Eigenständigkeit machten. Sie hatten bereits im 15. Jahrhundert ihren Stammsitz, die Burg Frankenstein in der Nähe von Darmstadt, den Katzenelnbogener Grafen öffnen müssen. Nach 1527 widersetzten sie sich aber mit ganzer Kraft der Einführung der neuen Lehre durch den Erben der Katzenelnbogener, also den hessischen Landgrafen, in ihren südhessischen Besitzungen.[46] Das heißt, sie traten hier aus politischer Räson als dezidierte Gegner der evangelischen Bewegung auf. Nicht minder politisch war ihr Vorgehen in Ockstadt, in dem sie ihre Obrigkeit zu stabilisieren suchten. So lagen sie etwa über das ganze 16. Jahrhundert mit Friedberg im Streit, nachdem die Reichsstadt der städtischen Judengemeinde einen Begräbnisplatz auf Franckensteinischem Gebiet zugewiesen hatte. Nicht zuletzt deshalb wurden schon in den 1530ern auf Geheiß der Franckensteiner sog. Ackerbücher angelegt, die verhindern sollten, dass Grundbesitz in die Hände von Ortsfremden geriet, die sich gegebenenfalls ihrem Einfluss entziehen konnten. Nach jahrelangem Streit konnten die Franckensteiner 1531 den 1525 von den von Carben an die Burg Friedberg verkauften Anteil an Ockstadt ihrerseits käuflich erwerben und wurden damit 1547 auch offiziell von Kaiser Karl V. belehnt. Damit hatte sich ihre reichsunmittelbare Stellung ebenso wie ihre Herrschaft über Ockstadt erheblich stabilisiert.

Das wichtigste Feld des weiteren Ausbaus der territorialen Eigenständigkeit dieser kleinen Herrschaft war und blieb jedoch weiterhin die Kirchen- und Konfessionsfrage. Aus der Argumentation der Franckensteiner wie aus ihrem praktischen Handeln wird dabei deutlich, dass neben dem Festhalten am katholischen Glauben – ja vielleicht noch davor – das Streben nach herrschaftlicher Eigenständigkeit das wesentliche Movens ihrer Politik war. Dies konnte daher auch durchaus drohende Töne in Richtung Mainz bedeuten. Als der Ortspfarrer Johann Krapp 1540 aus unbekannten Gründen Ockstadt verlassen hatte, bat Hans von Franckenstein das Mainzer Domkapitel, das das Pfarrbesetzungsrecht und den Zehnten in Ockstadt innehatte, um eine möglichst rasche Wiederbesetzung. Andernfalls würde er sich gezwungen sehen, „von Obrigkeit und hoher noturfft wegen, selbst die Pfar zu bestellen vnd niemands hinfürter einige gerechtigkeit zugestatten“[47]. Deutliche Worte! Wenn nicht bald ein fähiger Pfarrer nach Ockstadt komme, werde er nicht nur einen eigenen benennen, sondern dieses Recht auch in Zukunft beanspruchen. Mit dem bis 1561 tätigen Pancratius Scheffer schickte Mainz indes einen Seelsorger, mit dem „die Herrschaft vnd das gemein pfarrvolck … zu frieden"[48] war. Nach dem Tod von dessen Nachfolger 1564 trat Gottfried von Franckenstein mit der Bitte nach „eynem from vnd gelart Man, so der alten Religion ist vnd noch mess hält"[49] an das erzbischöfliche Vikariat in Mainz heran. Allerdings herrschte in den 1560er Jahren im Erzstift Mainz ein derartiger Pfarrermangel, dass man dieser Bitte nicht nachkommen konnte. Auf jeden Fall sah sich Gottfried veranlasst, „etliche newe predikantten", die nach Ockstadt kamen, kurzerhand abzuweisen. Auch der 1565 eingestellte Simon Klein entpuppte sich spätestens 1573 als verkappter Lutheraner und begann in diesem Jahr, das Abendmahl in beiderlei Gestalt zu reichen.

Man muss also davon ausgehen, dass ein Großteil der Ockstädter damals durchaus der evangelischen Lehre anhing und das bereits seit Jahrzehnten und das wohl auch kaum ohne das Wissen bzw. die stillschweigende Billigung der Franckensteiner. Barthel von Franckenstein, durch eine innerfamiliäre Erbteilung 1572 in den alleinigen Besitz Ockstadts gekommen, nutzte diese Situation sehr eindrucksvoll und erließ noch im gleichen Jahr eine Kirchenordnung als von „Gott verordneter Oberkeit".[50] In der Würdigung des „Predig Ampts", der Bedeutung der „offentliche ehrliche Versamblungen …, darin seine lehr den menschen furgetragen werde" und nicht zuletzt der Bestimmungen zum „Nachtmahl" und der straffen Sitten- und Ehezucht erinnert diese Kirchenordnung stark an protestantische Vorbilder. Indes bestimmte Franckenstein, dass in „Seinem Flecken vnnd Obrigkeit das heylig Evangelium nach Apostolischer, alter Catolischer Religion …., reyn vnnd trewlich geprediget werde" und die „Jugent in Christlicher Zucht und zur Schulen erhalten werden möchtenn, da dan nunmehr hinfurter der catolisch Catechismus gelert und angeordnet werden solle."

Die Konflikte hielten indes weiterhin noch für Jahrzehnte an und katholische und lutherisch gesonnene Pfarrer wechselten sich ab.[51] Johannes Müller, der bis 1581 in Ockstadt predigte, war konfessionell wohl eher indifferent. Ihm folgte mit Johannes Nauheimer ein dezidierter Lutheraner, der bis 1571 Mönch im Kloster Ilbenstadt gewesen war. Ihm folgte wiederum der katholisch gesonnene Georg Klöpper. Als dieser sich weigerte, das Abendmahl unter beiderlei Gestalt zu reichen, kam es zu einem Aufruhr der Gemeinde und Barthel von Franckenstein sperrte dem Pfarrer die Besoldung und untersagte ihm jegliche weitere pfarramtliche Tätigkeit.[52] Von seinem Nachfolger Peter Emß forderte die Gemeinde dann ausdrücklich, dass „ihnen das Moll des Herrn megt gereicht werden wie andern, als in beder Gestalt, dan es der Nauheimer und

Her Simon ihnen also gereicht." Emß ging auf diese Bitte ein, was zu seiner Entlassung durch Barthel von Franckenstein führte und auf dessen Betreiben dann mit Matthias Cörper 1584 ein offensichtlich fähiger, dezidiert katholischer Seelsorger in den Ort kam, der auch beträchtlichen Rückhalt in der Bevölkerung gewann. Cörper legte allerdings schon 1587 seinen Dienst wegen der mageren Bezahlung nieder. Das Stiftskapitel wies damals nicht völlig zu Unrecht an die Adresse der Franckensteiner darauf hin, dass Teile des Kirchenvermögens und der Kirchengefälle, die ja auch zur Pfarrbesoldung dienen sollten, seit Jahren in fremden Händen, nämlich der Franckensteiner seien. Kurzfristig kam nun Peter Emß nach Ockstadt zurück, sehr zum Missfallen der Gemeinde. Sie war offensichtlich während der rund dreijährigen Tätigkeit Cörpers mehrheitlich zur katholischen Lehre bekehrt worden und warf Emß nun vor, er habe sie bezüglich des Abendmahlsakraments auf Irrwege geführt und sei nur aus Sorge um seine Pfründe nicht evangelisch geworden. Es ist kaum glaublich, aber wahr: diese Wirren gingen noch für Jahrzehnte bis in die Zeit des Dreißigjährigen Krieges nach ähnlichem Muster so weiter. Bei eintretender Vakanz präsentierten die Franckensteiner dem Domstift einen neuen Pfarrer, den dieses ablehnte und dabei jedes Mal auf sein uneingeschränktes Collationsrecht pochte. Der daraufhin von Mainz bestellte Pfarrer wurde dann mit soviel Klagen von Seiten der Franckensteiner überhäuft bzw. finanziell so kurz gehalten, dass er bald freiwillig ging oder kurzerhand aus der Herrschaft ausgewiesen wurde. Einen Höhepunkt erlebten diese Querelen 1605 bis 1607, als Ockstadt innerhalb dreier Jahre sage und schreibe sieben Pfarrer verschliss und in dieser Zeit meist von den umliegenden Pfarrern notdürftig mitversorgt werden musste. Zu diesem eigensinnigen Beharren auf der Entscheidungskompetenz in der Pfarrerberufung durch die Franckensteiner passt die Tatsache, dass man in Ockstadt noch bis mindestens 1606 am alten Kalender festhielt und der Gregorianische erst auf ausdrücklichen Befehl von Erzbischof Johann Schweikhard eingeführt werden konnte.[53]

Wichtig für die Entscheidung, dass Ockstadt dann letztlich katholisch blieb, war indes ein ganz profaner Grund. 1607 suchte die Pest das Dorf heim und die Gemeinde drängte nun die Herrschaft in einer entsprechenden Klageschrift[54], die Seelsorge durch einen in Ockstadt residierenden Pfarrer zu gewährleisten. Die Verfasser beschwerten sich, dass sie nicht länger von „dergestalt täglichs von dem einen zum andern verwiessen, iz in diesses, balt in eines andern weiss vnndt observannss unns zu richten genottigt, oder auch vast zuletzt wie das unvernunfftig viehe in die Irre zu geratten gemussigt werden" wolle.[55] Schließlich setzte sich der 1608 von Mainz gesandte Pfarrer Götzelius auch gegenüber den Franckensteinern durch. Vor allem gelang es dem Erzbischof noch am Vorabend des Dreißigjährigen Krieges, die Franckensteiner zur Rückgabe der Kirchengefälle an die Kirche zu bewegen. Philipp Christoph von Franckenstein, der damalige Chef des Hauses, hatte wohl auch erkannt, dass in einer Zeit größter reichspolitischer Spannungen eine klare Positionierung im katholischen Lager überlebensnotwendig war. Eine Sicht, die ihm vielleicht sein Bruder Johann Ludwig nahegebracht hatte, der zu dieser Zeit Domherr in Mainz war. Die damals noch immer in Ockstadt verbliebenen Lutheraner wurden von Friedberg aus seelsorgerlich und pfarramtlich bedient.[56]

Es ließen sich noch viele weitere Beispiele anführen. Etwa die hanau-münzenbergische Landstadt Nauheim, wo ab den 1530er Jahren eine starke evangelische Bewegung unter den Bürgern festzustellen ist, wo die Gemeinde in den 1540er und frühen 1550er Jahren immer wieder einen evangelischen Prediger forderte und in die benachbarten Gemeinden „auslief“, zuletzt ab 1548 zu dem auf dem nahegelegenen Johannesberg wirkenden Wilhelm Wipperfürt.[57] Interessant wäre auch die nähere Betrachtung der Vorgänge im Kloster Ilbenstadt und in dessen Patronatsgemeinden Assenheim, Ilbenstadt, Bönstadt, Rendel, Erbstadt und Södel.[58] Hier installierten die weltlichen Herren in den 1540er und 1550er Jahren teilweise auf Druck der evangelisch gesonnenen Gemeinden, teilweise aufgrund eigener kirchen- bzw. machtpolitischen Interessen evangelische Prediger. In Assenheim waren das die Grafen von Solms, Hanau und Isenburg, in Ilbenstadt und Rendel die Burg Friedberg, in Bönstadt der Graf von Isenburg, in Södel die Solmser und in Erbstadt der Hanauer Graf. Über Jahrzehnte hin scheiterten alle vom Ilbenstädter Probst über den Mainzer Erzbischof vorgetragenen Versuche einer Rückführung zum Katholizismus an den weltlichen Herrschaften dieser Orte. Erst mit der Anfang des 17. Jahrhunderts mit Nachdruck vorgetragenen gegenreformatorischen Politik von Mainz, dann der Schwedenzeit im Dreißigjährigen Krieg und schließlich mit dem Westfälischen Frieden entschied sich der Konfessionsstand dieser Orte.

Selbstverständlich ließe sich das Reformationsgeschehen in der Region auch an Reformatorenpersönlichkeiten festmachen. Hier wäre neben dem in Ilbenstadt und Okarben wirkenden Johann Genskrack[59] und dem bereits erwähnten, in der Burg Friedberg, in Johannesberg bei Nauheim und Merzhausen bei Usingen tätigen Wilhelm Wipperfürt[60] insbesondere Erasmus Alberus[61] zu nennen, den man aufgrund seiner Vernetzung im Luther-Umfeld, seiner Freundschaft zu Konrad von Hattstein und seiner Tätigkeit in Oberursel, Heldenbergen, Usingen, Butzbach und Staden durchaus als die Reformatorenpersönlichkeit in der Wetterau bezeichnen könnte.

5. Ergebnisse

Als zusammenfassende Ergebnisse dieser Betrachtung einiger weniger Einzelbeispiele lassen sich folgende Punkte festhalten:

1. Wie andernorts im Reich treten in der frühen Reformationsphase auch in der Wetterau und ihren Randlandschaften Stadtbürger, Gelehrte und gelegentlich auch gebildete Adlige als Förderer der reformatorischen Prediger in den Stadt- und teilweise auch in den Stifts- und Klosterkirchen in Erscheinung.[62]
2. Im Umfeld der städtischen Unruhen und den Bauernaufständen des Jahres 1525 treten in einigen Städten und Dörfern des Vortaunus und der Wetterau verstärkt die Gemeinden, gelegentlich unter der Führung von Predigern, in Erscheinung – etwa in Friedberg und in Ockstadt. Auch dies entspricht weitgehend den Befunden in anderen Regionen.
3. Insbesondere das etwas ausführlicher behandelte Beispiel Ockstadt zeigt in aller Deutlichkeit die Zusammenhänge zwischen kirchlichen und macht- bzw. herrschaftspolitischen Fragen. Einerseits hielten die Franckensteiner konsequent an der katholischen Religion fest, weil ihnen dies in der Behauptung gegen die Landgrafen von Hessen und gegen Friedberg die nötige Distanz verschaffte. Andererseits erließen sie 1572 eine eigene Kirchenordnung, handelten also ganz im Sinne eines protestantischen landesherrlichen Kirchenregiments und legten sich in den Fragen der Pfarrerberufung regelmäßig mit dem Mainzer Erzbischof bzw. dem Domkapitel an, um ihre Obrigkeit in Kirchenfragen zu behaupten bzw. überhaupt erst zu begründen. Nichts anderes ließe sich zweifellos für die meisten protestantisch gewordenen Grafen und Herren der Wetterau aufzeigen. Auch dies entspricht indes dem Regelbefund.
4. Wichtigstes Ergebnis scheint hingegen der Umstand zu sein, dass in den betrachteten Beispielen außerhalb von Mainz und Frankfurt bis weit in die zweite Hälfte des 16., wenn nicht gar in das 17. Jahrhundert hinein die Gemeinden in kirchlichen Belangen immer wieder aktiv in Erschei-

nung traten, sei es, wie in Assenheim 1554, mit der Forderung nach einem evangelischen Prediger, sei es in Ockstadt mit der Forderung des Abendmahls in beiderlei Gestalt in den 1570er und 1580er Jahren oder der Forderung nach der Residenzpflicht des Pfarrers zwischen 1606-1608. Diese Fälle sind damit zwar noch keine Beweise für bzw. wider eine Gemeinde- oder Fürstenreformation, aber gewiss ein aussagekräftiger Beleg dafür, dass sich die Gemeinden auch noch lange nach 1525 in Kirchenfragen durchaus selbstbewusst und nicht ohne Konsequenzen zu Wort melden konnten. Zweifellos spielten hierbei die herrschaftliche Kleinteiligkeit der Region und die nicht seltenen mehrherrischen oder kondominatorischen Herrschaftsverhältnisse eine bedeutende Rolle und erhöhten die Chance für eine Behauptung der Gemeinde gegen ihre Herrschaften. So konnten sich die Gemeindemitglieder stets durch „Auslaufen" zu benachbarten Predigern der Kirchenhoheit ihrer Herrschaft entziehen.

5. Zudem ist der Eindruck entstanden, dass die Reformation nicht allein für die Territorialisierung der kleinen Herrschaftsgebiete der Wetterau wichtig gewesen ist und nicht nur die Herrschaften bzw. die entstehenden Territorien die Träger bzw. Motoren des Reformationsgeschehens waren. Entscheidend waren vielmehr auch die Personen- und Familiennetzwerke der mittelrheinischen Reichsritterschaft um die Burg Friedberg sowie die Ganerbengemeinschaften und Kondominate. Nicht zuletzt das Festhalten einiger dieser Familien am katholischen Glauben, das Konnubium untereinander und die Dienste auch evangelischer Angehöriger in den rheinischen Stiften dürfte einer allzu rigiden konfessionellen Feindschaft von vornherein entgegengewirkt haben. Alexander Jendorff hat hier treffend von einer „konfessionellen Variabilität als Existenzmerkmal"[63] gesprochen.
6. Als Konsequenz für die Abläufe und Entwicklungen im Zusammenhang mit Reformation und Konfessionalisierung ist zweifellos der „konfessionelle Flickenteppich" zu nennen, der eingangs dieser Ausführungen in seiner nachhaltigen Wirkung bis ins 20. Jahrhundert skizziert worden ist und der im Grunde die bereits im Spätmittelalter sich abzeichnende kleingliedrige Territorialstruktur kongenial abgebildet und gleichzeitig mit hervorgebracht hat. Dass darin aber auch die Vielfalt in Kunst und Architektur dieses Raumes ihre Begründung findet, sei nur am Rande erwähnt.

7. Schließlich harrt noch die als Untertitel dieses Beitrags formulierte Frage einer Antwort, ob sich aus einer vergleichsweise kleinteiligen macht- und herrschaftspolitischen Organisation – die sich eben auch in der konfessionellen Vielfalt dieser Region widerspiegelt – ein gewisser „Zwang zur Toleranz“[64] ergab. Betrachtet man etwa die Einigung zwischen Mainz und Hessen im Merlauer Vertrag 1582, der wesentlich von dem lutherischen Mainzer Hofmeister Hartmut von Kronberg ausgehandelt worden war, mag man zu dieser Ansicht neigen.[65] Aber dies betrifft eben nur die interterritoriale Ebene. Nach innen lassen sich nur wenige Anzeichen von „Toleranz“ finden. Hier drängten die weltliche Obrigkeit und wohl auch die Gemeinden in Sinne der alteuropäischen Einheit von kirchlicher und weltlicher Gemeinde nach möglichst großer konfessioneller Uniformität. Und das mit beträchtlichem Erfolg, wenn man sich noch ein letztes Mal die Konfessionsverteilung zu Beginn des 20. Jahrhunderts in Erinnerung ruft. Die Aufnahme bzw. die Duldung von Angehörigen anderer Konfessionen und die Zulassung von deren Kirchengemeinden auf der Grundlage von Toleranzedikten war nicht zufällig erst ein Phänomen der Zeit nach dem Dreißigjährigen Krieg. Mit dem Westfälischen Friedenswerk waren die Verhältnisse auch in den kleineren Territorien derart gefestigt, dass das Kirchenregiment für die Landesherrn zwar weiterhin von zentraler Bedeutung blieb, aber ihre Position weder durch äußere Einflussnahme in Kirchenfragen noch durch anderskonfessionelle Gemeinden wirklich ernsthaft in Frage gestellt werden konnte. Daher konnte man auch als „kleiner“ Landesherr beruhigt die konfessionelle Uniformität seines Territoriums durch die Aufnahme von „Fremdengemeinden“ aufweichen, ohne die eigene Souveränität in Frage zu stellen. Im Gegenteil, die Aufnahme anderskonfessioneller Exulanten konnte im Zuge einer Privilegierung durch den Fürsten dessen Supremat gegenüber den eigenen Kirchenräten bzw. der eigenen Landeskirche und damit das „absolutistische“ Selbstverständnis des Fürsten sogar stärken. Ob diese „Toleranzpolitik“ von wirklicher Überzeugung getragen wurde oder eher merkantilistischen Interessen entsprang, sei an dieser Stelle dahingestellt.[66]

Angesichts der geschilderten Befunde und der skizzierten Ergebnisse erscheint es mehr als wünschenswert, die „Reformation in der Region“ eingehender zu erforschen, als dies im Rahmen eines Aufsatzes geleistet werden kann. Insbesondere im Vergleich mit der Zahl an Untersuchungen und Quellenpublikationen zur Geschichte der Reformationszeit in der Landgrafschaft Hessen, die einen vorläufig letzten Höhepunkt mit den Tagungen, Ausstellungen und Publikationen zum 500. Geburtstag Landgraf Philipps im Jahre 2004 erlebte, stellt sich der Forschungsstand zu den entsprechenden Vorgängen in der Wetterau und ihren Randlandschaften als recht bescheiden dar.[67] Dies liegt selbstverständlich auch an der schwierigen Archivsituation. Während für die Landgrafschaft der größte Teil der wichtigsten Aktenbestände und Korrespondenzen nicht nur zentral im Staatsarchiv in Marburg zugänglich ist, sondern auch meist gut erschlossen oder sogar ediert vorliegt, wären für die hier interessierende Region zahlreiche kleinere Stadtarchive, disparate Bestände in den Staatsarchiven und nicht zuletzt die nur schwer zugänglichen und meist schlecht oder gar nicht erschlossenen Adelsarchive zu berücksichtigen.[68] Eine Bewältigung dieser zugegebenermaßen außerordentlich ungünstigen Ausgangssituation vorausgesetzt, wäre es aber vielleicht möglich, die bislang angenommenen Zusammenhänge zwischen Reformation und Ausbildung des frühmodernen Territorialstaates ebenso wie das Konfessionalisierungsparadigma um – je nach Perspektive – nicht-, vor- oder überstaatliche Dimensionen zu erweitern. Denn, so müsste etwa die Ausgangsthese lauten, waren auch bis lange nach 1525 nicht alleine die Obrigkeiten am Fortschreiten des Reformationsgeschehens beteiligt. Vielmehr ist davon auszugehen, dass neben den Gemeinden auch und vor allem die adlig-dynastischen Netzwerke sowie die Netzwerke der in diesem kleinteiligen Raum durchaus überterritorial agierenden Beamten- und Pfarrerfamilien eine hervorragende Rolle spielten. Daher diente die Reformation und der Konfessionskonflikt des 16. und frühen 17. Jahrhunderts in dieser Region eben nicht nur den Obrigkeiten zur Begründung bzw. Stabilisierung ihrer Herrschaft, sondern gleichermaßen der Selbstvergewisserung und Ausbildung dörflich-gemeindlicher Identitäten[69] sowie der Ausbildung und Festigung adlig-dynastischer Strategien[70] zur Behauptung und Positionierung in der Phase des beschleunigten staatlich-politischen Wandels im 16. und frühen 17. Jahrhundert, der „Vorsattelzeit der Moderne“.[71]

1 Der Text geht auf einen Vortrag zurück, den ich am 11. September 2010 auf der Tagung „Konflikt und Toleranz. Religiöse Vielfalt am Rhein, Main und im Taunus" in der Werner Reimers Stiftung Bad Homburg gehalten habe. Ich danke den Teilnehmern dieser Veranstaltung für die anregende Diskussion, die zumindest teilweise auch Eingang in diesen Aufsatz gefunden hat. Dank gebührt auch Herrn Lutz Schneider für die Möglichkeit, diesen nun unter Berücksichtigung neuerer Forschungen leicht überarbeiteten Aufsatz an dieser Stelle zu veröffentlichen.

2 Étienne François, Immigration et société urbaine en Allemagne à l'époque moderne (XVIIe-XVIII siècles, in: Maurice Garden und Yves Lequin (Hg.), Habiter la Ville, XVe-XXe siècles, Lyon 1985, S. 37.

3 Aurelio de Giorgio Bertòla, Malerische Rhein-Reise von Speyer bis Düsseldorf, Mannheim 1796, S. 157.

4 Quellen für 1895: Gemeindelexikon für die Provinz Hessen-Nassau aufgrund der Volkszählung vom 2. Dezember 1895, Berlin 1897; für 1910: Gemeindeverzeichnis für den Volksstaat Hessen nach der Volkszählung vom 16. Juni 1925 und 1. Dezember 1910, Darmstadt 1926.

5 Alix Johanna Cord, Kontinuität oder Traditionsbruch? Lokale Herrschaft im Zeichen von Mediatisierung und Grundentlastung am Beispiel des Gutes Wickstadt der Grafen zu Solms-Rödelheim, in: Eckart Conze, Alexander Jendorff, Heide Wunder (Hg.), Adel in Hessen. Herrschaft, Selbstverständnis und Lebensführung vom 15. bis ins 20. Jahrhundert, Marburg 2010, S.435-446.

6 Zum Epochenüberblick: Heinz Schilling, Aufbruch und Krise. Deutschland 1517-1648 (Siedler Deutsche Geschichte 5), Berlin 1994; Stefan Ehrenpreis, Ute Lotz-Heumann, Reformation und konfessionelles Zeitalter, Darmstadt 2002; Olaf Mörke, Die Reformation. Voraussetzungen und Durchsetzung (Enzyklopädie Deutscher Geschichte, Bd. 74), München 2005.

7 Vgl. die Forschungsbilanzen bzw. Literaturberichte: Heinz Schilling, Susan C. Karant-Nunn, Anne Jacobson Schutte (Hg.), Reformationsforschung in Europa und Nordamerika. Eine historiographische Bilanz anlässlich des 100. Bandes des Archivs für Reformationsgeschichte, Gütersloh 2009; Heinz Schilling, in: Geschichte in Wissenschaft und Unterricht 60 (2009), S. 183-192, S. 240-258, 348-359 und S. 433-455 sowie 61 (2010), S. 594-611 und S. 663-680. Vgl. auch Volker Press, Reformatorische Bewegung und Reichsverfassung. Zum Durchbruch der Reformation – soziale, politische und religiöse Faktoren, in: Ders. und Dieter Stievermann (Hg.), Martin Luther. Probleme seiner Zeit (Spätmittelalter und Frühe Neuzeit, Bd. 16), Stuttgart 1986, S. 11-42.

8 Beispielgebend für Sachsen Karlheinz Blaschke, Wechselwirkungen zwischen der Reformation und dem Aufbau des Territorialstaates, in: Der Staat 9 (1970), S. 347-364. Überblick bei Heinz Schilling, The Reformation and the Rise of the Early Modern State, in: James D. Tracy (Hg.), Luther and the Modern State in Germany, Kirksville/Missouri 1986 (Sixteenth Century Essays and Studies, Bd. 7), S. 21-30; Ders., Am Anfang waren Luther, Loyola und Calvin – ein religionssoziologisch-entwicklungsgeschichtlicher Vergleich. Antrittsvorlesung 7.7.1992 an der Humboldt-Universität zu Berlin (Öffentliche Vorlesungen, Bd. 6), Berlin 1993.

9 Heinrich Lutz, Christianitas afflicta. Europa, das Reich und die päpstliche Politik im Niedergang der Hegemonie Kaiser Karls V. (1522-1556), Göttingen 1964.

10 Holger Th. Gräf, Konfession und internationales System. Die Außenpolitik Hessen-Kassels im konfessionellen Zeitalter (Quellen und Forschungen zur hessischen Geschichte, Bd. 94), Darmstadt und Marburg 1993; Alfred Kohler, Expansion und Hegemonie. 1450-1559 (Handbuch der Geschichte der internationalen Beziehungen, Bd. 1), Paderborn 2008, insbesondere S. 74-80, und Heinz Schilling, Konfessionalisierung und Staatsinteressen. Internationale Beziehungen 1559-1660 (Handbuch der Geschichte der internationalen Beziehungen, Bd. 2), Paderborn 2007, insbesondere S. 34-41 und 100-119.

11 Ehrenpreis/Lotz-Heumann, Reformation (wie Anm. 6), S. 79.

12 Etwa in der Grafschaft Hanau; vgl. Ernst J. Zimmermann, Hanau. Stadt und Land, Kulturgeschichte und Chronik, Hanau 1903, S. 575-581.

13 Vgl. etwa zum „Konfrontationskatholizismus" im Erzbistum Mainz nach 1600 Alexander Jendorff, Reformatio Catholica. Gesellschaftliche Handlungsspielräume kirchlichen Wandels im Erzstift Mainz 1514-1630 (Reformationsgeschichtliche Studien und Texte, Bd. 142), Münster 2000, S. 119-142.

14 Michael Keller, Herfried Münkler (Hg.), Die Wetterau. Landschaft zwischen Tradition und Fortschritt, Friedberg 1990.

15 Zu den historischen Karten der Wetterau vgl. zum Überblick Fritz Wolff, Wetterau und Vogelsberg in alten Landkarten (Geschichte und Kultur in Wetterau und Vogelsberg, Bd. 2), Friedberg 1993.

16 Johann Adam Bernhard, Antiquitates Wetteraviae, Oder Alterthümer Der Wetterau: Darinnen Von dem Zustand dieses Landes unter den Völckerschafften, Gowen und Reichs-Vogteyen gehandelt Und alles mit tauglichen Beweißthümern, ...; wozu noch kommt Erasmi Alberti und Marquardi Freheri, unter dem Namen Weyrich Wettermanns, kurze Beschreibung der Wetterau, Hanau 1731. Neue Edition mit biographischer Skizze Helmut Bode (Bearb.), Erasmus Alberus. Lob der Wetterau, Frankfurt 1978.

17 Zitiert nach der Ausgabe von Bode, Erasmus Alberus (wie Anm. 16), S. 85.

18 Auf die Wurzeln der Wetterau als historisch-politischer Landschaft im Zusammenhang mit der hochmittelalterlichen Terra-Imperii-Politik kann hier nicht weiter eingegangen werden. Vgl. zum Überblick Fred Schwind, Königtum, Adel und Städte in der staufischen und spätmittelalterlichen Wetterau und im Vogelsberg, in: Reimer Stobbe (Hg.), Geschichte von Wetterau und Vogelsberg, Bd. 1 (Wetterauer Geschichtsblätter 46, 1997), S. 157-204.

19 Zum Überblick jeweils Eva-Marie Felschow, Wetzlar – die benachbarte Reichsstadt; in: Mitteilungen des Oberhessischen Geschichtsvereins Gießen N.F. 83 (1998), S. 37-54; Klaus-Dieter Rack, Friedberg – Reichsstadt und kaiserliche Burg, in: Mitteilungen des Oberhessischen Geschichtsvereins Gießen N.F. 83 (1998), S. 87-110, und Jürgen Ackermann, Gelnhausen. Die verpfändete Reichsstadt. Bürgerfreiheit und Herrschermacht (Untersuchungen und Materialien zur Verfassungs- und Landesgeschichte, Bd. 22), Marburg 2006.

20 Georg Schmidt, Der Wetterauer Grafenverein. Organisation und Politik einer Reichskorporation zwischen Reformation und Westfälischem Frieden (Veröffentlichungen der Historischen Kommission für Hessen, Bd. 52), Marburg 1989; zuletzt Gabriele Haug-

Moritz, Grafenvereine und Reichskreise in der ersten Hälfte des 16. Jahrhunderts, in: Conze/Jendorff/Wunder, Adel (wie Anm. 5), S. 149-167.

21 Thomas Schilp, Die Reichsburg Friedberg im Mittelalter. Untersuchungen zu ihrer Verfassung, Verwaltung und Politik (Wetterauer Geschichtsblätter 31), Friedberg 1982; und vor allem Klaus-Dieter Rack, Die Burg Friedberg im Alten Reich. Studien zur Verfassungs- und Sozialgeschichte zwischen dem 15. und 19. Jahrhundert (Quellen und Forschungen zur Hessischen Geschichte, Bd. 72), Darmstadt 1988.

22 Karl E. Demandt, Die Reichsganerbschaft Lindheim in der Wetterau. I. Geschichtliche Voraussetzungen und Entwicklung bis zum Ende des Mittelalters; in: Hessisches Jahrbuch für Landesgeschichte 6 (1956), S. 77-137; Ders., Die Ganerbschaft Lindheim in der Wetterau 2. Teil, in: Hessisches Jahrbuch für Landesgeschichte 10 (1960), S. 149-211; zusammenfassend Joachim Schneider, Ganerbschaften und Burgfrieden in der frühen Neuzeit – Relikte oder funktionale Adaptionen?, in: Conze/Jendorff/Wunder, Adel (wie Anm. 5), S. 129-148; zuletzt und erschöpfend Alexander Jendorff, Condominium. Typen, Funktionsweisen und Entwicklungspotentiale von Herrschaftsgemeinschaften in Alteuropa anhand hessischer und thüringischer Beispiele (Veröffentlichungen der Historischen Kommission für Hessen, Bd. 72), Marburg 2010.

23 Vgl. Christof Noll und Johannes Burkardt, Naumburg (Wetterau), in: Germania Benedictina, Bd. 7, St. Ottilien 2004, S. 878-890.

24 Anton Schindling und Walter Ziegler (Hg.), Die Territorien des Reichs im Zeitalter der Reformation und Konfessionalisierung (Katholisches Leben und Kirchenreform im Zeitalter der Glaubensspaltung, Bd. 52), Münster 1992, S. 7.

25 Zitate nach Friedhelm Jürgensmeier, Kurmainz, in: Schindling/Ziegler, Territorien (wie Anm. 24), S. 62.

26 Entscheidend für die geistliche Jurisdiktion in den landgräflichen Gebieten war der Verzicht im Vertrag von Hitzkirchen vom 11. Juni 1521; vgl. Georg Maldfeld, Hitzkirchen, in: Heimatblätter für Stadt und Kreis Büdingen 1 (1928).

27 Wilhelm Diehl, Evangelische Bewegung und Reformation im Gebiet der heutigen hessen-darmstädtischen Lande, Darmstadt 1926.

28 Zu Kurmainz Jendorff, Reformatio Catholica, (wie Anm. 13); Friedhelm Jürgensmeier, Kurmainz, in: Schindling/Ziegler: Territorien, (wie Anm. 24), S. 61-97 mit umfangreichen Literaturhinweisen.

29 Zu ihm umfassend: Andreas Tacke (Hg.), Der Kardinal. Albrecht von Brandenburg. Renaissancefürst und Mäzen, Regensburg 2006 (Essayband zur gleichnamigen Ausstellung in Halle an der Saale).

30 Diehl, Bewegung (wie Anm. 27), S. 13-14; Frankfurter Biographie. Personengeschichtliches Lexikon; hg. v. Wolfgang Klötzer, bearb. v. Sabine Hock und Reinhard Frost, 2 Bde. (Veröffentlichungen der Frankfurter Historischen Kommission, Bde. XIX/1 und 2), Frankfurt am Main 1994/96, hier Bd. 1, S. 60.

31 Jendorff, Reformatio Catholica, (wie Anm. 13), S. 35-142.

32 Zum Überblick Anton Schindling und Georg Schmidt. Frankfurt am Main, Friedberg, Wetzlar, in: Schindling/Ziegler, Territorien (wie Anm. 24), S. 40-59.

33 Dazu Sigrid Jahns, Frankfurt, Reformation und Schmalkaldischer Bund. Die Reformations-, Reichs- und Bündnispolitik der Reichsstadt Frankfurt 1525-1536, Frankfurt am Main 1976.

34 Zum Überblick Reimer Stobbe, Die Geschichte Friedbergs von der Gründung bis zur Reformationszeit, in: Michael Keller (Hg.), Friedberg in Hessen. Die Geschichte der Stadt, Bd. 1, Friedberg 1997, S. 129- 245, hier S. 217-222; und vor allem Volker Press, Friedberg – Reichsburg und Reichsstadt im Spätmittelalter und in der frühen Neuzeit, in: Wetterauer Geschichtsblätter 35 (1986), S. 1-29.

35 Vgl. J. B. Rady, Chronik von Ockstadt. Nach Urkunden aus dem Franckenstein'schen Archive zu Ockstadt und Ullstadt, Friedberg 1893, S. 45-46.

36 Andreas Hedwig, Bingen, Rupertsberg, in: Germania Benedictina, Bd. 9, St. Ottilien 1990, S. 65-77.

37 Vgl. dazu Dorothea Freise, Geistliche Spiele in der Stadt des ausgehenden Mittelalters. Frankfurt – Friedberg – Alsfeld (Veröffentlichungen des Max-Planck-Instituts für Geschichte, Bd. 178), Göttingen 2002, S. 253-255.

38 Stobbe, Geschichte (wie Anm. 34), S. 222; Diehl, Bewegung (wie Anm. 27), S. 45-47.

39 Zitiert nach Diehl, Bewegung, (wie Anm. 27), S. 34. Vgl. auch Ludwig Horst, Zur Geschichte Butzbachs, Bd. 2, Butzbach 1971, S. 126-128.

40 Günther Franz (Hg.), Urkundliche Quellen zur hessischen Reformationsgeschichte, 4. Bd., Wiedertäuferakten (Veröffentlichungen der Historischen Kommission für Hessen und Waldeck, Bd. 11), Marburg 1951, S. 2.

41 Franz, Quellen (wie Anm. 40), S. 3.

42 Franz, Quellen (wie Anm. 40), S. 3.

43 Vgl. Johann Georg Krätzinger, Versuch einer Geschichte des Kugelhauses zu Butzbach, in: Archiv für hessische Geschichte und Altertumskunde 10 (1864), S. 48-98.

44 Zum Folgenden vgl. Rady, Chronik (wie Anm. 35), S. 45-62.

45 All diese Familien waren u.a. in der sog. „Rittergesellschaft mit dem Esel“ vertreten und seither eng miteinander versippt. Vgl. Alfred Friese, Die Ritter- und Turniergesellschaft „mit dem Esel“. Ein Beitrag zur Kulturgeschichte des mittelrheinisch-hessischen Adels im späten Mittelalter, in: Archiv für hessische Geschichte und Altertumskunde, N.F. 24 (1952/53), S. 153-185. Allerdings verloren die Rittergesellschaften zu Beginn des 16. Jahrhunderts und nicht zuletzt durch die Reformation für diese Familien ihre kohärenzstiftenden Funktionen, vgl. Andreas Ranft, Adelsgesellschaften. Gruppenbildung und Genossenschaft im spätmittelalterlichen Reich (Kieler historische Studien, Bd. 38), Sigmaringen, 1994.

46 Vgl. dazu jetzt J. Friedrich Battenberg, Die Herrschaft Frankenstein, Nieder-Beerbach und die Reformation, in: Jahrbuch der Hessischen Kirchengeschichtlichen Vereinigung 63 (2012), S. 125-140, hier besonders S. 132.

47 Rady, Chronik (wie Anm. 35), S. 53.

48 Rady, Chronik (wie Anm. 35), S. 53.

49 Rady, Chronik (wie Anm. 35), S. 56.

50 Die folgenden Zitate aus der Edition der Kirchenordnung bei Rady, Chronik (wie Anm. 35), S. 62- 67.

51 Diehl, Bewegung (wie Anm. 27), S. 60-61.

52 Angesichts der weiter oben beschriebenen stillschweigenden Billigung der evangelischen Predigt Simon Kleins und dieser Behandlung des katholischen Pfarrers bleibt die Feststellung eines „entschiedenen Vorgehens gegen evangelische Prediger", das Jendorff, Reformatio Catholica (wie Anm. 13), S. 291, den Franckensteinern während des gesamten 16. Jahrhunderts bescheinigt, nicht nachvollziehbar.

53 Vgl. Hessisches Staatsarchiv Darmstadt Best. E 5 B Nr. 29-26: Streitigkeiten mit den v. Franckenstein zu Ockstadt über die Rechte der Pfarrei. Es entspricht wohl auch dieser Politik, wenn die Franckensteiner versuchen, die Ortspfarrer in ihren Besitzungen in der Obergrafschaft Katzenelnbogen durch die in diesen Jahrzehnten erlassenen Dorfordnungen etwa mit der Verpflichtung zum Halten von Zuchtvieh in die bäuerlichen Untertanenschaft einzubinden. Vgl. Rudolf Kunz, Dorfordnungen der Herrschaft Franckenstein aus der 2. Hälfte des 16. Jahrhunderts, in: Archiv für hessische Geschichte und Altertumskunde 26 (1958), S. 1-42, hier S. 18.

54 Ediert bei Rady, Chronik (wie Anm. 35), S. 92-94.

55 Rady, Chronik (wie Anm. 35), S. 94.

56 Diehl, Bewegung (wie Anm. 27), S. 61.

57 Diehl, Bewegung (wie Anm. 27), S. 40, 46, 56-58.

58 Wilhelm Diehl, Zur Geschichte der Reformation und Gegenreformation in den Patronatspfarreien des Klosters Ilbenstadt, in: Archiv für hessische Geschichte und Altertumskunde 12 (1919), S. 40-74. Vgl. auch seine Arbeit zur Reformation in Ober-Mörlen, Friedberg, Echzell und Rockenberg: Wilhelm Diehl, Neue Funde zur Reformationsgeschichte der Wetterau, in: Beiträge zur Hessischen Kirchengeschichte, Ergänzungsband zum Archiv für Hessische Geschichte und Altertumskunde, Darmstadt 1903, S. 143-172. Aufschlussreich zu den Vorgängen in Assenheim in den 1540er Jahren, als die isenburgische Gräfinwitwe versuchte, ihre minderjährigen Söhne als „Pastoren" zu installieren und darüber mit den katholischen Vormündern in Streit geriet: Hans-Thorald Michaelis, Die Grafschaft Büdingen im Felde der Auseinandersetzungen um die religiöse und politische Einheit des Reiches (1517-1555), Diss. phil. Marburg 1963, hier S. 58-59.

59 Diehl, Reformation (wie Anm. 58), S. 46-52

60 Wilhelm Diehl, Pfarrer- und Schulmeisterbuch für die acquirierten Lande und die verlorenen Gebiete (Hassia Sacra Bd. VII), Darmstadt 1933, S. 83-84, 121-122.

61 Immer noch Franz Schnorr von Carolsfeld, Erasmus Alberus. Ein biographischer Beitrag zur Geschichte der Reformationszeit, Dresden 1893; Burkhard Steinhauer, Erasmus Alberus: ein treuer Weggefährte Martin Luthers (um 1500-1553), Nidda 1995; Diehl, Bewegung (wie Anm. 27), S. 37, 47, 49-50, 72-73, 75, 85, 91, 97-98. Zusammenfassend Bode, Erasmus Alberus (wie Anm. 16), S. 7-83.

62 Vgl. jetzt Alexander Jendorff, Niederadel und Reformation in Hessen: eine Konflikt- oder eine Konsensgeschichte?, in: Jahrbuch der Hessischen Kirchengeschichtlichen Vereinigung 64 (2013), S. 17-65.

63 Jendorff, Reformatio Catholica (wie Anm. 13), S. 286-298; und Ders., Verwandte, Teilhaber und Dienstleute. Herrschaftliche Funktionsträger im Erzstift Mainz 1514-1647

(Untersuchungen und Materialien zur Verfassungs- und Landesgeschichte Bd. 18), Marburg 2003.

64 Bei dieser Formulierung handelt es sich selbstverständlich um eine Anspielung auf Wolfgang Reinhard, Zwang zur Konfessionalisierung? Prolegomena zu einer Theorie des konfessionellen Zeitalters, in: Zeitschrift für Historische Forschung 10 (1983), S. 257-277.

65 Friedrich P. Kahlenberg, Konsolidierung und Arrondierung des Territorialstaates in der zweiten Hälfte des 16. Jahrhunderts. Der Merlauer Vertrag von 1582 zwischen Hessen und Mainz, in: Hessisches Jahrbuch für Landesgeschichte 14 (1964), S. 123-198.

66 Vgl. Barbara Dölemeyer, Die Reaktion deutscher Landesherren und Kirchen auf das Auftreten von Sekten im 17. und 18. Jahrhundert, in: Religiöser Pluralismus im vereinten Europa – Freikirchen und Sekten, hrsg. von Hartmut Lehmann, Göttingen 2005, S. 13-30; Heinhard Steiger, Die Gewährung der Gewissensfreiheit durch Ernst Casimir von Ysenburg-Büdingen im Jahre 1712, in: Otto Triffterer u.a. (Hg.), Festschrift für Walter Mallmann, Baden-Baden 1979, S. 293-318.

67 Vgl. zum Forschungsstand: Holger Th. Gräf und Anke Stösser (Hg.), Philipp der Großmütige, Landgraf von Hessen (1504-1567). Eine Bibliographie zu Person und Territorium im Reformationszeitalter (Untersuchungen und Materialien zur Verfassungs- und Landesgeschichte, Bd. 20), Marburg 2004; Holger Th. Gräf, Die reformatorische Tat Landgraf Philipps – Hessens Aufbruch in die Neuzeit?, in: Ders., Karin Bautz, (Hg.), Beiträge zur Geschichte Grünbergs in Mittelalter und Reformationszeit (Veröffentlichungen aus dem Museum im Spital Grünberg, Bd. 1), Neustadt a.d. Aisch 2006, S. 47-70; Holger Th. Gräf, Wolfgang Breul, Fürst, Reformation, Land – Aktuelle Forschungen zu Landgraf Philipp von Hessen (1504-1567), in: Archiv für Reformationsgeschichte 98 (2007), S. 274-300. In Bezug auf die Wetterau und ihre Randlandschaften ist man hingegen nach wie vor auf die oben zitierten Arbeiten von Wilhelm Diehl angewiesen. Die neuere geschichtswissenschaftliche Literatur, die hier benutzt wurde, behandelt das Reformationsgeschehen hingegen meist nur am Rande und verfolgt eher stadt-, adels-, oder territorialgeschichtliche Fragestellungen.

68 Vgl. dazu jetzt die Beiträge in Christoph Franke (Hg.), Adelsarchive in der historischen Forschung (Schriften des Staatsarchiv Marburg 26), Marburg 2014.

69 Zu mainzischen Beispielen vgl. Jendorff, Reformatio Catholica (wie Anm. 13), S. 327 ff., zu oberhessischen Beispielen wäre vergleichend etwa David Mayes, Communal Christianity: The Life and Loss of a Peasant Vision in Early Modern Germany (Studies in Central European History, Bd. 35), Leiden 2004, heranzuziehen.

70 Zum mittelrheinischen Adel Jendorff, Verwandte (wie Anm. 62), S. 67 ff.; zur fränkischen Reichsritterschaft, zu der auch Familien im osthessischen Raum und der Rhön gehörten, ebenfalls vergleichend interessant: Richard Ninness, Die Saat des Zwiespalts. Reichsritterschaft und konfessionelle Bündnispolitik, in: Conze/Jendorff/Wunder, Adel (wie Anm. 5), S. 251-267., sowie jetzt J. Friedrich Battenberg, Eustachius von Görtz und die Reformation in der Herrschaft Schlitz, in: Jahrbuch der Hessischen Kirchengeschichtlichen Vereinigung 64 (2013), S. 89-107. Vgl. auch künftig Alexander Jendorff, Reformation und Konfessionalisierung im Werra-Weser-Gebiet: drei Miniaturen zu einem Adelsereignis, in: Susanne Rappe-Weber (Hg.), Ludwigstein – Annäherungen

an die Geschichte der Burg, Göttingen 2015, S. 133-154, Ders., Religion und niederadliger Eigensinn. Konfessionsbildung ständische Selbstbehauptung und Fürstenherrschaft im Werra-Weser-Gebiet während des langen 16. Jahrhunderts (Beiträge zur Reformationsgeschichte in Thüringen, Bd. 2), Jena 2015.

71 Heinz Schilling, Aufbruch und Krise, Berlin 1988, S. 313 ff. und Ders., Confessional Europe: Bureaucrats, La Bonne Police, Civilizations, in: Handbook of European History 1400-1600. Late Middle Ages, Renaissance and Reformation , hg. von Thomas A. Brady, Heiko A. Oberman und James D. Tracy, Bd. II, Leiden 1995, S. 641-681, hier S. 655.

Die zur Steuer herangezogenen Einwohner Ossenheims in der Zeit von 1595 bis 1625

Sigmund von Grunelius

Die Dorfgemeinde Ossenheim im Wetteraukreis mit 1234 Einwohnern (2007) ist seit dem 1. Januar 1972 ein Stadtteil von Friedberg. Der Verfasser hat in dieser Zeitschrift im Rahmen seiner Familienforschung Grünling/Grunelius bereits in früheren Aufsätzen auf umfangreiche, Ossenheim betreffende Steuerlisten und Vermögensaufstellungen von 1595 bis 1625 hingewiesen[1]. Die nunmehr anstehende Aufbereitung jener Steuerlisten soll im Wesentlichen eine weitgehend vollständige Erfassung sämtlicher Familiennamen im interessierenden, sich über 30 Jahre erstreckenden Zeitraum ergeben, während die ausgewiesenen Besitzverhältnisse der einzelnen Familien, besonders im Vergleich untereinander, sowie die Besteuerungsgrundlagen nur am Rande diskutiert werden. Nachfolgend werden 6 Listen vorgestellt: Die Listen A und B1 - 5.

Liste A

Diese ist eine nicht-historische Übersicht des Verfassers, worin alphabetisch sämtliche 41 Familiennamen bzw. die meist männlichen Familienoberhäupter erfasst sind. Ist der Hausvater verstorben, folgt seine Witwe als Steuerzahlerin. Lebt auch sie nicht mehr, werden die „Erben“ (zur gesamten Hand) in die Pflicht genommen. Auch verbleibende „Kinder“ sind summarisch aufgeführt, für die, weil minderjährig, noch zu benennende Vormünder tätig werden müssen. Auch eine volljährige, ledige Tochter ist für den Fiskus interessant, wenn sie die verstorbenen Eltern beerbt hat (Nr. 5 in A). Auffällig ist weiterhin eine „Hausfrau“, die neben ihrem Ehemann mit eigenem Vermögen erscheint, vermutlich weil sie - aus welchem Grund auch immer - zu eigenem Besitz gekommen und nicht verpflichtet war, diesen in die Obhut des Ehemanns zu geben (Nr. 23b in A).

Vielfach tauchen Familienvorstände gleichen Familiennamens auf. Sie sind durch a,b,c ... kenntlich gemacht, auch um anzudeuten, dass diese Familien in einem kleinen Dorf mit Sicherheit nahe miteinander verwandt waren. So ergeben sich aus 41 Familiennamen 69 Steuerzahler.
Zweck der Liste A ist darüber hinaus aufzuzeigen, in welchen der historischen Listen B1-5 diese Vermögensbesitzer bzw. Steuerzahler aufscheinen.

Die historischen Listen B1 - 5

Diese Listen sind in ihrem originalen Wortlaut belassen und nur insoweit verändert, als es der Übersichtlichkeit und dem besseren Verständnis dient. Vorab ist festzustellen, dass der Verfasser darauf vertraut, dass in den Originalen grundsätzlich die Vornamen den Familiennamen vorangehen, da damals wie heutzutage Eigennamen sowohl als Vor- wie auch als Familiennamen üblich sein konnten und können. Hieraus ergeben sich vereinzelt interessante Übergänge, die erläutert werden.

B1-5 sind nicht alphabetisch aufgestellt, auch sonst ist eine besondere Ordnung in der Reihenfolge der veranlagten Personen nicht erkennbar, d.h. - und das dürfte besonders für B1 gelten - sie wurden in der Reihenfolge erfasst, wie sie gerade zur Tür des aufnehmenden Dorfbeamten hereinkamen. An einer Anordnung der Familiennamen in alphabetischer Reihenfolge bestand damals offensichtlich noch kein Interesse. Wie bereits früher angemerkt[1], ist die Erstellung von B1 aus dem Nachlass Causenius zwischen 1597 und 1603 anzusetzen. B2 und 3 sind „amtlich" auf 1595 - 1601 bzw. 1595, B4 und 5 auf 1620 - 1625 bzw. 1620 datiert. B2 und 3 sind in Teilen älter als B1, da, wie Liste A (Nr. 28) ausweist, Wendel Scheffer bzw. Schäfer in B2 und 3 noch selbst auftritt, in B1 (Nr. 31) hingegen bereits seine Witwe genannt ist.

Die Namensentstehung von Wendel Scheffer ist interessant: In B3 von 1595 erscheint er als „Schäfer Wendel", d.h. er war von seiner Tätigkeit her Schäfer und darüber hinaus nur unter seinem Vornamen (Tauf- oder Rufnamen) Wendel bekannt. In B2 von 1595 - 1601 taucht er als „Wendel Scheffer" auf, womit seine Tätigkeit schon zu einem leicht abgewandelten Familiennamen mutiert ist. In dem ein wenig späteren Eintrag in B1 ist der Name seiner Witwe bereits als „Wendell scheffers W." etabliert (Nr. 31).

Einer Erwähnung wert erscheint noch der in A Nr. 31 aufgeführte „Schultheiß Weigell", der nur in B1, Nr. 9 als „Weigell Schultheiß" original erfasst ist. Schultheiß bedeutet hier kein Amt, jedenfalls nicht in jener Generation, sondern ist schon in einer früheren - auf welche Weise auch immer - zum Familiennamen geworden, denn ein Schultheiß ohne Familiennamen wäre kaum denkbar.

Schließlich fiel dem Verfasser auf, dass sein Ahnherr Johannes Grunelius in B1 - B3 (wegen seines Amtes als gräflich Solms-Laubachischer Pfarrer) als Einziger als „Herr" (=H.) geführt wurde.

Liste B1[2]

Diese Liste (B1) stellt eine steuerrelevante Vermögensaufstellung dar und mag als Grundlage für anderweitig zu fordernde Abgaben gedient haben, z.B. als „Türkensteuer" zur Abwehr der das Reich bedrohenden Muselmanen.[2] B1 umfasst die Namen von 34 Familienvorständen, deren festgesetztes Vermögen sich zu 19.701 Gulden (Florin = f. oder fl.) summieren lässt. Dazu kommt als Nr. 35 der „Kirchen Bau" mit 980 f., d.h. das Dorf Ossenheim war 20.681 f. „wert", eine sicherlich zu geringe Summe, wie noch zu zeigen sein wird. B1 beginnt mit einer Bewertungsvorgabe („Anschlag") für verschiedene Arten von Landbesitz. Zwar werden für je 1 Morgen unterschiedlicher Anbaufläche unterschiedliche Bewertungen vorgegeben, aber nur für die ersten vier Familienvorstände (Nr. 1 - 4) werden überhaupt Flächengrößen vermerkt, welche eine Überprüfung ermöglichen. Der „Anschlag" enthält keine Wertvorgaben für das Vieh, obwohl dafür ziemlich strikte Sätze angewandt wurden: Pferd: 20 f. (selten: 15 f.), Kuh: 5 f., weibliches Kalb: 2,5 f., Schwein: 1 f., Schaf: ca 0,8 f. Ochsen wurden nicht bewertet, weil möglicherweise steuerfrei, da sie als Zugvieh die Produktion der später zu versteuernden Feldfrüchte überwiegend ermöglichten. Sehr auffällig ist, dass von 34 Familienoberhäuptern nur Nr. 2, noch dazu eine Witwe, nach ihrer Barschaft gefragt wurde. Dies lässt vermuten, dass Ossenheim deutlich „reicher" gewesen sein musste als oben addiert.

Listen B2 - 5[3-7]

B2 und B4 sind eindeutig als „Extract" aus den gemeinen Dorfrechnungen ausgewiesen, was sinngemäß auch für B3 und B5 gilt. Von diesen „Extracten" B2 - 5 im Graf zu Solms-Rödelheim Archiv (SRA)[3] finden sich Abschriften im Nachlass Causenius[4], jedoch mit kleinen Abweichungen und Fehlern.

Zum in B2 letztaufgeführten Steuerzahler noch eineBemerkung: Im Original heißt es dort: „Wendelß Johans Sohn", d.h. der noch unmündige Sohn ist nicht mit seinem Taufnamen aufgeführt und sicherlich Vollwaise. Für „4 morgen 0,5 virtl lands“ (= 4,125 Morgen) wird er mit nur 17 Pfennig besteuert. Rund 20 Jahre später (B4) besitzt ein Johannes Wendel genau diese Fläche noch immer, wird aber dafür - da nunmehr volljährig - wesentlich höher, nämlich zu 8 Turnosen 1 Pfennig (= 193 Pfennig) veranlagt. Außerdem zahlt er noch für ein Lehen. Durch die Größe seines Eigenlands ist Johan(nes) Wendel somit als gleichnamiger Sohn seines verstorbenen Vaters ausgewiesen.

Zum besseren Verständnis der nachfolgenden Landflächen- und Getreidemaße sowie der Münzwerte seien folgende Angaben vorausgeschickt, die dem Verfasser z.T. vom Stadtarchiv Friedberg freundlicherweise mitgeteilt wurden: 1 Ossenheimer Lokalmorgen (m.) entspricht 160 Quadratruten bzw. 1987,2 Quadratmeter (qm).
1 „Virtl“ bedeutet den vierten Teil eines Lokalmorgens. 1 Rute oder Rude versteht sich zu 3,52 Meter, gemeint ist aber bei Flächenangaben die Quadratrute, d.h. 12,42 qm. Die Fläche 1 Hub (Hufe) umfasst meist 30 Morgen.Als Getreidemaß für Friedberg und Ossenheim gilt: 1 Malter = 4 Simmer = 8 Mesten = 16 Sechter = 64 Gescheid = ca 120 Liter. Zu den Münzeinheiten ist anzumerken, dass 1 Gulden (f. oder fl.) 12 Turnosen, 1 Turnose 24 Pfennigen entsprachen.

Die Listen B2 und 4 erfassen die Flächen Ackerlands jedes Steuerpflichtigen und setzen dazu in rechnerisch kaum nachvollziehbarer Weise die Steuern in Gulden, Turnosen und Pfennigen fest. Besonders unverständlich sind Fälle, in denen begütetere Landbesitzer geringere Steuern zu entrichten hatten als deutlich weniger begüterte. Möglicherweise steuerbegünstigte Personen wie (arme) Witwen oder Kinder sind dabei nicht im Spiel, so dass man nur an wenig ertragreiche Äcker in ungünstiger Lage denken könnte, doch fehlen jegliche Hinweise dazu. In Liste B4 sei beispielsweise auf die Personenpaare Hans Geyer vs. Michel Spilman; Peter Windecker vs. Johann Bender sowie Caspar Hertmes vs. Gelbert Hairt hingewiesen.

Die Listen B3 und 5 benennen Ossenheimer Einwohner, die teils zusätzlich, teils ausschließlich ihre Steuern als Naturalabgaben in Form geernteten Getreides entrichteten. Auch hier kann die Übersicht in Liste A von Nutzen sein. Bei B2 - 5 handelt es sich wahrscheinlich um jährlich wiederkehrende Abgaben, zumal zu Beginn von B4 von Jahresrechnungen die Rede ist.

Liste A

Familienname	Vorname	ggf. nachfolgender Hausvorstand	Aufgeführt in den Listen B				
			Nr. 1	2	3	4	5
1. Bender	Johann		14	x	x	x	-
2. Clauß	Valtin		32	x	x	x	x
3. Dill (Diell)	Volpert		1	-	-	-	-
"	"	Witwe	-	-	-	x	x
4a. Dreut, -tt, -dt	Gelbert		-	-	-	x	-
b. "	Heinz	Witwe	-	-	x	-	-
c. "	Johann		27	x	x	x	x
d. "	Tönges		30	x	x	x	-
"	"	Witwe	-	-	-	-	x
5. Ewald	Crein (= Katharina)	Tochter ?	-	x	x	-	-
6. Faith	Stoffel		-	-	-	x	x
7. Fleischer	Johann		3	-	-	-	-
8. Gejer (Geyer)	Hans		-	-	-	x	x
9a. Grunelius	Johann		26	x	x	-	-
b. "	Johann Henrich		-	-	-	x	x
10a. Hachenburger	Simon		7	-	-	x	x
b.(Hackenburger)	Wilhelm		(15)	x	x	-	-
11a. Hairt,-th,-dt	Gelbert		-	-	-	x	-
b. "	Hainz		24	x	x	-	-
c. "	Johann		22	x	x	x	x
12. Hamer (Hemer, Hamel)	Henrich		-	-	-	x	x
13a. Hartmes	Adam		-	-	-	x	x
b. (Hertmes,	Caspar		19	x	-	x	x
c. Hartmans)	Claus	Witwe	12	x	x	-	-
d. "	Reyz		6	-	-	-	-
14a. Heil (Heyll)	Geberdt		10	-	-	-	-
b. "	Johann	Kinder	-	x	-	-	-
15. Hepner	Clauß		5	-	x	x	x
16. Herman(n)	Thönges (Dönges)		8	x	-	x	-
17. Köler	Valtin		-	-	-	x	x
18. Kulman	Henrich		-	-	-	x	-
19. Landtvogt	Conradt		13	-	-	-	-
20. Mebes	Hans		-	-	-	x	-
21. Mei(h)en	Johan(n)		(32)	-	x	-	-
22. Meißer	Johann		-	x	-	-	-
23a. Morber	Johann		23	x	x	-	-
b. "	"	Hausfrau	23	-	-	-	-
c. "	Philipp		-	-	-	x	x
24. Rauch	Simon		-	x	-	x	x
25. Reichard (Reinhard)	Weigel		-	x	x	-	-

26.	Roth (Roith, Rodt)	Conrad		11	x	-	x	-
27a.	Schadecker	Johann		-	-	-	x	x
b.	"	Tobias	Witwe	-	-	x	-	-
28.	Scheffer (Schäfer)	Wendel		-	x	x	-	-
	"	"	Witwe	31	-	-	-	-
29.	Schlottner	Bernhard		-	x	x	-	-
	"	"	Witwe	-	-	-	-	x
30a.	Schmid(t)	Endres		-	-	-	x	x
b.	Schmidt	Johann		-	-	x	-	-
c.	Schmid	Johann der Alt		18	x	-	-	-
d.	Schmidt	Johann der Jung		34	x	-	-	-
e.	Schmid	Johannes		-	-	x	-	-
	"	"	Kinder	-	-	-	x	-
f.	Schmidt	Philips		-	-	-	x	x
31.	Schultheiß	Weigell		9	-	-	-	-
32.	Spi(e)lman	Mich(a)el		15	x	x	x	x
33.	Voith (Voigt)	Hairth (Hart)		25	x	x	x	-
34a.	Waaß (Was)	Hans		-	-	x	-	-
b.	"	Peter	Witwe	2	x	-	-	-
35a.	Waibes	Conradt		-	-	x	-	-
b.	(Weibes)	Stoffel		4	x	x	x	x
36.	Walther	Wendel	Erben	-	x	x	-	-
37.	Weipert	Henn		-	-	-	x	-
38a.	Weiz (Weyz)	Adam	Erben	-	-	-	x	x
b.	"	Heinz	Witwe	33	x	x	-	-
c.	"	Johann	Witwe	20	-	-	-	-
d.	"	Valtin		-	-	-	x	-
39a.	Wendel(l)	Hen		28	x	x	-	-
b.	"	Johannes	Sohn des Johannes	-	x	-	x	x
40a.	Windecker (Winnecker)	Gelbert (Gilbert)		17	x	x	-	-
	"	"	Witwe	-	-	-	x	x
b.	"	Heinrich (Heinz)	Witwe	21	x	x	-	-
c.	"	Johann		16	-	-	-	-
	"	"	Witwe	-	-	-	x	-
d.	"	Peter		-	-	-	x	-
41	Zihl (Ziell)	Hen		29	x	x	-	-

Liste B1

Anschlag der liegenden Güter zu Oßenheim

(Im Original sind sämtliche nachfolgenden Wertangaben mit „f." bezeichnet und als florin bzw. Gulden zu verstehen, „m." steht für das Flächenmaß „Morgen", der als Ossenheimer Lokalmorgen einen Umfang von 1987,2 qm aufwies.)

18 f. ein morgen acker im besten
12 ein m. acker im geringsten anschlag
28 ein m. Wiesen
28 ein m. Wingarten
20 ein m. Krautgarten
20 ein m. baumgarten
14 ein m. drittel wingart (1/3 Morgen Weingarten)

Ossenheim

(Bruchzahlen, z.B. 1/2, werden als Dezimalbrüche, z.B. 0.5 , wiedergegeben)

1. Volpert Diell

50 f. zwo behausungen
28,5 an 2 m. acker
22,5 an Win und Kappesgarten 1,25 m.
5 ein Kue
2,5 ein Kalbin (weibl. Kalb)
1 ein Saw (Sau)
4 fünf schaf
1,5 farnus (bewegliche Habe)

Summa 115 f.

2. Peter Wasen W. (Was' Witwe)

30 f. behausung
17,5 an 3,5 Viertel wein und Kappesgarten
5 ein Kue
100 barschaft

Summa 152,5 f.

3. Johann Fleischer

80 behausung
13,5 an ackern
30 an Wingarten 1,5 m.
20 an 1 m. Kappes(garten)
10 zwo Kue
2 zwo Sew (Säue)
8 zehen schaf
11,5 farnus

Summa 175 f.

4. Stoffel Weibes

150 behausung
348 an 21,75 m. acker
42 an 1,5 m. Wiesen
45 an 2,25 m. Wingert
25 an 1,25 m. baumgarten
5 an 1 Viertel Kappesgarten
15 drei Kue
2,5 ein Kalbin
3 drei Sew (Säue)
10 0,5 Viertel (=12,5) *schaf*
9,5 farnus

Summa 610 f. (Fehler, richtig: 655 f.)

5. Claus Hepner

50 behausung

6. Reyz (Heinrich) *Hartmes*

40 behausung

81 an ackern
38,5 an wingarten
27,5 an garten
10 2 kue
5 5 schwein
13 farnes

Summa 225 f.

28 an wingarten
10 an garten
5 1 kue
1 1 schwein
10 farnes

Summa 103 f. (Fehler, richtig: 94 f.)

7. Simon Hackenburger

110 behausung
274,5 an ackern
77 an wießen
12,5 an garten
59,5 an wingarten
10 2 kue
2,5 1 kalbin
2 2 seu
9 11 schaf
10 farnus

Summa 567 f.

8. Dönges Herman

70 behausung
48 an ackern
35 an garten
63 an wingarten
7,5 1 kue 1 kalbin
2 2 seu
15,5 farnes

Summa 241 f.

9. Weigell schultheiß

30 behausung
28 an wingarten
42,5 an ackern
15 an Garten
5 1 kue
1 1 saw
6 7 schaf
5,5 farnus

Summa 133 f.

10. Geberdt Heyll

150 behausung
232,5 thut seine besserung uf 23,5 morgen acker und 1,5 morgen wießen so ehr zu erblehen hatt vom Closter unßer lieben frauen zu Gerden (Greden?) *zu Meinz* (Mainz) *gibt jerlich darvon 3 Pfund heller das ist 45 alb.*
81 an eigen acker

20,5 farnus

Summa 484 f.
80 f. (nicht näher gekennzeichnet)

---

564 f.

(Anzumerken ist hier, dass das Pfund als Zählmaß 240 Stück bedeutete, 3 Pfund also 720 Stück bzw. Heller. Da 1 Albus einen Wert von 8 Pfennigen hatte, errechneten sich 45 alb (= 1,5 Gulden) zu 360 Pfennige, d.h. 1 Pfennig (d) entsprach 2 Heller.)

11. Conradt Rodt

30 behausung

12. Clauß Hartmes W. (Witwe)

30 behausung
24,5 an ackern
10,5 wingarten
5 farnes

Summa 70 f.

13. Conradt landtvogt

60 behausung
75 an ackern
5 1 kue
3 4 schaf
10 farnes

Summa 153 f.

14. *Johan Bender*

200 die Mühle ist eigen
gibt allein 10 a(chtel) *Korn*
zu pfaht (Pacht) *M*(einer)
g(nädigen) *herschaft.*

214 an ackern
22,5 an garten
28 an wießen
42 an wingarten
20 1 pferdt und fülen

15. Michael spilman

200 behausung
150 wilhelm hach(en)burg(er)s behausung
456 an ackern
59,5 an wingarten
20 an Garten
119 an wießen
20 1 pferdt
15 2 kue und 2 kalbin
10 zehen sew

15 3 kue
2,5 1 kalbin
10 zehen sew
71 farnes

Summa 625 f.

16. Johan Winecker (Windecker)

110 behausung
54 an ackern
35 an wingarten
5 1 kue
2 2 sew
9 11 schaf
10 farnes

Summa 225 f.

80 farnes

Summa 1129,5 f.

17. Gilbert Winecker (Windecker)

100 behausung
394,5 an ackern
66,5 an wießen
66,5 an wingärten
16 an garten
1197,5 besserung uf 5 Hub acker wießen und garten so ehr von Forstmeistern von Gelnhausen zu lehen tragen haben seine fürfürfaren (Vorfahren) uber die 40 Jar ohne schriftliche leyhe ingehabt, gibt 43 ach(tel) *Korn.*
80 4 pferdt
10 1 füllen
20 4 kue
6 sechs sew
16 20 schaf
5 2 kalbin
72 farnus

Summa 2050 f.

18. Johan schmit der alt

120 behausung
460,5 an ackern
171,5 an wießen
70 an wingarten
22 an garten
60 3 pferdt
20 2 füllen
20 4 küe
2,5 1 kalbin
2 2 schwein

19. Caspar Hartmans

40 behausung
21 an ackern
35 wingarten
10 2 küe
1 1 sau
6 8 schaf

Summa 113 f.

8 10 schaf
43,5 farnus

Summa 1000 f.

20. Johan Weyzen W. (Weyz' Witwe)

150 behausung
214,5 an ackern
56 an Wingarten
28 an Wiesen
80 vier pferd
20 zwei füllen
20 vier Kue
5 zwo Kalbin
9 neun sew
855 beßerung uf 3,5 huben acker wiesen und garten
62,5 farnus

Summa 1500 f.

21. Heinz Wineckers W. (Heinrich Windeckers Witwe)

150 behausung
342 an ackern
42 an wießen
10 an garten
49 an wingarten
10 2 küe
2,5 1 kalbin
2 2 sew
17,5 farnes

Summa 625 f.

22. Johan Hairdt

50 behausung
189,5 an ackern
7 an wießen
49 an wingarten
8 an garten
10 2 kue
5 2 kalbin
3 3 schwein
10 13 schaf
43,5 farnes

Summa 375 f.

23. Johan Morber

50 behausung
189 an ackern
72 an wingarten
21 an wießen
17,5 an garten
15 3 küe
2,5 1 kalbin
15 18 schaf
18 farnes

Summa 400 f.

Johan Morbers haüßfrau

25 behausung
21 an ackern
6 an garten

Summa 52 f.

24. Heinz Hardt

90	*behausung*
200	*an ackern*
35	*an wingarten*
17	*an garten*
10	*2 kue*
2,5	*1 kalbin*
4	*4 seu*
10	*13 schaf*
15,5	*farnes*

Summa 384 f.

25. Hart Voigt (Hairth Voith)

60	*behausung*
279	*an ackern*
28	*an wießen*
49	*an weingarten*
15	*an Garten*
10	*2 kue*
2	*2 schwein*
7	*9 schaf*
100	*farnes*

Summa 550 f.

26. H. (Herr) *Johan Grunelius*

80	*behausung*
745,5	*an ackern*
98	*an wießen*
44,5	*an wingarten*
27,5	*an garten*
15	*3 kue*
16,5	*an 20 schafen*
5	*fünf schwein*
43	*farnus*

Summa 1075 f.

27. Johan Dreutt

60	*behausung*
426	*an ackern*
59,5	*an wiesen*
59,5	*an weingarten*
15	*an garten*
15	*3 kue*
2,5	*1 kalbin*
2	*2 schwein*
9	*11 schafe*
11,5	*farnes*

Summa 660 f.

28. Hen Wendell

65	*behausung*
60	*Johan Heß´ erben behausung*
238,5	*an ackern*
49	*an wein garten*
84	*an wießen*

29. Hen Ziell

65	*behausung*
257	*an ackern*
66,5	*an wingarten*
15	*an garten*
15	*3 kue*

22,5 an garten
40 2 pferdt
15 3 kue
2,5 1 kalbin
4 vier sew
9,5 farnes

Summa 590 f.

3 3 schwein
30 an schaffen
23,5 farnes

Summa 475 f.

30. Tönges Dreudt

50 behausung
184 an ackern
21 an wießen
42 an weingarten
20 an garten
10 2 kue
2 2 schwein
5 farnes

Summa 334 f.

31. Wendell scheffers W. (Witwe)

40 behausung
70,5 an ackern
42 an wießen
49 an wingarten
17,5 an garten
5 1 kue
1 1 schwein

Summa 225 f.

32. Valtin Claußß

150 behausung
50 behausung v(on) *Johan Meien* (Meihen)
484,5 an ackern
28 an weingarten
202,5 an wießen
57, 5 an garten
147 an ackern in Bauernheimer terminey gelegen

56 an wingarten daßelbst
133 an wießen daßelbst
100 an 5 pferdten
25 an 5 küen
5 2 kalbin
10 zehen sew
20 an 1 V(iertel) (= 25) schaffen
106,5 farnes

Summa 1575 f.

33. Heinz Weizen W.
(Witwe des H. Weiz)

100 behausung
491 an ackern
56 an weingarten
28 an wießen
15,5 an garten (angesetzt sind an sich 152,5 mit blass geschriebener „2“, bei der Addition *aber mit 15,5 gerechnet.)*
60 an 4 pferdten
10 1 füllen
20 4 kue
5 2 kalbin
8 8 seu
7,5 9 schaf
35,5 farnes
360 besserung uf 1,5 hub ackers so sie vom Closter Arnspurgk landtsiedel-

weyße in hait (= innehat)
und jerlich 14 a(chtel)
korn gibt.
553,5 besserung uf 2 hub acker
wießen und Garten so sie
von den Teutschen Hern
zu Marpurgk landtsiedels-
weiße inne hait (=hat)
und darvon jerlich
6 a(chtel) korn gibt.

Summa 1750 f.

34. Johannes schmit der Jung.

55	*behausung*
20	*hans herns W*(itwe) *behausung*
481,5	*an ackern*
108,5	*an wingarten*
108	*an wiesen*
21,5	*an garten*
20	*4 kue*
3	*3 sew*
18	*an 22 schaffen*
14,5	*farnes*

Summa 850 f.

35. Kirchen Bau

980 f. an Capital und jerlichem inkommen

Liste B 2 (34 Personen)

Extract

Auß den gemeinen dorffrechnungen zue Oßenheimb von Cathedra Petri (= 22. Februar) *1595 angefangen biß in annum 1601 continuirt, durch Johann Schmidten, Heimbergern.*

Einnahme Beedt und Dienstgeldt

Vorname	Name	Fläche		Gulden	Turnosen	Pfennige
Thönges	*Hermann*	*3 morgen 4,5 ruden lands*	*facit*	-	*4*	*4*
Peter	*Was, wittib*	*1 morgen 0,5 virtl lands*	*facit*	-	*4*	*0,5*
(Crain= Catharina)	*Ewald's Crain*	*18,5 morgen 1 virtel eigen lands*				
		25 morgen lehenland	*facit*	*1*	*3*	*3,5*
Conrad	*Roth*	(ohne Flächenangabe)	*facit*	-	*3,5*	*4*
Clauß	*Hertmes, Witwe*	*6 morgen 1 virtl land*	*facit*	-	*5*	*5,5*
Johann	*Heil'ß Kinder*	*1 morgen lands*	*facit*	-	-	*5,5*
Johann	*Bender*	*12 morgen 3 virtel lands*	*facit*	-	*7*	-
Michel	*Spilman*	*21,5 morgen lands*	*facit*	*1*	-	*16,5*
Stoffel	*Waibes*	*9 morgen 3,5 virtel lands*	*facit*	*0,5*	-	*3*
Caspar	*Hertmes*	*1 morgen 1 virtel lands*	*facit*	-	*4*	*3,5*
Wendel	*Walther's Erben*	*15 morgen 2,5 virtl lands*	*facit*	-	*3,5*	*14,5*
Heinrich	*Windecker's Witwe*	*16,5 morgen eigen landes*				
		Lehen willichisch 5 Huben Lehenlandt v. Willich		*2*	*11*	*10,5*
Simon	*Rauch*	(ohne Flächenangabe)	*facit*	*1*	*3*	*1*
Johannes	*Schmid der Alt*	*1 Hub 2,5 morgen 0,5 virtel lands*	*facit*	-	*11*	*15*

				Gulden	Turnosen	Pfennige
Bernhard	Schlottner	8 morgen 3,5 virtel eigen landt				
		4 huben Lehnlandt Lehen Arnsperg	facit	3	3	14,5
Gelbert	Windecker	1 hub 7 morgen 1,5 virtl lands		1	-	11
Johann	Hairt	11,5 morgen lands	facit	0,5	-	15
Wilhelm	Hachenburger	26 morgen lands	facit	0,5	4	6,5
Hainz	Hairth	11 morgen lands	facit	0,5	-	7,5
Johann	Morber	11 morgen 0,5 virtl lands	facit	0,5	-	10
Hairth	Voith	15 morgen 1,5 virtel lands	facit	-	8	10
Johann	Meißer	6 morgen Eigenlandt				
		2 huben Lehenland	facit	1	8	14,5
H(err) Johann	Grunelius	1 hub 17,5 morgen, 0,5 virtel land		-	12	16
Heinz	Dreutt, Witwe	11 morgen 2,5 virtl lands	facit	0,5	-	11
Johann	Dreut	6,5 morgen 0,5 virtel lands	facit	-	5	8
Hen	Wendel	17 morgen 3,5 virtl	facit	-	7	8,5
Hen	Zil	8 morgen 1 virtl landes	facit	-	7	5,5
Tönges	Dreutt	11 morgen 0,5 virtel lands	facit	0,5	-	8,5
Weigel	Reinhard					
	(=Reichard)	8 morgen 1,5 virtl	facit	-	2	2,5
Wendel	Scheffer					
	(=Schäfer)	6,5 morgen landes	facit	-	5	7,5
Valtin	Clauß	1 hub 2,5 morgen Eigen landeß				
		5,5 hube lehen landes				
		(Dorinb. = v. Dörnberg)	facit	4,5	-	5,5
Heinz	Weiz, Witwe	27 morgen 1,5 virtel eigenlandts				
		2 huben lehenland	facit	3	-	7
Johann	Schmidt der Jung	12 m. 0,5 virtl	facit	-	6,5	4,5
Johannes	Wendel					
(= Sohn des gleichnamigen Johannes Wendel)		4 morgen 0,5 virtl lands	facit	-	-	17

Liste B 3 (31 Personen)

Innahm Beedwaiz de Anno 1595

		Mesten	*Sechter*	*Gescheid*
Johann	*Schmidt*	-	-	*1,5*
Tobiä	*Schadecker's Witwe*	-	*1,5*	*1,75*
(Crein)	*Ewald's Crein*	-	*0,5*	*0,5*
Johann	*Bender*	-	*1*	*0,25*
Wendel	*Walther's Erben*	-	-	*0,75*
Heinrich	*Windecker's Witwe*	*6*	-	-
(Lehen Willichisch = v. Willich)				
Bernhard	*Schlottner*	*6*	-	*0,75*
(Lehen Arnsperg)				
Gelbert	*Windecker*	-	*1,5*	-
Wilhelm	*Hachenburger*	-	-	*2,5*
H(err) Johann Grunelius		*1*	-	*2,25*
Heinz	*Dreutt, Witwe*	-	*0,5*	*0,5*
Heinz	*Weiz, Witwe*	*1,5*	*0,5*	*1,5*
(Schäfer	Wendel) =			
Wendel	*Schäfer* (=Scheffer)	-	*1*	-
Valten	*Clauß*	-	*1*	*1*
Johannes	*Schmid*	-	*0,5*	*0,25*
Heinz	*Hairt*	-	*0,5*	*0,75*
Weigel	*Reinhard*	-	-	*0,75*
Hairth	*Voith*	-	*0,5*	*0,25*
Clauß	*Hartmes, Witwe*	-	*0,5*	*1,75*
Tönges	*Dreutt*	-	*0,5*	*1*
Hen	*Zil*	-	*0,5*	-
Johann	*Meihen*	-	-	*1,5*
Clauß	*Hepner*	-	*0,5*	*1,25*
Johann	*Dreutt*	-	-	*1*
Johann	*Hairt*	-	-	*1,75*
Johann	*Morber*	-	*0,5*	*0,25*
Stoffel	*Waibes*	-	-	*0,25*
Michel	*Spielmann*	-	-	*1,75*
Hans	*Waaß* (=Was)	-	-	*0,25*
Conrad	*Waibes*	-	-	*0,25*
Henn	*Wendell*	-	-	*1,5*
(Abgaben aus der Produktion gemeinschaftl. bestellter Äcker seitens folgender, vorgenannter Einwohner:)				
Heinz Dreutt'en wittib, Ewald's Crein und Wendel waltherß erben		-	-	*1,5*
Hen Zil und Bernhard Schlottner		-	-	*0,25*

Liste B 4 (37 Personen)

Ferner Extract aus denen Oßenheimber gemeinen dorff und Jahrrechnungen in a´o 1620, angefangen durch Johann Henrich Grunelium, unterschultheißen, undt biß 1625 continuirt.

Innam beed und dienstgeld Anno 1620

				Gulden	Turnosen	Pfennige
Volpert	*Dill´s wittib*	*5,5 morgen 0,5 virtel*	*facit*	-	4	16
Hen	*Weipert*	*1,5 morgen*	*facit*	-	3	16
Simon	*Rauch*	*13,5 morgen 2 ruden*	*facit*	0,5	-	16
Stoffel	*Waibes*	*1,5 huben 2 morgen*	*facit*	1,5	-	14
		Item 2 huben Lehen	*facit*	1	-	-
Clauß	*Hepner*	*11 morgen 1 virtel*	*facit*	0,5	-	2
Simon	*Hachenburger*	*13 m. 0,5 virtl 7 ruden*		-	6,5	5
Tönges	*Hermann*	*4 morgen 1,5 virtel*	*facit*	-	4,5	2
Hairth	*Voith*	*2 morgen 1 virtel*	*facit*	-	4	1
Hanß	*Gejer* (Geyer)	*1 hub 8 morgen 1 virtel 5 ruden*		1	1	1,5
Conrad	*Roith* (Roth, Rodt)	*2 morgen 0.5 virtel 2 ruden*	*facit*	-	4	1
Johann	*Windecker´s wittib*	*(ohne Flächenangabe)*	*facit*	-	3,5	-
Henrich	*Kulmann*	*1 morgen 0,5 virtel*	*facit*	-	3,5	5
Peter	*Windecker*	*6,5 morgen 1,5 virtel*	*facit*	-	5	4
Johann	*Bender*	*3,5 m. 1 virtel*	*facit*	-	7	17
Michel	*Spielman*	*1 hub 8 morgen*	*facit*	1	4,5	0,5
Henrich	*Hamer* (Hamel, Hemer)	*14 m. 1 virtl 10 ruden*	*facit*	-	7	1
Valtin	*Köler*	*27 morgen 0,5 virtl eigen,*		1	1	14
		Item 1.5 huben Lehen	*facit*	1	2	13
Gelbert	*Windecker´s w*(ittib)	*1 hub 16 m. 3,5 virtl eigen,*		0,5	5,5	4,5
		Item 2,5 huben Lehen				
		(=1/2 Willich)	*facit*	1	-	-
Endres	*Schmid*	*9 m. 1 virtl 7 ruden*	*facit*	-	5,5	2

				Gulden	Turnosen	Pfennige
Caspar	*Hertmes*	*5,5 morgen 1,5 virtel*	*facit*	-	*4*	*17*
Valtin	*Weiz*	*1 hub 5,5 m. 0,5 virtel 4 ruden Eigen*		*1*	*3*	*16,5*
		Item 3,5 hub lehen	*facit*	*2,5*	-	-
Johann Henrich	*Grunelius*	*7 morgen 1 virtel eigen*	*facit*	-	*1,5*	*5,5*
		Item 2,5 hub lehen (=1/2 Willich)	*facit*	*1*	-	-
Gelbert	*Hairt*	*5,5 morgen*	*facit*	-	*5*	*2*
Philips	*Morber*	*2 morgen 3 virtel*	*facit*	-	*4*	*3*
Johann	*Hairt*	*25 morgen*	*facit*	-	*9*	*14,5*
Johann	*Schadecker*	*15,5 morgen 0,5 virtel*	*facit*	-	*7*	*7,5*
Johann	*Dreut*	*1 hub 13 morgen 10 ruten Eigen*	*facit*	*1*	*5,5*	*5*
		Item 25 morgen lehen	*facit*	-	*6,5*	-
Johannes	*Wendel*	*4 morgen 0,5 virtel eigen*	*facit*	-	*8*	*1*
		Item 2 huben lehen	*facit*	*1*	-	-
Stoffel	*Faith*	*13 morgen*	*facit*	*0,5*	-	*13*
Gelbert	*Dreut*	*3 morgen 3,5 virtel*	*facit*	-	*4*	*7,5*
Tönges	*Dreut' w(ittib)*	*10 morgen 1,5 virtel*	*facit*	*0,5*	-	*10*
Adam	*Hertmes*	*1 hub 1,5 virtel*	*facit*	*1*	*2,5*	*3*
Hanß	*Mebes*	*3 morgen*	*facit*	-	*4*	*5*
Valtin	*Clauß*	*1,5 huben 3 virtl 4 ruden eigen*	*facit*	*1,5*	-	*8*
		Item 5,5 hube lehen	*facit*	*3*	*3*	*7,5*
Adam	*Weiz' erben*	*26 morgen 1 virtel 12 ruden eigen*		-	*6,5*	*1*
		Item 2 huben lehen	*facit*	*1*	*10*	*2*
Philips	*Schmidt*	*10 morgen 1 virtl*	*facit*	*0,5*	-	*1,5*
Johannes	*Schmid's Kinder*	*6 morgen*	*facit*	-	*1,5*	-

Liste B 5 (25 Personen)

Innam Beedweizen Anno 1620

1 sechter 1,5 gescheid ist der heimberger uf nechster rechnung schuldig plieben. Innam weiter,

		Mesten	*Sechter*	*Gescheid*
Volpert	*diel´ß* *w*(ittib)	-	-	*0,25*
Simon	*rauch*	-	-	*1*
Stoffell	*waibes*	-	-	*3,5*
Clauß	*Hepner*	-	*0,5*	-
Simon	*Hachenburger*	-	*0,5*	*1*
Michel	*Spilman*	-	*0,5*	*1,75*
Valtin	*Köler*	-	-	*3,75*
Hanß	*Geyer*	-	*0,5*	*0,5*
Gelbert	*Windecker´s* *w*(ittib)	*1*	-	*1,25*
	Lehen Willich 1/2	*3*	-	-
Endres	*Schmidt*	-	-	*0,5*
Casper	*Hartmes*	-	-	*0,75*
Bernhard	*Schlottner´s wittib*			
	Lehen	*6,5*	-	*1,5*
Johann				
Henrich	*Grunelius*			
	Lehen Willich 1/2	*3*	-	-
Philips	*morber*	-	-	*1*
Johann	*Hairth*	-	*1,5*	*1*
Johann	*Schadecker*	-	-	*1,5*
Henrich	*Hamel* (=Hamer, Hemer)	-	*0,5*	*0,5*
Johann	*Dreutt*	-	*1,5*	*1,25*
Johannes	*Wendel*	-	-	*0,5*
Stoffel	*Faith*	-	-	*2,5*
Tönges	*Dreutt´en wittib*	-	*0,5*	-
Adam	*Hertmes*	*1*	*0,5*	-
Valtin	*Clauß*	-	*1*	*1,5*
Adam	*weiz´en erben*	-	*1,5*	*1,75*
Philips	*Schmidt*	-	*0,5*	-

Wie umfangreich könnte nach Kenntnis aller Listen die Ossenheimer Bevölkerung in den ca. 30 Jahren zwischen etwa 1595 und 1625 gewesen sein?
Für die Jahre von etwa 1595 - 1603 benennen B1 und 2 je 34 Steuerzahler, B3 31 Familienoberhäupter. Für den Zeitraum 1620 - 1625 erfassen B4 und 5 37 bzw. 25 Hausvorstände.
In beiden Zeiträumen dürfen die jeweils höheren Zahlen dominieren, da nicht alle Familien zu Naturalabgaben (B3 und 5) verpflichtet waren. Man kann also für 1595 - 1603 34 Familien und für1620 - 1625 37 Familien ansetzen.
Wie umfangreich war eine Durchschnittsfamilie? Es wurden zwar sehr viele Kinder geboren, aber viele starben auch sehr früh, so dass der Verfasser statistisch vier Köpfe je Familie annehmen möchte. Schließlich gab es auch nicht wenige Witwenhaushalte. Für den Zeitraum von 1595 - 1603 könnte man also - sehr vorsichtig geschätzt - an die 140 Einwohner, für die Zeit von 1620 - 1625 an die 150 Einwohner vermuten.

1 Sigmund von Grunelius, Die Grünling und Grunelius aus Friedberg und Ossenheim in der Wetterau I, in: Wetterauer Geschichtsblätter, Bd. 22, Friedberg 1973, S. 23 ff., 34 und ders., Die Grünling und Grunelius aus Friedberg und Ossenheim in der Wetterau III, in: Wetterauer Geschichtsblätter, Bd. 34, Friedberg 1985, S. 23 u. 24.

2 Hessisches Hauptstaatsarchiv Wiesbaden (HHW) 1063/391 (Hellmuth Gensicke, Nachlaß Causenius, Wiesbaden 1979).

3 Graf zu Solms-Rödelheim Archiv im Hessischen Staatsarchiv Darmstadt (SRA), Ossenheim IX,9 (Dienst- u. Manngeld, Frondienste 1595 - 1773); neue Signatur im Hessischen Staatsarchiv Darmstadt: F 24 C Nr. 300/2 .

4 HHW 1063/392, hier: 1595 - 1620 (Hellmuth Gensicke, Nachlaß Causenius, Wiesbaden 1979).

5 Alfred Götze, Frühneuhochdeutsches Glossar, Bonn 1920.

6 Rudolf Krause, Umrechnung der im Großherzogtum Hessen vor 1817 gebräuchlichen Ortsmaße in das metrische System, Darmstadt 1956.

7 Fritz Verdenhalven, Alte Meß- und Währungssysteme aus dem deutschen Sprachgebiet, Neustadt an der Aisch, 1993.

Zwei Friedberger Pfarrer und ihre Predigten zum Ende des 30jährigen Krieges

Carl Ehrig-Eggert

Einleitung

Seit langem bekannt sind die Predigten, die von zwei Friedberger Pfarrern, Johann Philipp Goetzenius (in der Burgkirche) und Johannes Henrici (in der Stadtkirche) im Rahmen von Festgottesdiensten[1] zum offiziellen Ende des 30jährigen Krieges[2] gehalten und auch gedruckt wurden.[3] Ziel der folgenden Ausführungen ist es, diese beiden Predigten, ihre Verfasser und weitere Schriften aus deren Feder zu präsentieren und zu analysieren und sie in Kürze in ihren theologischen und geistesgeschichtlichen Kontext einzuordnen. Abgesehen wird dabei von einer Darstellung des historischen Kontextes[4], d.h. insbesonders von einem Abriß der Geschichte Friedbergs während des 30jährigen Krieges.[5] Erinnert sei aber exemplarisch an die glaubhafte Vermutung, dass Friedberg 1617/18 inklusive der jüdischen Bewohner ca. 2300 Einwohner hatte, während es zu Kriegsende nur noch ca. 500 Personen (ohne Judenschaft) waren.[6]

Verzichtet wird auch auch darauf, die zehn publizierten Predigten zum Friedensschluss von Hartmann Creide (von 1635 bis 1649 zweiter Pfarrer an der Stadtkirche) in diese Untersuchung einzubeziehen: *Danck- Buß und Bet-Altar Das ist Zehen unterschiedlich Predigten: darinnen auß Gottes Wort gezeiget wird/ wie wir den lieben Frieden-Schluß ansehen/ Gott dafür recht dancken und seiner Allmächtigen Hülff noch ferner mit Gedult erwarten sollen/ Gehalten in ... Augspurg Durch M. Hartman Creidium, Evangelischen Predigern ... daselbst.* Frankfurt: 1650.[7] Creide (1606-1656) war damals bereits Pfarrer in Augsburg, aber es ist durchaus möglich, dass in diese Predigten auch Erfahrungen aus seiner Friedberger Zeit eingeflossen sind.

Dies gilt aber umso mehr für die Predigtsammlungen, die Creide bereits während seiner Friedberger Zeit publiziert hat.[8]

Wie bekannt, hatten sich Stadt und Burg Friedberg der Reformation in ihrer lutherischen Form angeschlossen und seit dem Ende des 16. Jahrhunderts galt hier das Corpus der lutherischen Bekenntnisschriften. Diese waren die *Confessio Augustana*, deren „Apologie und Verteidigung", die „Schmalkadischen Artikel", der Große und der Kleine Katechismus Luthers und möglicherweise auch die *Formula Concordia* (Konkordienformel, publiziert 1579).

Diese war ein letzter Versuch, innerhalb des lutherischen Lagers eine gewisse dogmatische Einheitlichkeit herzustellen, und sie galt offensichtlich auch in Friedberg, obwohl sie weder von der Stadt noch von der Burg unterschrieben worden war.[9] Belege hierzu für die Stadt sind die Nennung der „Konkordienformel" in einer handschriftlichen *confessio* von Hartmann Creide aus dem Jahre 1635, also dem Jahre seiner Berufung auf die zweite Pfarrstelle der Stadtkirche[10], aber auch in einem Katechismus des ersten Stadtpfarrers Hulderich Eberhard Keipf aus dem 1736.[11] Belegen lässt sich dies auch durch die Titel eines erhaltenen Katalogs der Bibliothek der Stadtkirche aus den Jahren 1616ff.[12]

Für die Burg Friedberg wird dagegen, soweit erkennbar, *expressis verbis* nur die *Confessio Augustana invariata* („Unveränderte Augsburgische Konfession") aus dem Jahre 1530 genannt.[13]

Johann Philipp Goetzenius

Der Pfarrer der Friedberger Burgkirche war am Ende des 30jährigen Krieges Johann Philipp Goetzenius (Goetze), zu dem sich Folgendes ermitteln ließ:[14]

Geboren 1613 in Friedberg als Sohn des Stadtpfarrers Johannes Goetzenius, besuchte er ab 1629 zuerst das Pädagogium und dann die Universität in Gießen. Er scheint sein Studium an der Universität Jena abgeschlossen zu haben, denn aus diesem Jahr ist eine Disputation unter Johann Gerhard[15] erhalten: *Assertiones Theologicae ex Cap. Secundo Epistolae ad Romanos quas Praeside Johanne Gerhardo SS. Theol. D. & S. pro virili tuebitur Johannes Philippus Götz Fridberga-Wedderavius, ad diem ... August.* Jena: Steinmann 1636 [6] Bl. [16]

Es handelt sich also um Thesen Johann Gerhards zum 2. Kapitel des Römerbriefs, die Goetzenius zu verteidigen hatte: Der griechische Urtext wird fortlaufend kommentiert und „abweichende" Interpretationen verworfen. So wird z.B. gleich zu Vers 1 („Denn worin du den andern richtest, darin verdammst du dich selbst, weil du dasselbe tust, was du verurteilst") die Auslegung der Wiedertäufer verworfen, die aus diesem Vers die Ablehnung jedes irdischen Gerichts ableiten. Gerhard formuliert seine eigene Interpretation, dass nämlich eine weltliche Obrigkeit (*magistratus politicus*) sinnvoll und notwendig sei, in einer eigenen Schrift[17], die offensichtlich auch Johannes Henrici gekannt hat (s.u.).

Von 1636 bis 1641 war dieser Pfarrrer in Gräfenhausen bei Darmstadt, von 1641 bis 1658 Burgpfarrer in Friedberg und von 1658 bis 1659 Pfarrer in Oppenheim.[18] Was dann geschah, schildert der Friedberger Chronist Johannes May für das Jahr 1659 mit folgenden Worten: „Den 3. Novembris ist alhier kund geworden, daß M. Johann Philips Götz, so eine Zeit lang alhier in der Kais. Burg Pfarrer gewesen und vor kurzem zum Pfarrer nach Oppenheim vocirt worden, alda seine Pfarrkinder verlassen habe und nach Mainz gegangen und die Augspurgische evangelische Religion revocirt, darauf er zu einem Schaffner bei den Bettelmönchen promoviert und die Vertröstung solt empfangen habe, daß er noch höher kommen soll."[19] Waas ergänzt diese Nachricht mit dem Zusatz: „Tatsächlich wurde er Schultheiß zu C. [Kreuznach?], wo er am 15. März 1663 gestorben ist."[20]

Georg Biundo ist der Fund eines gedruckten Klageliedes über diese Konversion zu verdanken:[21]
Hertzliche Mutter-und Kinder-Seufftzen Vber M. Johann Philipps Goetzen Meyneydigen Pfarrer zu Oppenheim welcher die Mutter mit 5. Kindern schändlich den 27. Tag Octobris verlassen ins Bapsttumb gelaufen vnd in seinem Alter zum Götzendiener worden ist außgestoßen. o.O. 1659 (Vorhanden in: UB Marburg, Sign.: XiX d B, 1331o).

Biundo hat fast den ganzen Text dieses Klagegedichts auch publiziert: Den Akzent hat der unbekannte Verfasser auf die Situation der verlassenen Kinder und ihrer Mutter gelegt, die jetzt ganz auf die göttliche Fürsorge angewiesen seien - angesichts der Treulosigkeit des Gatten und Vaters.

Goetzenius selbst ist außerdem Verfasser von zwei Leichenpredigten (soweit bisher nachgewiesen):
a) *Ein armer, betrübter, aber doch trewer Mußquetirer*: Leichenpredigt für Johann Bünhauß, „Fürstlicher Hessen-Casslischer Major unter dem Stauffischen Regiment zu Fuß und Commendant der Keys. Burg und Stadt Friedberg", 10.9.1649. Marburg: Chemlin 1649[22] (Vorhanden in: Hessisches Staatsarchiv Marburg, Sign.: XV B 221).[23]
b) *Soliloquium Davidis*: Leichenpredigt für Agnes Sibylla Mahrolff, Ehefrau von „Anthonius Mahrolff, Rentmeister der Keiserl. Und deß Heiligen Reichs-

burgk Friedberg in der Wetterauw", 28.9.1655. Gießen: Chemlin 1655. (Vorhanden in: Hessisches Staatsarchiv Marburg, Sign.: XV B 1350).[24]

Ein *epicedium* aus Goetzenius' Feder findet sich im Anschluss an eine weitere Leichenpredigt:
Hochgeehrte Judith: Das ist: Christliche EhrenGedächtnuß vnd Leich-Predigt Bey stattlicher vnd Volckreicher sepultur vnd Begängnuß/ der ... Frawen Catharinae, Deß Weyland Henrici Leuchteri, gewesenen Trewen Pfarrers vnd Superintendenten zu Darmbstatt Seel. hinderlassener Wittwen: Welche den 19. Novembr. St. V. 1649 zu gedachtem Darmbstatt Selig verstorben/ vnd hernach Freytags den 23. Eiusd. in die Statt-Kirchen daselbst mit Christlichen Ceremonien, vnnd löblich zur Erden bestattet worden. Gehalten Vnd ... zum Truck vbergeben/ Durch Conradvm Steinivm, Elterern Statt-Predigern in der Fürstl. Residentz Darmbstatt. Frankfurt 1650. (Vorhanden in: Universitätsbibliothek Frankfurt: Sign.: N. libr. Ff 11989).[25]

Götz' *epicedium* für Catharina Leuchter, die Großmutter seiner Frau, ist ihr vor allem als Ehefrau des bedeutenden hessischen Theologen und Darmstädter Superintendenten Heinrich Leuchter (1558-1623), Großmutter und Urgroßmutter von 70 Enkeln und Urenkeln und Verwandter von zahlreichen hessischen Pfarrern gewidmet. Er unterzeichnet als „nepotis, è familia Hoffmanno-Leuchteriana, maritus".

Goetzenius' Predigt

Regium Gaudium Davidis: Imperialis Castri Friedbergensis Tripodium. Das ist: Ein Christliche Frewd- Danck- Gedenck-Buß und Glückwunschungs-Predigt/ Über den gantzen 122. Psalm des Königs und Propheten Davids/ Wegen deß längst gewünschten/ und nunmehr von dem barmhertzigen Gott bescherten und im H. Röm. Reich publicierten und confirmirten Friedens: An dem/ In der Kays. Burgk Friedberg in der Wetteraw und in der Kays. Freyen Reichs-Graffschafft Kaychen/ angestellten Danck- Buß und Frewden-Fest/so den 11. Tag Julii, styl. vet. dieses 1650 (als längsgewunschten Jubel-Jahrs) gantz Hochfeyerlich und in recht Christlicher Frewd celebriret worden/ als kurtz zuvor/ vermög der zu Nürnberg 16 Tag Julii, styl. vet. publicierten Friedens-Execution[26]*, dies Kays. Burgk und Statt Friedberg/ durch glückselige Abführung der Biß-herigen Krieges-Quarnison, den 5. Tag Julii, deß allgemeinen Reichs-Friedens theilhafftig worden. Gehalten in mehrgedachter Kays. Burgk*

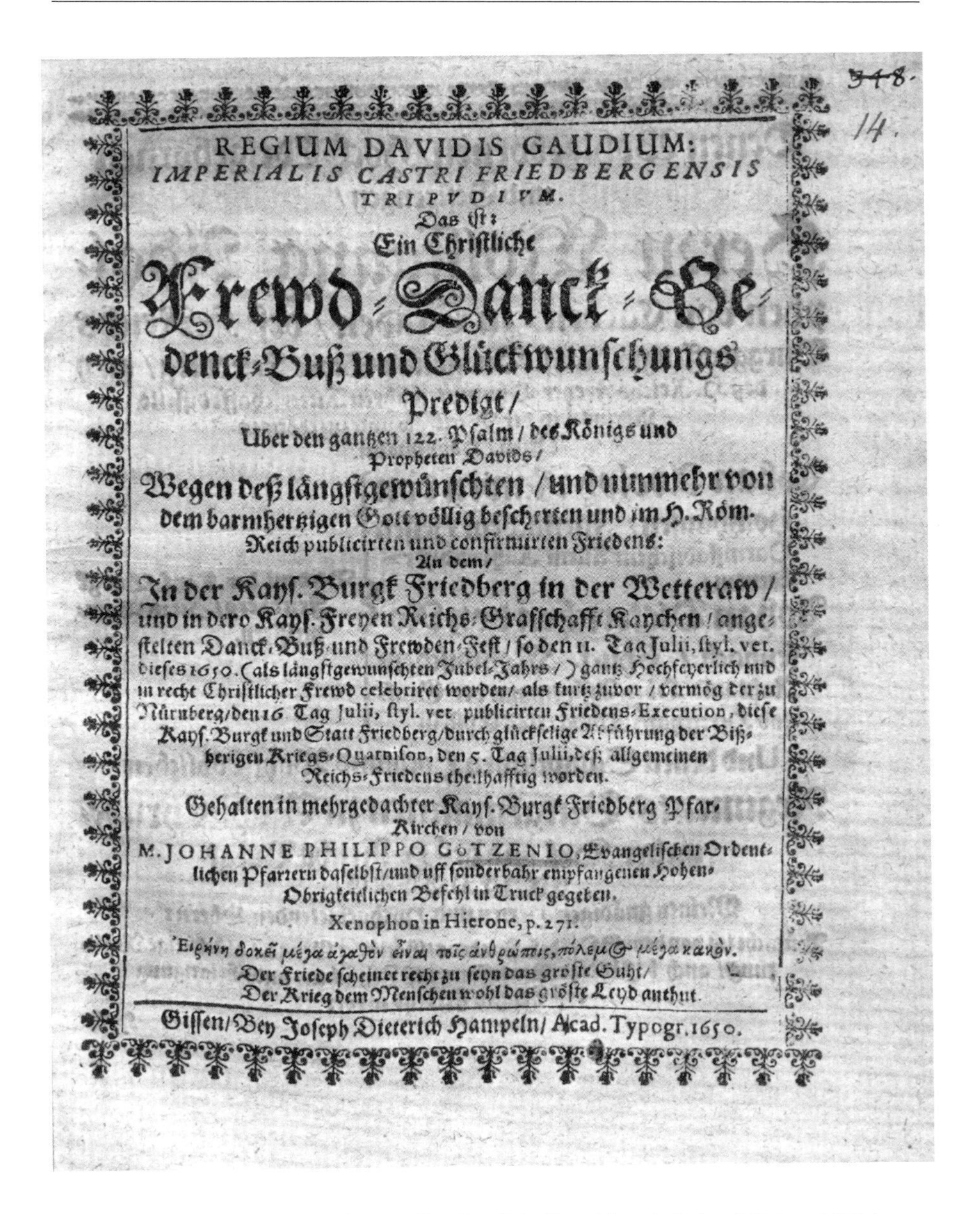

REGIUM DAVIDIS GAUDIUM:
IMPERIALIS CASTRI FRIEDBERGENSIS
TRIPUDIUM.
Das ist:
Ein Christliche
Frewd-Danck-Be-
denck-Buß und Glückwunschungs
Predigt/
Uber den gantzen 122. Psalm / des Königs und
Propheten Davids/
Wegen deß längstgewünschten / und nunmehr von
dem barmhertzigen Gott völlig bescherten und im H. Röm.
Reich publicirten und confirmirten Friedens:
An dem/
In der Kays. Burgk Friedberg in der Wetteraw/
und in dero Kays. Freyen Reichs-Grafschafft Kaychen / ange-
stelten Danck-Buß-und Frewden-Fest / so den 11. Tag Julii, styl. vet.
dieses 1650. (als längstgewunschten Jubel-Jahrs /) gantz Hochfeyerlich und
in recht Christlicher Frewd celebriret worden/ als kurtz zuvor / vermög der zu
Nürnberg/den 16 Tag Julii, styl. vet. publicirten Friedens-Execution, diese
Kays. Burgk und Statt Friedberg/durch glückselige Abführung der Biß-
herigen Kriegs-Quarnison, den 5. Tag Julii, deß allgemeinen
Reichs-Friedens theilhafftig worden.
Gehalten in mehrgedachter Kays. Burgk Friedberg Pfar-
Kirchen / von
M. JOHANNE PHILIPPO GÖTZENIO, Evangelischen Ordent-
lichen Pfarrern daselbst/und uff sonderbahr empfangenen Hohen-
Obrigkeitlichen Befehl in Truck gegeben.
Xenophon in Hierone, p. 271.
Εἰρήνη δοκεῖ μέγα ἀγαθὸν εἶναι τοῖς ἀνθρώποις, πόλεμος μέγα κακόν.
Der Friede scheinet recht zu seyn das gröste Guht/
Der Krieg dem Menschen wohl das gröste Leyd anthut.
Gissen/Bey Joseph Dieterich Hampeln/ Acad. Typogr. 1650.

Abb. 1:Titelblatt von Goetzenius' Predigt *Ein christliche Frewd-Danck Gedenck-Buß und Glückwunschungspredigt,* 1650. Foto: Staats- und Stadtbibliothek Augsburg, Sign, 4 Th Pr 355

Friedberg Pfar-Kirchen/von M. Johanne Philippo Götzenio, Evangelischen Ordentlichen Pfarrern daselbst/ und uff sonderbahr empfangenen Hohen-Obrigkeitlichen Befehl in Truck gegeben.[27] Gießen 1650.[28]
Die Predigt hat folgenden Aufbau:
S. 2: Glückwünsche zum Frieden für den Burggrafen Wolfgang Adolf von Carben zu Staden, für Johann Adolf Rau von Holtzhausen, Fürstlich Hessen-Darmstädtischer „Alter Rath und Praesident", für Johann Dieterich von Rosenbach, Kurfürstlich Mainzischer Rat und Ober- Amtmann der Graf- und Herrschaft König- und Eppstein, für die beiden (ungenannten) Friedberger Bürgermeister[29] und die Burgmannen der Burg Friedberg.
S. 3-16: *Dedicatio* an den Burggrafen, die Burg-Baumeister und die Burgmannen: Goetzenius entwickelt das Thema der Gott geschuldeten Dankbarkeit mit zahlreichen Verweisen aus der klassischen und patristischen Literatur (u.a. Philo, Cicero, Ambrosius, Augustinus). Bereits hier zeigt sich seine Neigung, den theologischen Kern dessen, was er sagen will, mit Zitaten u.a. aus klassischen Autoren zu untermauern (s. u.).
Teil dieser *dedicatio* ist ein kurzer Abriß der Geschichte Friedbergs vom 14. Dezember 1620, als zum ersten Mal „spanische Kriegs-Völcker" in Friedberg einzogen, bis zum 5. Juli 1650, als nach dem endgültigen Abzug der hessenkasselischen Besatzung ein „Frewden- und Danck-Fest" für die Burg und die Freigrafschaft Kaichen verordnet wurde (S. 11-15).[30]
S. 17: Beginn der eigentlichen „Danck- und Glückwunschungs-Predigt" . Sie beginnt mit einem *praeloquium* („Vorspruch"), an dessen Anfang der kirchliche Segen (2. Kor. 13, v. 13: „Die Gnade unsers HERRN und Heylands Jesu Christi/ und die Liebe Gottes/ sampt der Gemeinschafft deß H. Geistes/ sey mit uns allen. Amen") und dessen Interpretation steht, wobei Goetzenius auf die *ratio convocationis*, also den Sinn dieses Fest-Gottesdienstes, nämlich Gott zu danken, abhebt (S. 17-22).
Erst S. 22 folgt dann der *textus* der Predigt also das ihr zu Grunde liegende Schriftwort, Psalm 122:
„Ich frewe mich, daß mir geredet ist, daß wir werden in das Hauß des Herrn eingehen. Und daß unsrere Füsse werden stehen in deinen Thoren/ Jerusalem. Jerusalem ist gebawet/ daß eine Statt sey/ da man zusammen kommen soll. Da die Stämme hinauff gehen sollen, nemblich die Stämme des HERRN/ zu predigen dem Volck Israel/ zu dancken dem Nahmen des HERREN. Denn daselbst sitzen die Stule [= Stühle] zu Gericht/ Stule des Hauses Davids. Wünsche Jerusalem Glück/ es müsse wohlgehen denen die dich lieben. Es müsse

Friede seyn inwendig in deinen Mawren/ und Glück ein deinen Palästen. Umb meiner Brüder und Freunde willen/ will ich dir Frieden wünschen. Umb des Hauses willen deß Herren unsers Gottes/ will ich dein bestes suchen".
Danach folgt S. 23 das *exordium* (Einleitung) - damit wird sowohl in der klassischen Rhetorik als auch in der klassischen Homiletik die Einleitung zu einer Rede beschrieben, die die Funktion hat, die Aufmerksamkeit des Zuhörers zu wecken.[31] Es endet mit einer Formulierung von Goetzenius, die die Intention seiner Predigt unmittelbar klarstellt, nämlich eine Verbindung zwischen Predigttext und den ganz akuellen Folgerungen, die er zieht, zu formulieren: „Regium Davidis Gaudium, Imperialis Castri Friedbergensis Tripudium" - in seiner eigenen, sehr freien Übersetzung: „König Davids höchste Frewd [d. h. Ps. 122: Davids Freude über den Frieden] Uns erquick nach grossem Leyd" (Ps. 27).[32]
Erst S. 27 beginnt die *tractatio textus,* d.h. Goetzenius kommt erst jetzt zur eigentlichen Textauslegung. Auffällig ist allerdings, dass er sich nicht an eine der Vorgaben der klassischen Homiletik, nämlich „Auslegung" und „Anwendung" zu trennen, hält, sondern beide Aspekte miteinander verschränkt. Dies tut er unter den Stichworten *Summum gaudium, Hierosolymae encomium, und pium Davidis votum* („die höchste Freude [Davids]", Lobpreis Jerusalems" und „herzlicher Wunsch Davids" und zu allen drei Punkten wird ein aktueller Bezug hergestellt:
Ad 1: „Hiermit deutet er an *Summum gaudium*, was damahls, als er zu seiner Königlichen Regierung nach so vielem ausgestandene Krieg inthronisiert und für [= vor] seinen Feinden Ruhe bekommen höchste Freude gewesen. Nichts nemblich unter allem als *Liberum Religionis exercitium*, daß er ungehindert vor der Bundeslade/ bey welcher der wahren Gottesdienst errichtet wurde/ welche ein Fürbild war auff Christum, den wahren Gnaden-Stul/ wie er also genennet wird/ Rom 3, v. 25" (S. 28). Goetzenius zieht also - immer bezogen auf Psalm 122 - eine unmittelbare Parallele zwischen dem Sieg Davids, durch welchen die Ausübung des jüdischen Gottesdienstes in Jerusalem wieder möglich wurde, und der Garantie der freien Ausübung des lutherischen Gottesdienstes durch den Westfälischen Frieden.
Ad 2: „Nicht allein aber rühmt der Königliche Prophet David die Stadt Jerusalem *quo ad Ecclesiastica*, was das Kirchen-Regiment und wohlbestelten Gottesdienst alda anlanget, sondern auch *quo ad bene constituta judicia politica* in Jerusalem, weil auch daselbst das weltliche Regiment Gericht so wohl bestellt

ist." (S. 33). Es bedarf also nicht nur eines geordneten Gottesdienstes, sondern auch eines „wohlbestallten" Gemeinwesens.
Ad 3: „Das dritte Stück … ist *Pium Davidis votum*, die hertzliche Glückwunschung des Königs und Propeten Davids, dieweil der lieben David Frieden und Ruhe für [= von] seinen Feinden bekommen …. so wünscht er auch nun Glück und Gottes Segen beydes zu dem Geist- und Weltlichem Regiment … „ (S. 35). Beide Bereiche, der geistliche und der „weltliche" können also nur mit Gottes Segen gedeihen.
Dem schließen sich zwei Abschnitte an, in denen Goetzenius die Aspekte vertieft, die ihm wichtig zu sein scheinen (S. 37):
Der erste widmet sich dem *Verum ecclesiae evangelicae & imperialis huius castri Fridbergensis tripudium* („Dasselbe ist das/ Gott sey Lob/ in dem beschlossenen Reichs-Frieden *Liberum religionis exercitium*, die Freyheit der nach Inhalt der unveränderten Augspurgischen Confession, und evangelischen wahren Religion"). Auffällig ist hier, dass Goetzenius nicht weiter ausführt, dass diese garantierte „Freiheit der Religionsausübung"[33] natürlich auch für die beiden anderen Konfessionen, nämlich Katholiken und Reformierte gilt.
Der zweite Aspekt, (S. 43) der Goetzenius wichtig ist, ist die Einrichtung eines wohlgerüsteten Staatswesens (*optima Ecclesiae & politiae Constitutio*). Die Bedingungen dafür sind *purissima verbi praedicatio* („reiner unverfälschter Gottesdienst") und *aequissima justitiae administratio* („die edle Gerechtigkeit").
Diese etwas allgemein gehaltenen Ausführungen präzisiert Goetzenius im Hinblick auf die Burg mit der Feststellung, dass es hier diese wohlbegründete Ordnung ja schon gebe und zitiert dazu z. B. einschlägige Passagen des Gießener Philosophen Christian Liebenthal (1587-1647) aus dessen *Collegium politicum* (zuerst erschienen 1619), in dem dieser das politische System der Burg lobt: „Die Burgh Friedberg in der Wetteraw/ hat ein berühmtes Regiment und Ganerbschafft/ ein sonderbaren Burggrafen auß vornehme Adelichen Geschlechtern/ mit stattlichen Ordnungen/ Privilegien und Regalien begabet/ und dem Römischen Kayser allein unterworffen/ und sonsten niemanden" (Übers. Goetzenius, S. 47).
Dem schließen sich eine Reihe von guten Wünschen an (S. 49ff): der Kirche „der unveränderten Augsburgischer Confession, dem „Regiment unseres geliebten Teuttschen Vatterlandes" (S. 50), dem Kaiser, allen Fürsten des Reichs, den Burggrafen, Burgmannen und Beamten der Burg, und schließlich allen Hausvätern und -müttern. Die eigentliche Predigt beschließt Goetzenius mit einem langen Gebet (S. 55-61).

Auf die Predigt folgen drei Anhänge, nämlich ein ausführlicher Bericht über den Verlauf des Gottesdienstes am 11. Juli 1650[34] (S. 62-64) und zwei unpaginierte Gedichte.
ad) Das erste Gedicht stammt aus der Feder von Hans Jost Wynckelmann[35] und trägt den Titel:
„Dem Wohl Ehrwürdigen Groß Achtbarn und Hochgelahrten Herren/M. Johan Philips Götzen/ Treufleißigen Predigern der Kays. Burg FRIEDBERG/ Seinem Hochgeehrten Freund/ hat hiermit sein großgünstiges Belieben zur Glückwünschung deren dreyssigjährigen nunmehr erledigten schweren Kriegs-Jochs als dienstgebührig und dienstbegierig erfüllen wollen Hans Jost Wynckelmann."
Es beginnt mit einem lateinischen Spruch, der ein Chronogramm enthält:
GerManIae paX aVrea (Der goldene Frieden Deutschlands):M, I, X, V = 1016
en à saLVte Vera (wohlan, wirklich wahr): L, V, V = 60
est restItVta totIVs (ist vollkommen wiederhergestellt): I, V, I, V = 12
FrIDberga LaetaVIVa! (Es lebe das frohe Friedberg!): I, D, L, V, I,V = 562[36]

Das Gedicht selbst ist ein Gebrauchstext - mit Erläuterungen -, dessen Ziel darin besteht, den Skopus der Predigt, nämlich die Verzahnung von Friedberg mit biblischen Texten auch in Versen zu illustrieren. Ein Beispiel (die Verse 12-16) mag dies verdeutlichen, wobei der Bezug nicht immer erkennbar ist:

12: „Du hast O Friedberg den Frieden recht gekrönet"
Textbezug Tobias 13,10[37]: Jerusalem, du Gottesstadt, Gott wird dich züchtigen um deiner Werke willen; aber er wird sich deiner wieder erbarmen.

13: „Und dich mit deinem Gott nun günstig ausgesöhnet."
Textbezug 2. Sam. 21,14: Also ward Gott nach diesem dem Lande wieder versöhnet.

14: „Dem Gott hastu gedanckt auß deines Herzens Grunde"
Textbezug: Ps. 9,1 (und Ps. 86,12): Ich danke dem Herrn von ganzem Herzen, und erzähle alle deine Wunder.

15: „Der dir erschaffen hat die Friederwünschte Stund."
Als Textbezug wird Ps. 111,11 genannt, vermutlich ist aber Ps. 102,14-15 gemeint: Du wolltest dich aufmachen und über Zion erbarmen, denn es ist Zeit, dass du ihm gnädig seist, und die Stunde ist gekommen, denn deine Knechte wollten gern, dass es gebaut würde, und es dauert sie, dass es in Trümmern liegt".

An dieses Gelegenheitsgedicht schließen sich „kurtze Anmerckungen etlicher Vers“ an, die vor allem deshalb interessant sind, weil sie Belege für die Nennung Friedbergs in der humanistischen Literatur des 16. Jahrhunderts bieten. Ein Beispiel mag dies illustrieren. Es stammt aus der Feder von Georg Sabinus (1580-1560), u.a. Schwiegersohn Philipp Melanchthons und Gründungsrektor der Universität Königsberg:[38]

„Urbs stat in excelso procul edita vertice[39] montis. („Es steht eine Stadt auf der hohen Spitze eines Berges und in der Ferne erhebt sich eine Höhe“).

Incola Fridburgum nomine turba vocat.“[40] („Die Bewohner nennen sie Friedberg“).

Die Fortsetzung hat aber Winckelmann wohl selbst formuliert - sie findet sich nämlich nicht bei Sabinus:

„Urbs quae MONS PACIS tranquilla a pace vocatur, („Eine Stadt, die ‘Friedensberg’ wegen des ruhigen Friedens genannt wird,“)

nomine sic rebus conveniente suis.“ („durch einen Namen, der ihren Verhältnissen entspricht“).

Nach diesen erläuternden Bemerkungen, die wohl ja auch den Zweck haben, die Gelehrsamkeit des Verfassers zu zeigen, schließt sich wiederum ein kurzer lateinischer Glückwunsch eines weiteren hessischen Zeitgenossen an, nämlich Johann Nikolaus Mislers[41], der bibliographisch bisher noch nicht nachgewiesen ist. Es ist das Werk eines „Schulmannes“ - jede Zeile enthält, gewissermaßen zur Übung der Deklination einen Fall des Wortes *pax*. Eine Passage, die darüber hinaus Goetzenius gewidmet ist, sei daraus hier zitiert:

„Sermonem Irenes conscribere *pax* data iussit
Goetzenium, *pacis* cultorem et pacis amantem
qui *paci* meritas laudes dedit ore diserto
pacem Wetteridos summus conservet in arvis“
(Nachdem der Friede erlangt war, wurde befohlen,
dass Goetzenius, ein Förderer und Liebhaber des Friedens, eine Friedenspredigt halte,
er, der dem Frieden das verdiente Lob aussprach [und dass]
der Höchste den Frieden auf den Wetterauischen Fluren bewahren möchte).

Johannes Henrici

Johannes Henrici, ebenfalls ein gebürtiger Friedberger (1592-1656) studierte in Leipzig und Gießen und war 1617 bis 1622 Rektor der Friedberger Augustinerschule. Anschließend fungierte er bis 1635 als Pfarrer in Rendel[42] und wurde dann Stadtpfarrer in Friedberg.. Waas hat einige Bruchstücke aus den „Erinnerungen" Henricis publiziert, die ihm aber auch schon nicht mehr vorlagen,[43] sondern in Auszügen aus den „Nachrichten über die Pfarrer der Stadtkirche zu Friedberg"[44] und aus der „Schazmann'schen Chronik".[45]

Neben dieser Friedenspredigt konnten zwei weitere gedruckte Werke von Henrici ermittelt werden, nämlich zum einen ein *epicedium* im Anschluss an die Leichenpredigt für Johannes Goetzenius, den Vater seines „Kollegen" in der Burgkirche:
Christianorum Officium et Praemium, Oder Christliche Leich-Predigt/ Ueber die Wort Joh. 12. v. 26. Wer mir dienen will/ der folge mir nach/ und wo ich bin/ [et]c. Bey der ... Sepultur Deß Herrn M. Johannis Götzenii, Gewesenen Evangelischen Predigers und Senioris allhier : Welcher Sontags den 26. Septembris ... dieses 1652. Jahrs/ in dem außgehenden 79. Jahr seines Alters/ den 29. eiusdem ... zur Erden bestattet worden. Gehalten in S. Catharinae Kirchen ... Durch Christianum Gerlach/ Evangelischen Predigern in Franckfurt. Frankfurt 1652. (Vorhanden in: Stadtarchiv Friedberg, Sign.: Schr. 5/89).

Hemricis *epicedium* ist überschrieben „In obitum admodum reverendi atque clarissimi viri Domini Iohannis Goetzenii, Antistis ecclesiae evangelicae Frankfurtensis vigilantissimi, Compatris sui beatissimi" („Zum Tode des verehrungswürdigen und hochberühmten Herrn Johannes Goetzenius, des sehr aufmerksamen Seniors der evangelischen Kirche Frankfurts, seines sehr glücklichen Taufpaten"). Dieses *epicedium* ist insofern bemerkenswert, als es nicht nur Goetzenius, sondern auch seinem eigenen Vater, Philipp Henrici, gewidmet ist. Dieser war am 26. Juni 1652 im Alter von 89 Jahren gestorben.[46] Henrici vergleicht beide, seinen Paten und seinen Vater, ob ihres Alters mit den Figuren der beiden gottesfürchtigen biblischen Simeon (1. Mos. 29,33 und Lk 2,25ff).

Ein weiteres Werk aus Henricis Amtszeit als Rektor des Friedberger Gymnasiums hat G. Windhaus publiziert, nämlich die ausführlichen *Leges Scholae Fridbergensis* („Schulgesetze") und die *Lectiones Scholae Fridbergensis* („Stundenpläne").[47]

Waas kannte darüber hinaus noch eine weitere Publikation, an der Henrici vermutlich beteiligt war, nämlich *Carmina gratulatoria* zur goldenen Hochzeit seines Vaters im Jahre 1639. Auch dieses Werk zählt zu den Kriegsverlusten der Frankfurter Universitätsbibliothek.[48]

In Friedberg hat sich sogar ein Denkmal Henricis, seines Vaters Philipp und seines Sohn Johannes Heinrich Henrici - als unmittelbarer Nachfolger seines Vaters ebenfalls Pfarrer an der Stadtkirche - erhalten, nämlich ihr gemeinsamer Grabstein an der Nordseite des Querschiffs der Stadtkirche. Die Grabinschrift lautet:
„Philippus Henrici aetat. 89, Pastor [Freu]denberg, [Kai]chen et Rendel reverendus vir Anno 1652 et hujus filius reverendus vir Johannes Henrici Pastor Rendellensis et Friedberg[ensis] Fidellis[imus] Anno 1656 Aetat. 67 quorum anima requiescat in pace et hujus filius reverendus vir Dn. Joannes [Heinrich] Henrici Pastor Friedberg[ensis] Fidelliss[imus] Anno 1669 Aetat. 40".[49]

Henricis Predigt

Friedberger Danck und Friedens-Gesang/ In welchem die gantze Christliche Gemeyn/ dero Kirchen zu Friedberg/ Gott dem Allmächtigen und Groswürdigsten Friedens-König/ von Hertzengrund/ danck saget/ daß derelbige/nach langwiriger augestandener Dreißjähriger Kriegs-Last/ den Hocherwünschten Edlen Frieden/ durch die Hoch-Ansehnliche Kayserliche und Königliche Herrn Abgesandten/ auch zustimmende Reichs-Stände zu Münster und Oßnabrück/den 27. Julii, Anno 1648. schliessen/und zu Nürnberg/ den 16. Junii 1650 vollends zu Werck richten lassen: Auß dem 18. Versicul/ des 118. Psalmen/ Gehalten in der Pfar-Kirchen zu Fridberg/ Durch Johannem Henrici, Pfarrern daselbsten. Gedruckt zu Giessen/ Durch Joseph Dieterich Hampelium/Der Löblichen Universität bestelten Buchdruckern/ Im Jahr 1650. 24, 4 [S.]. [50]

Auch Henrici beginnt seine Predigt mit einer Widmung (S. 2): Sie gilt den „Edlen/Ehrnvesten/ Hoch-Achtbaren/ Fürsichtigen und Wohlweisen/ Herrn Burger-Meistern/ Schöpffen und/ Rath dieser des Heiligen Reichs-Statt Friedberg/ Auch Einer Ehrsamen Bürgerschafft und Erbahren-Zünfften daselbsten". Dann folgt die eigentliche *dedicatio* (S. 3-6), die Henrici unter einem Psalmvers (mit Auslegung) stellt (S. 68, 16): „Daß der Berg Gottes sey ein fruchtbahrer Berg ein groß und Fruchtbahr Gebirg/ Gott hat lust auff diesem Berg zu wohnen/ und der Herr bleibt immer daselbst", um ihn dann mit dem Schicksal Friedbergs im 30jährigen Krieg in Kontrast zu setzen.

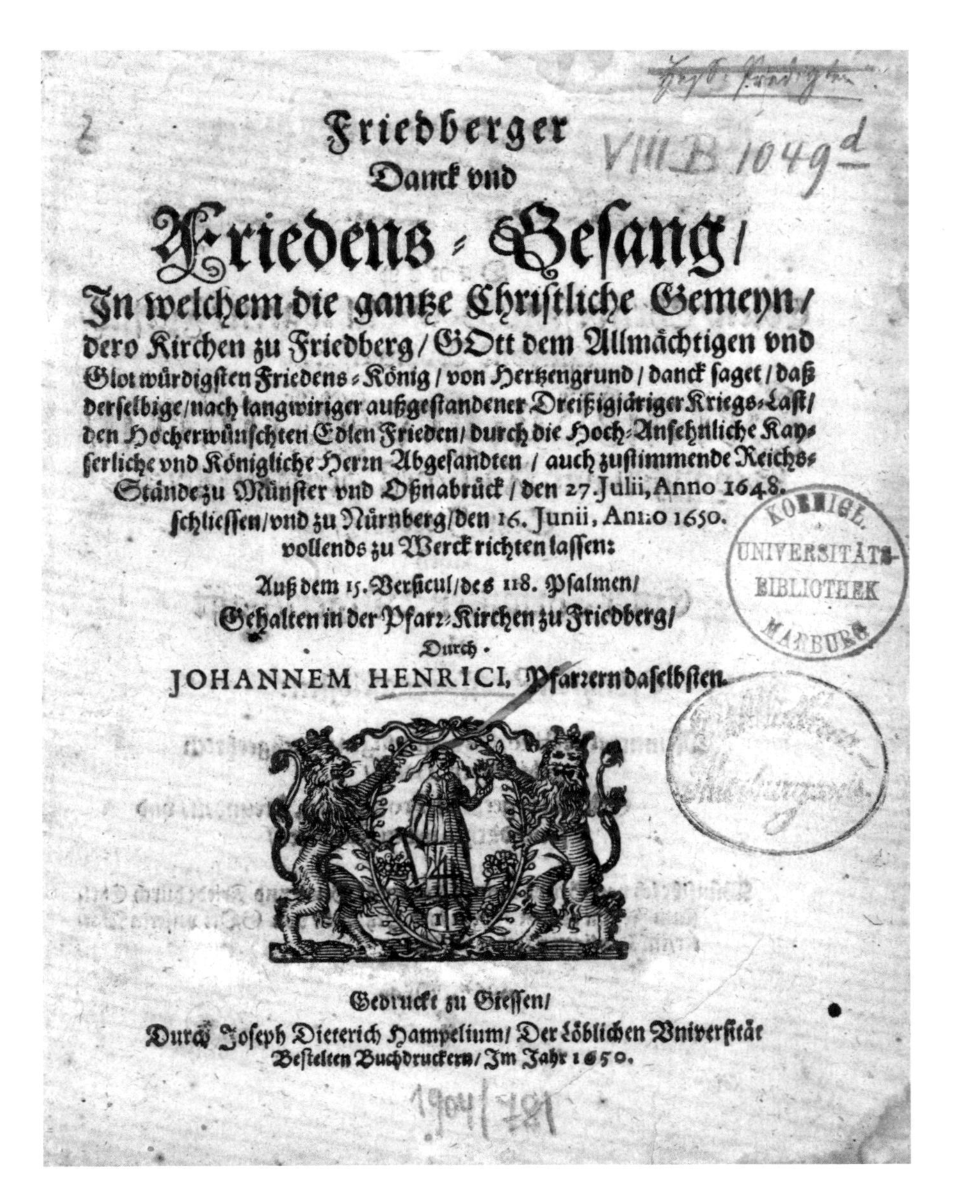

Friedberger
Danck vnd
Friedens-Gesang/
In welchem die gantze Christliche Gemeyn/
dero Kirchen zu Friedberg/ GOtt dem Allmächtigen vnd
Glorwürdigsten Friedens-König/ von Hertzengrund/ danck saget/ daß
derselbige/nach langwiriger außgestandener Dreißigjähriger Kriegs-Last/
den Hocherwünschten Edlen Frieden/ durch die Hoch-Ansehnliche Kay-
serliche vnd Königliche Herrn Abgesandten / auch zustimmende Reichs-
Stände zu Münster vnd Oßnabrück / den 27. Julii, Anno 1648.
schliessen/vnd zu Nürnberg/den 16. Junii, Anno 1650.
vollends zu Werck richten lassen:
Auß dem 15. Versicul/des 118. Psalmen/
Gehalten in der Pfarr-Kirchen zu Friedberg/
Durch
JOHANNEM HENRICI, Pfarrern daselbsten.

Gedruckt zu Giessen/
Durch Joseph Dieterich Hampelium/ Der Löblichen Vniversität
Bestelten Buchdruckern/ Im Jahr 1650.

VIII B 1049d
KOENIGL. UNIVERSITÄTS-BIBLIOTHEK MARBURG
1904/781

Abb. 2: Titelblatt von Henricis Predigt *Friedberger Danck und Friedensgesang,* 1650. Foto: Universitätsbibliothek Marburg, Sign. VIIB 1049d.

Henricis eigentliche Predigt (Ps. 7-24) beginnt mit dem Predigttext, dem *Textus* (Ps. 118, 15-16):
„Man singt mit Frewden vom Seg in den Hütten der Gerechten/die Rechte deß Herrn behelt den Sieg/die Rechte des Herrn ist erhöhet/ die Rechte deß Herrn behelt den Sieg".
Dem schließt sich unmittelbar das *exordium* an - (s.o.). Es beginnt mit einem Cicero-Zitat und benennt damit auch das Stichwort der Predigt: „Quae harmonia dicitur in cantu, ea in civitate est concordia" (Was im Gesang die Harmonie ist, ist in der Gemeinschaft die Eintracht"). Auffällig an diesem Zitat ist, dass das Buch Ciceros (*De republica/ Der Staat*), dem dieses Zitat entnommen ist, an dieser Stelle nicht mehr direkt überliefert ist, sondern nur durch ein Zitat bei Augustinus (*De civitate Dei/ Über den Gottesstaat 2, 21*). Henrici scheint es also wichtig gewesen zu sein, nicht den Kirchenvater, sondern den antiken Autor zu zitieren.[51]

Die Predigt Henricis besteht nun darin, die *harmonia* im Gesang des Psalmisten und die *concordia* im Staate in Parallele zu setzen. Dies geschieht in zwei Teilen, von denen der eine dem *cantus*, dem „Friedens-Gesang mit seinem lieblichen Anfang" (also der Form), der andere dem *textus*, dem „Friedens-Klang, mit seinem frölichen Außgang" (also dem Inhalt) gewidmet ist. Und beide Teile umfassen wiederum „Lehren" und *usus* („Anwendungen"):

Die „Lehren" des ersten Teils beziehen sich im wesentlichen auf die Form des Predigttexts - es werden *chorus, actus, tomus, scopus* und *locus* erläutert: *Chorus* ist die Tatsache, dass alle zusammen singen, *actus* heißt, dass gesungen, und nicht etwa geklagt wird, *tonus* heißt, dass mit Freuden gesungen wird, *scopus*, dass ein „Friedens-Gesang" erklingt und *locus*, dass dies in den „Hütten der Gerechten in der Kirchen Gottes" geschieht. Die *usus* bezieht sich auf den „Gebrauch" des Predigttextes, oder besser noch die Folgerungen, die daraus gezogen werden. Dies sind bezeichnenderweise Einschränkungen, die sich ergeben: „Die Freude vom Sieg in den Hütten der Gerechten" gilt nämlich nicht den *Papani* (Katholiken), den *Calviniani* und den *Pagani,* da diese ja keine „Gerechten" sind.

Der „ander Theyl", der sich auf den Inhalt des *textus* bezieht, unfaßt wie der erste wiederum mehrere „Lehren", die sich auf dessen *auctor* und dessen *vigor* (Kraft) und *splendor* (Glanz) beziehen:
Mit auctor ist selbstverständlich der „Anfänger und Friedens-Stiffter", also Gott gemeint. Auffällig ist jedoch die Einführung des Begriffs vigor, „die Stärck und Krafft der Rechten des Herrn, dann sie behelt den Sieg": Im Folgenden

zieht Henrici zur Verdeutlichung nämlich z.T. Termini aus dem juristischen Denken heran, die er dann wieder durch biblische Beispiel rechtfertigt. Diese Bibelstellen haben allerdings oft wenig Bezug auf die erörterten Begriffe, so dass hier der Eindruck von „Pflichtübungen“ entsteht:

a. *conveniendo*, d.h. das Recht des Herrn impliziert, dass die streitenden Parteien zusammenkommen, um die Streitfragen zu diskutieren (Dan. 10,12);

b. dies geschieht *discutiendo* und zwar im Einzelnen durch:

submissione: „daß man nichts thue durch Zanck oder eytel Ehre, sondern durch Demuth acht einer den andern höher als sich selbst“ (Phil. 2,4);

pacificatione: „daß man ein friedliebendes Herz herbey bringe“ (Jesus Sirach 28,14);

cessione: „daß man in gewissen Fällen sich seines Rechtens verzeihen soll“ (Matth. 5,5). *Cessio* ist ein juristischer Begriff: „Cessio ... wird in Rechten genennet, wann einer den andern sein Recht, Schuld und dergleichen übergiebt und abtritt“;[52]

praelatione: „daß man das Publicum mehr achte als das Privatum, und den gemeinen Nutzen dem Privat-Nutzen weit vorziehe“. Hier zieht Henrici kein biblisches Beispiel heran, sondern ebenfalls einen juristischen Begriff, *praelatio* („Vorzug“) - er bezeichnet „das Vorrecht, welches bey entstehendem Concurse vieler Gläubiger zu des gemeinen Schuldners Vermögen oder Nachlaß ein Gläubiger hat, vor andern daraus bezahlt zu werden“.[53]

Dieser Abschnitt ist also insofern bemerkenswert, als Henrici das biblische „Gerüst“ z.T. mit Termini und Vorstellungen aus dem Recht „füllt“ - oder anders gesagt: Das, was Henrici sagen will, läßt sich zwar **aus** der biblischen Botschaft, wie er sie versteht, ableiten, aber es läßt sich z. T. nicht **in** der Sprache dieser Botschaft sagen.

Ein Beleg dafür ist sein Beispiel für die *cessio*, also das vernünftige Nachgeben: „... und sagt sehr wohl Bodinus[54] der Frantzösische Politicus: ferenda est religio illa, quam sine Reipublicae interitu auferre non potes: Die Religion muß man leiden, welche man ohne deß gemeinen Nuzens Untergang nicht kann auffheben“. Dies impliziert natürlich im Umkehrschluss, dass das Gemeinwohl, und eben nicht die Religion bzw. Konfession Priorität besitzt: Die Duldung einer Religion bzw. Konfession hängt also davon ab, ob sie dem Gemeinwesen frommt.[55]

Dieser Gedanke findet sich ebenfalls bei dem Jenenser Juristen Dominicus Arumaeus (ca. 1579-1637), der sich auch auf Jean Bodin bezieht: „ferenda igi-

tur est religio, quam sine reipublicae interitu auferres non possis. Bodin … n. 47".[56]
c. retinendo: „daß man nicht im Herzen darüber danach sinne, wie dieser Friedensschluß möcht fürteran widder durchlöchert werden" (Jesaja 32,8). Auch hier liegt vermutlich eine nicht ganz passende Verwendung eines juristischen Terminus vor: „*retentio* … ist ein Recht, nach welchem wir eines anderen Sache aus rechtmäßigen Gründen bis zu unserer Befriedigung an Pfandes Statt bey uns behalten …".[57]

Schließlich erläuert Henrici, was er mit *splendor* meint: „Die Ehre, Würde und Hochheit der Rechten Gottes" bleibt erhalten, auch *in misericordia*, d. h. „der Krieg hat seine Zeit/und der Fried hat seine Zeit" (Prediger Salomo 3, v. 8).[58] Auch dieser Abschnitt endet wieder mit Ausführungen über die *usus* (Anwendungen), die Henrici als Mahnungen formuliert, immer die „Rechte des Herrn" zu achten und umzusetzen. Seine Mahnung, in diesem Sinne „nicht allein *Spectatores Comoedia,* sondern auch *Actores*" zu sein (S. 21), konkretisiert er am Ende mit einer sehr aktuellen Mahnung: „Besonders wir Friedberger last uns nicht sein Streitberger/ hebt auff die schnöde *dissidentz* zwischen Burg und Statt/ so ihr untereinander beisset und fresset/ sehet zu/ daß ihr nicht untereinander verzehret werdet/ Gal. 5, v.15" (S. 23).

Für einen heutigen Leser ist diese Einbeziehung des „weltlicher" Argumente vielleicht überraschend, sie ergibt sich aber aus der Systematik, mit der die orthodoxe lutherische Dogmatik das staatliche bzw. gesellschaftliche Wohl „ in ihr Lehrgebäude einbaut: Für sie umfasst „Kirche" nämlich einen *ordo triplex hierarchicus* (eine dreifache hierarchische Ordnung), d.h. den *status ecclesiasticus,* den *magistratus politicus* und der *status oeconomicus* (die kirchliche Obrigkeit, die weltliche Obrigkeit und die häusliche Ordnung).[59] Der *magistratus politicus* ist so zwar ein von Gott eingesetzter Stand, aber er steht dennoch außerhalb der Kirche, da er etwas garantieren soll, was - und das ist die Pointe - die Kirche nicht zu leisten vermag: „Per magistratum politicum (Deus) conservat pacem et tranquillitatem externam, administrat justitiam civilem …" („Durch die weltliche Obrigkeit bewahrt Gott den Frieden und die äußere Ruhe …").[60]

Auch an diese Predigt schließt sich ein *Geistliches Denck- und Danck-Gedicht*, und zwar von Conrad Misler[61], dem Bruder von Johann Nikolaus Misler (s.o.), an: „Auff den FRIEDBERGER Danck- und Friedens-Gesang gericht."

Auch hier besteht die „Kunst" darin, biblische Aussagen mit dem Schicksal Friedbergs und seiner Zukunft zu kombinieren. Auch hier hat der Verfasser ebenfalls die entsprechenden Bibelstellen am Rand notiert, so dass sein Verfahren überprüft werden kann, wie z. B. am Anfang und am Ende des Gedichts:[62]

1 „Friedberg du edle Statt/ wie liegst du so verhöret"
Bezug: „Thren." (= Klagelieder Jeremiae) 1, v.1: „Wie liegt die Stadt so wüste, die voll Volks war".

2 Du Cron der Wetterau/Ich mein du seist verstöret:
Bezug: Dan 9, v. 17: „Und nun, unser Gott, höre das Gebet dieses Knechts, und sein Flehen, und sieh gnädiglich an dein Heiligthum, das verstört ist, um des Herrn willen".

3 Sehr hart in dreissig Jahrn das Schwerd dir zugesetzt/
Bezug: Hesekiel 14, v. 17: „Oder wo ich das Schwerd kommen ließ über das Land, und spräche: Schwerd, fahre durch das Land, und würde also beydes Menschen und Vieh ausrotten".

4 O wie manch Quarnison hat dir dein Erb verletzt."
Bezug: „Thren." (= Klagelieder Jeremiae) 5, v. 2: „ Unser Erbe ist den Fremden zu Theil geworden, und unsere Häuser den Ausländern".

69 „Euch Friedbergern woll Gott sein reichen Segen geben"
Bezug: S. 67, v.1: „Gott, sey uns gnädig und segne uns, er lasse sein Antlitz leuchten."

70 „Zu Himmels-Bürgern euch machen nach diesem Leben"
Bezug: Phil. 3, v. 20: „Unser Wandel aber ist im Himmel, von dannen wir auch warten des Heilandes Jesu Christi, des Herrn".

71 „So werdet ihr alßdan in Friendens Häusern seyn"
Bezug: Jesaja 32, v. 18: „Daß mein Volk in Häusern des Friedens wohnen wird, in sichern Wohnungen, und in stolzer Ruh".

72 „Und leuchten wie die Sonn: Nicht leiden Qual und Pein".
Bezug: Matth. 13, v. 43: „Dann werden die Gerechten leuchten, wie die Sonne, in ihres Vaters Reich".

Misler schließt wiederum an sein Gedicht einige gelehrte *annotationes* an, von denen als Beispiel eine genannt sei: Zu Vers 26 („Gerechtigkeit und Fried im Reich thun lieblich blühen"; Bezug: S. 85, v. 11: „Daß Güte und Treue einander begegnen; Gerechtigkeit und Friede sich küssen") führt er aus: „Es stund zu Tibur am Thor [in Rom] geschrieben: Ubi Justitia, ibi Concordia, Wo die Gerechtigkeit ist und im Schwang gehet, da ist auch Fried und Einigkeit". Er nimmt damit nicht nur einen zentralen Gedanken, den der Notwendigkeit der *concordia* auf, den Henrici (wie Goetzenius) in seiner Predigt formuliert hat, sondern verweist auf die Entwicklung dieses Gedankens bei einem „alten Kirchenlehrer“ (vermutlich Augustinus; s. o.).

Zusammenfassung:

Für den heutigen Predigthörer sind der Aufbau und die Gelehrsamkeit der beiden Predigten sicherlich überraschend, für den barocken Hörer war dies nicht der Fall. Für uns weiterhin ungewohnt ist der anscheinend sehr freie Umgang mit Bibelstellen, die ständig aufeinander oder auch auf Außerbiblisches, wie hier etwa Friedberg und sein Schicksal, bezogen werden. Wir haben hier die sog, „konkordante“ Bibelinterpretation des Barocks vor uns, nach der sich die Bibel selbst auslegt („scriptura sacra sui ipsius interpres“) und Außerbiblisches miteinbezieht. Dazu kommt natürlich eine auch bei Nicht-Theologen profunde Bibelkenntnis, auf die der Prediger bei seinen Zuhörern zurückgreifen konnte.

Auch der zweite für uns vielleicht überraschende Aspekte ist erklärbar: Beide Prediger begnügen sich nicht mit der Bibel und ihrer Interpretation, sondern sie ziehen sehr bewusst auch klassische Literatur, ja Henrici sogar einen prominenten Staatstheoretiker des 16. Jahrhunderts, Jean Bodin, heran. Beide, Henrici und Goetzenius, standen in der Tradition der sogenannten lutherischen Orthodoxie, und diese wiederum in der der Scholastik. Und eine gute scholastische Tradition war es auch, alles, was nicht biblisch gesagt und begründet werden konnte, in der Sprache der zeitgenössischen Philosophie zu sagen. Für die lutherische orthodoxe Theologie wiederum war dies für die Politik eine in die Antike zurückreichende politische Philosophie, für die jenseits religiöser Differenzen primär das Gemeinwohl entscheidend war.

Unmittelbar bei beiden spürbar ist aber auf jeden Fall das drängende Bemühen, passende Voraussetzungen für einen dauerhaften Frieden zu formulieren. Und dies bleibt natürlich auch heute eine bleibende Aufgabe.

1 Der Festgottesdienst in der Burgkirche fand am 11. Juli 1650 statt; für denjenigen in der Stadtkirche wird kein Datum genannt. Johannes Henrici datiert aber das Vorwort zum Druck seiner Predigt auf den 24. Juli 1648, so dass angenommen werden kann, dass der Gottesdienst in der Stadtkirche ebenfalls am 11. Juli gehalten wurde.

2 Mit dem Ausdruck „Westfälischer Frieden" wird eine Reihe von Verträgen bezeichnet, die zwischen dem 15. Mai und dem 24. Oktober 1648 in Münster und Osnabrück geschlossen wurden. Den Abschluss dieses Vertragswerks bildet der sogenannte „Friedensexekutions-Reichsabschied", der am 26. Juni 1650 in Nürnberg unterzeichnet wurde. Die entsprechenden Daten, die in der Predigt von Johann Philipp Goetzenius (s.u.) genannt werden, sind also nicht ganz korrekt.

3 Die von Christian Waas in Auszügen publizierten Friedberger Chroniken nennen eine ganze Reihe weiterer Predigten Friedberger Pfarrer aus den 17. und 18. Jahrhundert. Von diesen ist jedoch offenbar nur eine einzige gedruckt worden, nämlich die des Stadtpfarrers Johann Caspar Vitrarius zur erstmaligen Feier einer Konfirmation in Friedberg am 23. Mai 1670. Es ist mir allerdings nicht gelungen, ein Exemplar dieses Druckes, dessen Titel nicht genannt wird, nachzuweisen: vgl. Waas 1940, S. 54.

4 Die Literatur zum Westfälischen Frieden ist unüberschaubar - als Referenzwerk sei hier das von Dickmann genannt: Dickmann 1985.

5 Vgl. dazu als Übersicht Rock 1924; Rack 1999, S. 13ff.

6 Rack 1999, S. 17ff.

7 Online zugänglich unter: http://nbn-resolving.de/urn/resolver.pl?urn=urn:nbn:de:urmel-a6539ab0-ce7e-435ab973-c607ceef4dd92.

8 Zu Creide vgl. vorläufig: Dreher 1914-21; Diehl 1916, Waas 1940, S. 1-25. In Frage kommen:

Talaiporia Divitum. Der Gottlosen Reichen Kehrab. Ex Epist. Jacobi cap. 5. v.1.-v.6. Darinnen der grosse Jammer beschrieben wird/ und nach Anleytung deß Texts mit vielen schönen Allegorien und Exemplen ... welche ihnen die Gottlose Reichen durch schändlichen Mißbrauch ihres Golds und Silbers/ durch Pracht und Ubermuth/ Fressen und Sauffen/ allermeist aber durch Geitz und Unbarmhezigkeit gegen die Armen ubern Haß führen/ In unterschiedlichen Predigten mit Fleiß auffgesetzt/ und in Truck gegeben: Durch M. Hartmann Creidium, Diaconum zu Fridberg in der Wetteraw. Frankfurt 1646. Vorhanden in: Lutherische Hochschule Oberursel, Bibliothek: Sign.: fkb 2032, 1.

Idea Mundi. Das ist: Ein lebendig Muster und Conterfeyt/ der heutigen verdampten Welt/ wie sie der Apostel Jacob schon zu seiner Zeit abgerissen und beschrieben hat: darauß leichtlich abzunehmen/ was die Ursach sey deß allgemeinen Landverderbens/ daß der verlorne edle Fried nicht wider empor kommen und floriren kann/ In fünff Predigten erkläret Durch M. Hartmannum Creidium, Diaconum zu Fridberg in der Wetteraw. Frankfurt 1646. Vorhanden in: Lutherische Hochschule Oberursel, Bibliothek: Sign.: fkb 2032, 2.

Jeremiae Klag Teutschlands Plag/ Das ist/ Schrifftmässige Erklärung deß heiligen Propheten Jeremiae: Darinnen der Juden Zeit mit unsern Zeiten conferirt, und das grosse Unheil/ so uns diß leydige Kriegswesen über/ im Geistlichen/ Weltlichen und Häußlichen Stand betroffen/ ... mit vielen Exempeln/ ...beschrieben wird / Gepredigt in der

Pfarrkirchen zu Friedberg/ und jetzo ... in offenen Truck gegeben Durch Hartmannum Creidium, Diaconum daselbst. Frankfurt 1647. Vorhanden in: Stadtarchiv Friedberg: Sign.: Schr. 5.

Jacob-Schatz Das ist: Richtige und außführliche Erklärung der geistreichen Epistel deß H. Hocherleuchteten Apostels Jacobi/ in ein und neuntzig Predigten: darinnen die Summ und der rechte Kern unsers gantzen Christenthumbs/ von einem Stück zum andern/ mit schönen Sprüchen/ Allegorien und Exempeln/ so wol auß H. Göttlicher Schrifft/ als auch sonsten andern Prophan Historien beschrieben und abgehandelt wird/ ... gestellt und in Truck gegeben/ Durch M. Hartmann Creidium, Diaconum zu Fridberg in der Wetteraw. Frankfurt 1649. Vorhanden in: Lutherische Hochschule Oberursel, Bibliothek: Sign.: fkb 2032, 3.

9 Vgl. *Bekenntnisschriften der evangelisch-lutherischen Kirche.* Bd. I, S. XLI; Bd. II, S. 765f.

10 Darmstadt, Hessisches Staatsarchiv, F 24 C Nr. 307/1.

11 Keipf 1736, S. 12.

12 Darmstadt, Zentralarchiv der EKHN, 9082 Friedberg, Nr. 764.

13 *Der Kayserl. und des Heiligen Reichs Burg Friedberg Kirchen-Ordnung* aus dem Jahre 1704, S. 2.

14 Vgl. Waas 1937-1940, Bd. I, S. 146ff.

15 Johann Gerhard (1582-1637): Bedeutender Vertreter der lutherischen Orthodoxie und Verfasser von vielgelesener Andachtsliteratur.

16 Nachgewiesen in: SLUB Dresden, Sign.: Exeg. C. 331,23. Es sei darauf hingewiesen, dass nach damaligem akademischem Brauch der Disputand keineswegs bestimmte Thesen formulierte, sondern er hatte solche aus der Feder seines akademischen Lehrers (also in diesem Falle Johann Gerhards) zu verteidigen. Vgl. zu dieser Praxis in Gießen, die sich von der in Jena wohl kaum sehr unterschied, Becker 1907, S. 147ff.

17 Gerhard 1667.

18 Nach Diehl, der allerdings, wie so oft, seine Quelle nicht nennt, hat Goetzenius aus gesundheitlichen Gründen die Pfarrstelle in Oppenheim übernommen: Diehl 1918, S. 27f.

19 Zitiert nach Waas 1940, S. 46.

20 Waas 1937, S. 146 nach den „Nachrichten über die Pfarrer der Stadtkirche zu Friedberg", Hessisches Staatsarchiv Darmstadt (Kriegsverlust).

21 Biundo 1962.

22 Bünhauß war also am Ende des Krieges Kommandant der hessen-kasselischen Besatzung in Friedberg.

23 Vgl. Lenz u.a. 1992, S. 14.

24 Vgl. Lenz u.a. 1992, S. 83.

25 Vgl. die Inhaltsangabe bei Diehl 1916a.

26 Diese „Friedens-Execution" wurde tatsächlich am 26. Juni 1650 in Nürnberg publiziert (s. Anm. 2).

27 Anschließend findet sich noch ein griechisches Zitat aus Xenophons Schrift *Hiero* - in Goetzenius' Übersetzung: „Der Friede scheinet recht zu seyn das gröste Guht/ Der Krieg dem Menschen wohl das gröste Leyd anthut".

28 Nachgewiesen in: Staats- und Stadtbibliothek Augsburg (Sign.: 4 Th Pr 355).

29 Diese waren in diesem Jahr Johann Heinrich Runkel und Johannes Grunelius: Vgl. Dieffenbach 1857, S. 329.

30 Dieser Teil wurde von Rau 1922 und von Waas 1937, S. 146ff. bereits zur Gänze publiziert.

31 Gemäß der klassischen Predigttheorie folgen auf *textus* und *exordium* dann die *propositio* (Auslegung des Textes) und die *applicatio* (Anwendung). Diese Gliederung wird sowohl in der Predigt von Goetzenius als auch in der Henricis nicht streng angewandt.

32 Eine wörtliche Übersetzung würde etwa lauten: „Die Freude Davids ist der Freudentanz der Kaiserlichen Burg Friedberg".

33 Es liegt auf der Hand, dass damit nicht „Religionsfreiheit" im heutigen Sinne gemeint ist. Aber es war eine der entscheidenden Bestimmungen des Westfälischen Friedens, dass die vollständige Parität der evangelischen Reichsstände und - mit Einschränkungen - das persönliche Recht auf freie Religionsausübung garantiert wurden. Vgl. z.B. Jakobi 1999, S. 91ff.

34 Auf diese Gottesdienstordnung hoffe ich in einem anderen Beitrag zurückkommen zukönnen, der den Friedberger Kirchenordnungen - und damit auch den Gottesdienstordnungen - seit der Reformation gewidmet sein wird, und zwar im Anschluß an die Arbeit von Sabine Arens. Diese hat, wie der Buchtitel ja impliziert, nur den Zeitraum bis ca. 1620 berücksichtigt: Arens 2011, S. 619ff. Neben einigen Nachträgen zu der Arbeit von Arens hoffe ich eine Reihe weiterer Texte und Testimonien für den Zeitraum bis ca. 1800 präsentieren zu könen.

35 Dies ist der hessische Polyhistor Johann Justus Winckelmann (1620-1699), von dem eine ganze Reihe von solchen Gelegenheitsgedichten überliefert ist. Möglicherweise verzeichnet Strieder dieses Gedicht, denn er nennt ein *Kriegs- und Friedensgedicht* Winckelmanns (erschienen Gießen 1650): Strieder 1819, S. 133.

36 Es ergibt sich also als Summe: 1650.

37 Das Buch Tobias (oder Tobit) gehört zu den „apokryphen" Büchern der Bibel und findet sich daher nicht mehr in den heutigen evangelischen Bibelausgaben. Bis ins 19. Jahrhundert waren diese Bücher aber Teile einer „normalen" Bibelausgabe mit der Übersetzung Luthers - dies gilt auch für die hier benutzte (Frankfurt 1751, mit einem Vorwort des Frankfurter Seniors Johann Philipp Fresenius).

38 Vgl. Elliger 1919, S. 68ff.

39 *Vertix* („Gipfel") bezieht sich vielleicht auf die „Höhe", den früheren Namen des Taunus.

40 Quelle: Georg Sabinus: *Poemata Georgii Sabini ... aucta, et emendatius denuo edita [per Ioachimum Camerarium]*, Leipzig [ca.1568], S. 4. Das gesamte Gedicht ist einem anderen Humanisten, Helius Eobanus Hessus (1488-1540), gewidmet.

41 Geboren 1614 in Münzenberg, gestorben 1683 in Gießen. Zunächst Lehrer in Marburg, war er aber 1652 Professor für Theologie in Gießen , später dort auch Superin-

tendent und Professor primarius. Vgl. Strieder 1794, S. 58ff.; Schramm 1914, S. 96f.; Schramm 1952, S. 2; Schramm 1963, S. 34ff.; Wallmann 2005.

42 Vgl. Diehl 1916c; Diehl 1917/1919, S. 62ff. (jeweils ohne Angaben von Quellen); Pilger 1932, S. 36ff. Pilger nennt als Quelle summarisch u.a. „Denkwürdigkeiten des Rendeler Pfarrers Henrici (Joh. Rosas Tagebuch)."

43 Waas 1937, S. 231ff. Noch Dieffenbach 1857, S. 218 und Windhaus 1893, S. 100, Anm. 2 zitieren aus diesem Manuskript.

44 Hessisches Staatsarchiv Darmstadt (Kriegsverlust, s. o).

45 Hierbei handelt es sich um eine chronologisch geordnete Sammlung von ca. 510 Blättern zur Geschichte von Friedberg, zusammengestellt um 1785 von dem Burgfriedberger Amtmann Karl August Schazmann, Hessisches Staatsarchiv Darmstadt, Sign.: C 1 C Nr. 74.

46 Vgl. den ausführlichen Lebenslauf bei Groß 1745, S. 129ff: Philipp Henrici (1563-1652) war ab 1614 Pfarrer in Rendel, also in der Burggrafschaft, bis er 1634 nach Frankfurt fliehen mußte. Ab 1636 (bis 1648) versah er dann die Pfarrstelle in Kaichen, als Nachfolger seines Sohnes. Im Laufe seines langen Lebens hat er 10.740 Predigten gehalten (nach Groß 1746, S. 132).

47 Windhaus 1893, S. 100ff („Original bei den Akten der Schule").

48 Waas 1937 gibt als Frankfurter Signatur an: Biogr. Coll. 864 („gedruckt bei Caspar Rötel").

49 Nach Keller 1932, S. 69: Deutsch: „Philipp Henrici, 89 Jahre alt, Pfarrer zu Freudenberg, Kaichen und Rendel, ein ehrenwerter Mann, im Jahre 1652. Und dessen Sohn Johannes Henrici, Pfarrer zu Rendel und Friedberg, im Jahre 1656, im Alter von 67 Jahren. Ihre beider Seelen mögen in Frieden ruhen, Und dessen Sohn, der ehrenwerte Herr Johannes Henrici, Pastor zu Friedberg, ein sehr gläubiger Mann, im Jahre 1669, im Alter von 40 Jahren."

50 Vorhanden in: UB Marburg, Sign.: 4 VIII B 1049d. Waas 1937, S. 235f. nennt ein Exemplar in der „Frankfurter Stadtbibl." (Sign.: Hom. prot. 379). Dieses Exemplar ist ebenfalls ein Kriegsverlust.

51 Bei Augustinus ist der Text leicht abweichend: „... quae harmonia a musicis dicitur in cantu, ea est in civitate concordia".

52 Zedler 1735, col. 1906.

53 Zedler 1746, col. 1353.

54 Jean Bodin, französischer Staatstheoretiker (ca. 1530-1596).

55 Es kann hier nur darauf hingewiesen werden, dass die Kirchenväter das ganz anders sahen: So ist die Existenz einer Religion nach Laktanz (gest. um 320) schon deshalb geboten, weil sonst die Menschen sich nicht von den Tieren unterschieden: „Quod si religio tolli non potest ut et sapientiam, qua distamus a beluis, et iustitiam retineamus ..." („Wenn also die Religion nicht aufgehoben werden kann, ohne dass wir die Weisheit, die uns von den Tieren unterscheidet, und die Gerechtigkeit verlieren ..."): vgl. Lactantius, De Ira Dei, S. 118.

56 Zitiert nach Heckel 1968, S. 166, Anm. 882. Heckel gibt dazu an, dass sich Henricis Lehrer Johann Gerhard ganz ähnlich äußert, aber ein Blick in die von ihm angeführte Stelle in seinen *Loci theologici* (S. 315f.) zeigt nur eine ungefähre, keine wörtliche Über-

einstimmung. Heckel (S. 164f.) ist sogar der Ansicht, dass diese frühe Form des Toleranzgedankens aus der lutherischen orthodoxen Literatur" in die juristische Literatur gedrungen" ist.

57 Zedler 1750, col. 444.

58 Henrici gibt fälschlicherweise Ecclesiasticus, d.h. Jesus Sirach 3, v. 8 als Belegstelle an.

59 Vgl. Schmid 1893, S. 445ff.

60 Johann Gerhard, *De magistratu politico:* zitiert nach Schmid 1893, S. 455. Für eine systematische Darstellung des Verhältnisses von Kirche und Staat nach der klassischen lutherischen Lehre vgl. z. B. Seeberg 1920/1954, S. 456ff.

61 Conrad Misler (? - 1689; Lehrer, später Stadtprediger in Gießen). Vgl. Strieder 1794, S. 65ff.; Schramm 1914, S. 96; Schramm 1963, S. 34ff. Dieser kleine Text findet sich nicht in seinem Schriftenverzeichnis.

62 Christian Waas hat einen Teil dieses Gedichts publiziert, ohne allerdings diese biblischen Bezüge kenntlich zu machen: vgl. Waas 1937, S. 236.

Literaturverzeichnis

Quellen:

Bekenntnisschriften der evangelisch-lutherischen Kirche. Bd. 1-II. 2. Aufl. Göttingen 1955.

Gerhard 1667 = Gerhard, Johannes: *Loci Theologici.* Tomus sextus, 27: De magistratu politico. Ed. novissima. Frankfurt/Hamburg 1667.

Groß 1746 = Groß, Johann Matthias: *Lexicon evangelischer Jubel-Priester.* Dritter Theil. Schwabach 1746.

Der Kayserl und des Heiligen Reichs Burg Friedberg Kirchen-Ordnung ... Frankfurt 1704.

Keipf 1736 = Keipf, Hulderich Eberhard: *Der kleine Catechismus Lutheri kurtz und gründlich durch Fragen und Antwort erkläret, Der Christlichen Jugend in seiner anvertrauten Gemeinde, auch andern Lehr-begierigen Christen zu einem heilsamen Unterricht an das Licht gestellt von* Hulderich Eberhard Keipfen, Pastore Primario und Consistoriali in des Heiligen Reichs Stadt Friedberg. Giessen 1736.

Lactantius, *De Ira die* = Lactantius, *De Ira Dei/De la Colère de Dieu.* Edition et traduction par Christiane Ingremeau. Paris 1982.

Strieder 1784 = Strieder, Friedrich Wilhelm: *Grundlage zu einer Hessischen Gelehrten und Schriftsteller Geschichte* ... Vol. IV. Kassel 1784.

Strieder 1794 = Strieder, Friedrich Wilhelm: *Grundlage zu einer Hessischen Gelehrten und Schriftsteller Geschichte* ... Vol. IX. Kassel 1794.

Strieder 1819 = Strieder, Friedrich Wilhelm: *Grundlage zu einer Hessischen Gelehrten und Schriftsteller Geschichte* ... Vol. XVII. Kassel 1819.

Zedler 1735 = Zedler, Johann Heinrich (Hg.): *Grosses vollständiges Universal-Lexicon aller Wissenschaften und Künste* ... Bd. 5. Leipzig/Halle 1735.

Zedler 1746 = Zedler, Johann Heinrich (Hg.): *Grosses vollständiges Universal-Lexicon aller Wissenschaften und Künste* ... Bd. 50. Leipzig/Halle 1746.

Zedler 1750 = Zedler, Johann Heinrich (Hg.): *Grosses vollständiges Universal-Lexicon aller Wissenschaften und Künste* ... Bd. 64. Leipzig/Halle 1750.

Sekundärliteratur:

Arens 2011 = Arens, Sabine: *Die evangelischen Kirchenordnungen des XVI. Jahrhunderts.* Neunter Band: Hessen II. Tübingen 2011.

Becker 1907 = Becker, Wilhelm Martin: *Das erste halbe Jahrhundert der hessen-darmstädtischen Landesuniversität* = Die Universität Gießen von 1607 bis 1907. Beiträge zu ihrer Geschichte. Festschrift zur dritten Jahrhundertfeier. Erster Band. Gießen 1907.

Biundo 1962 = Biundo, Georg: *Zur Lebensgeschichte des Friedberger Pfarrers Joh. Phil. Götz.* In: Wetterauer Geschichtsblätter 11. 1962. S. 111-113.

Dickmann 1985 = Dickmann, Fritz: *Der Westfälische Frieden.* 5. Aufl. Münster 1985.

Dieffenbach 1857 = Dieffenbach, Philipp: *Geschichte der Stadt und Burg Friedberg in der Wetterau.* Darmstadt 1857.

Diehl 1916a = Diehl, Wilhelm: *Aus alten Leichenreden.* V. In: Hessische Chronik 5. 1916. S. 170-172.

Diehl 1916b = Diehl, Wilhelm: *Zur Lebensgeschichte von Hartmann Creidius.* In: Archiv für hessische Geschichte und Altertumskunde N.F. 11. 1916. S. 108-115.

Diehl 1916c = Diehl, Wilhelm: *Schwere Tage aus dem Leben des Friedberger Stadtpredigers Johannes Henrici.* In: Evangelisches Gemeindeblatt für Friedberg und Friedberg-Fauerbach 2. 1916. S. 13-15.

Diehl 1917/1919 = Diehl, Wilhelm: *Zur Geschichte der Reformation und Gegenreformation in den Patronatspfarreien des Klosters Ilbenstadt.* In: Archiv für hessische Geschichte und Altertumskunde N.F. 12. 1917/1919. S. 40-74.

Diehl 1918 = Diehl, Wilhelm: *Die lutherischen Burgpfarrer und Burgkapläne.* In: Evangelisches Gemeindeblatt für Friedberg und Friedberg-Fauerbach 4. 1918. S. 25-28; 30-32.

Dreher 1914-1921 = D[reher, Ferdinand]: *Der Bußprediger Hartmann Creidius 1605-56.* In: Friedberger Geschichtsblätter 4. 1914-1921. S. 85.

Elliger 1929 = Elliger, Georg: *Die neulateinische Lyrik Deutschlands in der ersten Hälfte des sechzehnten Jahrhunderts.* Berlin/Leipzig 1929.

Heckel 1966 = Heckel, Martin: *Staat und Kirche nach den Lehren der evangelischen Juristen Deutschlands in der ersten Hälfte des 17. Jahrhunderts.* München 1968.

Jakobi 1999 = Jakobi, Franz-Josef: *Zur religionsgeschichtlichen Bedeutung des Westfälischen Friedens.* In: Meinhard Schröder (Hg.): 350 Jahre Westfälischer Friede. Verfassungsgeschichte, Staatskirchenrecht, Völkerrechtsgeschichte. Berlin 1999. S. 83-98.

Keller 1932 = Keller, H.: *Die Stadtkirche zu Friedberg. Eine kunstgeschichtliche Einführung.* Friedberg 1932.

Lenz u.a. 1992 = Lenz, Rudolf u.a.: *Katalog der Leichenpredigten und sonstiger Trauerschriften im Hessischen Staatsarchiv Marburg.* Sigmaringen 1992.

Pilger 1932 = Pilger, Wilhelm: *Geschichte und Geschichten um der kaiserlichen Burg und des heilgen Reichs Dorf Rendel.* In: Friedberger Geschichtsblätter 10. 1931. S. 1-72.

Rack 1999 = Rack, Klaus-Dieter: *Vom Dreißigjährigen Krieg bis zum Ende des Alten Reiches.* In: Michael Keller (Hg.): Friedberg in Hessen. Die Geschichte der Stadt. Band II. Friedberg 1999.

Rau 1922 = Rau, Wilhelm: *Die Besatzungen von Burg Friedberg während des dreißigjährigen Krieges.* In: Hessische Chronik 11. 1922. S. 89-94.

Rock 1924 = Rock, Alfred: *Die Reichsstadt Friedberg während des 30jährigen Krieges.* In : Friedberger Geschichtsblätter 6. 1924. S. 3-4; 7-8; 11-12; 15-16;

19-20; 22-24; 28; 32; 36; 39-40; 43-44; 46-48; 51-52; 55-56; 59-60; 62-64; 66-68; 70-72; 74-76.

Schmid 1893 = Schmid, Heinrich: *Die Dogmatik der evangelisch-lutherischen Kirche dargestellt und aus den Quellen belegt.* 7. Aufl. Gütersloh 1893.

Schramm 1914 = Schramm, Percy Ernst: *Stammfolge Misler.* In: Hamburger Geschlechterbuch. Bd. 5. Görlitz 1914. S. 91-122.

Schramm 1952 = Schramm, Percy Ernst: *Die Vorfahren des Pastors Johann Gottfried Misler (geb. Worms 1679, gest. Hamburg 1748).* In: Zeitschrift für Niedersächsische Familienkunde 27. 1952. S. 1-12.

Schramm 1963 = Schramm, Percy Ernst: *Neun Generationen. Dreihundert Jahre deutscher Kulturgeschichte im Lichte der Schicksale einer Hamburger Bürgerfamilie (1646-1948).* Bd. I. Göttingen 1963.

Seeberg 1920/1954 = Seeberg, Reinhold: *Lehrbuch der Dogmengeschichte.* 4. Bd. Teil 2: *Die Fortbildung der reformatorischen Lehre und die gegenreformatorische Lehre.* Leipzig 1920. Reprint Basel 1954.

Waas 1937 = Waas, Christian: *Die Chroniken von Friedberg in der Wetterau.* Bd. 1. Friedberg 1937.

Waas 1940 = Waas, Christian: *Die Chroniken von Friedberg in der Wetterau.* Bd. 2. Friedberg 1940.

Wallmann 2005 = Wallmann, Johannes: Art. „Misler, Johann Nikolaus“. In: Die Religion in Geschichte und Gegenwart. 4. Aufl. Bd. 5. Tübingen 2005. Col. 1267.

Windhaus 1893 = Windhaus, G.: *Geschichte der Lateinschule zu Friedberg.* Friedberg 1893.

Erinnerung an den Darmstädter Architekten Heinrich Petry[1]

Britta Spranger

Als Enkel des Darmstädter Hofmusikers Johann Christian Petry (1822-1879) und als zweitältester Sohn des Rechnungsrates, Vorstand der Ministerialbuchhaltung der Ministerien des Innern und der Justiz, Ludwig Wilhelm Petry (1847-1921), wurde Heinrich Wilhelm Petry am 11. März 1880 in Darmstadt geboren. Hier ging er zur Schule, erhielt 1898 am Neuen Gymnasium das Reifezeugnis, studierte dann Ingenieurwissenschaften und Architektur in Darmstadt und ein Semester in Berlin-Charlottenburg, absolvierte 1898-1899, 1900 und 1902 Militärdienstzeiten und wurde 1904 zum Leutnant der Reserve im 1. Großherzoglich Hessischen Leibgarde-Regiment Nr. 115 ernannt, im gleichen Jahr, als er an der Technischen Hochschule in Darmstadt die Hauptprüfung für das Hochbaufach – mit Ernennung zum Regierungsbauführer – bestand.

Porträt Heinrich Petry, Privatbesitz

Sein privates Glück fand Heinrich Petry in Friedberg; 1908 heiratete er die Kaufmannstochter Marie geb. Gärtner (*20. Mai 1883, †5. April 1968).

Nach Abschluss seiner theoretischen und praktischen Ausbildung in Darmstadt, Friedberg und Rockenberg wurde Petry 1907 – nach bestandener Zweiter Staatsprüfung an der Technischen Hochschule Darmstadt – zum Großherzoglichen Regierungsbaumeister ernannt. Seine berufliche Karriere begann er zunächst vier Jahre lang bei der Mitgestaltung der neuen Kur- und Wirtschaftsbauten unter Leitung von Wilhelm Jost in Bad Nauheim; danach wurde Petry wieder zu seinem alten Chef Haag an das Hochbauamt in Friedberg versetzt. Hier erhielt er den Auftrag, den Neubau des Kraftwerks auf Grube Ludwigs Hoffnung bei Wölfersheim zu entwerfen und 1912/13 die Bauleitung zu übernehmen – ein Bauvorhaben zur überregionalen Sicherung der Elektrizitätsversorgung. Hiermit endete Petrys Wirken in Hessen.

1913 wurde Heinrich Petry als Stadtbauinspektor nach Halle/Saale berufen. Hier wirkte er als Zeichnungs- und Vorlage-Befugter, Planer, Entwerfer und Bauleiter am Städtischen Hochbauamt unter Leitung seines alten Bad Nauheimer Chefs, Wilhelm Jost, bei der Neugestaltung der aufblühenden Universitäts-, Verwaltungs- und Industriestadt.

1920 wurde Heinrich Petry zum Stadtbaurat in Wittenberg berufen, wo er z.B. das historische Rathaus der Lutherstadt denkmalgerecht zu restaurieren hatte. Ab 1927 wirkte er dann als Landesbaurat in Merseburg. 1941 wurde er in den Ruhestand verabschiedet und kehrte mit seiner Frau in die hessische Heimat zurück,. Heinrich Petry starb am 21. März 1953 in Friedberg.[2]

Diese Nachforschungen haben vielfältige, bisher kaum beachtete oder hervorgehobene Fragen zur Architektur-, Kunst-, Lokal-, Verwaltungs-, Ausbildungs- und Zeitgeschichte aufgeworfen: einige sollen nun – über 60 Jahre nach Petrys Tod – aufgezeigt werden.

Sie dienen auch dazu, die Berufslaufbahn eines Absolventen der TH Darmstadt um 1900 auf Grund von dort angebotener Ausbildungsqualität und persönlichem Leistungsvermögen an einem guten Beispiel – Heinrich Petry – darzustellen, dazu im Vergleich mit einem seiner Studienkollegen – Albert Marx (1877-1976): Dieser wurde in hessischer Sekundärliteratur als ein zu Unrecht benachteiligtes Opfer der Erfolgs-Kollegenschaft Jost-Petry benannt.[3] Gründliches Nachforschen ergab hingegen, dass sich Albert Marx, schon seit seinem dürftigen, verspätet erhaltenen Abiturzeugnis, als ein bedauernswert unsteter Mensch erwies: Nach wechselnder militärischer Reservedienst-Ausbildung und nach etlichen Studienjahren zunächst in Bonn (eine Vorlesung in Kunstgeschichte) und Berlin (als „Bildhauer" ohne Resultate, dann im Fach Architektur, mit versagter Erster Staatsprüfung) erschien er in Darmstadt zum Studium. Nach großen Schwierigkeiten mit seinen vorgesetzten Ausbildern im Praktischen Ausbildungsteil[4] konnte er schließlich (trotz energischer Weigerung Professor Pützers, seine Zensurennote anzuheben, aber durch das menschlich hilfreiche Bemühen von Professor Hofmann) durch die Zweite

Staatsprüfung für Hochbau gebracht werden. In den Hessischen Staatsdienst jedoch – wie fälschlich behauptet – kam Albert Marx nicht, auch nicht nach seinen (in den Akten vermerkten) Nachfragen. Christina Uslular-Thiele[5] machte vage Angaben zu späteren beruflichen Aktivitäten – nicht aber dazu, dass Albert Marx in der Hansestadt Stralsund 1925 wegen Betrugs in ziemlich dramatischer Weise aus dem Öffentlichen Dienst entlassen wurde.[6]

Aus solchen Fehl- und Falschangaben – öffentlich gefördert und sogar zweisprachig gedruckt und weitverbreitet – muss man schließen, dass sich die Initiatoren solcher Publikationen nicht um wissenschaftlich-sachliche Arbeit bemühten. Ehrenamtliches Engagement soll nun – nach einer Dissertation über Leben und Wirken des Darmstädter Architekten Wilhelm Jost – auch den „Fall Heinrich Petry“ klären helfen.[7]

Die Erinnerung an Heinrich Petry soll – editorischen Vorgaben genügend – zunächst der Schilderung seiner Zeit in Hessen gelten: seiner theoretischen Ausbildung in Darmstadt und Berlin, dann der praktischen, besonders in Friedberg und Rockenberg, sodann seiner ersten eigenverantwortlichen Arbeit – ab 1907 als Großherzoglicher Regierungsbaumeister – in Bad Nauheim und danach wiederum in Friedberg mit Wölfersheim. Anschließend soll über seine – bisher ebenfalls wenig beachtete – vielfältige Tätigkeit in Halle/Saale, Wittenberg und Merseburg berichtet werden.

Im ersten Teil seiner theoretischen Ausbildung ist zu fragen, welchen Fächer-Kanon Petry an der TH Darmstadt durchlaufen konnte, nach 1900 mit beträchtlich erweitertem Lehrangebot, mit neuen Professoren wie Hofmann und Pützer und ständig steigenden Studentenzahlen – auch durch zunehmenden Frauenanteil.

Erhalten in den Akten des für den Staatsdienst auszubildenden Heinrich Petry[8] ist ein handgeschriebener Lebenslauf vom 1. März 1902, u.a. mit der Auflistung seiner ersten Studienzeit und mit Angabe seiner Einjährigen-Militärdienstzeit von Oktober 1898 bis Oktober 1899, sodann der „ersten Übung“ im April und Mai 1900 mit Beförderung zum Vizefeldwebel. Danach hatte Petry im Wintersemester 1899/1900 mit dem Architekturstudium begonnen, im Sommersemester 1900 jedoch nur als Hospitant wegen der vorgenannten Militärausbildung. 1901 konnte er ein Zeugnis über eine praktische Tätigkeit in den Osterferien in einem Baugeschäft vorlegen.

All diese Angaben sind 1902 Teil der Bewerbung für die „Vorprüfung für das Hochbaufach“, die sich als äußerst umfangreich und anspruchsvoll herausstellte und daher hier aufgezeigt werden soll – auch vielleicht zum Vergleich mit heutiger Lehr- und Prüfungspraxis.

Der mündlichen Prüfung am 21. und 22. April 1902 ging am 27. März voraus die Beurteilung der Studienzeichnungen für „Darstellende Geometrie", „Baukonstruktion (Stein- und Holzkonstruktionen)", „Formenlehre der antiken Baukunst", „Höhen- und Lageplan mit den Feldbüchern", „Entwurf eines Bauwerks einfacher Art" – benotet teils mit „hinreichend", teils „ziemlich gut".

In der mündlichen Sitzung am 21. April prüfen als Erste: der junge Pützer und der gestrenge von Willmann (bei dem Wilhelm Jost früher für einige Zeit als persönlicher Assistent gearbeitet hatte).[9] Mündlich geprüft wird Petry in den Fächern „Formenlehre der antiken Baukunst" und „Elemente der Baukonstruktionslehre" mit der Note „hinreichend" und im Fach „Chemie", in den Fächern „Physik" und „Darstellende Geometrie" gibt es ein „ziemlich gut" –das Fach „Festigkeitslehre" ergibt „ungenügend" und soll nach einem Semester wiederholt werden (Eine Durchsicht der Semester-Testate ergibt: Petry hatte dieses Fach bis dahin nicht studiert.).

Zu fragen wäre: Wie hatte sich Petry auf diese schwere „Vorprüfung" vorbereitet? Ein Blick in die „Anmeldebögen" gibt einige Auskunft: Im Wintersemester 1899/1900 – nach abgeleisteter Militärzeit – meldet Petry sich mit der „Anmeldungs-No. 34" zum I. Jahreskurs, und zwar in der Abteilung „Ingenieurwesen". Er belegt 9 Fächer – noch ohne Pützer und Hofmann – „Elemente der Baukonstruktion", mit Marx, und mit Schaefer „Allgemeine Kunstgeschichte". (Schaefer wurde nach Wilhelm Jost[10] von den Studenten als „Kunstschaf" belächelt). Bei Varnesi, dem Fachmann für Ornamentik, belegt Petry statt der üblichen 2 Stunden sogar 6 Unterrichtsstunden. (Varnesi sollte wenig später im Bad Nauheimer „Sprudelhof" die ersten beiden Jost'schen „Schmuckhöfe" in barocke Märchenwelten verwandeln.).

Im Sommersemester 1900 hatte Petry wegen der Militärausbildung nur hospitiert. Im Wintersemester 1900/1901 – unter der „Anmeldungs-No. 481" geht Petry in den „II. Jahreskurs/Abteilung für Architektur" und belegt zunächst 9 Fächer: „Höhere Mathematik und Übungen", „Darstellende Geometrie und Übungen", „Technische Mechanik mit Übungen", „Elementar-Physik", „Planzeichnen und Geodäsie" – mit zusammen 29 Unterrichtsstunden. Varnesi, Marx und Schaefer sind hier gestrichen.

Im Sommersemester 1901 mit der „Anmeldungs-No. 306/II. Jahreskurs/Abteilung für Architektur" – belegt Petry 12 Vorlesungen und Übungen mit insgesamt 39 Stunden bei 11 Lehrern, zu denen auch wieder Marx und Varnesi gehören; und erstmals Friedrich Pützer: er lehrt „Bauzeichnen“, aber noch „in Vertretung“.

Großherzogliche Technische Hochschule zu Darmstadt.

Anmeldungs-Nr. 376. Winter-Semester 1901/02.

Auszug aus dem Anmeldebogen

des Studierenden Heinrich Petry aus Darmstadt

Abteilung für Architektur, II. Jahreskurs.

Ord. Nr.	Unterrichtsgegenstände	Anzahl der Stunden	Anmeldebescheinigung des Dozenten		
			Datum	Name	Zuhörerliste Nr.
1.	Darstellende Geometrie I.	1.	21.X.	Wiener	16.
	Darstellende Geometrie I. Übungen	2.	"	"	"
2.	Mineralogie u. Gesteinslehre	2.	22.X.	Lepsius	15
3.	Geologie	2	"	"	"
4.	Elemente d. Baukonstruktion Übung	6.	29.X.	von Willmann	94.
5.	Steinschnitt	1.	"	" "	"
6.	Mechanische Technologie I.	2.	9.XI.	Krauß	200
7.	Allgemeine Kunstgeschichte	2.	3.I.02.	Schaefer	49
8.	Bauzeichnen	4.	24.X.	i. V. Vetterlein	2.
9.	Bauformenlehre	2.	"	" "	"
10.	Baustile II.	2.	9.XI.	i. V. Pützer	66.
11.	Figuren- u. Landschaftszeichnen	5.	22.X.	Hartmann	12.
12.	Einführung in die malerische Perspektive	1.	9.XI.	Pützer	54.
13.	Zeichnen u. Entwerfen v. Ornamenten	3.	11.XI.	Varnesi	93.
14.	Anlage u. Einrichtung v. Gebäuden I.	2.	23.X.	Hofmann	6.
15.	Darstellende Geometrie I. Übung	6.		~~Scheffers~~	

Anmeldebogen Heinrich Petry an der TH Darmstadt, Wintersemester 1901/02; StAD G 34, 521.

Großherzogliche Technische Hochschule zu Darmstadt.

Anmeldungs-No. 424 . Sommer-Semester 1902.

Auszug aus dem Anmeldebogen

des Studierenden Heinrich Petry aus Darmstadt.

Abteilung für Architektur. III. Jahreskurs.

Ord. No.	Unterrichtsgegenstände	Anzahl der St.	Anmeldebescheinigung des Dozenten: Datum	Name	Tagebuch-No.
1.	Stein- und Holzkonstruktionen des Hochbaues	2	9/V	Wickop	
2.	Ausbau der Gebäude II	3	9/V		56
3.	Uebungen zu 127 und 128	6	9/V		
4.	Baustile II	3	10/V	Pützer	52
5.	Uebungen zu Baustile II	4	10/V		33
6.	Grundzüge der architektonischen Komposition	2	10/V		33
7.	Anlage und Einrichtung von Gebäuden I	2	9/V	Hofmann	34
8.	Entwerfen von Gebäuden, Uebungen	8	9/V		43
9.	Aquarellieren; Uebungen	3	12/V	Hartmann	64

Anmeldebogen Heinrich Petry an der TH Darmstadt, Sommersemester 1902; StAD G 34, 521.

Für das Wintersemester 1901/1902, mit der „Anmeldungs-No. 376/Abteilung für Architektur/II. Jahreskurs" belegt Petry sogar 14 Vorlesungen und Übungen mit 37 Stunden bei 10 Lehrern. Zu ihnen gehören wieder Varnesi und Schaefer, auch Pützer „i.V." für „Baustile" und auch – hier als „a.o. Professor" zeichnend – für „Einführung in die Malerische Perspektive".

Und erstmals ist Hofmann dabei![11] Er unterrichtet „Anlage und Einrichtung von Gebäuden", also ein hochaktuelles Thema zur damaligen, sich vom Historismus wegbewegenden „Stilwende" – die Architektur- und Ausstattungsideen von 1901 auf der Darmstädter Mathildenhöhe diskutierend. Heinrich Petry wird diese ganzheitliche Architektur-Idee schon bei nächster Gelegenheit praktizieren: im folgenden „Praktischen Ausbildungsabschnitt", als er in Rokkenberg den Zellentrakt im „Marienschloß“ zu gestalten hat, später in den Planzeichnungen für das „Stadtbad“ in Halle und für die „Stadtsparkasse“ – und noch viel später, in den Notzeiten 1917/1920, als Petry ehrenamtlich in Halle solche Einrichtungsaufgaben übernimmt.[12]

Königliche Technische Hochschule
zu Berlin

Abgangs-Zeugniss

Herr Heinrich Petry
geboren den 11. März 1880 zu Darmstadt, ist auf Grund des Zeugnisses der Reife des Neuen Gymnasiums zu Darmstadt vom 18. August 1898 am 24. Oktober 1902 als Studirender der Königlichen Technischen Hochschule unter Nr. [illegible] immatrikulirt und bei der Abtheilung für Architektur eingeschrieben worden.

Er hat an der Technischen Hochschule kein Semester studirt. Das nach dem vorgelegten Anmeldebogen von dem Sekretariat beglaubigte Verzeichniss der benutzten Vorträge und Uebungen ist umstehend beigefügt. — Die Führung des Herrn Studirenden hat zu Bemerkungen keine Veranlassung gegeben.

Zeugniskopf der Technischen Hochschule Berlin; StAD G 34, 521.

Mit dieser immensen, weitgefächerten Vorbereitung ging Heinrich Petry also am 21. und 22. April 1902 in die „Vorprüfung“. Die Prüfung im Fach „Festigkeitslehre“ kann Petry im Oktober 1902 nachholen, nachdem er sich im Sommersemester 1902 mit „Anmeldungs-No. 424 in den „III. Jahreskurs/Abteilung für Architektur“ eingeschrieben hatte und die große Umstrukturierung

– räumlich und personell – der TH Darmstadt erleben konnte: Die 9 von ihm belegten Unterrichtsfächer mit zusammen 33 Stunden wurden allein von Wikkop (11 Stunden), Hofmann (10 Stunden) und Pützer (9 Stunden) getragen, dazugekommen war neu: Hartmann mit 3 Stunden „Aquarellieren".

Nach dieser ungeheuerlich erscheinenden Prüfungsanstrengung war erst einmal ein „Blickwechsel" angesagt: Petry ging für das Wintersemester 1902/1903 an die Königliche Technische Hochschule zu Berlin. Er belegt hier fünf Fächer, die vom Lehrangebot in Darmstadt abweichen und ihm neue Erfahrungen erweisen: „Mittelalterliche Baukunst, Entwerfen", „Konstruktions- und Formenlehre mittelalterlicher Baukunst", „Statik der Hochbaukonstruktionen III", „Geschichte der Baukunst Westasiens" – und dazu „Ornamentzeichnen".

Heinrich Petry ging zurück nach Darmstadt und setzte seine Ausbildung an der Technischen Hochschule fort. 1904 bestand er die I. Staatsprüfung, erhielt den Titel Regierungsbauführer und wurde zu Bauinspektor Haag ans Hochbauamt in Friedberg zur praktischen Ausbildung versetzt. Hier verblieb er für den zweieinhalbjährigen „praktischen Kursus" – wie er in seinem Lebenslauf vom 14. Februar 1907 schreibt[13], auch beim dreimonatigen „Vorbereitungskurs auf dem Büro eines Hochbaubeamten". Die gute Zusammenarbeit zwischen Haag und Petry konnte sich später, 1911-1913 erneut bewähren.

Nach der bestandenen I. Hauptprüfung zum Großherzoglichen Bauführer befördert, beginnt für Heinrich Petry die Erprobung eigenverantwortlicher Tätigkeit unter der Aufsicht seines Ausbilders, Bauinspektor Haag im Hochbauamt Friedberg. Zuvor wird Petry nach der in seinen Personalakten erhaltenen Eidesformel auf Gesetzestreue, wahrheitsgemäßes Beurkunden, Wahrung des Dienstgeheimnisses und Pflichterfüllung vereidigt.

Eidesformel.

Sie sollen geloben und schwören einen Eid zu Gott dem Allmächtigen und Allwissenden, daß, nachdem Sie zum Vorbereitungsdienst im Baufach zugelassen worden sind, Sie die Ihnen übertragenen Geschäfte, wie alle Ihnen etwa künftig bei anderweiter Beschäftigung oder Verwendung zu übertragenden Geschäfte nach den Gesetzen und Dienstanweisungen getreulich versehen, insbesondere, daß Sie die von Ihnen zu vollziehenden Beurkundungen wahrheitsgemäß vornehmen, das Dienstgeheimniß bewahren, sowie überhaupt alle Ihnen vermöge Ihres Dienstes obliegenden Pflichten nach bestem Wissen und Gewissen genau erfüllen wollen.

Stabung:

„Ich schwöre es, so wahr mir Gott helfe!"

Erster Amtseid für Großherzogliche Bauführer 1904; StAD G 34, 521.

Zeitgeschichtlich wäre hier anzumerken: Als Petry 1913 als Hesse in den Öffentlichen Dienst der Stadt Halle/Saale wechselt, wird er Preußischer Staatsangehöriger und hat darauf seinen Eid zu leisten.[14]

In der praktischen Ausbildungszeit am Hochbauamt Friedberg, 1904-1907, bekommt Petry neben Aufgaben z.B. in Büdingen, Starkenburg und Friedberg insbesondere die Aufgabe, Pläne für den Zellenbau im „Marienschloß" nebst Wohngebäuden in Rockenberg zu entwerfen und dann die Bauleitung – zeitweise Tag und Nacht vor Ort – zu übernehmen, mit Organisation, Verhandlungen, Verträgen, Personal- und Finanzfragen – für eine Justizvollzugsanstalt, fest gebaut und ummauert, mit eisernem Dach- und Kuppelbau (Bausumme 500.000 Mark).

Zu Ende dieser Ausbildungszeit stellt ihm sein Chef Haag am 1. Februar 1907 allerbestes Zeugnis aus und schließt: *Er hat bei allen ihm übertragenen Arbeiten mit großem Fleiß und Verständnis zu unserer größten Zufriedenheit gearbeitet und hierbei regsten Eifer gezeigt.*[15]

Zum letzten Ausbildungsabschnitt hatte auch gehört, drei Monate lang ein Arbeits-Tagebuch zu führen: auf Vordruck, mit feiner Farbkordel gebunden, nach Datum – nur der Sonntag war frei – mit detaillierten Tätigkeitsangaben ausgefüllt, auch Dienstreisen und Krankheitstage werden angezeigt. Diese Aufzeichnungen mussten in 14-tätigen Abständen zur Überprüfung vorgelegt werden.

Nach Abschluss der Ausbildungszeit in Friedberg blieb Anfang 1907 noch ein dreimonatiges Praktikum in verschiedenen Abteilungen und Büros im Finanzministerium/Abteilung Bauwesen abzuleisten.

Am 14. Februar 1907 bittet Petry das Ministerium „gehorsamst" um Zulassung zur II. Hauptprüfung für das Hochbaufach und um Erteilung der Aufgabe zur häuslichen Probearbeit. Im Oktober 1907 besteht Heinrich Petry die II. Hauptprüfung und wird zum Großherzoglichen Regierungsbaumeister ernannt. Erhalten sind seine Examensarbeiten: Entwürfe für ein Krankenhaus, für einen Bahnhof und für einen „Schmuckhof" (dieser gleicht auffallend den beiden kurz zuvor im Bad Nauheimer „Sprudelhof" entstandenen!): Alles sauber gezeichnet, in festem energischen Strich und z.T. farbig ausgeführt.

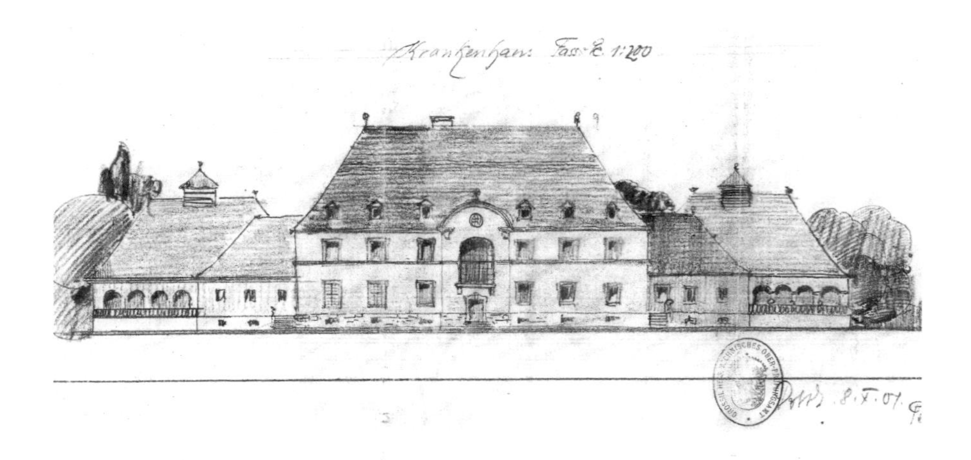

Entwurf eines Krankenhauses von Heinrich Petry, 1907; StAD G 34, 521.16

Nach diesem großen Prüfungsereignis gibt es wieder einen biographischen „Blickwechsel": Am 18. Januar 1908 heiratet Heinrich Petry in Darmstadt Marie Gärtner aus Friedberg.

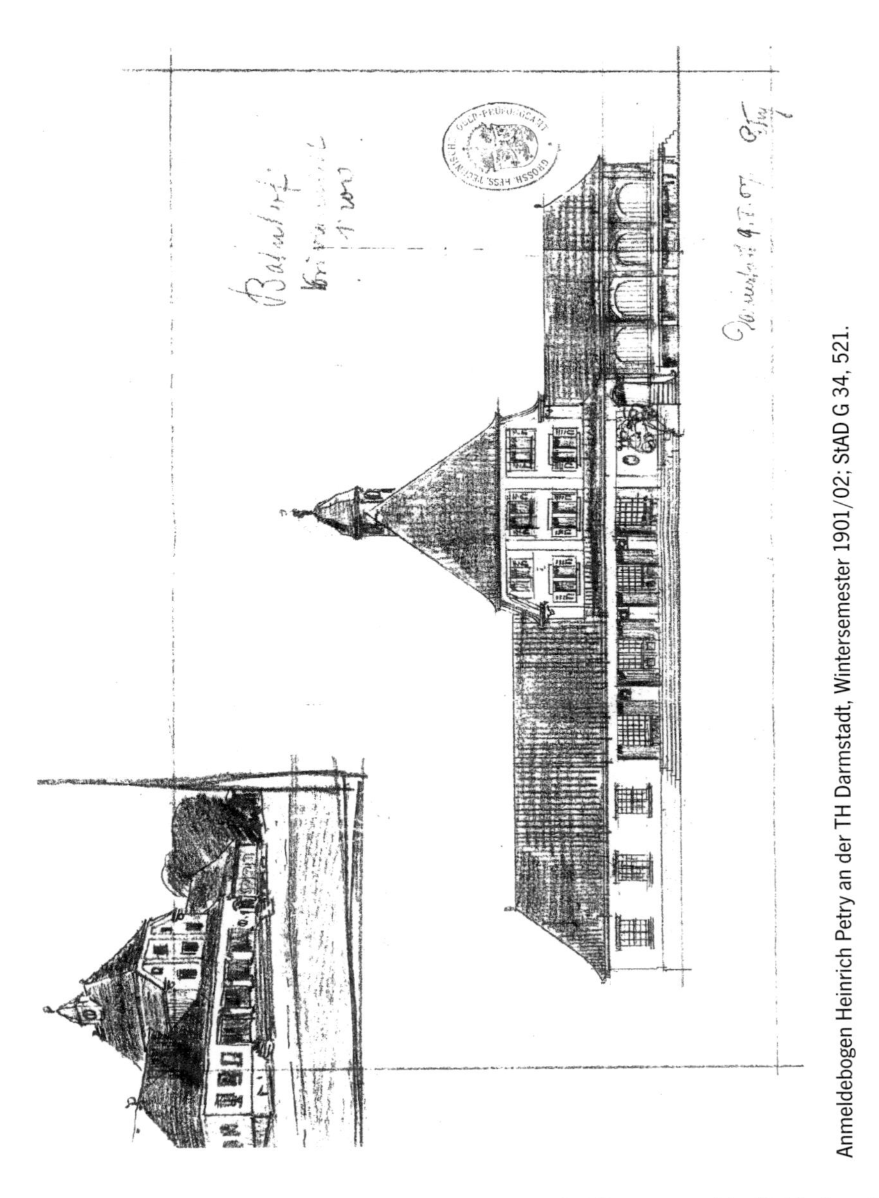

Anmeldebogen Heinrich Petry an der TH Darmstadt, Wintersemester 1901/02; StAD G 34, 521.

Als frischernannter Regierungsbaumeister wird Petry nun bis 1911 der „Behörde für die Neubauten in Bad Nauheim" zugeteilt. Sein Chef wird der vor sieben Jahren mit Auszeichnung examinierte Wilhelm Jost, sechs Jahre älter und mit reichen Bauerfahrungen in Darmstadt, Gießen, Friedberg und Bad Nauheim.[17] Es wurde eine äußerst harmonische und fruchtbare Zusammenarbeit bei der Gestaltung der neuen Kuranlagen in Bad Nauheim – und später wieder, ab 1913 in Halle an der Saale, wohin Jost 1912 als Leiter des Städtischen Hochbauamtes berufen wurde und wohin ihm Petry 1913 als Stadtbauinspektor folgen sollte.

Im Gegensatz zu seiner Position am Hochbauamt in Halle, wo Petry auch Vorlage- und Zeichnungsberechtigter wurde, hatte im hessischen Staatsdienst nur der Chef der „Baubehörde für die Neubauten in Bad Nauheim" zu signieren. Zwar hatte Jost 1909-1911 im Zentralblatt der Bauverwaltung[18] eingehend über die Bad Nauheimer Neubauten zu berichten gehabt und alle beteiligten Mitarbeiter und Firmen zusammengefasst namentlich genannt, aber z.B. über Petrys genauen Arbeitsanteil kann man sich daraus kein Bild machen.

Immerhin musste in Bad Nauheim schon immer auffallen, dass die ganze Tennisanlage mit kompaktem Baukörper, großflächiger Fassade, schlichter Linienführung, zur Bauzeit um 1910 streng wirkendem Ausstattungsstil, sich von den drei bis sechs Jahren zuvor entworfenen Badehäusern im „Sprudelhof" unterschied. Man führte dies damals auf ein als Vorbild genanntes Bauprojekt zurück, das 1910 auf der Stuttgarter Architekturausstellung gezeigt worden war.[19] Auffallend: Die Schmucksteine der „abstrakten" Säulenkapitelle in den Kolonaden ähneln denen an der Schauseite der kurz zuvor erbauten Dampfwaschanstalt – also auch hier schon Mitwirkung Petrys!

Es muss nicht verwundern, dass solche „Entdeckungen" zur Baugeschichte nicht aus den offiziellen ministerialen Bauakten der Erbauungszeit ablesbar waren. Die „Baubehörde für die Neubauten in Bad Nauheim", eigens für dieses 10-Millionen-Projekt eingerichtet, hatte ihr immenses Bauprogramm[20] bis 1912 zu vollenden und wurde danach aufgelöst, Leiter und Mitarbeiter – ausdrücklich geehrt verabschiedet[21] – auf andere Posten versetzt: Jost nach Worms und Petry nach Friedberg. Alle am Bau Beteiligten hatten sich – wie in einer mittelalterlichen Bauhütte – selbstlos eingebracht in dieses „Gesamtkunstwerk" (Arens).

So konnte die Verfasserin nachweisen, dass die Entwicklung der großen Vogelfenster von F.W. Kleukens im Badehaus 2 eine nur etwa handgroße Vorlage hatte: Ein Vogelpärchen im Marmorfußboden zweier Florentiner Kirchen, von Wilhelm Jost entdeckt, bewundert, im Tagebuch skizziert und als Vorlage eingebracht und Kleukens übergeben.[22] Ebenso war es mit der Ur-Form der

Keramik-Masken im „Schmuckhof" Badehaus 6, die Jost aus antikem Porphyr im Palazzo Pitti entdeckte.[23] Auch das eigenartige Architektur-Spiel mit verkanteten Backsteinen[24] im Schmuckhof Badehaus 2 geht auf Jost zurück: Er bewunderte es an einem Kirchenfenster in Mailand, skizzierte es in seinem Tagebuch mit Ortsangabe und brachte es ganz selbstverständlich in den Nauheimer Neubau ein – später von Albin Müller übernommen und als dessen Erfindung tradiert; er hatte nämlich das Löwentor von 1914 von der Mathildenhöhe auf die Rosenhöhe versetzt, mit Säulen aus diesen verkanteten Backsteinen – statt des ursprünglichen Natursteins. Jost hat übrigens auch später noch seine Freude an diesem Backstein-Spiel gezeigt: Am Wasserturm Süd und am Eingangsbereich zum neuen Arbeitsamt in Halle.

In Sachen „Autorenschaft" an den Neubauten der Bad Nauheimer Kuranlagen erging es wie Petry und allen Anderen auch Varnesi, dem Lehrer für Ornamentik an der TH Darmstadt, über den nicht einmal in der Darmstädter Fach-literatur berichtet wird, dass er es war, der die Schmuckhöfe in Badehaus 4 und 5 – den zuerst erbauten – mit märchenhaftem Barockdekorum ausgestaltete[25] in Abwandlung Josts ursprünglicher Idee eines kirchlichen hortus conclusus.[26]

Die detaillierte Mitwirkung Einzelner wurde also in den offiziellen Bauakten zu Bad Nauheim nicht festgeschrieben, so auch nicht die Heinrich Petrys.

Die Personalakte von Petry wird heute im Stadtarchiv Halle/Saale aufbewahrt. Darin befindet sich ein mehrseitiger „Lebenslauf und Ausbildungsgang" von der Hand Heinrich Petrys, geschrieben am 19. April 1913, als Anlage zu seiner Bewerbung um den Posten des städtischen Bauinspektors auf dem Hochbauamt unter Leitung von Wilhelm Jost.[27]

Aus diesem „Lebenslauf und Ausbildungsgang" erfahren wir nun seine Tätigkeiten in Bad Nauheim: Nach den uns schon bisher bekannt gewordenen biographischen Angaben, die zu seiner Tätigkeit als Regierungsbaumeister in Bad Nauheim geführt hatten, berichtet Petry, dass er beim Bau der Badehäuser 2, 3, 6 und 7 im „Sprudelhof" bei Entwurfsarbeiten mitgewirkt und bei der Bauausführung die Bauleitung ausgeübt hat, sodann den Entwurf zum Neubau der Kolonnaden und des Tennis-Cafés in der Parkstraße aufgestellt und die Bauleitung innegehabt hat, vom Sommer 1910 ab mit Entwurfsarbeiten und Bauleitung eines Teils der neuen Trinkkuranlagen beschäftigt war und dann den inneren Ausbau der in den Trinkkuranlagen eingebauten Dienstwohnungen bearbeitete.

Dazu kam eine weitere, in Halle hochwillkommene Arbeitserfahrung Petrys: Er hatte ein Elektrizitätswerk zu bauen gehabt (in der Wetterau, wo seit Jahren Braunkohlenlager erforscht und angekauft worden waren, heiß diskutiert in beiden Kammern des Hessen-Darmstädter Abgeordnetenhauses und zumeist attackiert vom Abgeordneten und späteren Hessischen Staatspräsidenten Carl Ulrich aus Offenbach.)[28] Außerdem bemerkt Petry in seinem „Lebenslauf und Ausbildungsgang" die Bausumme in Höhe von 250.000 Mark und dass er im September 1911 mit der Erarbeitung des Bauplans begann, im Mai 1912 mit dem Bau, und das Werk 1913 bereits mit einer Dampfturbine in Betrieb ist.

Petry fügt seinem „Ausbildungsgang" an, dass er im Frühjahr 1912 für den inneren Ausbau der neuen Blindenanstalt in Friedberg und die Bauleitung verantwortlich war und ergänzt, dass er für seinen Entwurf für ein Geschäftshaus des Vorschuss- und Kreditvereins in Friedberg den Ersten Preis gewann (veröffentlicht in Deutsche Konkurrenzen, Band 23, Heft 2). Besonders wichtig erscheint auch die Anmerkung, dass Petry sowohl seinen Chef in Bad Nauheim als auch in Friedberg öfters während deren mehrwöchigen Beurlaubungen hatte vertreten und die Amtsgeschäfte führen können. Letzteres schien nun für Halle besonders dringend; denn Jost war im Frühjahr1913 schwer erkrankt und für Monate nur eingeschränkt dienstfähig. Petry wurde sein engster Mitarbeiter.

Im März 1913 wird bei Petry offiziell angefragt, ob er sich um die Stelle eines Stadtbauinspektors am Hochbauamt in Halle/Saale bewerben möchte, was umgehend schriftlich erfolgt; alle eingeholten Zeugnisse, u.a. von Haag/Friedberg und Hofmann/Finanzministerium/Abteilung Bauwesen sind exzellent.[29]

Unter energischem Einsatz von Oberbürgermeister Rive (1864-1947), seit 1906 im Amt und gerühmt für seine „Berufungsstrategie" (Dolgner) wird das Berufungsverfahren beschleunigt und von Rive ausführlich begründet. In seiner Ansprache vor dem Magistrat zählt er die Gründe auf:

In den letzten Jahren wurden im Verhältnis zur Entwicklung der Stadt sehr wenig Neubauten errichtet und es ist deshalb ganz natürlich, daß sich jetzt eine größere Zahl zusammendrängt. Von beiden städtischen Körperschaften sind bereits (endgültig oder grundsätzlich) bewilligt:

Der Neubau des Alters- und Pflegeheims mit einem Gesamtkostenbetrag von rund 300.000 M

Erweiterung des Hospitals St. Cyriaci et Antonii mit einem Kostenbetrag von rund 300.000 M

Der Neubau des Friedhofs an der Dessauerstraße mit einem Kostenanschlag von rund 580.000 M
Um- und Neubauten an der Schule Neue Promenade im Betrage von rund 200.000 M
Neubau des Schwimmbades mit einem Kostenaufwand von etwa 1.000.000 M
Neubau einer Fortbildungsschule
Neubau eines Altersheims für Ehepaare (Silberne Hochzeitsstiftung)

In Aussicht stehen ferner:
Der Neubau einer Volksschule im Süden
Errichtung einer Stadthalle
Der Bau einer zweiten höheren Mädchenschule
Neubau einer Gemäldegallerie
Neubau einer Stadtsparkasse
Erweiterung der städtischen Verwaltungsgebäude
Errichtung eines Jugendheims.
Wenn diese Bauten sich auch auf mehrere Jahre verteilen, einzelne wohl erst in 5-10 Jahren notwendig sein werden, so ist doch nicht zu verkennen, daß durch sie eine außerordentliche Mehrbelastung des Hochbauamts verursacht wird. Die Mehrarbeit besteht nicht nur in der architektonischen Entwurfstätigkeit, die vom Dezernenten mit entsprechenden Hilfskräften erledigt werden kann, sondern ganz besonders auch in der Leitung der Bauausführung und der Überwachung der einzelnen Bauleiter, sowie in der Prüfung der Werkpläne und der Abrechnungen […] *Aber auch die laufenden Arbeiten haben in den letzten Jahren ständig zugenommen und die Überwachung und Prüfung erfordert eine ganze Kraft.* […] *Es ist deshalb für die Leitung und Überwachung der Neubauten eine weitere ständige Kraft nötig, die dem Dezernenten verantwortlich ist und der Vorbildung nach geeignet ist, eine größere Zahl von Neubauten unter Oberleitung des Dezernenten zu überwachen. Da es sich hierbei nur um einen älteren erfahrenen Regierungsbaumeister handeln kann, der auf Privatdienstvertrag nicht zu bekommen ist, ist es notwendig, eine feste definitive Stelle einzurichten, um eine wirklich gute Kraft zu erhalten.*

Der Beschluss des Magistrats vom 18. März 1913 geht an die Stadtverordnetenversammlung mit dem Ersuchen um Zustimmung, die umgehend erfolgt. Heinrich Petry wird gewählt und „auf Lebenszeit“ als Stadtbauinspektor berufen. Am 21. Juni 1913 tritt Heinrich Petry seinen Dienst in Halle an. Die überaus erfolgreiche Mitarbeit Heinrich Petrys in Halle endet unter Mitwirkung des Regierungspräsidenten Wolf von Gersdorff mit seiner Berufung zum Stadtbaudezernenten in Wittenberg am 30. September 1920, wozu das Stadtarchiv Wittenberg folgende Mitteilung machte: *Unter seiner Leitung und mit seinen Plänen wurde in der Stadt viel verändert, u.a.: Beginn des Innenausbaus des Rathauses (1925), Planung der neuen Knabenschule, neue Stadtsparkasse, neues Landesbauamt, Umbau des alten Bahnhofshotels zum Hotel „Wittenberger Hof", verstärkter Wohnungsneubau 40-60 Wohnungen jährlich, Bau des neuen Amtsgerichts.*

Aus seiner Tätigkeit in Halle ist eine Vielzahl von Bauten und Bauplänen – gemeinsam mit Jost signiert – erhalten. Aus der Zeit, als man im Stadtarchiv noch fotografieren durfte, stammt diese, damals vielfältig ausgeführte Doppelsignatur: Herr Landeskonservator i.R. Gotthard Voß[30] schenkte sie für diese Publikation.

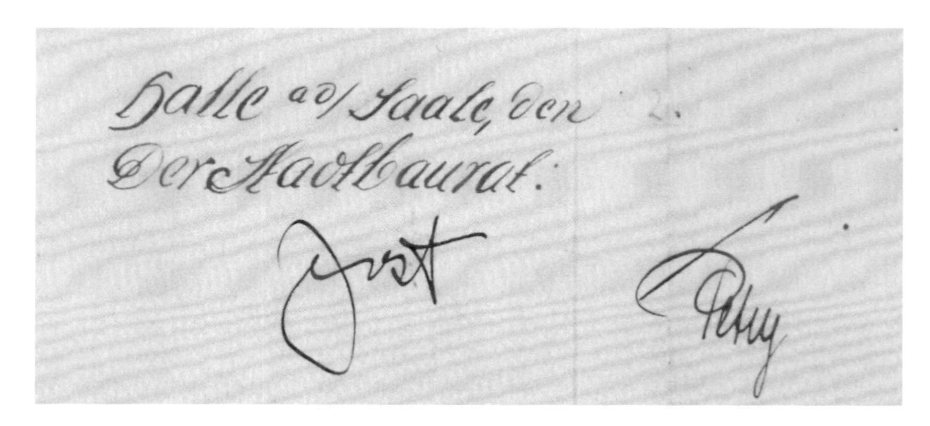

Signaturen von Wilhelm Jost und Heinrich Petry, hier: zu Plänen der Stadtsparkasse zu Halle, 1914; Stadtarchiv Halle/Saale A 3.28.

1 Diese Arbeit ist Dr. Ludwig Petry (†), Prof. em. für Geschichtliche Landeskunde an der Johannes-Gutenberg-Universität Mainz, und seiner Frau Eva Petry (†) gewidmet, die die Anregung zur Erforschung und Darlegung dieser Lebensgeschichte gab, und in Heinrich Petry „den Wohltäter der Familie in Notzeiten" ehren wollte.

2 Diese Angaben über Leben und Wirken Heinrich Petrys konnten ermittelt werden bei Familiennachkommen sowie in Archiven in Darmstadt, Mainz, Bad Nauheim, Friedberg, Halle/Saale, Wittenberg, Merseburg und Magdeburg; auch aus erhaltenen Entwurfs- und Bauplänen, aus Staats- und Kommunalbauten, an denen Petry mitgewirkt hatte, kann man seine Architektur-Handschrift und stilistische Eigenheiten erkennen, z.B. abzulesen an einigen Bauten – wie Dampfwaschanstalt und Tennis-Cafe in Bad Nauheim (bis 1911) und auch am Bau der Stadtsparkasse in Halle (1913-1916), wo Heinrich Petry und Wilhelm Jost auf engstem Raum ihren sehr unterschiedlichen Bau- und Dekorationsstil verwirklichten. Ich danke der sehr zahlreichen Unterstützung, namentlich den Nachkommen von Petry und dem stets hilfsbereiten Personal der Archive.

3 StAD G 34, 1741 Oberbaudirektion Akte Albert Marx sowie Britta Spranger, Anmerkungen zur Architekten-Ausbildung in Darmstadt um 1900, in: AHG NF 66/2008, S. 339-350 und dies., Neue Bad Nauheimer Geschichtsschreibung im DEHIO, in: AHG NF 68/2010, S. 325-336.

4 StAD G 34, 1741.

5 Stadt Bad Nauheim (Hg.), Jugendstil in Bad Nauheim, Königstein 2005; vgl. Rezension hierzu in AHG NF 64/2006, S. 461f.

6 Freundliche Mitteilung Stadtarchiv Stralsund.

7 Britta Spranger, Jugendstil in Bad Nauheim. Die Neubauten der Bade- und Kuranlagen und ihr Architekt Wilhelm Jost. Diss. phil. Mainz 1982, Darmstadt-Marburg 1983; dies., Jugendstil in Bad Nauheim. Vom Golddesign zum Sichtbeton (Arbeiten der Hessischen Historischen Kommission NF 33), Darmstadt 2010.

8 StAD G 34, 521 Oberbaudirektion Akte Heinrich Petry 1902-1904-1914 (1920).

9 Wilhelm Jost, Erinnerungen aus meinem Leben/Keramische Studien, hrsg. von Britta Spranger, Mainz 2000, S. 57 (zuerst in: Wetterauer Geschichtsblätter. Beiträge zur Geschichte und Landeskunde 36/1987) und Jahresbericht der THD 1898/99 III, sowie 1901/02, S. 60f.

10 Jost (wie Anm. 9), S. 56.

11 Siehe hierzu Fritz Reuter, Karl Hofmann und „das neue Worms". Stadtentwicklung und Kommunalbau 1882-1918 (Quellen und Forschungen zur hessischen Geschichte 91), Darmstadt-Marburg 1993; Jost (wie Anm. 9), S. 69f.

12 Stadtarchiv Halle/Saale A 3.28 Akte Heinrich Petry 1102 Karton 108 (PE PF).

13 StAD G 34, 521 Oberbaudirektion Akte Heinrich Petry 1902-1904-1914 (1920).

14 Stadtarchiv Halle/Saale A 3.28 Akte Heinrich Petry 1102 Karton 108 (PE PF).

15 StAD G 34, 521 Oberbaudirektion Akte Heinrich Petry 1902-1904-1914 (1920).

16 StAD G 34, 521. Dort noch weitere Pläne von Petry, diese 2014 in Kopie dem Stadtarchiv Halle überlassen.

17 Britta Spranger, Führer durch den Sprudelhof Bad Nauheim, Mainz 2000 (zuerst in: Wetterauer Geschichtsblätter. Beiträge zur Geschichte und Landeskunde 36/1987).

18 Spranger, Jugendstil in Bad Nauheim, 2010 (wie Anm. 7), S. 303.

[19] Ebd., Abb. 107-110; dazu auch Ernst Dieter Nees, Mut, sich auf neues einzulassen, Bad Nauheim 2000, S. 117ff..

[20] Ebd. S. 82 ff.

[21] Die Abteilung für Bauwesen im Finanzministerium sprach Petry „für die angestrengte und pflichtgetreue Tätigkeit beim Bau der neuen Kur- und Badeanlagen in Bad Nauheim […] Dank und […] besondere Anerkennung aus." StAD G 34, 521 Oberbaudirektion Akte Heinrich Petry 1902-1904-1914 (1920).

[22] Spranger, Führer (wie Anm. 17), S 20f.

[23] Ebd., S. 30 und Spranger, Jugendstil in Bad Nauheim, 2010 (wie Anm. 7), S. 42f.

[24] Spranger, Jugendstil in Bad Nauheim, 2010 (wie Anm. 7), S. 133 nach StAD R 4, Nr. 26125 und 26137.

[25] Spranger, Jugendstil in Bad Nauheim, 2010 (wie Anm. 7) sowie Britta Spranger, Kleiner Kunstführer Bad Nauheim, München-Zürich 21991.

[26] Spranger, Führer (wie Anm. 17), S. 27.

[27] Stadtarchiv Halle/Saale A 3.28 Akte Heinrich Petry 1102 Karton 108 (PE PF).

[28] Stadtbibliothek Mainz Regierungsvorlagen und Berichte/Zweite Kammer des Großherzogtums Hessen, 35. Landtag 1911/1914.

[29] Stadtarchiv Halle/Saale A 3.28 Akte Heinrich Petry 1102 Karton 108 (PE PF).

[30] Zuletzt Gotthard Voß, Am 1. April vor 100 Jahren – Wilhelm Jost wird Stadtbaurat in Halle/Saale, in: Mitteldeutsches Jahrbuch für Kultur und Geschichte 19/2012, Kap. Gedenktage, Redaktion: Harro Kieser. Vgl. auch die Publikationsreihe „Historische Bauten der Stadt Halle/Saale", hrsg. von Dieter Dolgner (in Zusammenarbeit mit Jens Lipsdorf bzw. Angela Dolgner).

Das „Weltheilbad“ Bad Nauheim bei Beginn des Ersten Weltkriegs (1914)

Herbert Pauschardt

1. Der Aufstieg des Heilbades Bad Nauheim

Bad Nauheim war um die Jahrhundertwende nicht mehr der kleine idyllische Badeort wie 50 Jahre früher: Man glaubte inzwischen, sich mit den Modebädern Kissingen, Baden-Baden und dem benachbarten Homburg messen zu können. Der Vorsitzende des Nauheimer „Kur- und Verschönerungsvereins“, Lehrer August Wagner, drückte das neue Selbstbewusstsein der Nauheimer in einem Rechenschaftsbericht einmal so aus: *„Wir sehen aus diesen Betrachtungen, dass Bad Nauheim sich aus den kleinsten Anfängen heraus zu einem Weltbade ersten Ranges aufgeschwungen hat.“*[1] Oder: *„Bad Nauheim ist nachgerade Weltbad im eigentlichen Sinne des Wortes geworden.“*[2] Und *„... das ganze Kurleben überhaupt pulsierte weit flotter als früher, was sich aufs Vorteilhafteste für unsere Hotel- und Villenbesitzer und fast alle Einwohner auswirkte. Mit der Zunahme hält gleichen Schritt die erhöhte Anstrengung, welche sowohl die Staatsbehörde* (d.h. die „Großherzogliche Badedirektion“) *als auch die Gemeindevertretung aufbietet, um unser Weltheilbad sowohl äußerlich wie in seinen Einrichtungen auf der Höhe seines Ranges zu repräsentieren.“*

Die Anfänge des Kur- und Badewesens im ehemaligen Salzsiederdorf reichten in das Jahr 1835 zurück, als die Sol-Bade-Anstalt an der unteren Parkstraße zunächst für Söder eröffnet wurde. Damals zählte Nauheim fast 1.400 Einwohner und 214 Wohnhäuser, 1890 waren es schon 2.900 Einwohner in 450 Häusern. Denn der Ort profitierte von seiner Bahnstation an der 1850/1 eröffneten Main-Weser-Bahn. Badegäste aus aller Welt erreichten nun über Frankfurt bzw. Kassel leicht das Heilbad in der Wetterau. Die Stadtrechte erlangte Nauheim schon 1854. Aber die Verhältnisse, besonders in dem dem Johannisberg zugewandten Teil, der Hiesbach, waren zunächst noch sehr bescheiden: Enge Gassen und kleine Häuser zeugen davon. Trotzdem logierten damals auch dort bald „Kurfremde", wie man anfangs die Kurgäste nannte.

Eine besondere Anerkennung für die Leistungen im Gesundheitswesen wurde der Stadt 1869 zuteil, nachdem das früher kurhessische Nauheim 1866 dem Großherzogtum Hessen-Darmstadt zufiel. Der neue Landesherr billigte die Aufnahme des Prädikats „Bad" in den Namen. Im Jahr 1900 wuchs die Einwohnerzahl von Bad Nauheim auf 4.500 Personen in 687 Häusern, 1910 gar auf 5.700 Einwohner in 740 Häusern.[3]

Sein Wachstum und den wirtschaftliche Aufstieg verdankte Nauheim im Wesentlichen der überaus erfolgreichen Entwicklung seines Kur- und Badewe-

Abb. 1: Der Bad Nauheimer Große Sprudel. Stadtarchiv Friedberg: Postkartensammlung

sens und der Heilkunst fähiger Ärzte um Professor Benecke und Schott, später Groedel. Erst im Jahre 1837 hatte ein Arzt in Nauheim eine Praxis eröffnet, lange Zeit blieb dieser Dr. Friedrich Bode der einzige Arzt am Ort. Für 1869 sind vier Ärzte in Nauheim nachgewiesen, seit 1877 waren es sieben, das Adressbuch von 1899 nennt schon 27 Ärzte - im Sommer waren es wohl noch einige mehr -, im Jahre 1913 gar über 50. Anerkannt war inzwischen die heilsame Wirkung der Nauheimer Quellen vor allem bei 13 Indikationen, wie Rheuma, Nervenleiden, Frauenkrankheiten sowie Herz- und Kreislauferkrankungen.[4] Die Heilung suchenden Kurgäste nahmen Bade- und Trinkkuren.

Das führte dazu, dass die Zahl der Kurgäste sprunghaft anstieg, nämlich von etwa 1.000 im Jahre 1850 auf 22.000 um die Jahrhundertwende. Im Jahre 1912 wurden schon 36.000 gezählt. Das hatte zur Folge, dass die Anzahl der abgegebenen Bäder zwischen 1900 und 1910 von fast 320.000 auf etwa 446.000 bzw. 480.520 im Jahr 1913 anstieg. Dadurch ergaben sich in den neun Badehäusern unangenehme Wartezeiten für die Badegäste. Mit dem Einsatz erheblicher Finanzmittel betrieb deshalb die großherzogliche Regierung seit 1904 den Bau neuer Badehäuser zwischen Siesmayer-Park und Bahnhofsgelände: Es entstand ein neuer Komplex von Badehäusern, die Sprudelhofanlage. Großherzog Ernst Ludwig kümmerte sich persönlich um die Planung und die Ausführung in dem neuen Baustil, dem Jugendstil. Ergänzend zu den Badekuren wurden auch ein Inhalatorium und das Zander-Institut an der Zanderstraße eingerichtet, um Herz und Kreislauf über körperliche Ertüchtigung zu stärken. Zu einem regelrechten Bauboom mit der Errichtung zahlreicher stattlicher Villen, Pensionen und Hotels kam es auch östlich der Altstadt zwischen Solgraben und Frankfurter Straße und nach Süden hin, wo die alte Saline still gelegt wurde. Man sprach verschiedentlich von der Neustadt. Somit war zwischen 1819 und 1919 das bebaute Gebiet der Badestadt um das Neunfache gewachsen. In den beiden letzten Jahrzehnten kamen ein neues Postamt, zwei Krankenhäuser, ein Militär-Kurhaus, das Amtsgericht, die Turnhalle in der Hauptstraße, ein Elektrizitätswerk und verschiedene Genesungsheime hinzu. Das 1864 errichtete und inzwischen zum Beispiel um Schreib- und Lesezimmer erweiterte Kurhaus nordwestlich der Parkstraße bot Raum für mannigfache gesellschaftliche Großereignisse wie Tanz-

Abb. 2: Kurbrunnen. Stadtarchiv Friedberg: Postkartensammlung

veranstaltungen für 1.500 Personen und das Großherzogliche Kurhaus-Theater. Auch ein Tennisplatz an der unteren Parkstraße sowie ein Golfplatz am Frauenwald erhöhten die Attraktivität der Kurstadt. In dem alljährlich erscheinenden Fremden-Führer und dem dreisprachigen „Bad Nauheim-Album" von 1905 hieß es demnach zu „Gesellige Unterhaltungen": „*Wenn auch Bad Nauheim im Gegensatz zu den eigentlichen Luxusbädern vorwiegend Gesundheitsbad ist, so fehlt es doch keineswegs an Zerstreuung und geselligen Unterhaltungen, die nun einmal zur Erzielung eines guten Kurerfolges unentbehrlich sind. Das hiesige Badeleben ist angenehm und ohne die Langeweile, die so vielen Badeorten zum Vorwurf gemacht wird.*"[5]

Das „*Aufblühen des Bades*", so eine damals beliebte Formulierung, machte auch eine Erweiterung der Verwaltung erforderlich. Heterogen wie die überkommene Berufsstruktur Nauheims mit verschiedenen Handwerkern, einigen Landwirten, zahlreichen Södern des Salzwerks und nun den zahlreichen Badebediensteten war auch die Verwaltung: Neben der Stadtverwaltung stand seit 1900 die Kurverwaltung, die unmittelbar der großherzoglichen Regierung unterstand, mit dem Kurdirektor an der Spitze. Im Jahre 1903 erhielt Bad Nau-

Abb. 3: Terrasse des Bad Nauheimer Kurhauses. Stadtarchiv Friedberg: Postkartensammlung

heim erstmals einen hauptamtlichen Bürgermeister. Gewählt wurde für 12 Jahre der 41-jährige Jurist Dr. Gustav Kayser, Mitglied der Nationalliberalen Partei, der mit seinem starken Engagement die Stadtverwaltung in kurzer Zeit voranbrachte und der bis 1927 immer wieder ins Bürgermeisteramt gewählt wurde. In die Zeit bis 1914 fallen wichtige Projekte: die Einweihung der katholischen St. Bonifatiuskirche (1905) und der evangelischen Dankeskirche (1906) - die Englische Kirche war schon 1898/99 erbaut worden. Nach dem Bau der Stadtschule an der Wilhelmskirche (1902) kam es 1905 zur Gründung einer Höheren Bürgerschule, der Vorläuferin eines städtischen Gymnasiums. Dr. Kayser trieb auch von 1904 an die Planung der Butzbach-Licher-Eisenbahn voran[6], die seit 1910 das Wettertal mit dem Weltbad verband, und kümmerte sich um die Errichtung eines neuen und repräsentativen Bahnhofsgebäudes in der Badestadt.

Die so genannten *„Badeindustriellen“*, also im Wesentlichen die Betreiber der Pensionen und Hotels, förderten ebenso das gesellige Leben in der Badestadt wie die zahlreichen Vereine, beispielsweise Radfahrer-Club, Gesangvereine, Faschings-, Turn-, Stenografen- oder Kriegervereine.[7] Dabei kam es zu einer gewissen Zweiteilung der Gesellschaft, wie man beispielsweise an der alljährlichen Geburtstagsfeier für den Kaiser sehen konnte: Die Honoratioren trafen sich zu einem Festmahl in dem noblen *Langsdorf's Sprudel-Hotel* in der Kurstraße, während die weniger begüterten Patrioten im Saal der Turnhalle das Ereignis etwas bescheidener feierten. Damit legten die stark vertretenen konservativen Kräfte Bad Nauheims ein Bekenntnis zum monarchischen System ab.

Die Nauheimer verstanden es, im Hessenland auf sich aufmerksam zu machen. Das zeigte sich auch am Pfingstsonntag 1913 an der Aufsehen erregenden Veranstaltung des „Prinz-Heinrich-Fluges“. Eine Flugschau über Oberhessen, parallel zu einer Art Autorennen, zeigte den hohen Stand der frühen deutschen Luftfahrt in Verbindung mit der Leistungsfähigkeit der damaligen Kraftfahrzeug-Technik - eine große Attraktion für Friedberg und die Bewohner sowie die Kurgäste von Bad Nauheim, zugleich aber auch eine Erprobung der deutschen Wehrhaftigkeit in der Zeit der Zuspitzung der Balkankrise.

Bad Nauheim hatte als Heilbad einen guten Ruf, wie aus zahlreichen Zeugnissen hervorgeht, so zum Beispiel aus dem Gedicht eines Bewohners von Niefern/Baden, das in der Bad Nauheimer Zeitung vom 5. Juli 1900 veröffentlicht wurde:

„Dankesgruß aus Baden an Bad Nauheim.
......
Mein Arzt hat mir geraten,
zur Kur dorthin zu gehen,
zu trinken und zu baden.
Hier könnt ich ganz gesunden
So rasch, so wunderbar!

Bald wurden die Gelenke,
die kranken, wieder frei.
Und wenn an's Herz ich denke,
das pocht jetzt schier wie neu!"[8]

Abb. 4: Werbeanzeige des Zander-Instituts. Adressbuch Stadt Friedberg, Bad Nauheim nebst Kreis Friedberg 1906.

Der florierende Kurbetrieb war inzwischen der wichtigste Wirtschaftsfaktor in Bad Nauheim und die Gegenwart prominenter Badegäste eine Voraussetzung für zukünftiges Wachstum der Branche. So meldete die Bad Nauheimer Zeitung regelmäßig die Termine von Anreise und Abreise bekannter Persönlichkeiten aus Geburts- und Geld-Adel mit Gefolge. Allein im Mai 1900 waren die Aufenthalte deutscher Fürsten fünf Meldungen wert. So konnte sich Bad Nauheim nach den Kuren der österreichischen Kaiserin ‚Sisi', der russischen Zarin und der Frau des deutschen Kaisers Auguste Victoria mit dem Attribut „Drei-Kaiserinnen-Bad" schmücken, aus der Sicht der Bad Nauheimer Manager des Hotel- und Gastgewerbes bzw. des Kur- und Verschönerungs-Vereins ein Beleg für ihre erfolgreiche Marketing-Strategie mit dem Slogan „Weltbad Bad Nauheim“. Öffentliches Lob erfuhr die Kurstadt aber auch von prominenten Ausländern, wie dem englischen Lord Howard Vincent, von dem die Bad Nauheimer Zeitung am 21. Mai 1908 berichtete: *„Ich komme eben von Bad=Nauheim zurück, wo ich eine Kur gegen ein Herzübel gebraucht habe. Dort ist alles mögliche getan, um Gäste heranzuziehen und ihnen das Leben so angenehm wie nur möglich zu machen. Die ganze Stadt macht einen freundlichen Eindruck mit ihren Alleen, Park und Wasserläufen, überall Sitze zur Bequemlichkeit der Spaziergänger, kein unnötiger Lärm, keine Bettler, keine Hausierer, keine Straßenmusik.“*[9]

Manches von dem „Weltbad“-Getöse der Bad Nauheimer mochte dem Wunschdenken der Propagandisten ihres Hotel- und Gastgewerbes zuzuschreiben sein. In diesen Kreis der Badeindustriellen war der bereits genannte Vorsitzende des Kur- und Verschönerungs-Vereins Wagner eingebunden. Anzuerkennen war aber, dass die in den letzten Jahrzehnten im Bad Nauheimer Kur- und Badewesen erzielten Fortschritte wirklich beachtlich waren.

Abb. 5: Die Werbeanzeige der Villa Wanda demonstriert stellvertretend den internationalen Charakter der Kurstadt. Adressbuch Stadt Friedberg, Bad Nauheim nebst Kreis Friedberg 1906.

Abb. 6 und 7: Blick in die Fürsten- und Kurstraße. Fotos: Sammlung Herbert Pauschardt

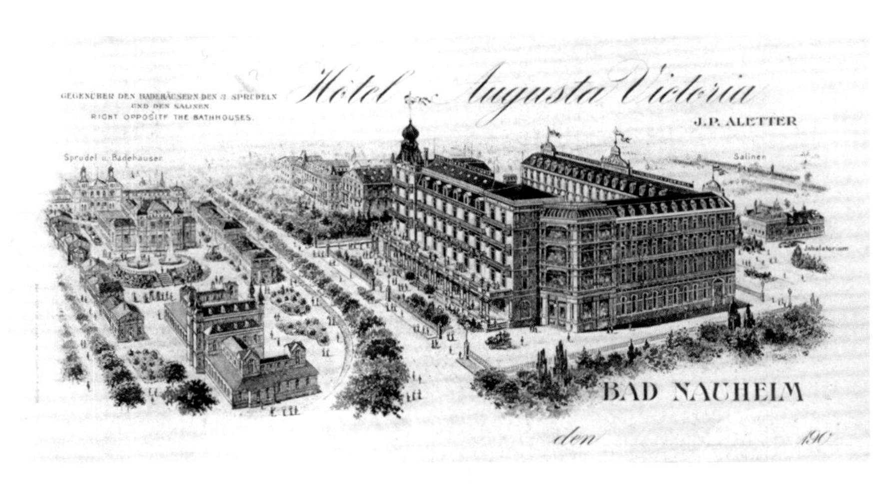

Abb. 8 und 9: Der Bad Nauheimer Tennisplatz mit Großherzog Ernst Ludwig und eine Werbepostkarte für das Hotel Auguste Victoria. Fotos: Sammlung Herbert Pauschardt

2. Das Attentat von Sarajevo - Bad Nauheim zwischen Hoffen und Bangen

Mitten in der Sommersaison des Jahres 1914 platzte in das geschäftige Treiben der Kurstadt eine Nachricht, die alles erstarren ließ: Am 28. Juni wurden der österreichisch-ungarische Thronfolger Erzherzog Franz Ferdinand und seine Frau durch den jungen serbischen Nationalisten Princip in der bosnischen Hauptstadt Sarajevo ermordet. Es waren die Schüsse, die die Welt radikal veränderten und auch Bad Nauheim ins Mark trafen.

Hier stellt sich die Frage nach den Quellen. Hauptquelle für das Ereignis selbst und die Auswirkungen auf das Leben in Bad Nauheim ist hier die *„Bad Nauheimer Zeitung - Wetterauer Anzeiger“* von 1914, wohl wissend, dass dieser Ansatz aus verschiedenen Gründen nicht unproblematisch ist. In zweiter Linie kam der *„Oberhessische Anzeiger - Friedberger Zeitung“* als Quelle in Frage. Private Aufzeichnungen zur Stadtgeschichte waren hier nicht zugänglich. Für den Weg über die Tageszeitung sprach aber auch, dass dadurch eine Fülle von ortsbezogenen Informationen zur Verfügung stand. Die einzelnen Berichte, auch die amtlichen Bekanntmachungen, Anzeigen, Gedichte und Leserbriefe vermitteln einen relativ umfassenden Eindruck vom damaligen Leben in der Kurstadt und vom Lebensgefühl der Zeitgenossen. Wir erfahren so zwar nicht unbedingt, was sie - so weit sie sich überhaupt eine Zeitung leisten konnten - wussten oder dachten. Aber wir erfahren, über welche Informationen Bad Nauheimer Leser damals verfügen konnten und worüber man diskutieren konnte - und darauf kommt es an, wenn man sich ein Bild von ihrer Einstellung zu Politik, Kaiser und Reich, zu den auswärtigen Mächten, zu Krieg und Frieden und zu Fragen des Alltags im weitesten Sinne machen will.

In der Bad Nauheimer Zeitung vom 30.6. und 1.7.1914 war anlässlich der *„entsetzlichen Tat“*, einer *„verabscheuungswürdigen Tat“*, von *„maßloser Hetze gegen die Monarchie und Dynastie“*[10] des greisen Kaisers Franz Josef die Rede. Ihm und dem Staat Österreich-Ungarn galten hierzulande die Sympathien, zumal nach diesem Attentat seine Existenz als einer der fünf europäischen Großmächte und enger Bündnispartner des Deutschen Reiches in hohem Masse gefährdet schien. Denn die Donaumonarchie war ein Vielvölkerstaat. Auch der Oberhessische Anzeiger vom 30. Juni bezeichnete den Doppelmord als *„grausige Tat“* und den Verlust dieses *„kraftvollen, erst 51-jährigen Mannes, der in der Staatskunst wie im Soldatenleben eine ungewöhnliche Energie, ein außerordentliches Verständnis entfaltet hatte“* und ein Befürworter eines Ausgleichs zwischen Deutschen, Ungarn und Südslawen innerhalb des Habsburgerreiches war – bekannt als „Trialismus“ - als einen *„schweren Schlag!“* Und weiter hieß es in demselben Blatt: *„Die Welt war starr, unter allen Mordtaten der neuesten Zeit ist diese eine der scheußlichsten, bei keinem Attentat war die Teilnahme so groß wie hier.“*[11]

Eindeutig war in der hiesigen Presse vom 30. Juni, von *„russischen Taktlosigkeiten“* abgesehen, die Reaktion der Weltöffentlichkeit: Man stand mehrheitlich an der Seite des Habsburgerstaates.[12]
- Kaiser Wilhelm kündigte seine Teilnahme an der Einsegnung in der Wiener Hofburgkapelle an, sagte aber drei Tage später wieder ab; ob es eine wohlüberlegte Handlung war oder ein Zeichen seiner berühmten Sprunghaftigkeit, war unklar.
- Der türkische Sultan schickte sogar ein Beileidstelegramm.
- In London wurde zwar nur eine achttägige Hoftrauer angesetzt. Ein geplanter Staatsball aber wurde abgesagt.
- In Sarajevo gab es eine Empörung der kroatischen und moslemischen Bevölkerung, die einem Pogrom glich. *„Nur der militärische Schutz rettete die serbische Bevölkerung vor einem furchtbaren Volksgericht.“*
Und in Wien kam es tags darauf zur Demonstration deutschnationaler Studenten und zum Absingen der Nationalhymne und zu Rufen wie *„‚Rache für die Ermordung des Thronfolgers!'“*
Der 84-jährige österreichische Kaiser Franz Josef aber reiste umgehend von Bad Ischl nach Schönbrunn.

Für unsere Themenstellung ist vor allem die Bad Nauheimer Szene interessant und die Frage, welche Auswirkungen das Attentat von Sarajevo auf die Ereignisse in der Kurstadt hatte:
- Am 1. Juli fand *„auf Anregung fürstlicher und hochadeliger Herrschaften in der katholischen Bonifatius-Kirche ein feierliches Requiem für die beiden in Sarajewo Ermordeten statt. ...Die Kirche war von Gläubigen angefüllt, der österreichisch-ungarische Adel war vollzählig erschienen, auch die Spitzen der Großherzoglichen Bade- und Kurverwaltung. ...“*[13]

Sonst aber ging das Leben in der Badestadt in den ersten Juli-Wochen seinen gewohnten Gang:
- Etwa 200 Personen trafen sich zum „Tango-Tee“ und verbrachten zwei Stunden angenehm bei guter Unterhaltung.[14]

- Das Amerikanische Unabhängigkeitsfest fand *„unter Beteiligung von etwa 500 Landsleuten"* wie alljährlich am 4. Juli im Hotel Kaiserhof statt.[15]
- Bad Nauheimer Mitglieder der Kriegskameradschaft Hassia beteiligten sich an der Fahrt von 430 Teilnehmern zum Kyffhäuser.[16]
- Die Nauheimer Stadtverordneten-Versammlung tagte und lehnte Mitte Juli den Bau einer elektrischen Straßenbahn von Friedberg nach Bad Nauheim längs der so genannten Kreisstraße ab - und das, obwohl das *„Weltheilbad Bad Nauheim"* sich immer noch im Aufwind befand.[17]
- Die *„1. Italienische Nacht im Park und auf der Terrasse"* stand unter dem Motto: *‚Das sind die Tage der Rosen'*.[18]
- Ein *„Bazar zum Besten des Roten Kreuzes"* im *„Konzerthaus"* wurde für den 25. und 26. Juli vorbereitet, u. a. war am Samstagabend ein Ball im Kurhaus vorgesehen und die Vorführung der „Laune der Verliebten" - wohl ein Indiz für unbekümmertes Treiben.[19]
- Im heutigen Bad Nauheimer Stadtteil Schwalheim wurde in zwei Gastwirtschaften Kirchweih gefeiert. Auch in Rödgen und Wisselsheim fand am 12. bzw. 26. Juli „Große Tanzmusik" statt.
- Am Golfplatz wurden viertägige Wettspiele mit 19 Nennungen vorbereitet, eingeleitet von einem Damen-Turnier.[20]

Aber gegen Ende des Monats Juli war die Stimmung in der Kurstadt anscheinend gedrückt: Deshalb sagte der Vorstand des Turnvereins 1860 das für den nächsten Sonntag geplante „Wald- und Jugendfest" ab.[21]

Im Einklang mit zeitgenössischen Vorstellungen von Ehre, bei denen noch das Duell seinen Platz hatte, schien es in Ordnung zu sein, von der serbischen Regierung *„Satisfaktion"*, d.h. Genugtuung, zu fordern. Das bedeutete nach alter Väter Sitte Krieg, Krieg Österreich-Ungarns gegen Serbien! Die Frage wäre dann nur, was das für die europäische Staatenwelt zu bedeuten hätte. Einen begrenzten Krieg oder Ausweitung zu einem europäischen Krieg? Oder gar zu einem Weltkrieg, der schon verschiedentlich in der Diskussion war? In gewissen Kreisen, die man getrost als ‚Kriegspartei' apostrophieren darf, sah man im Krieg die Lösung schlechthin, gestützt auf das weit verbreitete Buch des alldeutschen Militärschriftstellers und ehemaligen Generals von Bernhardi.[22] Unter Berufung auf Darwin bekannte er sich zum „Kampf ums Dasein". Daraus leitete er nicht nur ein *„Recht zum Krieg"*, sondern auch eine *„Pflicht zum Krieg"* ab. Also: *„Deutschland brauche sich weder vor einem Krieg mit England noch mit Russland zu fürchten. Frankreich müsse zerschmettert, Belgien ebenso wie die Niederlande unter Wahrung einer beschränkten Selbstän-*

digkeit dem Reich angeschlossen werden."[23] Vor dem Hintergrund solcher Gedanken sind die Leitartikel der heimischen Presse mit ihren Betrachtungen zur diplomatischen Lage während der Juli-Krise zu sehen.

Am 1. Juli informierte der Oberhessische Anzeiger darüber, „*eine Politik der starken Hand statt der friedfertigen Kompromisse*" wolle „*Österreich-Ungarn ergreifen und damit das auf ausländische Einwirkungen hin verübte Verbrechen von Sarajewo beantworten .... Das Maß der österreichisch-ungarischen Geduld*", ... sei „*erschöpft, nachdem es mit erschreckender Deutlichkeit klar geworden*" sei, „*dass die gutmütige Haltung der Monarchie...missverstanden und als Zeichen der Mutlosigkeit und Schwäche gedeutet worden*" sei.[24]

Der Leitartikel der Bad Nauheimer Zeitung vom folgenden Tag zeigte mit seinem holprigen Satzbau im ersten Satz etwas von der Aufregung dieser Tage: „*Angesichts der überaus engen Beziehungen zwischen Deutschland und der Donaumonarchie müssen uns die Ereignisse, die sich jetzt dort abgespielt haben, und deren weitere Entwicklung am meisten nahegehen, denn es kann uns nicht gleichgültig sein, wenn unter Umständen die Dinge sich zuspitzen und Verwicklungen entstehen, in die wir eventuell hineingezogen werden können. Die Tat hat begreiflicherweise den Nationalitätenhass erneut zu hohen Flammen schlagen lassen ... Es heißt für uns in Deutschland, auf der Wacht zu sein, damit wir nicht in etwaige Verwicklungen mit hineingerissen werden. Über die Bündnistreue Österreich-Ungarns brauchen wir uns wohl kaum Kopfzerbrechen zu machen, denn noch lebt Kaiser Franz Josef...* ."[25]

Bald wurde in den Zeitungsredaktionen scharf gerechnet, wurden Bündnisse von Dreibund und Zweibund und die entsprechenden Soldatenzahlen zueinander ins Verhältnis gesetzt.[26] In Russland seien schon die Waffenübungen der einberufenen 650.000 Landwehrmänner und Reservisten bis zum 1. Oktober verlängert worden. Darin müsse man eine russische Rückendeckung für Serbien erblicken, „*um im Falle eines bewaffneten Einschreitens Österreichs gegen Serbien Österreich in den Rücken zu fallen.*"[27] - Heute weiß man, dass Deutschland und seine Verbündeten, also die ‚Mittelmächte,' der Gegenseite - d. h. England, Frankreich und Russland - von Anfang an hoffnungslos unterlegen waren. Bei Kriegsbeginn standen dem Deutschen Reich und Österreich-Ungarn 3,5 Millionen Soldaten zur Verfügung - davon stellte Deutschland 2,147 Millionen. Bei den Gegnern Frankreich, Russland und England rechnet man mit 5,7 Millionen - im Lauf der nächsten Jahre waren die Zahlen auf beiden Seiten allerdings noch höher.

Die Rüstungsspirale war ja seit 1912/13 im Gang: Russland hatte nach den beiden Balkan-Kriegen seine Friedenspräsenz-Stärke erhöht; darauf verstärkte das Deutsche Reich sein Heer um 136.000 Mann und danach verlängerte Frankreich die Wehrpflicht wieder auf 3 Jahre. Im deutschen Generalstab plädierte von Moltke schon im Dezember 1913 dafür, möglichst bald den Ring um die Mittelmächte mit einem Präventivkrieg zu sprengen und so die Einkreisung zu beenden - die Losung lautete: *„Jetzt oder nie!"* Das war auch der Wortlaut einer Randnotiz des deutschen Kaisers an einem Bericht seines Wiener Botschafters. In internen Kreisen hieß es damals, in zwei oder drei Jahren werde sich das Deutsche Reich nicht mehr erfolgreich gegen ein französisch-russisches Bündnis wehren können. Auch der Reichskanzler tendierte zeitweise zu dieser Meinung. Ende Juli 1914 konzentrierte Frankreich 280.000 Mann an seiner Ostgrenze. Das beiderseitige Bedrohungsszenario war nun perfekt.[28]

Für die Strategie des deutschen Generalstabs galt der von Moltkes Vorgänger 1905 entwickelte und später modifizierte Schlieffen-Plan, wonach bei dem zu erwartenden Zwei-Fronten-Krieg zuerst schnell an der Westfront die Entscheidung gesucht werden solle, um dann mit aller Macht gegen die russischen Truppen vorzugehen. Dabei war die Verletzung der Neutralität Belgiens, ursprünglich auch Hollands und Luxemburgs, durch die deutschen Truppen - mit Bruch des Völkerrechts - von Anfang an einkalkuliert. Militärisches Denken beherrschte die Politik. Aber von der Existenz und Zielrichtung des Schlieffen-Plans gelangte damals nichts in die hiesigen Zeitungen.

Deutschland erlebte 1914 einen heißen Sommer. Die Schüler der Bad Nauheimer Stadtschule bekamen Anfang Juli hitzefrei, brauchten also am Nachmittag nicht zur Schule kommen.[29] Oft war es schwül. Auch in der Diplomatie bewegte sich kaum etwas in der Julikrise. Ahnungsvoll griff ein Journalist des Oberhessischen Anzeigers unter der Überschrift *„Schwüle Sommertage"* das verbreitete Unbehagen auf: *„Und wie an dem Himmel ... so schaut es am politischen Horizont aus ... „Ueber ganz Europa ziehen sich die politischen Wetterwolken zusammen."... „Der Balkan ist der Hexenkessel, in dem das Kriegsgebräu brodelt."* Und weiter: *„Die von Russland ... unterstützte serbische Politik wird immer herausfordernder."*[30] War also, wie zuvor in der Marokko- und Balkan-Krise, nach 43 Friedensjahren wieder mit einem Krieg zu rechnen?

3. Nauheimer Erwartungen an ein Krisenmanagement für die Rettung des Friedens

Die handelnden Personen eines möglichen europäischen Krisenmanagements konnten noch immer nicht den Konflikt um die Balkankrise beilegen. Vermutlich lag in der Reise des französischen Staatspräsidenten Poincaré nach St. Petersburg eine wichtige Ursache dafür, dass die österreichische Regierung vor dessen Abreise aus der russischen Hauptstadt nicht gegen Serbien losschlagen wollte. Der Tenor der beiden Wetterauer Zeitungen war, Deutschland und Österreich-Ungarn dürften sich nicht von der Betonung friedlicher Absichten der französischen und russischen Regierung *„einlullen"* lassen: Deutschland und seine Freunde müssten *„kaltblütig und besonnen bleiben und ihr Pulver trocken halten."*[31] *„England hält sich bei Seite; man glaubt jedoch in Paris wie Petersburg mit der Annahme nicht fehlzugehen, dass es trotz seiner widerstrebenden Orientinteressen in einem europäischen Kriege seinen Freunden gegenüber eine sehr wohlwollende Neutralität beobachten würde."*[32] Und das Deutsche Reich hatte gerade in den letzten Jahren ein relativ gutes Verhältnis zu England hergestellt - entspannt war es auch zum alten Erbfeind Frankreich.

Besonders ausführlich war die Berichterstattung zur österreichisch-ungarischen Diplomatie in den Ausgaben des Oberhessischen Anzeigers vom 24., 25. und 27. Juli u. a. mit dem gesamten Wortlaut des Ultimatums an Serbien. Die Leser waren wohl gespannt, wie sich Serbiens Schutzmacht Russland in dieser Frage positionieren würde. Doch dies blieb zunächst im Dunkeln, genauso wie die sogenannte „Blanko-Vollmacht" Deutschlands für Österreich-Ungarn vom 5./6. Juli - Teil der üblichen Geheimdiplomatie. In der Presse las man nur, dass der deutsche Kaiser sich für den europäischen Frieden einsetze. Die Parole war: *„Kaiser Wilhelm - der ‚Friedenskaiser'"*! Das stimmte ja auch weitgehend für die letzten 25 Jahre. Sein 25-jähriges Regierungsjubiläum war 1913 pompös gefeiert worden ebenso wie das 100-jährige Jubiläum der Völkerschlacht von Leipzig - mit der Einweihung des Völkerkriegsdenkmals zum Gedenken an den Sieg über Napoleon von 1813: zwei Triumphe des preußischen Militarismus und deutschen Nationalismus. Im Vergleich zum Kaiser traten Reichskanzler Bethmann-Hollweg und die Minister in der Presse so gut wie nicht in Erscheinung - außer in einer einzigen Meldung vom 30.7. über eine wichtige Beratung beim Kaiser in Berlin.[33]

Aber am Wochenende des 25. und 26. Juli, als Österreich-Ungarn die diplomatischen Beziehungen zu Serbien abbrach, kam Bewegung in das internationale Kräftespiel. Das machte sich auch in Berlin bemerkbar: Es kam zu Demonstrationen bis in die späten Nachtstunden, zu Hoch-Rufen auf Deutschland und Österreich-Ungarn, zum Absingen von „*Heil Dir im Siegerkranz*", es ertönten aber auch „*Pfui-Russland-Rufe*". Von Anti-Kriegs-Demonstrationen auf deutschen Straßen erfuhr man dagegen nichts aus den beiden Lokalblättern. Dies alles blieb nicht ohne Wirkung auf die Bad Nauheimer Szene.

An demselben Wochenende erlebte die Nauheimer Hautevolee mit zahlreichen Kurgästen im Kurhaus eine große, schon lange geplante Festveranstaltung mit Bazar zugunsten des Roten Kreuzes. Über dieses denkwürdige Fest veröffentlichte die Bad Nauheimer Zeitung einen bemerkenswerten Bericht unter der Überschrift „*Lieb Vaterland magst ruhig sein*", der, weil er für sich spricht, hier in voller Länge und unkommentiert folgen soll:
„*Gestern Abend ereigneten sich auf der Terrasse, auf der das Musikkorps des Garde-Dragoner-Regiments unter Leitung des Obermusikmeisters Mittelstadt konzertierte, Szenen kriegerischer Begeisterung, wie sie unser stilles Bad vielleicht nicht einmal 1870 erlebt hat. Das ganze aufgestellte Programm musste ausgesetzt werden und unter fanatischem Jubel verlangte das Publikum nach dem Erklingen der österreichischen National-Hymne deutsch-patriotische Weisen, die in vollem Chor mitgesungen wurden. In den letzten 48 Stunden haben sich Dinge ereignet, die eine ungeheure Erregung wachgerufen haben. Jeder einzelne fühlt, dass die Weltgeschichte unter Umständen Ereignissen entgegengeht, wie sie noch nicht zu verzeichnen waren. Der jahrelange schwüle Druck, der auf Europa gelegen, ist durch die Kriegserklärung Österreichs an Serbien gewichen und an seine Stelle ist das Gefühl der Befreiung von dem ewigen Hangen und Bangen in schwebender Pein getreten. Wir wissen nicht, was uns die nächsten Tage, die nächsten Stunden bringen können. Die einlaufenden Nachrichten überstürzen und widersprechen sich und sind unkontrollierbar, da Österreich und Russland strenge Depeschenzensur üben. Im rechten Augenblick schallte es da von der Terrasse 'Lieb Vaterland magst ruhig sein.' - Ruhe tut uns Not und Fassung. Unsere älteren Einwohner wissen, was ein Krieg für uns zu bedeuten hat. Wir fühlen und ahnen, welche Folgen die Mobilmachung Deutschlands nach sich ziehen würde. Die auflodernde Begeisterung ist ein schöner Beweis der Treue, die Deutschland dem Bundeslande Österreich halten will, aber ruhig und sachlich betrachtet, müssen wir den Wunsch hegen, dass sich der Krieg zwischen Österreich und Serbien allein entscheide. Kommt es zu dem seit langem gefürchteten Weltkriege, vermögen wir das Ende nicht abzusehen. Die nächsten Stunden müssen vielleicht schon die Entscheidung bringen.*

Abb. 10: Der Bad Nauheimer Landsturm 1914. Foto: Stadtarchiv Bad Nauheim

Falle sie aus, wie sie wolle, bewahren wir uns die Ruhe und denken wir an das schöne Wort: Im Glücke nicht jubeln, im Unglücke nicht verzagen, das Unvermeidliche mit Würde tragen.“[34] Ähnliche Szenen spielten sich auch in Bad Homburg ab.[35]

Am folgenden Tag zierte die Schlagzeile „*Der Krieg zwischen Österreich-Ungarn und Serbien*“ die erste Seite der Bad Nauheimer Zeitung und erstmals war dort auch eine Kartenskizze vom Kriegsschauplatz um Sarajevo zu finden, scheinbar weit weg von Bad Nauheim. Für Diskussionsstoff dürfte der Bericht über ein bedeutsames Gespräch mit dem Präsidenten der russischen Reichsduma, Herrn von Rodzianko, gesorgt haben, der bis zu diesem Tag in Bad Nauheim zur Kur weilte. Darin äußerte er: „*Ihr Kaiser ist ein großer, bedeutender Monarch. Wir vertrauen seinem Einfluss, dass er uns den Frieden erhält.*“ Und die Zeitung bemerkte hoffnungsvoll dazu: „*Das ist ein schönes Wort und wir wollen hoffen, dass Deutschland dereinst dasselbe von Russland sagen kann.*“[36]

Konträr zu dieser beruhigenden Mitteilung war allerdings der direkt darunter stehende Artikel „*Mahnung zur Ruhe an die Sparer*“. Wegen ähnlicher Vorgänge in den Jahren 1866 und 1870/71, als Sparer aus unberechtigter

Angst Ersparnisse von Geldinstituten abgehoben hätten, damit diese nicht zur Deckung von Kriegskosten verwandt werden könnten, versuchten die Sparkassen jetzt, ihre Kundschaft zu beruhigen: *„Unsere Kassen sind gut und bieten in Kriegs- und Friedenszeiten die denkbarste Sicherheit für vorhandene Einlagen."*[37] Kurz darauf folgte eine weitere indirekte Mahnung an die Sparer mit einem Bericht über die *„Ängstlichkeit der Sparer"* in Berlin und die Bildung von *„langen Schlangen an den Eingängen zur Sparkasse"* schon von 3 Uhr an.[38] Aufmerksame Leser in Bad Nauheim waren damit eigentlich vorgewarnt.

Die Beunruhigung wuchs in der Nauheimer Bevölkerung und die Spannung stieg von Tag zu Tag. Sorge wegen eines bevorstehenden Kriegs auf dem Balkan und Patriotismus lagen miteinander im Streit. Bezeichnend für die allgemeine Stimmung in der Stadt war ein Artikel der Bad Nauheimer Zeitung unter der Überschrift *„Die Würfel sind gefallen": „Gestern Nachmittag hat Österreich Serbien offiziell den Krieg erklärt. Aus dem Kriegszustand ist der Krieg geworden. Mit begreiflicher Aufregung wurde diese Nachricht in unserer Stadt entgegengenommen. Vielleicht noch gesteigert wurde die Aufregung durch die gleichzeitig auftauchende Nachricht, Russland habe mobilisiert."* Und weiter: *„Die Kriegsfurie ist entfesselt. ... Wir hoffen, dass es das Schicksal gnädig macht und der Lenker aller Dinge der Welt nicht zu große Opfer auferlegt."*[39] Extra-Blätter der Lokalzeitung wurden, wie auch laut Ausgabe vom 27.7. und 31.7., u. a. im Schaufenster des Zeitungshauses in der Fürstenstraße 32 - heute Stresemannstraße („Hofdruckerei Wagner") - angebracht, aber anschließend durch Ordnungshüter wieder von den Hauswänden abgehängt, da die Meldung widerrufen wurde. Die Nerven lagen blank. Erstaunlicherweise pochte die Bad Nauheimer Zeitung bei dem Vorfall vom 31.7. gar auf die Pressefreiheit. Und noch einmal am 18. August übte sich die Tageszeitung im Widerstand, erneut wegen eines „Extrablattes"', als es um die Neutralität Belgiens ging. *„Dieses Extrablatt wurde polizeilich eingezogen"* stand an diesem Tag in der Normalausgabe zu lesen. Und: *„Nach wie vor werden wir im Dienste der Wahrheit unsere Pflicht tun und weisen die Konfiszierung unseres gestrigen Extrablattes mit Entschiedenheit zurück."* So viel zur aufrechten Haltung der Bad Nauheimer Zeitung in der Zeit der ausgehenden Monarchie.

Bemerkenswert ist auch, dass in diesen Tagen ein Mitarbeiter der Zeitung die Richtschnur für den Umgang mit den ausländischen Kurgästen während des Krieges formulierte, die wohl ganz im Interesse der Nauheimer Geschäftswelt war: *„Bei allen Ereignissen ... sollen wir bedenken, dass unser Bad Nauheim im edelsten Sinne des Wortes international ist. Ohne unser Deutschtum zu unter-*

drücken, sind wir gehalten, auf die Vertreter aller Völker, die unser Bad gewissermaßen als neutralen Ort aufsuchen, alle Rücksicht zu nehmen.“[40] Schließlich kam ein Viertel aller Kurgäste 1914 aus dem Ausland, und von diesen über 8.000 ausländischen Kurgästen stammte die Hälfte aus Russland, dem potentiellen Kriegsgegner. Die Nauheimer Badeindustriellen befanden sich also in einem klassischen Konflikt zwischen Geschäftssinn und Nationalbewusstsein. Ebenso bemerkenswert ist, dass derselbe Journalist in diesem Zusammenhang aber auch Empathie für die ausländischen Kurgäste empfand, die im Falle eines Krieges in Bad Nauheim festsaßen: *„Seien wir dessen eingedenk, dass die bei uns weilenden Gäste aus fernen Ländern doppelt schwer zu tragen haben und schonen wir ihre Gefühle, indem wir ihnen eine zweite Heimat bieten. Vielfach ist der Eisenbahnverkehr unterbrochen. Mancher, der gern in die Heimat zurück möchte, ist gezwungen, seinen Aufenthaltsort unfreiwillig zu verlängern.“*

Das Feindbild Russland wurde in dieser Phase von der Presse besonders geschärft: Auch in unserer Stadt ging die Sorge um über *„die auffallenden Rüstungen Russlands, das weder von Österreich-Ungarn noch von Deutschland bedroht“ sei.* Nur eine klare Sprache Deutschlands gegen die Russen mit ihrem fortgesetzten Säbelrasseln könne vielleicht noch in letzter Stunde das drohende Unheil von Europa abwenden - so die Ansicht der Bad Nauheimer Zeitung.[41] Ausgerechnet Russland betrieb auf Druck der Slawophilen am 30.7. die Generalmobilmachung. Dabei hatte die Zarenfamilie noch vier Jahre vorher, nämlich vom 30.8. bis 24.10.1910, bei den Verwandten im Großherzoglichen Schloss der Friedberger Burg gewohnt und die beiden Vettern Zar Nikolaus („Niki“) und Kaiser Wilhelm II. („Willy“) waren freundschaftlich verbunden und tauschten noch in der brisanten außenpolitischen Situation Ende Juli 1914 Depeschen aus. Schließlich war auch das Verhältnis der Zarenfamilie zu Großherzog Ernst Ludwig von Hessen, dem Bruder der Zarin, gut.

Die Hoffnung auf den Einfluss des Deutschen Kaisers bei der Krisenbewältigung sollte sich aber nicht erfüllen - es würde jedoch zu weit führen, dies in diesem Zusammenhang weiter zu untersuchen. Schließlich hatte der Zar kurzzeitig eine Vermittlerrolle übernommen. Aber der Schlüssel für die Lösung der internationalen Krise hätte vermutlich eher in London gelegen, doch England war in dieser Zeit mit den Iren beschäftigt. Tragisch mutet der letzte telegraphische Kontakt zwischen Kaiser Wilhelm und seinem Vetter König Georg von England an, wenn man bedenkt, was alles im Falle einer erfolgreichen Friedensinitiative den Völkern Europas und außerhalb Europas hätte erspart werden können, als der Kaiser am 1. August erklärte: *„Aus technischen Grün-*

den muss meine schon heute Nachmittag nach zwei Fronten, nach Osten und Westen, angeordnete Mobilmachung vorbereitungsgemäß vor sich gehen. Gegenbefehl kann nicht mehr gegeben werden, weil Dein Telegramm leider zu spät kam. Aber wenn mir Frankreich seine Neutralität anbietet, die durch die englische Armee und Flotte garantiert werden muss, werde ich natürlich von einem Angriff auf Frankreich absehen und meine Truppen anderweitig verwenden. Ich hoffe, Frankreich wird nicht nervös werden. Die Truppen an meiner Grenze werden gerade telegraphisch und telephonisch abgehalten, die französische Grenze zu überschreiten. Wilhelm.“[42]

Nach einer Vielzahl von Gerüchten und Tagen „*fieberhafter Erregung*“ klärte sich die Situation mit der Wochenendausgabe der Bad Nauheimer Zeitung. In dem vom kommandierenden General unterzeichneten Dokument, das auf der ersten Seite präsentiert wurde, hieß es lediglich „*Auf Befehl Seiner Majestät des Kaisers wird für den Bezirk des 18. Armeekorps hierdurch der Kriegszustand erklärt. Die vollziehende Gewalt geht damit an mich über.*“ An weniger prominenter Stelle folgte unter der Überschrift „*Die Erlösung aus der Qual der Ungewissheit*“ ein sehr nachdenklicher Kommentar, in dem schon ein Zweifronten-Krieg thematisiert wurde, aber auch von Deutschlands „*reinem Gewissen*“ die Rede war. Deutschland sei „*auf der Wacht*“, stehe aber auch „*einig um seinen Friedenskaiser geschart.*“ Der Verfasser schließt außerordentlich nachdenklich: „*Der Ernst der Zeit ist einem jeden inzwischen zum Bewusstsein gekommen und niemand ist, der frohen Blickes in die Zukunft schauen kann.*“[43]

Zugleich wird aber auch anhand dieser Zeitungsausgabe deutlich, dass sich seit Mobilmachung und Kriegsbeginn das Leben im „*Weltheilbad Bad Nauheim*“ grundlegend geändert hat. Der „*Ernst der Zeit*“ ist an die Stelle von Unbekümmertheit und Lebensfreude getreten. Auch zwei Meldungen über Gottesdienstbesuche sind ein Indiz für die allgemeine Verunsicherung und Sorge dieser Tage: „*Unter großer Beteiligung fand vergangenen Samstag in hiesiger Synagoge die Abschiedsfeier für die in den Krieg Ziehenden statt. Mit einem längeren, eindrucksvollen Gebete für den Landesfürsten, Kaiser und Reich schloss die erhebende Feier.*“[44]. Vonseiten der evangelischen Kirchengemeinde ist nur eine vergleichbare Veranstaltung aus Friedberg bekannt.[45]

4. Kriegsbedingte Beeinträchtigungen im Weltbad

Der Ausrufung des Kriegszustandes in Deutschland folgte schlagartig die Veröffentlichung einer Vielzahl längst vorbereiteter Anordnungen bzw. Verordnungen, wie *„Die vollziehende Gewalt für den hiesigen Bezirk ist auf den kommandierenden General des 18. Armeekorps übergegangen."* Dazu gehörte auch die Beschränkung der Verbreitung von Nachrichten über militärische Maßnahmen, ferner Einschränkungen für den Post- und Fernsprechverkehr incl. Brieftauben[46] und die punktgenaue Umstellung vom Allgemeinen Fahrplan der Reichsbahn auf den Militärfahrplan. Hinzu kam das Ausfuhrverbot für Pferde und die Verpflichtung zur Bereitstellung von Pferden und Fahrzeugen für das Militär sowie die Schließung der Höheren Schule, um die Schüler als Erntehelfer freizustellen; für diese Hilfeleistung gab es, wie auch in anderen Bereichen, kein Entgelt. Auffällig war, dass Großherzog Ernst Ludwig, der *„allen Personen des aktiven Heeres"*, die mit Geld- oder Freiheitsstrafen unter einem Jahr belegt worden waren, *„Begnadigungen"* zusagte und am nächsten Tag in dem *„Aufruf ... ‚An mein Hessenvolk"* an die *„alte Hessentreue"* appellierte. Er verstieg sich sogar zur Hoffnung, dass sein *„Volk die großen Opfer an Gut und Blut freudig bringen"* werde.[47] Eine heroische Zeit war angesagt.

Tatsächlich *„ist die Mobilmachung bisher ganz vorzüglich verlaufen"*, stellte die Bad Nauheimer Zeitung rückblickend fest.[48] *„Alles ging wie am Schnürchen. Die Zusammenziehung der Einberufenen, ihre Beförderung an die angewiesenen Plätze, alles hat vorzüglich geklappt."* Die Begeisterung für die Landesverteidigung war groß. Zum Landsturm wurden zunächst nur die militärisch schon Ausgebildeten eingezogen.[49] Auch zahlreiche Mitglieder der Feuerwehr, der Sanitätskolonne des Roten Kreuzes und der Kurkapelle - in letzterem Falle waren es 12 Personen - reihten sich in die Truppe der „Landesverteidiger" ein.[50] Auch Schüler sollten für das Militär gewonnen werden: *„Zur Erlangung der ‚Einjährigen-Berechtigung' fand für Obersekundaner eine ‚abgekürzte Notprüfung' statt."*[51]

Die Tageszeitung war nicht nur ein wichtiger Mittler obrigkeitlicher Anweisungen an die Bürgerschaft für die zügige Umstellung auf die Kriegssituation. Auch die Belange der Wirtschaft und des Handels fanden Berücksichtigung. Es gab verschiedentlich Hinweise in der Presse auf *„Einkauf von Lebensmitteln in zu großen Mengen"*. Es sei ganz unmöglich, *„dass die mit Lebensmitteln handelnden Geschäfte die großen Mengen, wie sie jetzt verlangt werden"* beschaffen könnten. Die Folge sei die *„Bezahlung höherer Preise"*.[52] Am Tag der

Mobilmachung meldete das Lokalblatt: „*Seit gestern früh werden die Verkaufsstellen in unserer Stadt in einer Weise bestürmt, dass vielfach der Andrang so groß war, dass die Käufer stundenlang stehen mussten, um an die Reihe zu kommen. In der Hauptsache handelte es sich um den Einkauf von Dauerware: Mehl, Hülsenfrüchte, Salz, Teigwaren etc. Anerkannt werden muss, dass unsere Geschäftsleute so lange die vorhandenen Vorräte reichten, aus der eingetretenen Panik keinen Gebrauch machten, sondern ihre Waren zum üblichen Tagespreis abgaben.*"[53] Ähnliche Engpässe und ähnlich honoriges Verhalten der Nauheimer Geschäftsleute deuteten sich in weiteren Geschäften an: Die Kohlenhändler von Bad Nauheim baten in einer gemeinsamen Anzeige ihre „*Abnehmer, jetzt nur ihren tatsächlichen Bedarf zu bestellen*" und sie bestätigten, dass sie „*zu normalen Preisen nur gegen Kasse ihre Waren abgeben.*"[54] Die Bad Nauheimer Zeitung bemerkte hierzu kritisch: „*Es werden Mengen von Kohle bestellt, die unter normalen Verhältnissen gar nicht gebraucht werden.*"[55] Auch die 17 namentlich genannten Metzgereien der örtlichen Fleischerinnung unterstrichen: „*Verkauf nur gegen bar*". Etwa zwei Wochen später beklagte die Bäckerinnung die „*infolge der Einberufung der jungen Leute entstandene Gehilfennot*", bat um Entschuldigung für verspätete Lieferung und empfahl „*ggf. Backwaren abholen zu lassen.*"[56] Zugleich wies sie die „*werte Kundschaft*" darauf hin, dass es trotz Verteuerung des Mehls - das mache 10 Mk. pro Sack aus - „*im nationalen Interesse*" nicht zur Verteuerung der Backwaren komme, sie könnten aber „*unter den jetzt ungemein schwierigen Geschäftsverhältnissen von jetzt ab keine Prozente bezw. Dreinbrötchen mehr gewähren.*"[57]

Das Entgegenkommen einzelner Kaufleute im Krieg wurde von der Kundschaft sicher dankbar aufgenommen. So gewährte das Kaufhaus J. Strauss „*während der Kriegsdauer*" bei Barzahlung 10% Skonto „*auf alle Waren, selbst auf diejenigen, die bereits im Preis ermäßigt sind.*" Auch eine Annonce von Kaufmann Richard Wörner verdient Beachtung: Er bat „*seine geehrte Kundschaft, da der weitaus größte Teil seines Personals zum Militär einberufen ist, ihm die Aufträge durch Postkarte oder telephonisch erteilen zu wollen. Nach Möglichkeit wird die Ware gegen Barzahlung ins Haus geliefert. Der größte Teil der Waren ist lieferbar.*"[58]

Die Regierung richtete sich angesichts der dürftigen Ernte und der gefährdeten Einfuhr schon auf „*Kleintierzucht während des Krieges*" ein - wenn auch nicht unbedingt in Bad Nauheim -, wie eine Pressemitteilung vermuten lässt. „*Eines der Mittel, um der Bevölkerung den Lebensunterhalt etwas zu erleich-*

tern, ist die stärkere Ausbreitung der Kleintierzucht, namentlich der Kaninchen- und Hühnerzucht.“ Man dachte auch an das „*Sammeln von Abfällen.*“[59]

Allenthalben kam es seit Kriegsausbruch zu Irritationen, neben die Sorge um Leib und Leben von nahen Kriegsteilnehmern traten neue Probleme. Nicht nur, dass die Löhne der Ernährer, die zu den Waffen gerufen wurden oder freiwillig zu den Fahnen eilten, weg fielen und sich die Frage nach dem Auskommen stellte. Unter der Überschrift „*Ernste Mahnworte in schweren Zeiten*“ fanden sich in der Heimatzeitung entsprechende Ratschläge: „*Bedenkt alle, dass für viele der Verdienst aufhört ... seid sparsam und nochmals sparsam.*“[60] Da gab es auch Leute, die meinten, in Kriegszeiten müsse man keine Miete zahlen und auch keine Darlehenszinsen. Die Zeitung stellte unter der Überschrift „*Irrige Annahmen*“ klar: „*Diese Ansicht ist gesetzlich durch nichts begründet*“.[61]

Besonders die finanzielle Situation zahlreicher Haus- bzw. Pensionsbesitzer sowie Hoteliers schien sich gegenüber der Vorkriegszeit erheblich verschlechtert zu haben, wie aus einem „*Eingesandt*“ unter der Überschrift „*Ein Notschrei aus Vermieterkreisen*“ vom August hervorgeht: Ihr Problem hing mit dem teilweisen Leerstand ihrer Wohnungen in der Folge des Kriegsausbruchs und der Abreise ihrer Gäste zusammen: „*Wir Villenbesitzer und Pensionsinhaber wollen ja gerne bezahlen, wenn wir nur können. ... Niemand denkt an unsere jetzige entsetzliche Lage. Wahrlich es ist dies ein hartes Los, denn die Saison ist kurz, die Zahlungen horrend. Wie viele schon von Nauheim enttäuscht weggezogen und ihre letzten Pfennige, ihr letztes Hab und Gut dort verloren haben, ist vielleicht bekannt, unbekannt ist aber manchem die bitterste Not, die diese Pensionen im Winter leiden müssen; ich kenne Personen, die als verschämte Arme bitter im Winter darben müssen. Heuer ist es unsagbar schwer geworden, über Nacht wurden wir durch Ausbruch des Krieges brotlos. Unsere Villen sind leer mitten in der Saison, wo wir die Haupteinnahmen zu erhalten hofften; höchstens blieben uns notleidende Russen, die billig und auf Kredit heuer bei uns wohnen wollen. Mit einem Schlag sind wir nun ruiniert, wir nehmen nichts ein. ... In unserer entsetzlichen Notlage flehen wir nun die hohe Kurverwaltung um Schutz und Hilfe an.*“ Die Zeitung hatte dafür nur einen schwachen Trost parat: „*Die Villenbesitzer, die den Winter über keine Gäste haben, sollen sich zusammentun und jeweils nur e i n Haus bewohnen*“[62], offenbar um an Heizkosten zu sparen.

Andererseits war der Bad Nauheimer Wohnungsmarkt durch die angekündigte Rückführung von deutschen Grenzlandbewohnern in Bewegung. Denn schon eine Woche nach Kriegsbeginn wurde für 3.000 Deutsche - anfangs sogar für 5.000 - aus dem von französischen Truppen bedrohten Gebiet um die deutsche Stadt Metz Wohnraum in Bad Nauheim gesucht. Von Willkommenskultur war hier keine Rede. Vielmehr wehrten sich viele Nauheimer gegen die Unterbringung von Flüchtlingen, auch mit einem Leserbrief („*Eingesandt*") und Worten wie: „*Noch zehren wir an den paar Wochen, die uns die Kur im Juli bescherte, aber wie lange wird's noch dauern und die Not klopft an die Türen. Die Kurgäste haben und werden uns verlassen und herein ziehen 3.000 Menschen*".[63] Immerhin stellte die Stadtverwaltung der Kurstadt für die tägliche Verpflegung 2,25 Mk. pro Person in Aussicht. Am Ende wurden nur 60 Personen nach Bad Nauheim beordert, weitere Evakuierte wurden nach vierundzwanzigstündiger Fahrt in benachbarten Dörfern untergebracht.[64] Viele Kurgäste waren ja Hals über Kopf abgereist, aber noch waren über 2.000 Personen da. Andererseits verringerte sich der Wohnungsleerstand in Bad Nauheim gegen Ende des Jahres, da die Stadt „*Garnisonsstadt*" wurde, indem Soldaten aus Friedberg nach Bad Nauheim umquartiert wurden.[65]

Die Kurkapelle hat „*unter dem Eindruck der welterschütternden Ereignisse*"[66] bald ihr Abschiedskonzert gegeben, da es der Großherzoglichen Kurverwaltung nicht möglich war, mit den verbliebenen Musikern die Konzerte fortzusetzen, aber auch weil ihre heiteren Weisen nicht zu Krieg und Trauer passten. Aber vom 13. August an wurden die Kurkonzerte mit folgender Begründung wieder aufgenommen: „*Nachdem nun vom Kriegsschauplatz fortlaufend gute Nachrichten einlaufen und die Freude darüber die deutschgesinnten Herzen höher schlagen lässt, ist unter den noch zahlreich vertretenen Kurgästen der Wunsch nach Wiederaufnahme der Konzerte immer lauter geworden.*"[67] So kam es am 17. August unter den Kastanien hinter der Dankeskirche zu einer Versammlung von Amerikanern, Engländern und Russen mit Österreichern und Deutschen, „*um für einige Stunden die Herzen durch die wohltuende Wirkung der Musik von den Sorgen, die uns alle bedrücken, zu erleichtern.*" Besonders die patriotischen Lieder kamen gut an, wie der Berichterstatter des Blattes meldete: „*Mit dankbarer Begeisterung nahmen die Amerikaner und Holländer die Nationalhymne ihrer Länder auf, um am Schluss stürmisch das deutsche Kaiserlied zu verlangen.*"[68] Sämtliche anwesende Gäste einschließlich der Russen huldigten beim Erklingen des Liedes „*Heil dir im Siegerkranz*" „*dem deutschen Namen*, indem sie ihre Kopfbedeckung abnahmen".

Eine andere Sorge war die Frage nach dem Wert des Papiergeldes, das nun vermehrt in Umlauf gebracht wurde. Die Reichsbankdirektion wies auf „*un-*

nötige Banknotenfurcht“ von Konsumenten hin, die die Goldmünzen vorzogen. Bürgermeister Dr. Kayser setzte sich in einer Erklärung ebenfalls für das Papiergeld ein, das für die Wehrkraft des Reiches wichtig sei, und sah in dieser Akzeptanz einen Beweis von „Vaterlandsliebe“.[69]

Zur Ermittlung der in Privatbesitz und bei Händlern befindlichen Schusswaffen und Patronen wurde eine Bekanntmachung erlassen.[70] Spionen stellte man nach[71], auch indem man in der hiesigen Zeitung auf die militärische Besetzung des Rosental-Viadukts in Friedberg hinwies: *„Es ist nicht gestattet, sich in der Nähe des Viadukts aufzuhalten.“*[72] Ausländer wurden seit kurzem ausgewiesen. *„Das Polizeiamt warnt Ausländer davor, nach hier zu kommen, da sie ohne Rücksicht abgeschoben werden.“*[73] Weiter hieß es: *„Die noch anwesenden ausländischen Kurgäste stehen unter strenger Aufsicht und neu ankommende Ausländer werden, wie bekannt, nicht mehr zugelassen. Im Interesse unserer Landesverteidigung liegt es aber, dass jeder Deutsche seine Umgebung aufmerksam beobachtet“*.[74]

Dass am 25. August die etwa 140 US-Amerikaner, die, vom Krieg überrascht, in der Badestadt festsaßen oder wieder nach Bad Nauheim zurückgekommen waren, nach Vermittlung des amerikanischen Gesandten endlich mit großem Bahnhof vom Bürgermeister und vom Chef der Bade- und Kurverwaltung sehr herzlich verabschiedet wurden, war eine noble Geste gegenüber gern gesehenen Gästen.[75] - Nicht so gut erging es den etwa 2.500 Russen, die seit etlichen Jahren die größte Gruppe der ausländischen Kurgäste in Bad Nauheim stellten und noch auf Ausreise warteten. Sie mussten sich sogar bis zum 23. September gedulden: Für 900 bis 1.000 Russen waren zwei Extrazüge nötig. In einem Schreiben des Bürgermeisters hieß es: *„Es ist jetzt schon so weit gekommen, dass viele Vermieter den bei uns wohnenden Russen keine Speisen mehr verabfolgen.“*[76] Immerhin sorgte das Salinenrentamt dafür, dass 333 Russen der Umtausch von Rubel in 35.000 M gewährt wurde und so ihr Geldmangel fürs erste gelindert war.[77] Leserbriefschreiber diskutierten aber darüber, ob man die hier festsitzenden *„unbemittelten Russen“* - Angehörige *„jener Nation, die unser Vaterland mit namenlosem Elend überschüttet hat“* - *„durchfüttern“* müsse oder nicht.[78] *„Um auch den Unbemittelten die Heimreise zu ermöglichen, wurden die Besserbemittelten gezwungen, beim Lösen einer Fahrkarte für 1. oder 2. Klasse eine besondere Abgabe zu leisten...“* Ebenso wurde auf diese Weise das Zehrgeld von 15.000 bis 20.000 Mk. für die Heimreise der Russen aufgebracht.[79]

Nach Kriegsbeginn schwand bei den Nauheimern sehr schnell die frühere Wertschätzung der russischen Orden.[80] Beispielsweise ließ ein Bad Nauheimer Polizeibeamter drei russische Orden, darunter eine Gedenkmünze, einschmelzen und spendete den Erlös von 40 Mk. dem Roten Kreuz. Die Zeitung goss noch Öl ins Feuer, indem sie ergänzte: *„Hoffentlich folgen ihm viele nach."* Damit befand sie sich im Einklang mit einer amtlichen Bekanntmachung des Kreisrates, der anordnete, jede Begünstigung der hier anwesenden Russen sei mit schärfsten Strafen bedroht.[81] Infolge der russischen Generalmobilmachung und des frühen Eindringens der russischen Armee in Ostpreußen war bei der kurstädtischen Bevölkerung gegenüber Russen und Russland schnell Antipathie entstanden bzw. gewachsen.

Die Heimatzeitung lieferte ihren Lesern Orientierungshilfe mit ihren *„Ernsten Mahnworten in schweren Zeiten"*[82] und *„Zehn Kriegsgebote für die Kriegszeit"*, von letzteren beispielsweise (2). *„Benütze für deine Korrespondenz ... vorwiegend die offene Postkarte, bei der du am sichersten bist, dass sie ankommt.* (6) *Gewöhne dich an den Gedanken, dass der Krieg die gewohnten Lebensverhältnisse total auf den Kopf stellt.* (8) *Gedenke der vielen verlassenen Frauen und Kinder und hilf ihnen, die schwere Zeit, in der der Ernährer fern ist, leicht zu machen.* (10) *Vertrau auf Gott, auf unser reines Gewissen und Deutschlands tapferes, stolzes Heer."*[83]

Ablenkung und Zerstreuung hatten in der Vorkriegszeit Kurgäste und Einheimische in zwei Kinos gefunden, deren Anzeigen Mitte August 1914 allerdings etwas kurios klangen. Die Inhaberin des „Union-Theaters" in der Fürstenstraße 3 (d.h. Stresemannstraße 3) klagte: *„Wegen sofortiger Einberufung meines Ehemannes und des gesamten Personals war ich genötigt, mein Kino sofort zu schließen. Wiedereröffnung Sa, 15. August, abends 7 Uhr und bitte um gefl. Unterstützung."* - Und die *„Victoria-Lichtspiele, Ecke Park- und Kurstraße vis-a-vis dem Tennis-Cafe"* brachte in einer sensationellen *„Voranzeige"* die Information: *„Ab 18.8. werden die ersten Bilder von der Schlachtfront mit Erst- und alleinigem Aufführungsrecht für Bad Nauheim zur Vorführung kommen. 1. Platz 80 Pf, 3. Platz 3o Pf, Sperrsitz: 1,20 M"*.[84] Im Weltbad Bad Nauheim wurde also schon zwei Wochen nach Beginn der Krieg medial vermarktet - zwei Beispiele, wie man es verstand, sich den veränderten Umständen anzupassen.

5. *„Schlacht der Worte“* - Sprachregelung in der Presse?

Mit Mobilmachung und Kriegserklärung waren Anfang August zwar die wildesten Gerüchte verstummt, doch die Spannung blieb. Der 43 Jahre lang nicht mehr spürbare Atem des todbringenden Krieges legte sich bleiern auf Stadt und Land. Der Landsturm war zum Kriegsdienst aufgerufen und entfernte sich mit den *„Riesenschlangen der Eisenbahnzüge bis an die Grenzen.“*[85] Da war bei den Daheimgebliebenen Trost gefragt. Vordergründig schien auch die Zeitung Trost zu geben, wenn es da hieß: *„Unser Kaiser, der sechs Söhne, einen Schwiegersohn und einen Bruder ins Feld schicken muss, hat den Krieg nicht gewollt“*[86], womit der Bezug zur Thronrede Kaiser Wilhelms II. vom 4. August im Deutschen Reichstag hergestellt war.

Orientierung für die Heimatfront gab auch Großherzog Ernst Ludwig von Hessen, der, besonders seit dem Bau der neuen Sprudelhofanlage, bei den Bad Nauheimern großes Ansehen besaß. Der *„Aufruf des Großherzogs“* in der Bad Nauheimer Zeitung war an *„An mein Hessenvolk“* gerichtet. Eine ernste Stunde habe geschlagen. Von Ost und West drohe der Feind einzudringen. Er vertraue in diesem *„Zwei-Fronten-Krieg“* auf die *„alte Hessentreue und hoffe, dass sein Volk große Opfer an Gut und Blut freudig bringen werde.“* Seine innigsten Wünsche begleiteten seine Hessen, die berufen seien, mit den Waffen in der Hand für Kaiser und Reich zu streiten. *„Gottes Segen begleite unsere tapferen Streiter und bewahre unser teures Vaterland.“*[87]

Eine berührende Begebenheit um den hessischen Landesfürsten geht aus einem weiteren Zeitungsbericht hervor, der sich auf einen Besuch von Großherzog und Großherzogin in der Friedberger Kaserne bezog, wo sie *„von den hessischen Truppen Abschied“* nahmen.[88] Er kam, *„um sich von unserem 3. Bataillon Nr. 168 und dem hier in Bildung begriffenen Reservebataillon 116 zu verabschieden. Das Großherzogspaar wurde überall mit Begeisterung begrüßt.“* Sie konnte die Tränen nicht verdrängen. Nach dem Abschreiten der Front seiner Truppen sprach der Großherzog zu seinen Soldaten: *„Kameraden! Wenn Ihr an den Feind kommt, dann drauf und dran, unser Vaterland, unser geliebtes Hessenland zu halten.“* Das war eine Sprache, die man sonst nicht von Ernst Ludwig kannte und ein Indiz, dass sich etwas in seiner Welt verändert hatte. Und weiter aus dem Oberhessischen Anzeiger: *„Sein Hoch galt dem Kaiser. Hierauf stimmte man die Nationalhymne an, in die alles begeistert einstimmte. ... Hierauf verabschiedete sich das Großherzogspaar von jedem einzelnen Offizier mit einer Ansprache und Händedruck.“* Das war stilvoll und zu

Herzen gehend! Die Veröffentlichung dieser Szene in der Presse entstammte aber wohl eher dem Instrumentarium der Propaganda.[89] .

Einblick in Ernst Ludwigs Kriegserfahrung und sein Seelenleben bringt ein Brief vom 22.8., den die Großherzogin vom Kriegsschauplatz an der Westfront erhielt und den sie zur möglichst wortgetreuen Wiedergabe an die Zeitung gegeben hatte. Es heißt darin: *„Die Hauptsache ist, dass wir den Sieg haben. Bei uns fing die Schlacht in dichtem Waldgestrüpp an. ... Die folgende Nacht schliefen wir alle in einem Haus auf Stroh, hoffend auf den nächsten Tag. Dieser brachte uns eine siegreiche Verfolgung.*

Gestern stand der Feind uns mit neuen Kräften gegenüber. Unsere Leute mussten nach der am vorherigen Tag geschlagenen Schlacht Tag und Nacht laufen, um zur Stelle zu kommen. Unsere Regimenter haben sich so großartig geschlagen, dass alles davon sprach. ... Man erlebt zu viel. Der Tod wird Nebensache. Man sitzt zwischen Toten, Verwundeten, Pferden usw. Es ist, als ob es so sein müsste. Aber dann überkommt einen doch das Gefühl, wie das alles so unnatürlich ist.“[90]

Man wird den Eindruck nicht los, dass der Schöngeist Ernst Ludwig vieles von dem, was er in der Schlacht erlebte, eigentlich nicht recht verstand oder noch nicht verarbeitet hatte - ihn überkam das tief menschliche *„Gefühl, wie das alles im Krieg so unnatürlich ist.*“ Königliche Hoheit schlief auf dem Stroh wie die einfachen Soldaten. Er war anscheinend in dieser Extremsituation mit der kämpfenden Truppe so sehr eins, dass der *„Tod*“ zur *„Nebensache*“ wurde. Die Großherzogin hielt diese Aussage für so wichtig, dass sie die Veröffentlichung des Briefes veranlasste. Damit aber wurde die Botschaft, ob gewollt oder nicht, zur Propaganda.

Wenn sich hier die Frage nach einer Beeinflussung der öffentlichen Meinung, also die Frage nach Propaganda in der Presse stellt, so sollte sie in die Berichterstattung seit dem Attentat von Sarajevo eingeordnet werden. Der Phase des Mitleids mit dem österreichischen Kaiser Franz Joseph I. folgten wochenlang brandneue Nachrichten vorrangig über den serbischen Krisenherd und Österreichs Reaktionen. Das Deutsche Reich strebte zwar bis dato keine territorialen Erweiterungen an, aber nach Kriegsbeginn schien für Deutschland alles auf dem Spiel zu stehen. Man glaubte, in einem Existenzkampf zu stehen. Dies war auf deutscher Seite die Stunde der Propaganda: Einerseits ging es der Presse darum, die eigene Leserschaft gegen die Feindpropaganda zu immunisieren und mit diesen Parolen die eigenen Reihen geschlossen hinter der Führung der OHL zu halten. Andererseits wurde das zum Nährboden für eine

Verunglimpfung des Gegners, der nunmehr zum Feind geworden war. Das waren in erster Linie Russland und zunehmend auch England. Nach dem Selbstverständnis der schreibenden Zunft musste auch sie sich an Deutschlands Krieg beteiligen. Dies geschah mit den Mitteln der Propaganda in der „Schlacht der Worte“.

In der Berichterstattung der Monate August und September gab es mehrere Beispiele für die Herabsetzung des Feindes:
In einem von einer überregionalen Zeitung offenbar übernommenen Artikel ging es um 250 französische Gefangene und sieben Offiziere auf dem Frankfurter Südbahnhof: „*Wie Augenzeugen berichten, befand sich das Schuhwerk der heute Angekommenen in einem geradezu jämmerlichen Zustand.*“ Ebenso sind die beiden folgenden Nachrichten zu „*Krankheit in der russischen Armee*“ höchst fragwürdig, da die Sache weiter zurückliegt und erneut kein Vergleich mit der deutschen Seite angestellt wurde. Frankreichs „*schwarze Armee*“ habe „*Versuchsregimenter von den Antillen*“. Das werde für Frankreich ein „*Fiasko*“ werden, gekennzeichnet durch Krankheiten und Sterblichkeit.[91] In dem von einer Agentur übernommenen Bericht über die Einnahme von Lüttich hieß es: „*Die Verluste des Feindes sind groß*“, während für die deutsche Seite keine Angaben gemacht wurden. „*Der Abtransport von 3 - 4.000 Kriegsgefangenen aus Belgien hat bereits begonnen.*“[92] „*Nach wie vor haben wir das feste Vertrauen zu unserer obersten Militärbehörde....*“[93] Der Bericht über „*eine große Schlacht in Lothringen*“ war mit dem Rückzug der Franzosen und der Gefangennahme von „*mehr als 10.000*“ Franzosen samt 50 Geschützen verbunden.[94] - vermutlich ebenfalls von Übertreibung gekennzeichnet. Dem Bericht „*Schwere Verluste der Franzosen*“[95] folgte nicht nur eine Klarstellung aus deutscher Sicht in dem Artikel „*Lügenberichte*“, sondern ein Bekenntnis „*zu unserer obersten Militärbehörde*“[96] und vor allem ein von Moral triefender Kommentar aus der Feder von Oberlehrer Dr. R. Strecker: „*Lass nie die Lüge deinen Mund entweih'n*“ - letztlich eine Aneinanderreihung von Sentenzen in der Form von Antagonismen, beispielsweise: „*Unsere Feinde lügen von Siegen. Mit unsern Tapfern aber marschiert die Wahrheit. Und immer ist die Wahrheit stärker als die Lüge. ... Armseliges Volk, das mit der Lüge siegen will! Wisst ihr nicht, dass Gott die Wahrheit ist.... Mit uns marschiert die Wahrheit und deshalb Gott. ... Wir Deutsche dürfen getrost sagen, zumal jetzt in der Stunde der Not: Uns liegt die Ehrlichkeit im Blut!*“[97] Zwei Tage später erfuhren die Nauheimer aus ihrer Heimatzeitung, dass „*die Franzosen unter Beibringung großer Verluste an Mannschaften und Kriegsmaterial zurückgeworfen*“ worden seien

„und dass die Deutschen von großer Begeisterung erfasst, dem Feinde auf den Fersen seien. Diese Nachricht wurde von unserer Bevölkerung mit dankerfülltem Herzen aufgenommen. Im Augenblick waren die Straßen belebt und ging die frohe Botschaft von Mund zu Mund. Mit begreiflicher Begeisterung wurde die Verkündigung des deutschen Erfolges am Konzertplatz hinter der Dankeskirche aufgenommen. Es war ein echt deutsches Bild, was sich dem Auge zeigte. Der Jubel über den Erfolg unserer tapferen Helden von 1914 machte sich vielfach durch Tränen bemerkbar, die den Anwesenden über die Wangen liefen. Ein bedeutender ereignisreicher Tag... Gott möge unsern Truppen ferner Siege verleihen."[98] Die Freude über militärische Erfolge war oft so groß, dass die Bad Nauheimer Zeitung große Beute detailliert meldete, beispielsweise in *„Kriegstrophäen"*: *„In Darmstadt sind... 22 Waggons mit erbeutetem französischen Kriegsmaterial, wie Kanonen, Maschinengewehren, Munitionswagen und dergleichen angekommen."*[99] oder in Großbuchstaben auf der ersten Seite titelte *„Die erste französische Fahne, 4 Maschinengewehre, 700 Franzosen gefangen."*[100] Dieses Zusammenspiel von militärischen Erfolgen an der Front und heimatlichem Freudentaumel genügte offensichtlich nicht jedem, denn ein Scharfmacher forderte noch in derselben Ausgabe in einem *„Eingesandt"*: *„Während in anderen Städten diese Waffentat unserer Armee die Veranlassung gab, die Häuser zu flaggen und die Glocken zu läuten, geschah hier von alledem nichts. ...Es ist dringend zu wünschen, dass dies in Zukunft anders wird. Insbesondere sollten in solchen Fällen die Glocken läuten, um weithin mit ihrem Schalle die Kunde von den Taten unserer tapferen Armee zu tragen und unserem Dank Ausdruck zu geben gegen den Höchsten, der uns so Großes erleben lässt."*[101] In der Frage des Flaggens und Läutens nach großen deutschen Siegen gingen die Meinungen in Bad Nauheim weit auseinander.
Die Redaktion der Bad Nauheimer Zeitung ergänzte folgende Anmerkung: *„Auch uns berührte es eigentümlich, dass keine Behörde in Bad=Nauheim es für nötig fand, diesen großen Sieg von Truppen aller deutschen Stämme mitzufeiern."* In diesem Sinne äußerte sie sich auch am 26. und 29. August unter dem Motto *„Fahnen heraus, lasst die Glocken läuten!"* Die Einigung in der umstrittenen Flaggenfrage gelang Anfang September: *„Seitens verschiedener Behörden ist beschlossen worden, bei besonders frohen Nachrichten nur an dem Tage zu flaggen, an dem die Nachricht vom Kriegsschauplatz eintrifft."* In einer Bekanntmachung des örtlichen Polizeiamtes wurde nach *„unangenehmen Störungen und viel Beschwerden"* darum ersucht, mehr Rücksicht auf die in den Lazaretten untergebrachten Verwundeten und die Kurgäste zu nehmen,

„insbesondere öffentliche Aufzüge mit Musik und Gesang durch die Straßen, ganz besonders aber zur Nachtzeit, zu unterlassen."[102] Eine weitere Bekanntmachung hatte der Kirchenvorstand der evangelischen Gemeinde bzw. Pfarrer Wissig in derselben Ausgabe veranlasst: *„Es ist ja verständlich, wenn die Freude über die Siege und Erfolge unserer Heere sich auch darin bekunden möchte, dass man die Glocken der Kirchen läuten lässt."* Das sei aber nicht ungefährlich, wenn Unbefugte das elektrische Läutewerk bedienten. Außerdem reiße häufiges Läuten bei den Bewohnern, *„die eins ihrer Lieben fürs Vaterland habe opfern müssen" „die Wunden immer wieder auf."* Von da aus ergab sich ein eingeschränktes Läuten.[103] Doch damit gab sich ein Dr. Strecker nicht zufrieden. Im Artikel *„Siegesfeiern"* wog er ab: *„In hellem Jubel ziehen dicht gedrängte Scharen durch die Straßen. Bunte Fahnen wehen über ihren Köpfen, Musik zieht voran..."* Und er zieht nach der rhetorischen Frage, ob wir angesichts des Stöhnens der Verwundeten, der Todesanzeigen und Verlustlisten ... *„wirklich so jubelnd unsere Siege feiern"* dürfen, die Schlussforderung: *„Und doch sollen wir unsere Siege feiern. ... Mit Musik und Fahnen."*[104]

Noch bevor die eigentlichen Durchhalteparolen in die Zeitung kamen, als von *„Opfertod für's Vaterland"*[105], *„Deutschland kämpft bis ans Ende."*[106] , oder *„Wer siegen will, muss auch bereit sein, Opfer zu bringen"*[107] die Rede war, arbeitete diese mit subtileren Mitteln, um die Heimatfront stramm auf Kriegskurs zu halten, zumal Deutschland nach den Reichstagsreden vom 4. August den Krieg nicht verschuldet habe, also einen gerechten Krieg führe. Zunächst sind es Parolen wie *„russischer Frevelmut"*, *„russischer Vertrauensbruch"*, *„russische Barbarei"* oder *„serbische Meuchelmörder"*.

Dann folgten im Laufe des Monats August in unregelmäßigen Abständen sieben Kriegsgedichte: Nach *„Flammenzeichen" von Theodor Körner* (1813)[108] erschienen *„Alt-England, ach schämst du dich nicht?"*[109], *„Lüttich"* aus aktuellem Anlass[110], *„Hurra, hurra, hurra"* mit dem Schluss: *„Und wenn auch Europa in Trümmer fällt / wir fürchten nur Gott und sonst nichts auf der Welt"*[111], *„Das Lied vom Deutschen Michel und den bösen Nachbarn"*[112], *„Krieg"*[113] und *„Deutschland in Waffen"*.[114]

Erstaunlich ist, dass angeblich eine 13-jährige Volksschülerin - Name nicht genannt - unter den Verfassern war. Die erste der drei Strophen von „Deutschland in Waffen" heißt:

„Ich grüße dich mit Herz und Hand
Dich, Heer in stolzen Waffen!
Dich heiß geliebtes Vaterland!
Die Feinde woll'n wir strafen,
Die gegen unser deutsches Reich
Geführet einen schlechten Streich.
Hinaus! Hinaus! Hinaus
Mit frischem Mut ins Kampfgebraus!

Der Schluss lautet:

Es ist ein heil'ger Krieg;
Herr Gott, gib unserm Volk den Sieg!"

Eine weitere Besonderheit unter den in der Bad Nauheimer Zeitung veröffentlichten Gedichten war das am Tor des Friedberger Schlosses angeschlagene Schmähgedicht:

„Hier muss desinfiziert werden!

Es wohnte einst in diesem Haus
Der Obergauner Nikolaus.
Schon damals war er, das ist klar,
Der feige Blut- und Lügenzar.

Doch liebe Leute, glaubt es mir,
Es ist noch Ungeziefer hier;
Treibt mit Insektenpulver aus
Die Läus und Flöh' dem Nikolaus.

Wohl ist der Gauner heute weit,
Doch bleibt die Lehr' für spät're Zeit;
Sucht wieder einer hier die Ruh:
Ernst Ludwig, sperr die Türe zu!"[115]

Kriegsbegeisterung, Hurra-Patriotismus der Deutschen, die Vorstellung von einem *„heiligen Krieg"*, Stimmungsmache gegen England und Schmähung des neuen Feindes Zar Nikolaus II. von Russland durchdrangen also im August 1914 die Bad Nauheimer Zeitung.

Von ähnlicher Zielsetzung wie die Kriegsgedichte waren wohl auch die in der Bad Nauheimer Zeitung veröffentlichten Soldatenbriefe. Zwei Gruppen sind zu unterscheiden: Zur ersten gehören in der Zeit von August bis September drei Karten bzw. Briefe, die eine Anzahl eingezogener Bad Nauheimer Kameraden vermutlich über die Zeitungsredaktion in die Heimat schickten.

In der Bad Nauheimer Zeitung waren im Abstand von jeweils einer Woche Grüße der „*Vaterlandsverteidiger*“ zu lesen (18.8.-5.9.) mit folgendem Wortlaut: „*Dicht an der Grenze senden alle Nauheimer der Heimatstadt herzliche Grüße mit dem Wunsch auf ein frohes Wiedersehen*“ - fünf der neununddreißig sind, wie es später in den Todes-Anzeigen hieß, „*auf dem Feld der Ehre gefallen*“. Auf der zweiten Feldpostkarte standen acht Namen mit der Ortsbezeichnung „*auf dem Weg zur Grenze*“. Auf der dritten Karte - oder war es vielmehr ein Brief? - mit 48 Namen hieß es „*Die heute hier zur Besetzung — eingetroffenen Bad Nauheimer Krieger* (z. T. mit Dienstbezeichnungen) *senden ihrer Heimatstadt die herzlichsten Grüße*“ und schlossen mit den Worten: „*Wir erwidern die Grüße herzlichst und hoffen, dass wir alle lieben Nauheimer gesund und frisch recht bald wieder sehen.*“ Das bezieht sich wohl auf die allgemein

Abb. 11: Kartenskizze zum ersten deutschen Sieg über die Franzosen. Bad Nauheimer Zeitung, 13.8.1914.

erhoffte kurze Kriegsdauer. Jeder hat sich mit eigener Unterschrift verewigt - ganz im Stil einer Postkarte, wie man es von einem fröhlichen Klassenausflug gewohnt war.

Erstaunlich war, dass so viele Bad Nauheimer Landwehrmänner jeweils in ein und derselben Einheit waren.

In die zweite Gruppe von Soldatenbriefen gehörte der eines ungenannten Wehrmannes aus Bad Nauheim-Rödgen vom 16. September, dessen einfühlsames Schreiben an seine Frau zur Hälfte auf der ersten Seite abgedruckt war.[116] Fünf bis sechs Stunden sei seine Einheit vom Feind entfernt, der grauenhafte Kanonendonner dröhne herüber. Er berichtete von einem traurigen Erlebnis in der Woche zuvor, als sie alte Leute in ärmlichem Aufzug in einer Kirche eingesperrt fanden. *„Mir standen beim Anblick solchen Elends die Tränen in den Augen. Wir taten, was wir konnten, und gaben, was wir hatten.“* Dann berichtete er über ihre gute Verpflegung, betonte allerdings: *„Dass hier alles teuer ist, kannst du dir denken. ... Die Zigarren sind hier sehr teuer und schlecht, du brauchst mir aber keine zu schicken, du hast für die Kinder zu sorgen, denn man weiß nicht, wie lange der Krieg dauert. Ich will nun schließen. Bleibt alle gesund...“* Nun geschah das „Wunder“: Der Verantwortliche der Bad Nauheimer Zeitung ergänzte: *„Wir werden dem braven, liebevollen Landwehrmann und Familienvater mit der nächsten Feldpost einige gute Zigarren mit einem Gruß aus der Heimat übersenden.“* Ob es sich dabei um eine wahre Geschichte handelte oder um einen infamen Propagandatrick, ist schwer zu entscheiden.

6. Verpflegungsstation und Lazarette für Bad Nauheim

Kurhaus und Trinkkuranlage, bisher zentrale Punkte der feinen Vorkriegsgesellschaft, verloren im Herbst 1914 mehr und mehr ihre Anziehungskraft. Bahnhof und Lazarette, vorweg das Konitzkystift, traten an ihre Stelle. Uniformen prägten nun das Straßenbild.

Ein Leserbriefschreiber namens R. lenkte den Blick der Bad Nauheimer auf die neuen Abläufe am Bahnhof: *„Seit drei Tagen rollen ununterbrochen Tag und Nacht die Eisenbahnzüge durch Bad Nauheim, welche unsere braven Soldaten, welche schon viele Stunden im heißen Abteil sitzen, ins Feld führen. Bei jedem Aufenthalt auf der Station stürzen sie an die Fenster. ‚Wasser! Wasser!‘ Aber niemand ist da, der einen Trunk Wasser reicht.“* Noch in derselben Ausgabe folgte ein entsprechender *„Aufruf“*: *„Die hier durchreisenden jungen Krieger aus allen Gauen des Vaterlandes verlangen Getränk und Lebensmittel. Besonders groß ist das Verlangen nach Zigarren. Liebesgaben für unsere Vaterlandsverteidiger, die unseren Bahnhof in hoher Begeisterung passieren, werden am Bahnhof entgegengenommen.“*[117] Tags darauf war zu lesen: *„Liebesgaben in Mengen fließen seit gestern Nachmittag unseren durchfahrenden Kriegern zu. ... Inzwischen ... ist BN nunmehr die Ehre zugefallen, als Verpflegungs-Station zu gelten. Nach dem gestrigen Nachmittag und Abend zu schließen, geschieht des Guten bei uns zu viel.“* Eine wahre *„Verpflegungs-Begeisterung“* sei ausgebrochen. Die Organisation der Liebestätigkeit sei inzwischen so weit fortgeschritten, dass alles in die richtigen Bahnen gelenkt sei. Eine Feldküche sei aufgestellt und der zuständige Ausschuss bitte darum, keinen gekochten, sondern gemahlenen Kaffee an die Bahn zu schicken, wo er in großen Kesseln bereitet werde und dann zur Verteilung komme. Mittags sollen die Mannschaften mit einem Teller Suppe bedacht werden. *„Den Dienst am Bahnhof nehmen seit heute Lehrer wahr, welche die zur Hilfeleistung auf dem Bahnhof zugelassenen Personen bestimmen, da es unmöglich ist, dass jeder seine Gaben persönlich übergeben kann.“*[118]

Zehn Tage später können die Leser unter der Überschrift *„Allerlei Beobachtungen am hiesigen Bahnhof“* die Wirkung dieses Aufrufs erfahren: *„Sofort stellten sich hilfsbereite Damen aus dem Bahnhof und den nächsten Villen mit Kaffee, Milch, belegten Broten und dergleichen ein und labten die teilweise durstigen und hungrigen Vaterlandsverteidiger. Wie ein Lauffeuer verbreitete sich dieses und bald strömte es nur so, zunächst aus dem Villenviertel und dann auch aus der oberen Stadt nach dem Bahnhof, jedermann trägt irgendeine Liebesgabe und will sie selbst überreichen. Mittlerweile zeigt sich ein Übereifer in der Verteilung und es wird, nachdem dem Bahnsteig entlang Tische und Bänke aufgestellt sind, unten in der Vorhalle des Bahnhofs eine Sammelstelle für die Liebesgaben eingerichtet. Das Gedränge auf dem Bahnsteig wird fast unheimlich. Tag und Nacht sind die Damen und Herren aus allen Ständen zur Stelle und erfüllen ihre vaterländische Pflicht. Einzelne leisten geradezu Übermenschliches. ...„'So gut wie in Nauheim haben wir es kaum auf unserer langen Fahrt gehabt' heißt es mehr wie einmal.“*[119]

Inzwischen beteiligten sich an der Spendenaktion zugunsten der Verpflegungsstation am Nauheimer Bahnhof weitere Ortschaften, nämlich *„Ober- und Nieder-Mörlen, Ockstadt, Södel, Wölfersheim, Steinfurth, Wisselsheim, Oppershofen und Melbach.“* Bemerkenswert ist auch, dass *„unter dem Geleit des*

Ortspfarrers die Gemeinde Wohnbach zwei Wagen hochbeladen mit Liebesgaben und Hilfsmittel schickte, u.a. 70 Hemden, 800 Eier“.[120]

Doch das Treiben am Bad Nauheimer Bahnhof stieß nicht allgemein auf Wohlgefallen: Unter der Überschrift *„Ein ernstes Wort in ernster Zeit“* thematisierte die Bad Nauheimer Zeitung auf Anregung von dritter Seite eine Ärgernis erregende Erscheinung: *„Es fällt peinlich auf, dass einzelne junge Damen auch in dieser ernsten Zeit es für richtig halten, sich zum Empfang durchreisender Truppen auffällig herauszuputzen. Auf ihren Auszug in den schweren Krieg dürfen unsere Krieger wohl eine stimmungsvollere Form erwarten und die Verwundeten und Gefangenen, die bereits eintreffen, wird diese Geschmacklosigkeit befremden. ... Wer Gelegenheit hatte, an gewissen Abenden unseren Bahnhof zu besuchen, der konnte Damen und junge Mädchen zu sehen bekommen, die sich geputzt hatten, als ob sie ein Sommernachtsfest auf der Terrasse besuchen wollten. ...“*[121] Während hier nur die *„Übertreibung“* gegeißelt wurde, fielen in einem Rückgriff auf 1870/71 drei Tage später noch deutlichere Worte. Da war von *„würdelosen deutschen Frauen und Mädchen“* die Rede, von „Franzosenliebchen“, *„die sich nicht schämten, an einer ganzen Reihe von badischen Bahnhöfen mit den gefangenen französischen Offizieren ... zu flirten.“*[122] In dieselbe Kerbe hieb bald darauf der bekannte Nauheimer Oberlehrer Dr. Strecker mit seinem namentlich unterzeichneten Artikel *„Putz und Tand“*. Viele fühlten noch nicht, wie ernst die Zeit sei. *„Schon stehen die ersten Verlustlisten in den Zeitungen und doch gibt es immer noch Leute, die tändeln und kichern. ... Es ist unangenehm, solchen Leuten zu begegnen. .... Die Nachäfferei pariserischer Putzsucht war schon in Friedenszeiten für jedes tiefere Gefühl widerwärtig. Jetzt ist sie unerträglich. ...“*[123] Der Oberhessische Anzeiger berichtete, dass sogar erwogen werde, die Namen der Damen, die *„sich in taktloser und würdeloser Weise an Kriegsgefangene herangedrängt haben“, „an den Straßenecken bekannt zu machen und der öffentlichen Verachtung preis*(zu)*geben.“*[124]

Ein wichtiger Komplex, der schon im ersten Kriegsmonat die Stadt und ihre Bürger beschäftigte, war die Fürsorge für die Verwundeten. Diese stand in der Tradition des „Militär-Kurhauses“, das schon vor dem Krieg in der Frankfurter Straße 42-44 unterhalten wurde und in dem Offiziere behandelt wurden. Am 5. August 1914 wurden zur Aufnahme von Verwundeten in Bad Nauheim mehrere Lazarette eingerichtet. Der Hauptsitz befand sich im Konitzkystift in der Ludwigstraße mit Sammelstelle für getragene Wäsche, Bücher, Zeitungen usw. Vom 21. August an wurde es Vereinslazarett für 120 bzw. 150 Verwundete, darunter 20 Offiziere; das Rote Kreuz übernahm die Trägerschaft. Weitere 40 Häuser mit 877 Betten waren noch dazuzurechnen, so dass Bad Nauheim insgesamt etwa 1.000 Betten bereitstellen konnte.[125]

Bad Nauheim wurde schon bald nach Kriegsbeginn „Lazarettstadt“. Alles wurde minutiös organisiert. Auch hierzu sagen die Zeitungen mehr aus als die Akten. Das Rote Kreuz erteilte jungen Mädchen Unterricht in der Pflege von Verwundeten (*„Samariterkurs“* in 10 Stunden).[126] In der Terrassenstraße 12 wurde wochentags von 7 bis 16 Uhr eine *„Kriegskinderkrippe“* bis zum Alter von 18 Monaten eröffnet, damit junge Mütter für den Sanitätsdienst bereit stehen könnten.[127] Die Bad Nauheimer Zeitung ergänzte: *„Die Krieger, die uns überwiesen werden, kommen von allem entblößt hier an. Kleinigkeiten, die zur Reinigung des Körpers dienen, wie Seife, Schwämme, Kämme, Zahnbürsten, Waschlappen usw. sind geeignet, den Leuten Freude zu bereiten.“*[128] In verschiedenen Pensionen wurde für die hiesigen Lazarette Obst eingekocht. So erging an alle Gartenbesitzer die *„höfliche Bitte, Obst, Zucker, Gläser, Steintöpfe und Kohlen“* zu überlassen.[129] Der *„Bildungsverein“* rief zur Abgabe guter Literatur auf und verzichtete, wie andere Vereine, zugunsten des Roten Kreuzes auf zukünftige Mitgliedsbeiträge. Der Schachverein überwies dem Roten Kreuz sein gesamtes Barvermögen.[130] Stattliche Geldbeträge wurden über Sammelbüchsen ebenfalls dem Roten Kreuz zugeleitet: Bei der ersten Aktion spendeten Geh. Rat Dr. Groedel 1.000 Mk., Bürgermeister Dr. Kayser 150 Mk., eine Rentnerin namens Krohn sogar 200 Mk. - die Spendeneingänge wurden namentlich in der Bad Nauheimer Zeitung bekannt gemacht.[131] Auch die Großherzogin setzte sich für die Zuweisung *„entbehrlicher Gelder aus dem Patronat der Zentrale für Mütter- und Säuglingsfürsorge“* ein.[132] Es ging dabei um 5.000 Mk. zum Ankauf von Krankensesseln und -tischen. Am 25. August, also nach der Eroberung von Longwy (in Lothringen) und Namur (in Belgien) besuchte die Großherzogin das Konitzkystift, außerdem die Lazarette von Vilbel, Butzbach, Gießen und Hungen.[133]

Der erste Transport mit Verwundeten aus den letzten Schlachten in Frankreich und Belgien traf laut Bad Nauheimer Zeitung am 27. August in Bad Nauheim ein *„und vollzog sich dank der vorzüglichen Maßregeln, die das Rote Kreuz und die Sanitätskolonne getroffen hatten, sehr glatt. Die große Anzahl ... Bahren, Kutschen und Autos ermöglichten, ... dass die etwa 100 Verwundeten in einer Stunde in ihren Betten im Konitzkystift lagen.“* Eine große Menschenmenge hatte sich angesammelt, um den Einzug mit anzusehen, da die Teilnahme der Bevölkerung, u.a. von Kindern, groß war.[134] Am 30.8. trafen weitere 60 Verwundete in Bad Nauheim ein und wurden *„auf die einzelnen Lazarette verteilt"* d.h. später auch auf Räume in Schulen und im Rathaus. [135]

Vom Nauheimer Gymnasiallehrer Dr. Strecker stammt folgende anschauliche Beschreibung der Bad Nauheimer Verwundeten-Szene im Artikel *„Unseren Verwundeten"*:
„Der lange Zug ist in die Eisenbahnhalle eingefahren. Die feldgrauen Uniformen werden sichtbar." - Der Vorteil besteht darin, dass sie im Feld schwerer vom Feind zu erkennen sind als die blau-roten der Franzosen! - *„Anders als damals bei der Ausfahrt ist die Stimmung. Mit Binden an Armen und Beinen, um Leib und Kopf kommen die tapferen Krieger aus den Wagen hervor. Teils gestützt, teils getragen, wenige noch selbständig bewegungsfähig. Ein erschütternder Eindruck, und doch ein erhebender zugleich. Man spürt, hier hat man es nicht mit einem gewöhnlichen Unglück zu tun. Hier berührt uns Größeres als das Leid vieler einzelner. Unsägliches Mitleid haben wir mit ihnen allen. Aber neben dem Mitleid empfinden wir noch mehr. Das Leid, das uns hier mit so fast feierlichem Ernste in die Augen schaut, hat einen großen heiligen Sinn. Wir alle wissen, wofür es gelitten wird. ...*
Über all den Menschen liegt hier ein hoher Ernst. Man möchte fast von Andacht sprechen... Es sind stürmische junge Helden unter ihnen, die nichts sehnlicher wünschen als rasch wiederhergestellt und noch einmal an die Front geschickt zu werden. Es sind bleiche, schwer getroffene Familienväter darunter, die an ihren Wunden zeitlebens zu tragen haben werden. Es sind die verschiedensten Menschenschicksale, die hier an uns vorübergehen. Wie viele von ihnen bedürfen nicht nur jetzt im Augenblick unserer Hilfe, sondern werden sie noch Jahre und Jahre nach dem Kriege bedürfen. ... Dann ist die bittere Blut- und Tränensaat dieser schweren Wochen nicht umsonst geopfert worden."[136]
So viel zur Akzeptanz des Opfers aus der Sicht eines zeitgenössischen Literaten. Was uns Heutige daran fremd ist und befremdet, ist aber auch eine Frage des Zeitgeistes. Dazu gehören Formulierungen wie *„großer heiliger Sinn"* im Zusammenhang mit Kriegsopfern, *„hoher Ernst"* und, dass *„die bittere Blut- und Tränensaat ... nicht umsonst geopfert"* worden sei. Erschütternd war es allemal, dieses unsägliche Leid der so genannten *„jungen Helden"*.

7. Im Rausch kriegerischer Begeisterung - siegen oder sterben

Das Weltheilbad war weit weg von den Kriegsschauplätzen in Frankreich, Belgien und an der Ostfront. Doch die Anwesenheit von Verwundeten in Nauheim und die Nachrichten von der Front hinterließen ihre Spuren in der Bad Nauheimer Bevölkerung. Aus dem Artikel *„Ruhe nach dem Sturm“* in der *„Bad Nauheimer Zeitung“* dürfen wir auf die Stimmung in den beiden ersten Kriegswochen schließen.[137]: *„Die letzten Tage zeichneten sich durch ruhigere Haltung der Bevölkerung aus. Die Aufregung hat sich gelegt und Auftritte, wie sie sich in den ersten fünf bis sechs Tagen abspielten, sind nicht mehr vorgekommen. Der Aufsichts- und Kontrolldienst der Polizei ist in den letzten Tagen wesentlich erweitert worden. ...“* aber noch bestand offenbar eine gewisse Unsicherheit, was denn dieser Krieg eigentlich bedeute. Allerdings schrieb ein weitsichtiger Zeitungsmacher der Bad Nauheimer Zeitung, der unter dem Pseudonym „Felix“ eine *„Wochenplauderei“* verfasste, für die Zeit über den Tag hinaus: *„... Erschreckt horcht die jüngere Generation auf die neuen Töne..., aber dieses Erschrecken währt nur kurze Zeit. Für die Jugend beginnen ja wunderbare Tage. ... Die Straße wird zum Schauplatz der wunderbarsten Ereignisse. Man kann von einem Ort zum andern laufen, kann sich Schauer über den Rücken laufen lassen. ... kurzum so ein Kriegszustand ist doch mal was anderes. So fröhlich hätte man sich die Geschichte gar nicht gedacht ...“* - an dieser Stelle wird man an die fast lustigen drei Nauheimer Soldatenbriefe aus dem Feld erinnert - *„Aber der hinkende Bote folgt nach. Der Kriegszustand beginnt, je länger er anhält, desto unbequemer zu werden ... Man lernt langsam begreifen, dass die Sache bitterer Ernst ist. ...“*[138] Militärische Erfolge der Deutschen bei dem Sturm auf die Festung Lüttich schon am Ende der ersten Kriegswoche, kurz darauf der Sieg bei Lunéville mit dem Erringen der ersten französischen Fahne und die Einnahme von Brüssel und Namur[139] sowie dem Vormarsch bis in die Nähe von Reims und Paris ließen die Siegesfreude in Bad Nauheim schnell steigen. In diese Situation traf das Gedicht *„Krieg“*, dessen dritte Strophe alternativlos wirkte, aber auch martialisch:

> *„Krieg“:*
>
> *„Wir haben von unseren Vätern gelernt*
> *Erringen den Sieg oder sterben:*
> *Wir zählen den Feind nicht, wir greifen ihn an,*
> *Und bringen ihm Tod und Verderben.“*[140]

Am selben Tag wies Felix in einer weiteren *„Wochenplauderei“* auf die Komplexität des Krieges hin: *„Der Krieg ist schrecklich, entsetzlich und doch diese helle Begeisterung in unserem Volke, diese zum Siegen und Sterben bereiten jungen und alten Helden unserer Armee und Flotte“*[141] - eine seelische Befindlichkeit, die kaum zu begreifen war.

Verwunderlich, aber doch nicht so überraschend war, dass der Einmarsch der deutschen Armee in das neutrale Belgien bei der Argumentation in der Bad Nauheimer Zeitung zu keinem Zeitpunkt eine große Rolle spielte. Anfangs verschanzte man sich hinter dem Wort des Reichskanzlers von Bethmann Hollweg *„Not kennt kein Gebot“*[142], was aber letzten Endes nur den vollzogenen Rechtsbruch der Deutschen verschleiern sollte. Drei Wochen später wurde in einem Kommentar derselben Zeitung behauptet: *„Belgien kann sich nicht beschweren, dass ihm von Seiten Deutschlands Unrecht geschehen“* sei. Denn Deutschland habe ja Belgien angeboten, *„dass Deutschland alles ersetzen wolle ..., wenn die belgische Regierung den Durchgang der deutschen Truppen durch das belgische Land gestatte.“* Belgien sei aber nicht auf die *„hochanständige Haltung der deutschen Regierung“* eingegangen.[143] In diesem Zusammenhang spielte auch die Erklärung der bekannten Wissenschaftler Ernst Haeckel und Rudolf Eucken vom 18. August 1914 eine Rolle, die gleichfalls in dieser Zeitung abgedruckt wurde.[144] Die Tendenz des ersten Satzes bestimmte den gesamten Inhalt und machte die Erklärung zu einem nationalistischen Pamphlet: Nach Auffassung der ganzen Gelehrtenwelt sei es eine *„unauslöschliche Schande Englands“*, dass es *„zugunsten einer slawischen, halbasiatischen Macht gegen das Germanentum“* kämpfe und England sei es, *„dessen Schuld den gegenwärtigen Krieg zu einem Weltkrieg erweiterte...“* England sei es auch gewesen, das *„den für Deutschland notwendigen Einmarsch in Belgien“* provoziert habe.

So wurde dieser Bruch des Völkerrechts durch das Deutsche Reich auch von Haeckel und Eucken gedeckt. Weitere Übergriffe der deutschen Armee, die heutzutage als Kriegsverbrechen benannt werden, wurden 1914 in der Presse nur gestreift, wurden also vermutlich der Bad Nauheimer Bevölkerung nicht bewusst.[145] Dagegen vertrat und rechtfertigte der Oberhessische Anzeiger die Position der deutschen Armee mit dem aus der *„Kölnischen Zeitung“* übernommenen Artikel „Belgische Gräuel“: *„Die belgische Zivilbevölkerung schießt aus jedem Haus, aus jedem dichten Busch, mit völlig blindem Hass auf alles, was deutsch ist.“*[146] Immerhin wurde in der Bad Nauheimer Zeitung die *„Einbringung eines Franktireurs“* mit folgender Bildunterschrift publiziert: *„Die*

Franktireurs haben den deutschen Truppen immer viel zu schaffen gemacht, trotz der eminent hohen Strafen, welche von der deutschen Kriegführung in Vollzug gebracht wurden. Unsere Aufnahme zeigt die Einbringung eines Franktireurs, der an der linken Hand gefesselt den deutschen Behörden zur Aburteilung zugeführt wird.“[147] Man hätte sich vielleicht auch mehr Gedanken über die Bildunterschrift zu einer Zeichnung der Kirche St. Peter in Löwen machen können. Unter der Überschrift „*Strafgericht über Löwen*“ war eine Bildunterschrift zu lesen, die eindeutig der belgischen Seite die Schuld zuschob: „*Die belgische Stadt Löwen, deren Bewohner in hinterlistigster Weise unsere Truppen angegriffen haben, ist nach Kriegsrecht vernichtet worden.*“[148]

Man war wohl in Bad Nauheim gespannt, wie man in diesem Jahr den Sedantag begehen würde, der in Erinnerung an die siegreiche Schlacht gegen Frankreich vom 2. September 1870 früher alljährlich mit großem Jubel gefeiert wurde. In der letzten Zeit hatte man aber in Bad Nauheim mit Rücksicht auf die „*nationalen Gefühle*“ der ausländischen Kurgäste diesen Gedenktag zeitweise ausgesetzt. Dr. Reinhart Strecker, seit 1906 Oberlehrer an der hiesigen Ernst- Ludwig- Schule, von Haus aus Anhänger des Neukantianismus, Linksliberaler und schon lange für die Deutsche Friedensgesellschaft (DFG) tätig[149], hatte seit Kriegsbeginn einige Artikel in der Bad Nauheimer Zeitung veröffentlicht. Nun hielt er am 2. September im weiten Innenraum der Trinkkuranlage vor vielen hundert Kindern, die Fähnchen schwenkten, vor zahlreichen Einwohnern und den verbliebenen Kurgästen eine Ansprache, die „*von glühender Vaterlandsliebe diktiert*“ war, wie die Zeitung berichtete.[150] Der volle Wortlaut wurde am 5. September abgedruckt. Der Redner ging von den Befreiungskriegen aus und knüpfte an den „*heimtückischen Mord*“ von Sarajewo an, der über die „ *Wühlarbeit Russlands*“ zur Kriegskoalition mit Frankreich und England geführt habe. Er behauptete, diese „*Sippschaft*“ suche die deutschen Soldaten zu „*Mordbrennern und Meuchelmörder zu stempeln*“. Emotionalität und Pathos durchdrangen die ganze Rede, an deren Schluss er seine Zuhörer auf Durchhalten einschwor: Den Deutschen stünden „*noch schwere Kämpfe, schwere Opfer bevor. ...Da draußen auf dem Feld der Ehre leistet unser tapferes Heer geradezu Wunderbares. Wir aber müssen uns fragen, ob wir solcher Taten und Opfer würdig sind.*“ Er entließ seine Zuhörer mit einem „*brausenden Hoch auf unsere unvergleichlich tapfere Armee, auf ihren ritterlichen obersten Kriegsherrn, ... auf unser liebes, schönes Vaterland.*“[151] Gegen „nationale Aufgeblasenheit“, gegen „Nationalstolz der leeren Phrase“ hatte Strecker früher gewettert. Nun aber sah er das Deutsche Reich in der Position des von den Entente-

Abb. 12: Militärkurhaus, Mannschaftsgebäude. Foto: Sammlung Herbert Pauschardt

mächten Angegriffenen; deshalb zog der ehemalige Pazifist am Sedantag alle Register der Rhetorik. In seinem nächsten größeren Artikel, den er mit *„Deutsche Volkskraft"* überschrieb, brachte Strecker seine durch den Krieg gestählte Weltanschauung auf die Formel *„Der einmütig entschlossene Wille zum Siegen oder Sterben ist aber wohl das Allerunübertrefflichste bei unserem Heer."*[152]

Dies waren die Tage, da der Zustrom der Freiwilligen zur deutschen Armee in vollem Gang war. Da fiel auf der ersten Seite der Bad Nauheimer Zeitung eine Meldung besonders auf. Unter der Überschrift *„Der jüngste Kriegsfreiwillige"* war zu lesen: *„Unsere Nachbarstadt Gießen darf sich rühmen, in ihrer Garnison den jüngsten Kriegsfreiwilligen zu besitzen. Der 15-jährige Sohn des Gerichtsvollziehers Glenz in Bad Nauheim meldete sich zum freiwilligen Kriegsdienst und wurde angenommen."*[153] Es wundert auch nicht, dass in derselben Ausgabe eine amtliche Bekanntmachung erschien, wonach *„junge Leute, die mindestens das 16. Lebensjahr vollendet haben und von denen zu erwarten ist, dass sie mit vollendetem 17. Lebensjahr felddienstfähig sind"*, sich bis zu einem bestimmten Termin meldeten; die „Jungdeutschland-Gruppe kümmerte sich propagandistisch um die Mobilisierung neuer jugendlicher

Freiwilliger.[154] Genau so wenig verwundert es, dass im Oberhessischen Anzeiger das Gedicht *„Lass mich mit!“* des Sohnes des Friedberger Postdirektors Wolf schon einen Monat vorher erschienen war, der sich laut Redaktion bei sechs Regimentern vergeblich als Kriegsfreiwilliger beworben hatte. Eine der vier Strophen lautete:

> *„Lasst mich zum Heer, zum deutschen Freiheitsheer,*
> *Lasst in den zweiten Freiheitskampf mich mit!*
> *Lasst für das Vaterland mich sterben auf dem Meer,*
> *Lasst sterben mich im Feld im gleichen Schritt!*
> *Nur lasst mich mit!“*[155]

Ende August und Anfang September hielt Meister Tod auch unter den Söhnen der Badestadt seine große Ernte. Nach der Bekanntgabe, dass der einzige Sohn des hessischen Staatsministers von Ewald im Alter von 23 Jahren gefallen sei[156], erschien tags darauf die erste Todesanzeige für einen gleichaltrigen „Einjährig-Freiwilligen“ aus Bad Nauheim, den Gefreiten Karl Aletter, gefallen am 22. August - mit der abschließenden Hoffnung: *„Leicht werde ihm die Erde in Feindesland“*. In derselben Ausgabe fand sich eine Mitteilung über den Tod zweier deutscher Soldaten, die im hiesigen Reservelazarett ihren Verwundungen erlegen waren. Die Mitglieder der beiden Kriegervereine wurden aufgefordert, den für das Vaterland gestorbenen Kameraden *„recht zahlreich die letzte Ehre zu erweisen. Antreten der Vereinsmitglieder ... vor den Wohnungen der Präsidenten.“*[157] Schon am nächsten Tag erschien die Anzeige für den *„Gepäckträger Nr. 8, Gefreiter des Landwehr-Feldart.-Reg. Nr. 25 im 28. Lebensjahr.“* Am 7.9. präsentierte die Bad Nauheimer Zeitung zwei weitere Todesanzeigen und die Danksagung für den Telegraphenassistenten Aletter.[158] Weitere vier Todesfälle wurden in den nächsten drei Tagen bekanntgemacht. Einschließlich der zehn in der Schlacht bei Mouzon[159] in der Zeit vom 24. bis 28.8. Gefallenen, alle Angehörige des Reserve-Infanterie-Regiments 116, das in Friedberg stationiert war, waren in den Monaten August und September insgesamt 31 Bad Nauheimer Soldaten umgekommen. Bis zum Ende des Krieges sollte sich die Anzahl der Bad Nauheimer Todesopfer noch bis auf 215 erhöhen.[160]

Der Große Krieg zeigte sich zwar mit weiteren deutschen Opfern von seiner grausamen Seite, aber bis zur Marneschlacht folgten noch etliche Siege der deutschen Armee, auch an der Ostfront unter Hindenburg. Man fragte sich

Todes-Anzeige.

Allen Verwandten, Freunden und Bekannten die traurige Mitteilung, dass auf dem Schlachtfelde am 22. August 1914 unser lieber Sohn und Bruder, der

Einjährig-Freiwillige

Gefreiter Karl Aletter,

Telegraphenassistent, im Alter von 23 Jähren für sein Vaterland den Heldentod gestorben ist.

Um stilles Beileid bitten

Die Hinterbliebenen:

Christian Aletter III. und Frau geb. Schwab.
Rich. Aletter
Christian Aletter
Elise Aletter
als Geschwister.

3148)

Leicht werde ihm die Erde im Feindesland.

Abb. 13: Gefallenenanzeige für Karl Aletter. Bad Nauheimer Zeitung, 2.9.1914.

Kriegerverein 1870/71

Krieger- u. Militärverein „Hassia“

Am 31. August bezw. am 1. September verstarben im hiesigen Reservelazarett infolge ihrer Verwundungen die Kameraden

Waletzko aus Oppeln
Kobelt aus Oberschönfeld

Wir bitten den für das Vaterland gestorbenen Kameraden in treuer Verehrung recht zahlreich die letzte Ehre zu erweisen.

Antreten der Vereinsmitglieder Donnerstag, den 3. September, nachmittags $2^{1}/_{2}$ Uhr vor den Wohnungen der Präsidenten.

3142) **Die Vorstände.**

Abb. 14: Gefallenenanzeige für die im Bad Nauheimer Militärlazarett verstorbenen Kameraden zweier Hessischer Kriegervereine. Bad Nauheimer Zeitung, 2.9.1914.

zwar, warum die hunderttausend Männer *„in den mitleidlosen männermordenden Kampf“* ziehen, und glaubte, eine Antwort zu haben in der *„Liebe zum Vaterland.“*[161] Doch angesichts der zunehmenden Härte des Krieges und der wachsenden Menschenverluste, die in amtlichen Verlustlisten der Zeitung veröffentlicht wurden[162], verzichtete man von Anfang September an bewusst auf die Transparenz und legte die Listen im Lesezimmer des Bildungsvereins aus, wo eher Gelegenheit zur privaten Trauer war.[163] Es gab aber im September einen neuen Aktionismus in der Bevölkerung mit der Zeichnung der Kriegsanleihen.[164] Und schon waren auf dem neuen Betätigungsfeld „Riesenerfolge“ zu melden: *„Bis zur Stunde sind 4,2 Milliarden festgestellt.“* Und: *„Bei dem hiesigen Spar- und Vorschussverein und der Landesbank wurden auf die Kriegsanleihe rund 250.000 M gezeichnet. ...im Bezirk Friedberg 1.150.000 M.“*[165]

Verschiedene Veränderungen im gesellschaftlichen Leben deuteten sich schon im Herbst 1914 an.

Geradezu ärgerlich schien den Verfechtern eines Kampfes bis zum bitteren Ende wohl das Tragen von Trauerkleidung nach dem Verlust eines nahen Verwandten im Krieg. So wurde eine neue Idee geschickt in die Bad Nauheimer Zeitung lanciert: In einer Bildunterschrift unter *„Ein Ersatz für das schwarze*

Abb. 15: Gefallenentafeln in Dankeskirche (Ausschnitt. Foto: Herbert Pauschardt

Trauerkleid" hieß es: „*Mehrfache Wünsche der Bevölkerung sind dahingehend, dass Frauen und Mädchen keine Trauerkleidung für die auf dem Feld der Ehre Gefallenen anlegen sollen. Als äußeres Zeichen für ihre Trauer um Angehörige werden den Frauen von der Deutschwehr überreicht mit der Inschrift ‚Stolz gab ich ein teures Haupt fürs Vaterland.'*"[166] Da keine Begründung im Fehlen von schwarzem Stoff o.ä. angegeben wurde, ist der Hinweis auf „*mehrfache Wünsche der Bevölkerung*" meines Erachtens mit Vorsicht zu genießen. Vermutlich ging es der Obersten Heeresleitung (OHL) eher darum, die Bereitschaft zum Krieg bzw. zum Einsatz des eigenen Lebens zu stärken. Ob sich dieser Vorstoß durchgesetzt hat, ist nicht bekannt. Auch für den persönlichen Umgang sollten sich bestimmte Formen und Bezeichnungen ändern. Schon in der zweiten Kriegswoche warb der Oberhessische Anzeiger dafür, den „*deutschen Gruß*" zu benutzen. „*Weg mit dem faden ‚Adieu'! Grüß Gott! Das ist der deutsche Gruß! ‚Gott mit uns!' sei der Gegengruß!*"[167] Ein weiteres Feld der „*großen Reinigung im Innern*", der deutschen Sprache, war die von der Bad Nauheimer Stadtverordnetenversammlung einstimmig beschlossene „*Straßenumtaufe*"[168]. Danach sollte die „*Viktoriastraße*" in Zukunft „*Augusta-Viktoriastraße*" heißen und die „*Britanniastraße*" wurde in „*Zeppelinstraße*" umbenannt.[169] Es hätte den Badeindustriellen klar sein müssen, dass sie sich mit dem Verzicht auf Weitläufigkeit und internationale Kontakte auch von ihren eigenen Wurzeln entfernen würden, der Tradition des Weltheilbades Bad Nauheim.

Im Mai 1915 stellte der Vorsitzende des Bad Nauheimer Kur- und Verschönerungs-Vereins rückblickend fest, dass *„ein frevelhafter Krieg gegen uns entbrannt“* sei. *„Eine Welt von Feinden hat sich verbündet, um das Deutsche Reich politisch und wirtschaftlich zu vernichten.“* Die Anzahl der Bad Nauheimer Kurgäste sei stark zurückgegangen. *„Unsere Badeindustrie ist durch den Ausbruch des Weltkrieges schwer geschädigt worden.“* Aber noch bestand Hoffnung: *„Seinem Ende dürfen wir vertrauensvoll entgegensehen.“*[170]

Abb. 16: Gefallenentafeln im Neubau der Ernst-Ludwig-Schule. Foto: Heike Pauschardt

1 32. Jahresbericht des Kultur- und Verschönerungs-Vereins für das Jahr 1899, S. 10.

2 29. Jahresbericht des Kultur- und Verschönerungs-Vereins, S.12.

3 Ernst Dieter Nees: Die Entwicklung von Stadt und Bad 1835 bis 1945, in: Vom Söderdorf zum Herzheilbad. Die Geschichte (Bad) Nauheims bis zur Gegenwart, 1997, S. 100ff.

4 Fremden-Führer Bad Nauheim, Hg. Verkehrs-Bureau, Saison 1909, S. 12f.

5 Fremden-Führer Bad Nauheim, Hg. Verkehrs-Bureau, Saison 1909, S. 26.

6 Herbert Pauschardt, Rödgen 750 Jahre. Aus der Geschichte eines Dorfes im Wettertal, Bad Nauheim, 2010, S. 191ff.

7 Ernst Dieter Nees: Mut, sich auf Neues einzulassen - Beiträge zur Stadtgeschichte Bad Nauheims, Bad Nauheim, 2000, pass.

8 Bad Nauheimer Zeitung, 5.7.1914 (nachfolgend B.N.Z. zitiert).

9 B.N.Z., 21.5.1908.

10 B.N.Z., 1.7.1914.

11 Oberhessischer Anzeiger, 30.6.1914 (nachfolgend O.A. zitiert).

12 B.N.Z., 30.6.1914.

13 B.N.Z., 2.7.1914.

14 B.N.Z., 2.7.1914.

15 O.A., 6.7.1914.

16 O.A., 9.7.1914.

17 O.A., 15.7.1914.

18 B.N.Z., 20.7.1914.

19 B.N.Z .,23.7.1914, 24.7.1914 und 27.7.1914.

20 B.N.Z., 29.7.1914.

21 B.N.Z., 29.7.1914.

22 Deutschland und der nächste Krieg, Stuttgart-Berlin, 1912.

23 Heinrich August Winkler: Deutsche Geschichte vom Ende des Alten Reiches bis zum Untergang der Weimarer Republik, Bonn 2000, S. 318.

24 O.A., 1.7.1914.

25 B.N.Z., 2.7.1914.

26 O.A., 6.7.1914.

27 O.A., 9.7.1914.

28 O.A., 29.7.1914.

29 B.N.Z., 3.7.1914.

30 OA, 20.7.1914.

31 O.A., 23.7.1914.

32 O.A., 20.7.1914.

33 B.N.Z., 30.7.1914.

345 B.N.Z., 27.7.1914.

35 O. A., 27.7.1914.

36 B.N.Z., 28.7.1914.

37 B.N.Z., 28.7.1914.
38 B.N.Z., 29.7.1914.
39 B.N.Z., 29.7.1914.
40 B.N.Z., 29.7.1914.
41 B.N.Z, 31. 7.1914.
42 O.A., 1.8.1914.
43 B.N.Z., 1.8.1914.
44 B. N.Z., 5.8.1914.
45 O.A., 3.8.1914.
46 B.N.Z., 3.8.1914.
47 B.N.Z., 3.8. und 4.8.1914.
48 B.N.Z., 5.8.1914.
49 B.N.Z., 2.8.1914.
50 B.N.Z., 6.8.1914.
51 B.N.Z., 9.8.1914.
52 B.N.Z., 1.8.1914.
53 B.N.Z., 1.8.1914: „Der Sturm auf die Lebensmittel-Verkaufsstellen".
54 B.N.Z., 1.8.1914.
55 B.N.Z., 1.8.1914, unter der Überschrift „Kopflosigkeit".
56 B.N.Z., 3.8.1914.
57 B.N.Z., 13.8.1914.
58 B.N.Z., 12.8.1914.
59 B.N.Z., 13.8.1914.
60 B.N.Z., 15.8.1914
61 B.N.Z., 13.8.1914.
62 B.N.Z., 24.8.1914.
63 B.N.Z., 9.8.1914.
64 B.N.Z., 9.8.,1914 13.8.1914 und 19.8.1914.
65 Fremdenführer Bad Nauheim Saison 1914, S. 13.
66 B.N.Z., 6.8.1914.
67 B.N.Z., 14.8.1914.
68 B.N.Z., 17.8.1914.
69 B.N.Z., 3.8.1914, 28.7.1914 und 29.7.1914.
70 B.N.Z., 9.8.1914.
71 B.N.Z., 5.8.1914.
72 B.N.Z., 31.7.1914.
73 B.N.Z., 7.8.1914.
74 B.N.Z., 9.8.1914.
75 B.N.Z., 24.8.1914: „Abschied von unseren Freunden."
76 B.N.Z., 9.8.1914.

77 B.N.Z., 12.8.1914: Umtauschkurs 1 Rubel = 1,40 Mk.

78 B.N.Z., 27.8.1914.

79 Fremdenführer Bad-Nauheim 1914, S. 12.

80 B.N.Z., 9.8.1914.

81 B.N.Z., 21.9.1914.

82 B.N.Z., 15.8.1914.

83 B.N.Z., 5.8.1914.

84 B.N.Z., 15.8.1914.

85 B.N.Z.,14.8.1914.

86 B.N.Z., 5.8.1914.

87 B.N.Z., 4.8.1914.

88 O.A., 6.8.1914.

89 Klaus-Jürgen Bremm: Propaganda im Ersten Weltkrieg, Darmstadt 2013. Georg Ekkert, Peter Geiss, Arne Karsten (Hg.): Die Presse in der Julikrise 1914. Die internationale Berichterstattung und der Weg in den Ersten Weltkrieg, Münster, 2014.

90 B.N.Z., 1.9.1914.

91 B.N.Z., 15.8.1914.

92 B.N.Z., 9.8.1914.

93 B.N.Z., 18.8.1914.

94 B.N.Z., 22.8.1914.

95 B.N.Z., 20.8.1914.

96 B.N.Z., 18.8.1914.

97 B.N.Z., 20.8.1914.

98 B.N.Z., 22.8.1914.

99 B.N.Z., 2.9.1914.

100 B.N.Z., 12.8.1914.

101 B.N.Z., 22.8.1914.

102 B.N.Z., 7.9.1914.

103 B.N.Z., 7.9.1914.

104 B.N.Z., 10.9.1914.

105 B.N.Z., 22.8.1914.

106 B.N.Z., 17.9.1914.

107 B.N.Z., 19.8.1914.

108 B.N.Z., 5.8.1914.

109 B.N.Z., 8.8.1914.

110 B.N.Z., 9.8.1914.

111 B.N.Z., 13.8.1914.

112 B.N.Z. 18.8.1914.

113 B.N.Z., 22.8.1914.

114 B.N.Z., 26.8.1914.

115 B.N.Z., 1.9.1914.

116 B.N.Z., 21.9.1914; ähnliches Schreiben an eine „Innig geliebte Frau: B.N.Z., 26.9.1914.
117 B.N.Z., 4.8.1914.
118 B.N.Z., 5.8.1914.
119 B.N.Z., 14.8.1914.
120 BNZ, 20.8., 9.9.1914.
121 B.N.Z., 14.8.1914.
122 B.N.Z., 17.8.1914.
123 B.N.Z., 28.8.1914.
124 O.A., 28.8.1914.
125 Stadtarchiv Bad Nauheim: Karton A II 23, Akte 271.
126 B.N.Z., 6.8.1914.
127 B.N.Z., 6.8.1914.
128 B.N.Z., 19.8.1914.
129 B.N.Z., 28.8.1914.
130 B.N.Z., 20.8.1914 und 24.8.1914
131 B.N.Z., 15.8.1914.
132 B.N.Z., 21.8.1914.
133 O.A., 26.8.1914.
134 B.N.Z., 28.8.1914.
135 B.N.Z., 31.8.1914
136 B.N.Z., 8.9.1914.
137 B.N.Z., 9.8.1914.
138 B.N.Z., 8.8.1914.
139 B.N.Z., 9.8.1914 bis 24.8.1914.
140 B.N.Z., 22.8.1914.
141 B.N.Z., 22.8.1914.
142 B.N.Z., 8.8.1914.
143 B.N.Z., 29.8.1914.
144 B.N.Z., 26.8.1914.
145 Siehe: Herfried Münkler: Der Große Krieg. Die Welt 1914-1918, Berlin, 2013, S. 110-212
146 O.A., 10.8.1914 - Der Autor ergänzte: *„Ich übernehme für meine Angaben jede Bürgschaft“.*
147 B.N.Z., 7.9.1914; laut „Google“ sollen 6.500 belgische Zivilisten umgekommen sein und ca 50.000 belgische Soldaten im Kampf gegen Deutsche gefallen sein.
148 B.N.Z., 1.9.1914
149 E.D. Nees, Lebensweg und Gedankenwelt eines Demokraten, Sonderdruck aus Mitteilungen des Oberhessischen Geschichtsvereins Gießen, 1985, N.F., 70. Bd, Hg. von Erwin Knauß.
150 B.N.Z., 3.9.1914.
151 B.N.Z., 5.9.1914.

152 B.N.Z., 7.9.1914.

153 B.N.Z., 10.9.1914.

154 B.N.Z., 10.9.1914.

155 O.A., 10.8.1914.

156 B.N.Z., 1.9.1914.

157 B.N.Z., 2.9.1914.

158 B.N.Z., 7.9.1914.

159 Die Hessen im Weltkrieg 1914-1918 nach Berichten und Aufzeichnungen von Mitkämpfern, hg. von J.W. Deiß, Charlottenburg o.J., S. 113ff. „Verlustreiches Gefecht beim Überschreiten der Maas. Das Regiment ermöglichte durch zähes Aushalten den Maasübergang der nachfolgenden Truppen.“

160 In der Dankeskirche findet sich an der Westseite innen eine große Gedenktafel der Bad Nauheimer evangelischen Gefallenen; ebenso in der neuen Ernst-Ludwig-Schule über ehemalige Schüler, gefallen 1914-1918.

161 B.N.Z., 22.8.1914.

162 B.N.Z., 25.8.; 28.8.1914.

163 B.N.Z., 2.10.1914.

164 B.N.Z., 11.9.1914, 12.9.1914 und 16.9.1914.

165 B.N.Z., 21.9.1914.

166 B.N.Z., 19.9.1914.

167 O.A., 12.8.1914.

168 B.N.Z., 5.9.; O.A., 3.9.1914.

169 O.A., 3.9.1914.

170 Rede bei der 47. Generalversammlung des Kur- und Verschönerungs-Vereins am 20.5.1915, S. 1.

Meines Vaters Krieg[1]

Noël Fraboulet

Francis Fraboulet, mein Vater, war Landmetzger in Plouguenast im Departement Côtes d'Armor. Er war durch Verwaltungsentscheid vom 6. Dezember 1938 berechtigt, den Beruf eines Veterinärs in Anwendung des Gesetzes vom 17. Juni 1938 auszuüben. Das Gesetz besagt, dass Personen französischer Nationalität berechtigt sind, Tiermedizin und Tierchirurgie vom Tage der Gesetzesverkündigung an in dem im Gesetz vorgesehenen Rahmen weiter auszuüben, so lange sie leben.

Im September 1939 wurde er für den Krieg gegen Deutschland eingezogen. Er hat das Ende dieses Krieges nicht erlebt. Er ist am 26. August 1944 im *Kriegsgefangenen-Lazarett von Bad Soden Salmünster um 22 Uhr verstorben,* wie die offizielle Mitteilung an meine Mutter lautete. Er war damals 34 Jahre alt.[2]

Ich bin in der Weihnachtsnacht 1939 in Langast im Departement Côtes d'Armor geboren. Meine Mutter und meine ältere Schwester, Simone, wohnten bei meinen Großeltern mütterlicherseits. Ich war zehn Jahre alt, als die sterblichen Überreste meines Vaters der *Familie zurückgegeben* wurden, wie es in dem üblichen Sprachgebrauch der zivilen und militärischen Behörden hieß. Sein Grab ist auf dem Friedhof von Langast. Es trägt die Inschrift: *Gestorben für Frankreich.*

Meine Mutter steht, während ich dies niederschreibe, in ihrem 99. Lebensjahr und hat als Witwe dies während ihres ganzen Lebens mit Mut und Diskretion ertragen. Ihr Schmerz war vorhanden, aber sie sprach nie darüber. Meine Schwester und ich wissen, dass unser Vater als Kriegsgefangener in der Gegend von Frankfurt gewesen ist, dass er sich bei der Arbeit verletzt hat und dass

Francis Fraboulet in Dorheim, 1943

er an den Folgen dieser Verletzung gestorben ist. *Er hat sich an Wundstarrkrampf infiziert,* sagte meine Mutter. Sie erkannte die Ungerechtigkeit seines Schicksals, doch sie nahm es hin als *Gottes Fügung.*

Le Lazaret ou hôpital où est mort Francis FRABOULET Salsmunster

Anne, meine Ehefrau, und ich wohnen in Avrille im Departement Maine et Loire. Unsere Stadt ist verschwistert mit Schwalbach am Taunus nahe Frankfurt. Als wir mit unseren deutschen Freunden sprachen, habe ich erwähnt, dass mein Vater in der Gegend vonFrankfurt gestorben sei. 2007 haben mir meine Freunde Maria und Wolfgang Benger geholfen, mehr darüber zu erfahren. Gemeinsam haben wir die Klinik wiedergefunden, wo mein Vater gestorben ist und auch den Soldatenfriedhof, wo er beerdigt wurde. In Bad Soden-Salmünster. Eine Gedenktafel erinnert an den ehemaligen Friedhof:
Während des 2. Weltkrieges waren die Marien- und Vinzenzheime in Bad Soden Reserve-Lazarette für erkrankte Kriegsgefangene des Stammlagers „Stalag IX B“ auf der Wegscheide bei Bad Orb.[3] *Verstorbene Gefangene konnten nicht auf dem kleinen Friedhof bei der St. Laurentius Kirche zur letzten Ruhe gebet-*

tet werden. Außerhalb der Stadt am Südhang des 'Traroths' wurde hier an dieser Stelle eine Begräbnisstätte errichtet, die den Namen „Franzosenfriedhof" trug. Nach dem Krieg wurden die verstorbenen fremden Soldaten in ihre Heimatländer überführt.

Die Gedenktafel informiert auch darüber, dass der Friedhof seit Anfang der 60er Jahre auch für die Beisetzung der Dorfbewohner genutzt wurde. An diesem Ort haben Anne und ich Zeitzeugen dieser Epoche getroffen. Sie erklärten uns, dass das sehr schöne Dorf Salmünster von den alliierten Streitkräften nicht bombardiert wurde, weil es zum Schutzgebiet des französischen Lazaretts gehörte. Diese Zeugen haben uns auch mitgeteilt, dass ihre Eltern den Ausbrechern aus dem Lager IX B geholfen haben, sich zu verstecken und zu flüchten.

Im Heimatmuseum von Bad Soden-Salmünster wurden wir sehr warmherzig empfangen. Maria hatte uns immer gesagt, dass nach ihrem Wissen die französischen Kriegsgefangenen aus der Bretagne stammten und weniger strengen Haftbedingungen unterworfen waren, als sie anderen auferlegt wurden. Im Museum bot man uns an, uns ein Schriftstück zuzuschicken, das von einem ehemaligen bretonischen Gefangenen des Lagers IX B geschrieben worden war. Alain Quevel berichtet in seinem Werk, dass französische Abgesandte der Partisanen für die Autonomie der Bretagne sie darüber informiert hätten, dass es einen Vorzugs-Erlass gab, der ohne Zweifel für die Autonomisten galt.[4] Diese Tatsachen werden von verschiedenen französischen Autoren bestätigt. Darüber hatte ich während meiner gesamten Schulzeit nie etwas gehört. Vielleicht bin ich unaufmerksam gewesen?

Von Bad Soden-Salmünster nach Bad Orb sind es nur drei Kilometer. Da wir hier waren, haben wir uns entschlossen, uns zur Wegscheide zu begeben.

Der Direktor des Frankfurter Schullandheims Wegscheide, das an Ort und Stelle des Lagers IX B steht, war nicht bereit, uns zu erlauben, das Innere seiner Einrichtung zu betreten. Glücklicherweise hat uns seine Sekretärin eine Broschüre gegeben, die sehr gut die Geschichte des Ortes von 1914 bis in unsere Tage beschreibt.

Wenn man die Fotos auf diesem Dokument (rechts) mit denen aus dem Buch von Alain Quevel (links) vergleicht, kann man feststellen, dass bestimmte Gebäude dieselben sind wie zur Zeit des Krieges. Man

bemerkt die Ähnlichkeit der Mauern, der Fundamente, des Abstands der Fenster. Man kann sich ernsthaft fragen, ob der Baum hinter Alain Quevel nicht derselbe ist, den man auf dem Foto rechts sieht.

Wir fanden auch einige Einzelheiten über das Lebensende meines Vaters. Ihre Entdekkung schürte unsere Neugier.

Eine Episode aus dem Leben meiner Mutter hat uns die Aufgabe erleichtert. Sie musste sich entschließen, in ein Pflegeheim für Senioren zu ziehen. Simone, Anne und ich räumten das Haus. Dort haben wir 400 Briefe und Karten gefunden, die mein Vater während des Krieges geschrieben hatte, und einige Papiere, die nach seinem Ableben zurückgeschickt worden waren. Auf Anregung von Anne habe ich mich entschlossen, diese Briefe zu lesen. Ich habe sie alle gelesen und in ein Schriftdokument von 47 Seiten umgesetzt.

Der Schriftwechsel ist auf vorgedruckten Karten geschrieben. Alles ist mit Bleistift geschrieben, damit die Zensur löschen konnte, was den deutschen Behörden nicht passte. Die Zeit hat an diesen Karten genagt, inzwischen sind viele Worte unleserlich geworden.

Kriegsgefangenenpost
~~Besetztes Gebiet~~
-7.12.40.17-18
a

An Madame Fraboulet
Au Bourg de

Empfangsort: Langast
Straße: Côtes du Nord
Land: Bretagne France
Landesteil (Provinz usw.)

Gebührenfrei!

Mein Vater leistete seinen Dienst im 270. Infanterie-Regiment von September 1939 bis zum 12. Mai 1940. Er hatte das Glück, mich während seiner drei Urlaube zu sehen: Anfang Januar, Anfang Februar und Anfang März 1940. Während eines dieser Urlaube war er zum letzten Mal mit seinem Nachbarn Louis Dieulesaint in Frankreich auf Jagd. Dieser wurde 27 Jahre später mein Schwiegervater. Drei Postkarten ließen mich vermuten, dass sein Regiment in Bouaye im Departement Loire Atlantique stationiert war. Der Bürgermeister von Bouaye hat meine Vermutung bestätigt.

Über „seinen Krieg" hat er in einem kleinen Notizbuch notiert:
- *12. Mai 1940, wir betreten Belgien*
- *28. Mai 1940, Gefangennahme*
- *7. Juni 1940, Ankunft in Deutschland.*

Er sagt nicht, ob er einen einzigen Augenblick gekämpft hat.

Folglich kam mein Vater am 7. Juni 1940 nach Deutschland und wurde unter der Personen-Nummer 13125 im Lager VI A in Hemer nahe Dortmund registriert.

Meine Mutter hat die untenstehende Karte erhalten, um sie über den Verbleib ihres Mannes zu informieren.

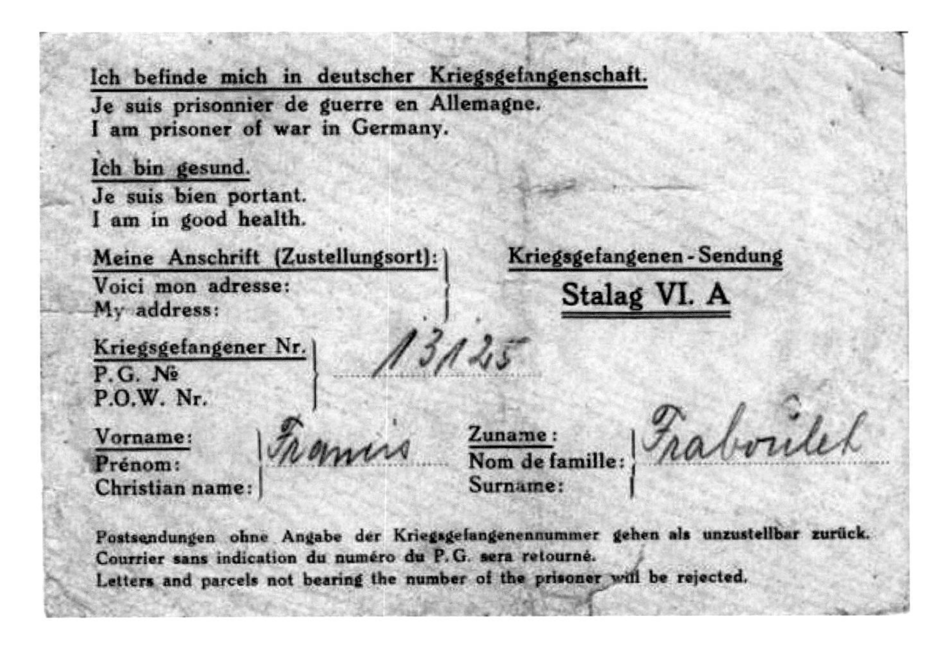
Ich befinde mich in deutscher Kriegsgefangenschaft.
Je suis prisonnier de guerre en Allemagne.
I am prisoner of war in Germany.

Ich bin gesund.
Je suis bien portant.
I am in good health.

Meine Anschrift (Zustellungsort):
Voici mon adresse:
My address:

Kriegsgefangenen-Sendung
Stalag VI. A

Kriegsgefangener Nr.
P.G. №
P.O.W. Nr.
13125

Vorname:
Prénom:
Christian name:
Francis

Zuname:
Nom de famille:
Surname:
Fraboulet

Postsendungen ohne Angabe der Kriegsgefangenennummer gehen als unzustellbar zurück.
Courrier sans indication du numéro du P. G. sera retourné.
Letters and parcels not bearing the number of the prisoner will be rejected.

In diesem Lager arbeitete er ein wenig und erhielt eine Menge Impfungen. Er verließ es am 27. Juli 1940 um 17 Uhr und kam am Folgetag um 9 Uhr in Bad Orb im Lager IX B auf der Wegscheide an.

Am 9. August reiste er zum Arbeiten ab. Am 10. August 1940 begann er in Ilbenstadt zu arbeiten. Nichts in seinen Notizen oder Briefen lässt darauf schließen, wie er von Nieuwport nach Hemer gekommen ist. Das war zweifellos eine „Reise zu Fuß“. Von Hemer nach Bad Orb reisten sie in Viehwaggons. Ich glaube, dass er genauso von Bad Orb nach Friedberg kam und dann zu Fuß von Friedberg nach Ilbenstadt.

Der Bauernhof, auf dem er arbeitete, wurde von liebenswürdigen Leuten bewirtschaftet. Er schreibt insbesondere:

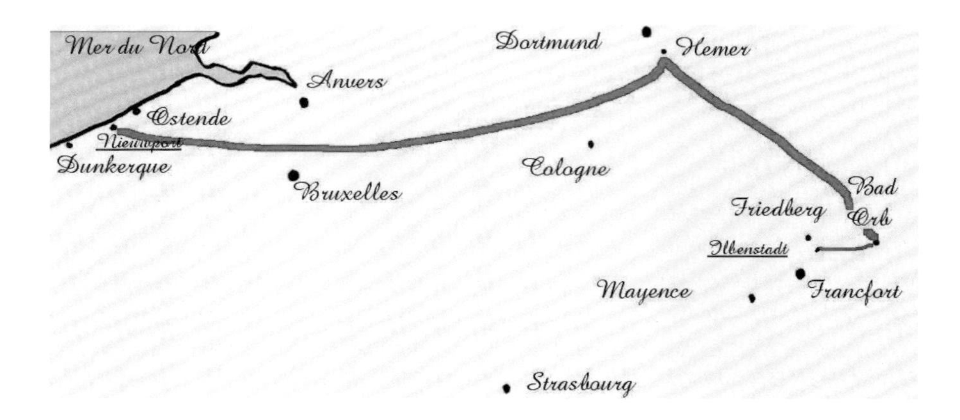

- *Am 1. September 1940: Ich habe es gut getroffen bei einem guten Kerl, der uns nicht schlecht behandelt hat. Man kann sich bis jetzt nicht beklagen. Die Deutschen sind sehr nett zu uns.*
- *Am 13. Oktober 1940: Glücklicherweise bin ich in einem guten Haus. Am Sonntag geben sie mir alles zum Wäschewechseln.*
- *Am 3. November 1940: Mein Arbeitgeber hat mir ein gutes Paar Arbeitshandschuhe und Hausschuhe gekauft.*

Seine Briefe berichten nichts über Misshandlungen, weit gefehlt. Er sprach oft von guter Behandlung, er ging mit seinem Arbeitgeber zur Messe, der französische Priester, der die Gefangenen besuchen kam, wurde am Tisch seines Arbeitgebers empfangen. Seine Wäsche wurde auf dem Bauernhof gewaschen und geflickt.

Er blieb in Ilbenstadt bis zum 7. November 1942. Danach wurde er ins „Arbeitskommando No. 365“ zu einem Metzger zwei Kilometer von Ilbenstadt, wahrscheinlich nach Assenheim, verlegt.

Von dieser neuen Anstellung schreibt er: *Bei meinem neuen Hausherren geht es mir sehr gut. Es ist fast wie in Frankreich, ich muss Schweine auf den Bauernhöfen schlachten. Meine Arbeitgeber sind sehr nett zu mir.* Wahrscheinlich verließ er die Metzgerei, um während des Monats Januar 1943 auf einem Bauernhof zu arbeiten.

Vom 1. Februar an wechselte er vom Kommando 365 zum Kommando 138. Am 7. Februar schrieb er: *Ich bin zu einer Metzgerei und einem Bauernhof zurückgekehrt. 3 Tage auf dem Hof, 3 Tage in der Metzgerei.* Das war in Dorheim.[5] Dieser Zustand war genauso kurz wie der Vorherige. Tatsächlich schrieb er am 18. April 1943 an meine Mutter: *Ich habe noch einmal den Arbeitsplatz gewechselt, aber nicht das Kommando. Ich arbeite von nun an bei einem Wagner, der auch ein wenig Land besitzt. Er hat ein Pferd.*

Seinen Arbeitgeber betreffend schrieb er: *Ich bin in einem sehr guten Haus. Der Vater macht den Wagenbau, und ich mache die Landwirtschaft. Ich werde mit dem Pferd Holz holen. Mir geht es sehr gut, sehr gutes Essen, wie ich es noch nie auf einem Hof erlebt habe. Die Mutter bereitet es zu.* Dieser Zustand wird bis zum 27. November 1943 dauern, dem Zeitpunkt, als er zum Kommando 422 versetzt wurde.

Nichts in seinen Briefen lässt darauf schließen, wo dieses Kommando 422 war. *Ich arbeite bei einem Wildbret-Händler. Er handelt nur mit Rehen, Hasen, Kaninchen. Die Arbeitgeber sind sehr nett.*

Er spricht auch davon, mit einem Wagen zum Einsammeln oder Ausliefern bis nach Frankfurt gefahren zu sein in vollem Vertrauen zu seinem Arbeitgeber und auch davon, mit diesem auf die Hirsch-Jagd zu gehen und in einem guten Hause zu sein.

Am 30. Juli 1944 schrieb er: *Ich habe einen entzündeten Finger. Er tut mir ein bisschen weh. Ich habe gestern den Doktor aufgesucht und werde morgen wieder hingehen. Er wird ihn vielleicht aufschneiden. Ich hatte mich geschnitten, und die Wunde hat sich zu schnell geschlossen. Ich hoffe, dass das keine große Sache ist.*

Sein letzter Brief vom 13. August 1944 sagt aus: *Mein Finger ist vor 14 Tagen vom Arzt an zwei Stellen aufgeschnitten worden. Ich werde meine Arbeit morgen wieder aufnehmen, wenn der Arzt es will.* Im August 2012 hat mir die Französische Botschaft in Berlin die Fotokopie des *Lazarettkrankenbuchs des Reserve-Lazaretts Nauheim-Bad / Rela 1* zugeschickt und bestätigt, dass mein Vater am 20. August 1944 in diese Einrichtung eingeliefert und am 21. nach Bad Soden verlegt wurde.

Das Weitere ist bekannt.

Unter den 400 Briefen befand sich ein Brief, der nicht mit den anderen vergleichbar war. Er hatte einen einfachen Umschlag mit französischer Briefmarke und war in Pau in Frankreich abgeschickt worden. Aus dem Inhalt des Briefes habe ich erfahren, dass der Sohn des Arbeitgebers meines Vaters aus Dorheim deutscher Soldat in Pau war und dass er Fotos von meinem Vater und der Familie, bei der er arbeitete, gemacht hatte und diese vom Ort seiner Kaserne an meine Mutter geschickt hat.

Wir hatten die Absicht, die Familien, die meinen Vater so gut behandelt hatten, zu treffen. Die Existenz der Fotos konnte diesen Plan in die Tat umsetzen.

Durch die Mitarbeit von Berni Juenemann, Journalist in Frankfurt, konnten wir die Veröffentlichung eines Fotos in der *Wetterauer Zeitung*[6] erreichen.

Mehrere Personen haben zu Aufklärung beigetragen:

Hans Peter Knobloch aus Dorheim hat mir mitgeteilt, dass seine Tante, Frau Emmy Mogk, die 1943 22 Jahre alt war, meinen Vater und die Familie Becker aus Dorheim einwandfrei erkannt hat. Sie berichtete, dass mein Vater in der Metzgerei Wetzstein gearbeitet hatte.

Christel Schutt aus Dorheim hat die Fotos ebenfalls. Der Soldat in Pau war ihr Vater. Sie ist das kleine Mädchen auf dem Arm ihres Großvaters Wilhelm Becker auf dem nebenstehenden Foto.

Im September 2011 haben Anne und ich Christel Schutt und ihren Ehemann Willi sowie ihre Schwägerin Lydia Becker in Dorheim getroffen.

Wir haben das Haus und die Nebengebäude des Anwesens Becker besichtigt sowie die Werkstatt und die Ställe, wo mein Vater gearbeitet hatte. Christels Vater ist nicht lebend aus dem Russlandfeldzug zurückgekehrt. Die Familie Becker wusste nicht, dass „ihr Gefangener" in Deutschland gestorben war. Christel hat uns gesagt, dass ihre Großmutter sich immer gefragt hätte, warum Francis niemals nach Dorheim zurückgekommen sei, weil nämlich viele andere Kriegsgefangenen wiedergekommen waren, um ihre Arbeitgeber zu besuchen. In der Gewissheit, ihn gut behandelt zu haben, empfand sie darüber eine gewisse Verärgerung.

Unser Besuch konnte den Zweifel beseitigen.

Hans Peter, seineTante
Emmy MOGK

Wir haben ebenfalls Hans Peter Knobloch und seine Tante getroffen. Wir sind wie Freunde empfangen worden und haben Informationen erhalten, die wir noch nicht kannten. Auch der Vater von Hans Peter ist vom Russland-Feldzug nicht mehr zurückgekehrt.

Frau Jutta Marti von der *Frankfurter Neuen Presse* und Herr Harald Schuchardt von der *Wetterauer Zeitung* haben über unseren Besuch in Dorheim berichtet.

Frau Gaëlle Götz aus Friedberg, deren Eltern in derselben Stadt wohnen wie wir und die uns kennt, weil sie im Alter unserer Kinder ist, hat die Zeitungsartikel gelesen.
Die Geschichte meines Vaters interessierte sie. Sie machte sich auf die Suche nach Personen, die Einzelheiten wissen könnten, um die Lücken, die es bei den Aufenthaltsorten meines Vaters gab, zu füllen.

Über den Aufenthalt in Ilbenstadt hatte ich keinerlei Namen, aber ein paar Einzelheiten über die Zusammensetzung der Familie, für die mein Vater arbeitete und über das Leben in dem Dorf.

Gaëlle Götz machte Frau Barbara Schulze ausfindig, eine Französischlehrerin im Ruhestand, die in Ilbenstadt wohnt und die dortigen Einwohner gut kennt. Am 23. Februar 2012 hatte Frau Schulze Frau König, geborene Kollmann, getroffen, die älteste Tochter des Arbeitgebers meines Vaters, eine 86jährige, die ihn auf den Fotos genau wieder erkannt hat. Sie erinnerte sich sehr gut an ihn. Im Jahre 1942 war sie 16 Jahre alt, ihr Bruder Gottfried Kollmann bewohnt noch immer den Hof, auf den ich mich im September 2012 begeben durfte, wie das nebenstehende Foto bezeugt.

Leider ist Frau König im Frühjahr 2012 verstorben. Ihr Bruder Gottfried hat zum Glück alle Dokumente jener Zeit aufgehoben und kann sich an die Worte seiner Eltern über meinen Vater genau erinnern. Er zeigte mir Fotografien von ihm, die ich nicht kannte, eine davon hat er eingerahmt. Auf dieser Fotografie sieht man links meinen Vater zusammen mit seinem Freund Armel Poilane aus Saint Brieuc.

Frau Schulze hatte uns von Herzen geholfen. Ihr Vater ist auch nicht vom Russland-Feldzug zurückgekehrt. Dank ihres Scharfblicks und ihrer Zähigkeit konnten Anne und ich Zeugen dieser Epoche wieder treffen: Frau Sachs war 18 Jahre alt zu der Zeit. Sie war die Tochter des Vermieters des *Gasthaus zum kühlen Grund* (Foto nebenstehend).

Der Wirt konnte nichts dagegen tun, dass sein Gasthaus beschlagnahmt wurde, um die Kriegsgefangenen des „Kommando 79" dort unterzubringen.

Frau Sachs brachte Fotos von der Zeit mit, die im Hof des Hauses ihres Vaters aufgenommen wurden. Heute ist Herr Lange der Besitzer. Er spricht sehr gut Französisch und besitzt ein Haus in Plozevet im Departement Finistère. Wir verabredeten uns auf ein Wiedersehen. Wir besichtigten den Schlafsaal der Kriegsgefangenen, der im Laufe der Jahre verändert wurde.

Die Unterkunft schien nicht allzu unbequem: *Ich liege bequem im Bett, ich habe ein gutes Federbett um mich zu decken und ich bin in der Nähe des Ofens. Es ist mir nie so gut gegangen seit ich im Krieg bin* schrieb mein Vater am 3. November 1940. Frau Sachs hat uns ein Bild gegeben, auf dem man meinen Vater mit einem Kameraden Holzsägen sieht. Es geschah unter der Aufsicht eines Wachsoldaten der Wehrmacht, der keinen allzu bösen Eindruck machte. Unsere Kontaktleute haben uns gesagt, dass es mit wenigen Ausnahmen, nie irgendwelche Probleme mit den Wachen gab.[7]

Barbara Schulze, Georg Werner und Gottfried Kollmann (v.l.n.r.) haben uns über den letzten Einsatzort meines Vaters informiert. Es handelte sich um die Metzgerei Uebele in Bad Nauheim.[8]

Die Familie Kollmann wusste, dass Francis gestorben war. Gottfried erzählte uns, dass seine Familie immer der Ansicht war, dass man sich in Bad Nauheim nicht um ihn kümmerte und dass, wenn er in Ilbenstadt gewesen wäre, er nicht gestorben wäre. Man kann die Geschichte nicht neu schreiben...

Über den Aufenthalt meines Vaters in Assenheim haben wir keine Zeugen oder Kinder von Zeugen gefunden. In den Papieren, die aus Deutschland mit den persönlichen Sachen meines Vaters zurückgeschickt worden waren, fand ich einen Kassenzettel oder Bestellschein von der Metzgerei Klein.[9] Gaëlle Goetz war einige Male in Assenheim. Sie hat mit dem Sohn von Metzger Ernst Klein (heute 78 Jahre) gesprochen. Er erinnert sich nicht, dass sein Vater die Hilfe eines französischen Kriegsgefangenen bekommen hat.

Ernst Klein, Assenheim / Oberh.
Rinds- und Schweine-Metzgerei
Telefon 67 Amt Niederwöllstadt
NOTA Den .... 19....
für ....

Obwohl Barbara Schulze Kontakt zu einer Verwandten der Metzgerei Uebele aufgenommen hat, konnte diese Dame uns jedoch keine verbindliche Information geben. Möglicherweise war sie zu dieser Zeit noch zu jung.

Die Erinnerungen von Gottfried Kollmann und Georg Werner sind daher die einzigen verbindlichen Aussagen.

Wenn ich mich daran orientieren würde, könnte man glauben, dass die Gefangenschaft nicht schwer zu ertragen war.

Als ich mich über das Verhalten der deutschen Bevölkerung meinem Vater gegenüber mit Hans Peter Knobloch, der mein Freund geworden ist, unterhielt, antwortete er einfach: *Menschlichkeit in einer unmenschlichen Zeit.*

Tatsächlich gab es nichts Menschliches im Verhalten der Politiker in Deutschland, wie in Frankreich.

Aber was hatten diese unglücklichen „Kriegsgefangenen", eigentlich verbrochen, um Jahre in der Gefangenschaft verbringen zu müssen? Es gibt manche kleinen Berichte dieser Männer. Die Post meines Vaters ist ein Zeugnis davon.

- 5 Jahre fern von ihren Familien, ihrer „Heimat", wie die Deutschen sie nennen, ohne zu sehen wie ihre Kinder aufwachsen, ohne anwesend zu sein bei Kommunionen, Konfirmationen der Kinder, Hochzeiten der Geschwister, Weihnachtsfesten, Tod der Eltern, dem Tod der Ehefrau, manchmal vier oder fünf Wochen lang, ohne Nachrichten von diesen Ereignissen zu bekommen.
- 5 Jahre lang, in denen einige aus unbekannten oder beschämenden Gründen im Geist derer, die in Deutschland geblieben sind, nach Frankreich zurück gekehrt waren und bereits gute Geschäfte machten.
- 5 Jahre, in denen manche die Ankunft eines unehelichen Kindes zu Hause verkraften mussten, oder dass die Ehefrau das Haus verlassen hatte und die Großmutter mit den Kindern alleine auf dem Bauernhof zurückließ.
- 5 Jahre, in denen man sich fragte, warum man lebt oder was aus einem werden wird.
- 5 Jahre, nach denen die Kinder, die man im Jahr 1939 zurückgelassen hat, den heimgekehrten Vater nicht mehr erkennen und er seinen Platz in seinem eigenen Haus nicht mehr finden würde.

In den Familienarchiven habe ich eine Pressemitteilung gefunden die für den vorherrschenden Geist der Propaganda symptomatisch ist:

Berlin, 25. November 1940. - Eine autorisierte Quelle bestätigt die Maßnahmen zugunsten unserer Gefangenen durch die deutschen Behörden, Maßnahmen, die Herr Scapini (Georges Scapini, ernannt von Pétain, Leiter der Diplomatischen Dienste der Kriegsgefangenen in Berlin im Rang eines Botschafters) *vor ein paar Tagen angekündigt hat:*
Alle Gefangenen werden in beheizten Gebäuden oder Baracken untergebracht, mit Kanalisation, Toilette und fließendem Wasser. Überall gibt es Duschen mit heißem und kaltem Wasser, Küchen und gemeinsamen brauchbaren Einrichtungen.
Die überwiegende Mehrheit der Gefangenen fand Arbeit, sei es in landwirtschaftlichen Betrieben oder in handwerklichen oder industriellen Unternehmen. Sie erhalten dort, je nach Art ihrer Arbeit, eine angemessene Vergütung.
Da große Bestände an militärischer Kleidung in die Hände der deutschen Armee während des Krieges gefallen sind, entschied die Reichsregierung, dass diese Bestände nach den Bedürfnissen der Gefangenen verteilt werden sollten. Zahlreiche Kleiderreserven die aus der Kriegsbeute stammen, werden auch unvollständig zur Verfügung gestellt. Zum großen Teil wurden französische Unternehmen mit der Endanfertigung dieser Kleidung beauftragt.

Es folgen mehrere Abschnitte die dem Leser und den Franzosen in Frankreich suggerieren, dass ihre kriegsgefangenen Soldaten unter fast urlaubsmäßigen Bedingungen in Deutschland leben würden.

Hans Peter Knobloch hat Recht mit seiner Aussage, es handelt sich um Unmenschlichkeit!

Glücklicherweise hatten die Menschen vor Ort, die „kleinen Leute", mehr Herz als ihre Vorgesetzten. Sie fühlten den Schmerz der Kriegsgefangenen und versuchten ihn zu erleichtern.

Noël Fraboulet im Januar 2013

1 (Im Folgenden Anmerkungen des Herausgebers Lutz Schneider:) Für die Übersetzung ins Deutsche bedanke ich mich bei Bärbel Schulze und Hans Peter Knobloch. Bei der Durchsicht dieses Beitrages wurden sprachliche Ungenauigkeiten und Fehler korrigiert, ohne allerdings den typischen Sprachduktus des Autors allzu sehr zu verändern.

2 Gemeint ist das Kriegsgefangenenlazarett Bad Soden. Die Stadt Bad Soden-Salmünster gibt es erst seit dem 1. Juli 1974.

3 Als Stalag bezeichnete man Kriegsgefangenenmannschaftsstammlager. Im Wehrkreis IX mit Sitz in Kassel gab es neben dem Stalag IX B in Bad Orb auf der Wegscheide noch die Stalags IX A Ziegenhain und Stalag IX C Bad Sulza. Das Stalag IX B war ab dem 1. Dezember 1939 fertiggestellt. Mit Stichtag 1.9.1941 befanden sich 18.307 französische und 176 englische Kriegsgefangene im Lager Wegscheide, die fast alle im Arbeitseinsatz waren. Zu den Stalags gehörten die Außenlager und Arbeitskommandos. „Im Bereich des Stalag IX B auf der Wegscheide befanden sich bis Kriegsende etwa 1500 Arbeitskommandos, davon allein 600 mit französischen Kriegsgefangenen, mit je 20 bis 40 Kriegsgefangenen, die vornehmlich in der Land- und Forstwirtschaft arbeiteten." Vgl. Siegfried Schönborn, Kriegsgefangene und Fremdarbeiter in unserer Heimat 1939-1945, Freigericht 1990, S. 23.

4 Vgl. Hervé le Boterf, La Bretagne en Guerre, 1969. Die deutsche Reichsregierung beabsichtigte, 1940/41 die Bretagne zu einem autonomen Staat zu machen, um damit Frankreich zu schwächen. Alle Bretonen wurden in das Lager Bad Orb verlegt, wo es ein „bretonisches Büro" unter der Leitung eines bretonischen Autonomisten gab. Das Projekt, ein ständiger Streitpunkt zwischen der deutschen und der französischen Regierung wurde Ende 1941 aufgegeben. Vgl. Schönborn, S. 32-33.

5 Vom August 1940 bis zum März 1945 war in Dorheim das Kriegsgefangenen-Arbeitskommando 138 mit 20 Franzosen stationiert, dem auch Francis Fraboulet für kurze Zeit angehört haben muss. Untergebracht waren die französischen Kriegsgefangenen im Saal der Gastwirtschaft Fuchs, Am Marktplatz 10. Vgl. Katja Augustin und Lutz Schneider, „Mit seiner Rückkehr ist in absehbarer Zeit nicht zu rechnen", Zwangsarbeit in Friedberg und seinen Stadtteilen, in: Fern der Heimat unter Zwangs. Der Einsatz „fremdländischer Arbeitskräfte" während des Zweiten Weltkriegs in der Wetterau, Butzbach 2004, S. 238-293, hier S. 276.

6 Vgl. Frankfurter Neue Presse, 30.9.2011 und Wetterauer Zeitung, 23.9.2011.

7 Für die Bewachung der Stalags und der Arbeitskommandos waren Angehörige der Landesschützenkompanien zuständig, meist Männer, die wegen ihres Alters oder einer Verwundung nur garnisonsdienstverwendungsfähig waren. Für das Stalag IX B war das Landesschützenbataillon 633 abkommandiert. Vgl. Schönborn S. 106-107.

8 Metzgerei Heinrich Uebele in der Burgstraße 16.

9 Metzgerei Ernst Klein, Nieder-Wollstädter-Straße 1. Klein war auch Gastwirt und bewirtschaftete die Gastwirtschaft Zum Solzer Hof.

10 Unter der Überschrift „Menschlichkeit in unmenschlicher Zeit" berichtete die Wetterauer Zeitung am 26. Januar 2013 ausführlich über die Ergebnisse der Nachforschungen Noël Fraboulets, die in diesem Band der Wetterauer Geschichtsblätter erstmals einer breiteren Öffentlichkeit vorgestellt werden.

Vereinschronik des Friedberger Geschichtsvereins 2010 – 2015

Anschluss an Band 58, S. 355 – 370

Lothar Kreuzer

Veranstaltungen im Jahr 2010

21.01. Dr. Jörg Lindenthal, Archäologie während des Straßenbaus – Die B 3 A, eine Trasse durch die Geschichte der Wetterau.

25.02. Hans-Helmut Hoos, Heinrich Ehrmann – Jüdischer Lehrer und Historiker.

18.03. Prof. Heinz- Günter Schmitz, Die Ortsnamen der Wetterau.

15.04. Dr. Klaus-Dieter Rack, Der Hessische Landtag zu Darmstadt 1820 – 1933 und die Abgeordneten aus Friedberg und Umgebung.

13. - 16.05. Viertagefahrt nach Sachsen-Anhalt: Nebra, Alstett, Eisleben, Magdeburg, Zerbst, Dessau, Oranienbaum, Jerichow, Schönhausen, Tangermünde, Stendal, Havelberg, Bernburg, Köthen, Halle. Führung: Hans Wolf.

12.06. Halbtagesfahrt Frankfurter Stadtrundgänge IV: Eschersheim, Heddernheim, Niederursel, Hausen, Rödelheim, Sossenheim, Höchst. Führung: Hans Wolf.

08.08. - 26.09. 2. Friedberger Sommer-Uni: 750 Jahre Mikwe. Veranstalter: Stadt Friedberg/ Wetterau- Museum in Kooperation mit dem Friedberger Geschichtsverein und dem Förderverein Stadtkirche:
Johannes Kögler, 750 Jahre Judenbad. Die Friedberger Mikwe im Kontext der mittelalterlichen Monumentalmikwen.
Hans-Helmut Hoos, Garanten des Wohlstands. Die jüdische Gemeinde in Friedberg im Mittelalter.
Prof. Dr. Gerd Weiß, Mikwen in Hessen: neuere Funde.

Prof. Dr. Hanna Liss, Rituelle Reinheit. Die Bedeutung der Mikwe im jüdischen Leben.
Ernst Götz, Judenbad und Stadtkirche – eine besondere Verbindung.
Aviva Goldschmidt, Jüdisches Leben heute.
Monica Kingreen, Von der Wiederentdeckung bis zur Zeit des Nationalsozialismus. Die wechselvolle Geschichte des Judenbades im 19. und 20. Jahrhundert.

19. - 22.08. Wiederholung der Viertagefahrt nach Sachsen-Anhalt.

27.08. Tagesfahrt (zusammen mit dem Literaturprojekt der evangelischen Kirchengemeinde): Literarische Spurensuche in Mainz, Wiesbaden-Biebrich und im Rheingau. Führung: Margarete und Hans Wolf.

03.10. Tagesfahrt zu den Mikwen entlang des Rheins (Speyer, Worms).

24.10. Tagesfahrt zu den Mikwen entlang des Rheins (Andernach, Köln). Führungen: Johannes Kögler und Hans Wolf.

04. - 05.11. Wissenschaftliches Symposion „Lebendiges Wasser" zum 750jährigen Jubiläum der Mikwe. Veranstalter: Wetterau-Museum in Kooperation mit dem Friedberger Geschichtsverein und dem Förderverein Stadtkirche. Referenten u.a. Herr Kögler, Frau Augustin, Herr Hoos und Herr Götz.

18.11. Lothar Kreuzer, Albert Stohr – Ein Friedberger in schwerer Zeit auf dem Bischofsstuhl in Mainz.

09.12. Dr. Klaus-Dieter Rack / Lutz Schneider, „In Friedberg geht`s zu ganz wild" – 100 Jahre Zarenbesuch in Friedberg und Bad Nauheim.

Veranstaltungen 2011

15.01. Museumsfahrt nach Mannheim: Die Staufer und Italien. Führung: Hans Wolf.

20.01. Dr. Tobias Busch, Die „unruhige, widerspenstige Köpf" von Fauerbach. Gemeinde und delegierte Herrschaft in der frühneuzeitlichen Reichsgrafschaft Solms-Rödelheim.

17.02. Dr. Alix Cord, Das Hofgut Wickstadt. Gutswirtschaft in der Wetterau.

17.03. Dr. Rainer Zuch, Die Baugeschichte der Burg Friedberg.

21.05. Tagesfahrt ins Tal der Dill: Herborn, Dillenburg, Haiger. Führung: Hans Wolf.

02. - 05.06. Viertagefahrt nach Regensburg und Niederbayern: Rohr, Landshut, Pfarrkirchen, Sammarei, Altenmarkt, Passau, Niederalteich,

Metten, Bogener Berg, Straubing, Alteglofsheim. Führung: Hans Wolf.

11. - 14.08. Wiederholung der Viertagefahrt.

27.08. Tagesfahrt (in Kooperation mit der Stadt Friedberg und dem Förderkreis Burgkirche): Das barocke Kirchenbauprogramm des Burgregiments im Freigericht Kaichen: Okarben, Büdesheim, Kaichen, Höchst a.d. Nidder, Rommelhausen, Altenstadt, Rodenbach, Nieder-Florstadt). Führung: Harald Bechstein und Hans Wolf.

24.09. Tagesfahrt (in Kooperation mit dem Literaturprojekt der Evangelischen Kirchengemeinde): Kulturelle Entdeckungen um Frankfurt (Büdesheim, Hanau, Hof Trages, Offenbach, Rödelheim). Führung: Margarete und Hans Wolf.

22.10. Halbtagesfahrt zum Glauberg. Führung: Lothar Kreuzer.

27.10. Dr. Bernd Vielsmeier, Gärten und Parks in der Wetterau.

20.11. Dr. Mark Scheibe, Der berüchtigte Schinderhannes – von Friedberg bis Südamerika (gemeinsam mit Geschichtsverein Ockstadt, nachdem der Vortrag im Frühjahr ausgefallen war).

08.12. Dr. Christian Ottersbach, Burgen in der Wetterau.

Veranstaltungen 2012

14.01. Halbtagesfahrt nach Lorsch zur Ausstellung anlässlich des 20jährigen Jubiläums als Weltkulturerbe. Führung: Hans Wolf.

26.01. Dr. Klaus-Dieter Rack, Das Polytechnikum im 3. Reich.

16.02. Dr. Carsten Amrhein, Mysterium Mithras – ein antiker Geheimkult im Spiegel der Archäologie.

27.02. Filmnachmittag und Erzählcafé (in Zusammenarbeit mit der Agenda 21-Gruppe „Selbstbewusst älter werden in Friedberg): Friedberg in alten Filmen.

15.03. Michael Keller, 100 Jahre Haus des Handwerks – Friedberg, Stadt der technischen Bildung.

19.04. Dr. Jutta Failing, Vom Glück, einen Goldesel zu haben – Die Wahrheit hinter den Grimmschen Märchen.

12.05. Tagesfahrt zu Burgen im Vordertaunus: Falkenstein, Königstein, Kronberg, Eppstein. Führung: Hans Wolf.

08. - 10.06. Dreitagefahrt zur Kultur in Westfalen, an Rhein und Ruhr: Soest, Cappenberg, Dortmund, Essen, Düsseldorf mit Kaiserswerth und Benrath, Schwarzrheindorf. Führung: Hans Wolf.

17. - 19.08. Wiederholung der Dreitagefahrt.

30.08. Johannes Kögler, Führung durch die Sonderausstellung des Wetterau-Museums: Die Friedberger Kaiserstraße – Vom mittelalterlichen Markt zur modernen Einkaufsmeile.

29.09. Tagesfahrt mit abendlichem Schauspielmonolog (in Kooperation mit dem Literaturprojekt der Evangelischen Kirchengemeinde): Georg Büchner und seine Familie. Spurensuche in Goddelau, Darmstadt und Pfungstadt.

11.10. Dr. Ingrid Ehlers-Kisseler, Die Wetterau, die Prämonstratenser und das Reich.

20.10. Hans-Helmut Hoos, Stadtrundgang zu Theodor Trapp, Weggefährte von Ludwig Weidig und die Revolution in Oberhessen. Veranstalter: Stadtarchiv Friedberg und Kulturregion FrankfurtRheinMain.

15.11. Harald Rosmanitz, Kunstwerke massenhaft – Die Ofenkacheln im Wetterau-Museum Friedberg.

13.12. Johannes Hofmeister, Historische Wetterereignisse und Wetterbeobachtungen in Hessen.

Veranstaltungen 2013

17.01. Dr. Gabriele Rasbach, Waldgirmes – Das Pferd im Brunnen. Eine römische Stadtgründung im Lahntal.

20.02. Kai Knoerr, ...von und mit Wolf Schmidt – Ein Filmabend zum 100. Geburtstag von „Babba Hesselbach“.

28.02. Dr. Vera Rupp / Heide Birley, Landleben in der römischen Wetterau (Mitveranstalter bei „Friedberg lässt lesen“).

21.03. Michael Strecker, Der Aufstieg des Nationalsozialismus aus der Sicht zweier oberhessischer Dörfer.

18.04. Frank Trumpold, 100 Jahre neuer Bahnhof – eine Eisenbahngeschichte Friedbergs.

27.04. Tagesfahrt zu Frankfurts neuen Museen (Hindemithkabinett im Kuhhirtenturm, Historisches Museum) und Kleinigkeiten am Weg in Sachsenhausen. Führung Hans Wolf.

30.5. - 02.06. Viertagefahrt: Schwäbische Reichsstädte (Wimpfen, Heilbronn, Weil der Stadt, Esslingen, Reutlingen, Rottweil, Ulm, Schwäbisch Gmünd, Schwäbisch Hall) und der Hohenstaufen, Eduard Mörike in Cleversulzbach und Balthasar Neumann in Neresheim. Führung: Hans Wolf.

30.06. Tagesfahrt (in Kooperation mit dem Literaturprojekt der Evangelischen Kirchengemeinde): 200 Jahre Kinder- und Hausmärchen – 1100 Jahre Stadt Kassel. Führung: Margarete und Hans Wolf.

22. - 25.08. Wiederholung der Viertagefahrt.

21.09. Tagesfahrt ins untere Kinzigtal: Langenselbold, Meerholz, Gelnhausen. Führung: Hans Wolf.

09.11. Dr. Dmitrij Bjelkin, 9. November vs. 9. Mai? Gegenläufige Gedächtnisse in der heutigen deutschen Judenheit (Festveranstaltung mit dem Wetteraukreis in Gedenken an die Juden-Pogrome vor 75 Jahren).

05.12. Dr. Klaus-Dieter Rack, „NS- Vergangenheit ehemaliger hessischer Landtagsabgeordneter“ – Bericht über die im Auftrag des Hessischen Landtags erarbeitete Vorstudie anhand ausgesuchter Beispiele.

Veranstaltungen 2014

18.01. Museumsfahrt nach Mannheim zur Ausstellung: „Die Wittelsbacher am Rhein. Die Kurpfalz und Europa“. Führung: Hans Wolf.

30.01. Ernst Götz / Rainer Gutberlet, Glockengeläute im Allgemeinen und in Friedberg im Speziellen. Vortrag mit Klangbeispielen und einigen Lichtbildern.

04.02. Prof. Dr. Herfried Münkler, Der große Krieg (Mitveranstalter bei „Friedberg lässt lesen“).

20.02. Dr. Heinz-Peter Mielke, Hans Döring (um 1490-1558) und die Wetterau. Zum Wirken eines unterschätzten Renaissancekünstlers.

20.03. Johannes Kögler, „Dings vom Dach“ – Schätze und anderes aus den Sammlungen des Wetterau-Museums.

24.05. Tagesfahrt ins obere Kinzigtal: Wächtersbach, Bad Soden- Salmünster, Steinau, Schlüchtern, Ramholz, Steckelsburg. Führung: Hans Wolf.

19. - 22.06. Viertagefahrt nach Schleswig-Holstein: Mölln, Ratzeburg, Schleswig mit Haithabu, Dannewerk, Husum, Friedrichstadt, Plön, Laboe, Panker, Altenkrempe, Süsel, Eutin, Lübeck. Führung: Hans Wolf.

12.07. Tagesfahrt in die nördlichen und östlichen Vororte von Frankfurt: Bonames, Nieder-Eschbach, Nieder-Erlenbach, Friedberger Warte, Berger Warte, Lohrberg, Bornheim, Seckbach, Bergen-Enkheim, Fechenheim. Führung: Hans Wolf.
11.- 14.09. Wiederholung der Viertagefahrt nach Schleswig-Holstein.
16.10. Dr. Jörg Lindenthal, Neue archäologische Ausgrabungen in Friedberg.
15.11. Tjoachim meyerhoff wikipediaagesfahrt nach Ingelheim: „Karl der Große – dem Kaiser auf der Spur". Museumsfahrt anlässlich des Karlsjahres. Führung: Hans Wolf.
20.11. Johannes Kögler / Lutz Schneider, Friedberg und Friedberger im Ersten Weltkrieg.
11.12. Norbert Bewerunge, Ilbenstadt im Konflikt zwischen Burgfriedberg und Kurmainz.

Veranstaltungen 2015

24.01. Tagesfahrt nach Gießen: Geschichte einmal anders = Liebigmuseum + Mathematikum. Führung: Hans Wolf.
05.02. Dr. Sonja Wegner, Von der Wetterau nach Montevideo. Die Flucht deutscher Juden nach Uruguay 1933 – 1945.
19.03. Lutz Schneider, Friedberg 1945: Luftkrieg und Kriegsende.
19.04. Michael Bender, Architektur und Städtebau in Friedberg 1933 – 1945.
09.05. Tagesfahrt Starkenburg I – die Dreieich: Mönchhof, Mönchbruch, Braunshardt, Philippseich, Dreieichenhain, Neuhof, Gravenbruch, Neu- Isenburg. Führung: Hans Wolf.
04. - 07.06. Viertagefahrt in das Dreiländereck Oberfranken, Vogtland, Egerland: Bayreuth, Waldsassen, Kappl, Bad Elster, Eger, Koenigswart, Marienbad, Plauen, Greiz, Göltschtalbrücke, Reichenbach, Markneukirchen, Himmelkron, Kulmbach, Sanspareil. Führung: Hans Wolf.
18.07. Tagesfahrt nach Nordhessen: Büraberg, Fritzlar, Homberg/Efze, Spieskappel. Führung: Hans Wolf.
10. – 13.09. Wiederholung der Viertagefahrt.
02.10. Prof. Demandt, 25 Jahre Wiedervereinigung Deutschlands (Festveranstaltung mit dem Wetteraukreis zum 25. Jahrestag der Wiedervereinigung).

10.10. Tagesfahrt: 300 Jahre Stadt Karlsruhe. Führung: Hans Wolf.
15.10. Dirk Kristek / Christian Senne, Freimaurerei in Friedberg.
19.11. Lothar Kreuzer, 175 Jahre Musterschule – Von Philipp Dieffenbachs Reform des Friedberger Schulwesens bis in die Moderne.
10.12. Bettina Schüpke, Die Arbeiten des Glasmalerateliers Linnemann aus Frankfurt a.M. für die Friedberger Stadtkirche.

Wetterauer Geschichtsblätter

Von 2010 bis 2015 erschienen die sechs umfangreichen Bände 58 bis 63, nach intensiver redaktioneller Arbeit herausgegeben von Lutz Schneider.

Hauptbeitrag des Bandes 58 ist die wissenschaftliche Erläuterung und Dokumentation über hebräische Einbandfragmente in Friedberg als verlorene Zeugnisse jüdischen Lebens in der Wetterau, die vielbeachtete Forschung der Universität Mainz unter Leitung von Prof. Lehnardt im Rahmen eines DFG- Projektes. Die Mineralquellen als typische Erscheinung der Wetterau stellt Konrad Schneider in einer historischen Topographie vor. Die Ausstellung zu 200 Jahren Burgkirche von Hans Wolf ist ebenso dokumentiert wie die Ansprache von Bürgermeister Keller zu ihrer Eröffnung. Abgerundet wird der Band durch die Würdigung der Verdienste des Ehrenvorsitzenden Hans Wolf.

In Band 59 präsentiert Jürgen Wagner 175 Jahre Pressegeschichte der Region vom Intelligenzblatt für die Provinz Oberhessen bis zur Wetterauer Zeitung. Lutz Schneider dokumentiert die Recherchen zum Bombenanschlag von 1910 im Alten Rathaus, dem auch eine Ausstellung des Stadtarchivs im Bibliothekszentrum Klosterbau gewidmet war. Ein Aufsatz geht am Beispiel der Familie Mönch den Themen Flucht, Ausbürgerung und Integration in den Jahren 1932 – 1956 nach. Stadtverordnetenvorsteher Prof. Feyerabend blickt zurück auf die Sitzungsorte der Bad Nauheimer Stadtverordneten und die Nauheimer Rathäuser, Britta Spranger auf 35 Jahre Forschung für Bad Nauheim.

Band 60, Michael Streckers Monographie über die Hintergründe des Erfolgs der Hitlerbewegung bei den freien Wahlen zwischen 1918 und 1933 in Ranstadt, Dauernheim und Ober-Mockstadt stieß auf große Resonanz. Die beachtliche Einzelstudie beleuchtet als kritische Heimatgeschichte die von agrarwirtschaftlichen Krisen beförderten politischen Auseinandersetzungen in den Landgemeinden mit unterschiedlicher sozialer Struktur.

In Band 61 kann Hans-Helmut Hoos in seinem Aufsatz über den jüdischen Lehrer Heinrich Ehrmann dessen entscheidendes Wirken in der Friedberger

Gemeinde durch Rückgriff auf erstmals ausgewertete Notizbücher stützen und wertet erstmals Quellen zu dessen Jugend und ersten beruflichen Stationen in Franken aus. Vertiefte biographische Eindrücke liefert Ludwig Fertig zum unsteten Leben des Friedberger Dichters und Hölderlin-Freunds Siegfried Schmid, zu seinem Ausbrechen aus kleinstädtischer Enge und seinem Scheitern am von Goethe und Schiller bestimmten literarischen Markt. Stadtverordnetenvorsteher Prof. Feyerabend thematisiert am Beispiel Bad Nauheims die umstrittene Gebietsreform zu Beginn der siebziger Jahre. In dem auch als Sonderdruck erschienenen Beitrag über den St. Georgs-Brunnen in der Burg Friedberg stellt Johannes Kögler auch mit ausführlicher Bilddokumentation den Brunnen als präzises und eindrucksvolles Sinnbild des damaligen Burgregiments und der besonderen Verfassung der Reichsburg vor, nicht zuletzt, um die Dringlichkeit einer Sanierung augenscheinlich werden zu lassen.

In Band 62, wieder einer Monographie, stellen Thomas Petrasch und Dr. Klaus- Dieter Rack die 110jährige Friedberger Hochschulgeschichte von der Gewerbeakademie über das Polytechnikum bis zur Technischen Hochschule Mittelhessen vor. Intensive Archiv-Recherchen bringen erweiterte Erkenntnisse über den Nutzen der Bildungseinrichtung für die Stadt und zu ihren Krisen. Erstmals werden kritisch die Ereignisse während des Dritten Reiches aufgegriffen und am Schicksal zweier Dozentenfamilien exemplifiziert.

Band 63 deckt mit thematisch sehr unterschiedlichen Beiträgen ein breites Spektrum Friedberger und Wetterauer Geschichte ab. Der Dresdner Historiker Dr. Herrmann schreibt einen grundlegenden Aufsatz über die jahrelange innerstädtische Debatte mit all ihren Akteuren und stellt das mit seiner Mehrfachfunktion als Wasserturm und Kriegerdenkmal mit Krypta einmalige Bauwerk detailliert vor. Einen Schwerpunkt bilden Arbeiten zu verschiedenen für Friedberg bedeutende Adelsfamilien, Manfred Breitmoser über den Burggrafen Johann Eberhard von Kronberg, Harald Bechstein zu Waldbott von Bassenheim und Wilfried Jäckel zur Familie von Dörnberg. Eine Besonderheit ist Rainer Gutberlets Vorstellung seines Projektes an der THM zu den Glocken von Friedberg aus acht Jahrhunderten mit Klangbeispielen auf einer beigelegten CD.

Publikationen und Projekte

Eine Spendenaktion für eine neue Wetterfahne am Adolfsturm, nachdem das Sturmtief Xynthia am 28.2.2010 die alte heruntergerissen hatte, wurde durch eine Sammelaktion während der Öffnungszeiten des Turms mit 650 €

unterstützt. Die Spendenaktion wurde durch Veranstaltungen von Dr. Lindenthal, Bürgermeister Keller und Dr. Rack begleitet. Unter dem Dach des Geschichtsvereins läuft auch die Spendenaktion zugunsten einer vorgezogenen Sanierung des St. Georgs-Brunnens. Der Verein hat hierfür 5000 € bereitgestellt, der Erlös des Sonderdruckes von Johannes Kögler fließt als Spende ein, Veranstaltungen von Herrn Biernoth, Dr. Zuch und Johannes Kögler haben die Aktion unterstützt, der Verkauf einer Weihnachtskugel mit dem Brunnenmotiv sollte beitragen. Zuwendungen aus der Bürgerschaft, von Institutionen und Firmen haben das Vorhaben vorangebracht.

2011 bestieg Jens Eisenkrämer bei der Aktion „Über den Dächern von Friedberg“ den Adolfsturm. Den Erlös von 1679 € stockte der Verein auf 2000 € für Sanierungen in der Burg auf. 2012 unterstützten wir den Dokumentarfilm von Christoph Strunck zur Aktion „Meine innere Stimme“ mit 750 €. Er lief im Kino und im Burggarten. Wir spendeten einen Fahrterlös von 500 € für die Renovierung der Burgkirche, leisteten einen Beitrag zur neuen Informationstafel am Adolfsturm, 1000 € und eine zweckgebundene Zuwendung der Ovag gingen für die Sanierung des Wehrturms nach Dorheim.

Für den Druck des Bandes „Gebrauchte Kirche“ zum Stadtkirchenjubiläum gaben wir 1000 €, die Restaurierung einer Tuschezeichnung der Burg Friedberg von 1666 aus dem Stadtarchiv, die in der 2012 eröffneten Ausstellung über die Kaiserstraße im Wetterau-Museum gezeigt wird, förderten wir mit 600 €, die Publikation der Agenda 21 „Selbstbewusst älter werden in Friedberg“ über 40 Erzähl-Cafés mit 1000 €.

Ein Mitglied hat uns zwei Jahre hintereinander eine Zuwendung seines Arbeitgebers zur Förderung kultureller Zwecke in Höhe von 100 € zukommen lassen. 2013 haben wir den Betrag genutzt, um mit insgesamt 3000 € die Restaurierung historischer Fenster im Alten Hallenbad zu ermöglichen.

Größtes Projekt war die Restaurierung und Verlegung der letzten Grabsteine des alten Burgfriedhofs in die Nischen der oberen Burgmauer und das Anbringen von Informationstafeln. Mit Mitteln der Denkmalpflege des Landes Hessen von 3800 € wurden die Kosten von ca. 10.000 € gefördert.

Sehr beschäftigt haben den Vorstand die Ereignisse um die kurzfristige und kurzzeitige Schließung des Wetterau-Museums wegen Brandschutzproblemen Ende 2012 und die sich anschließende Diskussion über Standort und Perspektiven des Museums. Der Vorstand sprach sich für die Beibehaltung des Standorts aus und brachte den Abschlussbericht der Arbeitsgruppe zum Wetterau-Museum von 2007 mit praktikablen Reformvorschlägen wieder in die Debatte ein. Kommunalpolitisch ist noch nichts entschieden, nachdem verschiedene Konzepte in den Gremien vorgestellt wurden und sich in der Prüfung befinden. Das Museum muss seine grundsätzliche Bedeutung für die Region Wetterau weiter wahrnehmen, indem es die seit 120 Jahren gewachsene Sammlung bewahrt, Forschung ermöglicht und in Ausstellungen zu allen Epochen der Geschichte originale Objekte und Dokumente präsentiert.

Neuerungen in der Vereinsarbeit

Eingeführt wurde ein ermäßigter Mitgliedsbeitrag für Jugendliche, Auszubildende und Studenten. Wir sind regelmäßig Mitveranstalter bei der Sommer-Uni der Evangelischen Kirchengemeinde. Das Depot im Haus Mangels wurde aufgelöst, die Bestände nach Zwischenlagerung in der Geschäftsstelle untergebracht. Die Geschäftsstelle war 2011 neun Monate in Räume der Musikschule ausgelagert, da sie saniert werden musste. Für die Mitgliederwerbung setzen wir in zweiter Auflage einen Imageflyer ein, für die Werbung von Neumitgliedern gibt es eine Prämie, unser Programm und unsere Homepage erscheinen in neuem Layout.

Nachdem die Stadt für das Wetterau-Museum eine Satzungs-und Gebührenordnung erlassen hatte, wurde der Geschichtsverein Mitglied in der Museumsgesellschaft und unterstützt nun auch in dieser Institution die Museumsarbeit. Die Mitglieder des Geschichtsvereins haben weiterhin das in unserer Satzung verankerte Recht auf freien Museumseintritt.

Veränderungen im Vorstand

Der Vorstand arbeitet in gleicher personeller Besetzung seit 2009 zusammen. 2012 wechselten Katja Augustin und Johannes Kögler ihre Posten. Seitdem ist Johannes Kögler stellvertretender Vorsitzender und Katja Augustin stellvertretende Schriftführerin. So wurde der Vorstand 2015 bestätigt. Herr Wolf hat nach 20 Jahren seine Tätigkeit im Denkmalbeirat beendet. Friedberg ist dort noch durch Herrn Mangels vertreten, dem 2013 die Denkmalplakette des Wetteraukreises verliehen wurde. Die Laudatio von Herrn Wolf ist in Bd. 61 der WGbll. abgedruckt.

Das Finanzamt hat wiederholt unsere Gemeinnützigkeit, zuletzt für 2014, festgestellt.

Durch Tod verloren wir folgende Mitglieder:

2008 Heinz Berner (Nachtrag)

2009 Alexander Schneider (nach Erscheinen der letzten Chronik)

2010 Gertrud Großkopf
Else Kath
Hans-Joachim Klein
Else Müller
Friedrich Münkler
Herbert Pintgen
Ruth Metzner
Georg Carl
Dr. Fritz Ebner
Heinrich Franz
Magda Bausch (Mitglied bis 2010)

2011 Ruth Bock (Mitglied bis 2010)
Hildegard Gellenbeck (Mitglied bis 2010)
Marie-Luise Trapp
Gisela Meyer
Edith Nispel
Christoph Bach
Anni Edler
Erika Heckner
Dr. Klaus Krämer

2012 Peter Beushausen
Ulrich Wagner
Helmut Schwarz

2013 Marianne Michaelsen
Elsbeth Gatzert
Günter Engelhardt
Helmut Hörr
Dr. Artur Pöschl
Kurt Rupp
Wolfgang Kammel
Michael Plaumann

2014 Dr. Wolfhart Hoffmann
Helmut Heide
Walter Bensch
Irma Pflüger
Karl Kurtz
Paul Hermann Reuner
Anneliese Schröder
Gerhard von Lührte
Margarete Weidenhaus

2015 Heinke von Löw zu Steinfurth
Anneliese Ulrich
Margarethe Thomas
Herbert Schenk
Prof. Dr. Wilhelm Bartmann
Horst Groth
Gesine Haake
Günter Kromm
Otto Müller
Friedrich Speiser
Hildegard von Leonhardi
Agnes Ohly
Margot Weiser

Als neue Mitglieder konnten wir begrüßen:

2010 Peter Ziebarth, Friedberg
Cornelia Becker, Friedberg
Heinz-Burkhart Rüster, Bad Nauheim
Edith Kühle, Rosbach
Stefan Spielberger, Mücke
Ilse Westerfeld, Friedberg
Angelika Hofmann, Friedberg
Dirk Antkowiak, Friedberg
Renate Wenzel, Bad Nauheim
Michael Volp, Friedberg
Gotlind Kasper, Friedberg

2011 Ute Remane, Linden
Walter Müller, Rosbach
Ulrich Eisenreich, Bad Nauheim
Ottmar Hachenburger, Reichelsheim
Günter Knoll, Friedberg
Sascha Pauli, Friedberg
Paul Gerhard Riemer, Florstadt
Heidi Thorwirth, Friedberg
Gudrun Meyer, Bad Nauheim
Helga Breuer, Friedberg
Irene Fleischhauer, Reichelsheim
Matthias Fritsch, Friedberg
Eva Gruner, Friedberg
Martin Lehmann, Friedberg
Regine Meiß, Friedberg
Gertrud Simon, Rosbach
Manfred Preiß, Bad Nauheim

2012 Carl Cellarius, Friedberg
Maximilian Deuster, Friedberg
Malte Dücker, Friedberg
Sabine Fischer, Friedberg
Ellen Guth, Friedberg
Ulrich Hütt, Reichelsheim
Gabriele Janovich, Langgöns
Wolfgang Kammel, Friedberg
Gudrun Kuhn, Rosbach
Sabine Lahmann, Friedberg
Ute Meyer, Bad Nauheim
Joachim Redetzky, Friedberg
Steffen Redetzky, Friedberg
Helga Uhrig, Friedberg
Axel Vieth, Friedberg
Denis Volkov, Friedberg
Michaela van Bleriq, Friedberg

2013 Hubert Imbescheid, Florstadt
Mehmet Colak, Egelsbach
Tobias Helfrich, Florstadt
Karl-Wilhelm Brandts, Florstadt
Reingard Jantzen, Friedberg
Waltraud Heilenz, Gießen
Christa Schneppensiefen, Rosbach
Geschichtsverein Ockstadt
Jürgen Assmus, Wöllstadt
Georg Martin Reuss, Friedberg
Herbert Wellenberg, Friedberg
Manfred Weis, Wölfersheim
Florian Uebelacker, Friedberg
Edda Benner, Friedberg
Monika Weldon, Nidda
Claus Balser, Friedberg
Yvonne Adelmann, Friedberg
Hanna Petrynowska-Wilke, Friedberg
Bernd Ulrich, Friedberg

2014 Dr. Rainer Zuch, Marburg
Dr. Günter Thiess, Friedberg
Dr. Michael Westerfeld, Bad Nauheim
Dr. Brigitte Schulze, Bad Nauheim
Gerhard Wagner, Friedberg

2015 Freimaurerloge Ludwig zu den drei Sternen, Friedberg
Mario zur Löwen, Florstadt
Alexander Ohl, Friedberg
Renate Kopp, Bad Nauheim
Wolfram Kurtz, Stuttgart
Jutta Beleites, Bad Nauheim
Dr. Benjamin Eisenhardt, Friedberg
Bernd Fritzel, Friedberg
Dr. Rainer Klingelhöfer, Friedberg
Sylvia Linn, Wöllstadt
Hans Vieth, Friedberg

Kurzbiografien der Autoren

Dr. Carl Ehrig-Eggert, geb. 1947 in Friedberg; Schulbesuch in Friedberg und Darmstadt; Wehrdienst; 1969-1976 Studium von ev. Theologie, Philosophie und Orientalistik in Mainz, Tübingen, Paris, Frankfurt und Istanbul; 1979-1981 Vikar der Ev. Kirche in Hessen und Nassau; 1983 Promotion in Bochum mit einem Thema aus der arabischen Philosophie; 1983-2010 wiss. Angestellter an der Universität Frankfurt (Arabistik); seit 2010 Rentner. Publikationen zur arabischen Philosophie und Wissenschaftsgeschichte und seit 2012 auch zur hessischen Kirchen- und Musikgeschichte.

Noël Fraboulet, ich bin am 24. Dezember 1939 um 23.45 Uhr in Langast in der Bretagne geboren. Aufgrund des Zeitpunktes meiner Geburt wurde ich Noël genannt. Kriegswaise vor meinem 5. Geburtstag (Mein Vater starb am 26. August 1944) wurde ich finanziell vom Staat unterstützt. Meine Mutter starb 101-jährig im Januar 2015. Straßenbauingenieur mit 22 Jahren, habe ich von 1962 bis 1999 im Dienste des Staates, einer Stadt (Lisieux - Normandie) und eines Departements (Maine et Loire) gearbeitet. Mit 11 Jahren habe ich im Gymnasium Deutsch gelernt und spreche heute so gut, dass ich in Deutschland nicht verhungere und mich verständigen kann. Ich bin heute pensioniert und verbringe meine Zeit zwischen Avrillé (Département Maine et Loire) und Langast (Bretagne) wo wir noch unser Elternhaus besitzen. Ich bin verheiratet, habe zwei erwachsene Kinder und zwei Enkelkinder. Ich bin begeisterter Fahrradfahrer und fahre jährlich mehrere Tausend Kilometer. Darüber hinaus bin ich überzeugter Europäer.

Prof. Dr. Holger Th. Gräf, geb. 1960 in Hanau, hat 1982-1988 u.a. Mittlere und Neuere Geschichte in Gießen und Leicester (GB) studiert; 1992 erfolgte seine Promotion mit einer Arbeit über die Außenpolitik Hessen-Kassels im Konfessionellen Zeitalter. 1992-1996 war er Assistent an der Humboldt-Universität zu Berlin, 1995 „Brittingham Visiting Scholar" am Institute for Research in the Humanities in Madison, Wisconsin USA. Seit 1996 ist er als Akad. Oberrat am Hess. Landesamt für geschichtliche Landeskunde und Lehrbeauftragter am historischen Institut der Universität Marburg tätig; 2009 erfolgte seine Ernennung zum Honorarprofessor. Seine jüngsten Publikationen sind u.a. (als Hg. zus. mit A. Hedwig u. A. Wenz-Haubfleisch): Die „Hessians" im Amerikanischen Unabhängigkeitskrieg (1776–1783). Neue Quellen, neue Medien, neue Forschungen, Marburg 2014; „Ein Held" – Eitel Philipp Ludwig von und zu Gilsa (1700–1765), Marburg 2015; Vom Hirtenjungen zum "GROSBRITT. CAPITAINE" – George Schneider und seine Tagebuchnotizen zu den Jahren 1744–1764, in: Archiv für Hessische Geschichte und Altertumskunde 73 (2015), S. 61–95; „Kunst am Bau" – Monumental-Ausstattungsaufträge und Kunstpolitik in Preußen (1817–1914), in: Guido Siebert (Hg.), Naumburg und die Düsseldorfer Malerschule (1819–1918), Fulda 2015, S. 39–47. (Näheres unter :http://www.uni-marburg.de/fb06/fnz/personal/graef).

Dr. rer.nat. Sigmund von Grunelius, Diplomchemiker, geb. 1933 in Frankfurt a.M., aufgewachsen in Tutzing am Starnberger See und im Internat des Benediktinerklosters Ettal. Ebenda Humanistisches Gymnasium mit Abitur 1951. Studium der Chemie an der Universität Göttingen bis 1960. Chemiker im Patentwesen und Leiter der Patentabteilung der Höchst AG, Werk Knapsack. Bis 1995 Familiengenealoge mit zahlreichen Veröffentlichungen in den Wetterauer Geschichtsblättern von 1971 bis 1985 und in der Hessischen Familienkunde Darmstadt von 1975 bis 1980.

Lothar Kreuzer, geb. 1952 in Karlsruhe, aufgewachsen in Frankfurt am Main, Studium der Klassischen Philologie an der Johann- Wolfgang- Goethe-Universität, war von 1981 bis 2015 Lehrer an der Augustinerschule Friedberg. Mitarbeit an der Festschrift 450 Jahre Augustinerschule, seit 2013 zuständig für das Schularchiv. Seit 2005 Beisitzer im Friedberger Geschichtsverein, seit 2009 Vorsitzender.

Prof. Dr. Herfried Münkler, geb. 1951 in Friedberg. Seit 1992 Inhaber des Lehrstuhls für Theorie der Politik an der Humboldt Universität Berlin. Gastprofessor, Mitglied und Beirat in zahlreichen wissenschaftlichen Institutionen, gehörte zu den Experten, die an dem Projekt des Außenministeriums „Außenpolitik Weiter Denken" teilnahmen. Gast in Talkshows zu Themen der Außenpolitik, Politik und Geschichte. Autor und Herausgeber. Zuletzt: Der Wandel des Krieges. Von der Symmetrie zur Asymmetrie (2006), Die Deutschen und ihre Mythen (2008), Mitte und Maß. Der Kampf und die richtige Ordnung (2010), Der Große Krieg. Die Welt 1914 bis 1918 (2013), Macht in der Mitte. Die neuen Aufgaben Deutschlands in Europa (2015), Kriegssplitter. Die Evolution der Gewalt im 20. und 21. Jahrhundert (2015).

Herbert Pauschardt, geb. 1938 in Gießen, Abitur am Gymnasium Nidda, 1958-63 Studium an der Johann-Wolfgang-Goethe-Universität in Frankfurt, 1966-2001 Lehrer an der Ernst-Ludwig-Schule (ELS) in Bad Nauheim mit den Fächern Geschichte, Latein und Gemeinschaftskunde. Veröffentlichungen: 1225 Jahre Selters (Chronik): Bad Selters und Konradsdorf (2005) und Aus der Geschichte eines Dorfes im Wettertal: Rödgen. Festschrift zur 750-Jahrfeier (2010).

Dr. Reinhard Schartl, 1955 in Friedberg/Hessen geboren, 1974 Abitur an der dortigen Augustinerschule, anschließend Studium der Rechtswissenschaft an der Justus-Liebig-Universität Gießen, 1981 Einstellung in den Richterdienst des Landes Hessen, 1987 Promotion mit einer Arbeit zum mittelalterlichen Privatrecht Friedbergs, seit 2009 Vorsitzender Richter am Oberlandesgericht Frankfurt am Main, einige Veröffentlichungen zur Rechtsgeschichte des Mittelalters.

Dr. Britta Spranger, geb. 1931 in Stettin, aufgewachsen in Pommern und Thüringen. Studium der Pädagogik an der Friedrich-Schiller-Universität Jena. 1952 Übersiedlung nach Westdeutschland. Drei Jahre im Auswärtigen Dienst und Sprachstudien in Havanna/Kuba. Anschließend Studium der Kunstgeschichte, Musikwissenschaft und Germanistik in Kiel und Mainz. 1982 Promotion an der Johannes-Gutenberg-Universität Mainz über Jugendstil in Bad Nauheim. Die Neubauten der Bade- und Kuranlagen und ihr Architekt Wilhelm Jost. Zahlreiche Publikationen zur Geschichte, Architektur- und Kunstgeschichte Bad Nauheims. 2010 erweiterte Neuauflage der Dissertation als Band 33 in der Reihe Arbeiten der Hessischen Historischen Kommission. 2007 Verleihung des Bundesverdienstkreuzes. 2014 Publikation des Aufsatzes Erinnerungen an den Darmstädter Architekten Heinrich Petry in der Zeitschrift Archiv für Hessische Geschichte, Band 72.

Dr. Bernd Vielsmeier, geb. 1957 in Friedberg, Abitur in Bad Vilbel, Studium der Fächer Deutsch und Ev. Religion für das Lehramt an Gymnasien sowie Geschichte in Münster und Gießen, 1995 Promotion über Flurnamen in der Wetterau, 1983-1993 Wissenschaftlicher Mitarbeiter im Hessischen Flurnamenarchiv Gießen, 1994-1995 Archivar in Staufenberg, 1995-1996 Bibliothekar an der Universität Gießen, 1996-1997 Wissenschaftlicher Mitarbeiter in der Arbeitsstelle des Deutschen Wörterbuchs der Brüder Grimm an der Akademie der Wissenschaften in Göttingen und 1997-1999 am Haus der Bayerischen Geschichte in Augsburg, seit 2003 freiberuflicher Lektor und 2016 Wissenschaftlicher Mitarbeiter im Hessen-nassauischen Wörterbuch in Marburg. Mitglied der Hessischen Historischen Kommission Darmstadt. Veröffentlichungen zur Geschichte und Namenkunde Hessens und der Wetterau.